全球观照

中国话语

国际传播语境下CCTV4《深度国际》的新闻叙事与话语实践

吕涛　著

中国广播影视出版社

图书在版编目（CIP）数据

全球观照　中国话语：国际传播语境下 CCTV4《深度国际》的新闻叙事与话语实践 / 吕涛著 .-- 北京：中国广播影视出版社，2022.2
ISBN 978-7-5043-8772-1

Ⅰ. ①全… Ⅱ. ①吕… Ⅲ. ①中央电视台—新闻报道—研究—中国 Ⅳ. ① G229.24

中国版本图书馆 CIP 数据核字（2022）第 014241 号

全球观照　中国话语
——国际传播语境下 CCTV4《深度国际》的新闻叙事与话语实践
吕涛　著

责任编辑　房　远
责任校对　张　哲
装帧设计　嘉信一丁

出版发行　中国广播影视出版社
电　　话　010-86093580　010-86093583
社　　址　北京市西城区真武庙二条 9 号
邮　　编　100045
网　　址　www.crtp.com.cn
电子信箱　crtp8@sina.com

经　　销　全国各地新华书店
印　　刷　涿州市般润文化传播有限公司

开　　本　710 毫米 ×1000 毫米　1/16
字　　数　360（千）字
印　　张　24.25
版　　次　2022 年 2 月第 1 版　2022 年 2 月第 1 次印刷

书　　号　ISBN 978-7-5043-8772-1
定　　价　88.00 元

目 录

第一章
绪论：《深度国际》十二年

第二章
国际视野：聚焦全球热点时事的新闻深度报道

第三章
中国故事：基于中国价值观的国际新闻叙事

第一章
绪论:《深度国际》十二年

改革开放以来，国际传播环境变得更为复杂。冷战后，美国作为世界上唯一的超级大国，继续保持、稳固、加强其在各个领域的领先地位，依托霸权维护霸权；扫除了战争阴影的欧洲国家则深化了一体化进程，仍具有老牌发达国家的经济优势与较强的软实力。然而，受困于“9·11”事件、阿富汗战争、伊拉克战争等，穷兵黩武的美国整体实力开始严重下滑；欧洲国家则渐疲于应对内部的高福利压力、移民等问题，内卷严重，活力不足。

与之相对的是非西方国家实力的迅速增长。以中国为代表的发展中国家凭借着经济活力与综合实力的强劲提升，在世界舞台上发挥着越来越大的影响力。

2008—2009 年，是中国走向国际舞台中心的重要历史节点。自 20 世纪 30 年代经济大萧条以来最严重的国际金融危机从美国华尔街逐渐向全球辐射，进一步推动了国际战略力量对比的变化，新兴大国呈现群体崛起态势，多极化趋势进一步彰显。这一场震撼全球的金融危机，暴露了原有的以发达国家为主导的全球经济治理体系的巨大问题，而在金融危机中异军突起的二十国集团（G20）与“金砖四国”等合作机制则强烈冲击了原有的全球经济治理体制，新兴大国成为牵动全球消费和经济增长、恢复市场信心的重要引擎。一些全球性政治课题，如气候变化、能源问题、核安全等，显然无法单靠某一个大国或区域性国际组织有效应对，客观上也推动了世界各国尤其是主要国家间加强协调和合作。

中国在快速融入国际社会和国际事务的同时，国际话语权不断提升。反映在民间，则是国民对国际资讯的关注度与日俱增。世界不再是遥不可及的地理概念，仅仅停留在主观的想象和观念上，它快速地沉入国民的日常生活当中，成为人们茶余饭后不可分割的一部分。

融入世界的前提是了解世界。如何抓住发展机遇、安然迎接挑战、与他国和谐共振，深刻认识时代语境和世界局势，应国家战略布局和社会大众需要，不断探索传播规律、提升叙事能力、传播中国声音、提升国际传播力，既是国家战略所在，也是行业发展必需。

在这样的背景下，《深度国际》应运而生。《深度国际》是由中央广播电视总台华语环球节目中心央视中文国际频道新闻部出品的一档国际新闻深度报道栏目。2009 年 8 月 7 日开播至今，它始终冲在国际传播第一线，实现了传播主题更明确，目标区域更多元的栏目化尝试，在向全世界传达中国观点、中国视角、中国态度、中国话语，探索并实践构建中国叙事体系、发挥媒体外交时代功能方面做了大量积极的栏目化探索。十二年的风风雨雨，为《深度国际》积累了大量的一手材料，这些经验应该被记录下来，在总结提炼后继续服务于我国国际传播实践。

2021 年，在中国人民对外广播事业创建 80 周年之际，中共中央总书记、国家主席、中央军委主席习近平发来贺信，强调“加强国际传播能力建设，打造具有强大引领力、传播力、影响力的国际一流新型主流媒体”。中宣部副部长、中央广播电视总台台长慎海雄指出，习近平总书记的贺信充分肯定了我们的对外传播事业并提出了殷切期望。我们要不断开拓创新，加强国际传播能力建设，推动形成“大珠小珠落玉盘”“千树万树梨花开”的大传播格局。要进一步深化习近平新时代中国特色社会主义思想对外有效宣介，遵循国际传播规律，对外传播好中国领袖的思想、讲述好中国领袖的故事。这为《深度国际》进一步做好栏目指明了前进方向。作为外宣队伍的一员，我们要强化责任担当，努力创新对外话语体系，更好担负起在栏目中联接中外、沟通世界的职责使命。

第一节　做有深度的国际新闻

2009 年 7 月的一天，接到央视四套新闻部马勇主任的电话时，我正在新疆出差。电话里他简单而直接地告诉我：频道要改版了。周六晚十点后有 45 分钟的时间档空缺，领导决定创办一档全新的节目去填补时间空白，想到了你，想让你做制作人。做什么、有多少人、能做多久，全由你掌控，组织信任你，你愿不愿意做?

我答应了。

回想当年，我的思考维度是时代语境、社会需求、国家战略、平台方向、团队能力……当然，这一切建立在我个人的经验和认知基础之上。“春江水暖鸭先知”，作为一个多年从事媒体工作的“老新闻”，一个时刻关注国家命运的“知识人”，我敏锐地捕捉到了国际时局的新态势，感受到了社会需求的新转向。正是对当时世界环境与社会发展的深刻把握，让我意识到：国际新闻传播的春天要来了！我决定做一档系统、多维、深入解析国际时事的国际新闻专题节目，我把它叫作《深度国际》。

——栏目制片人、创办人：吕涛

没有人知道这档节目是否能够成功，但在当时的国内外环境下，这样一档节目的出现似乎又是理所应当的。就这样，2009 年 8 月 7 日，《深度国际》第一期开播了。

一、栏目发展历程

《深度国际》栏目从创办到发展，经过了一系列的调整和“蝶变”。关注时代语境、满足社会需求、响应国家战略、体现平台特色……制作这样一档国际新闻专题片是一个不小的挑战。当时，央视从未有过这样一档长时段的节目去深度挖掘国际新闻背后的来龙去脉，一切从零开始，怎么做只能靠栏目团队自己探索。一期期的节目背后，是无数新闻人夜以继日、一点一滴的汗与泪。栏目组上上下下的青春与热血，就这样浇筑在了这片土壤，期待着它能生根发芽，茁壮成长。

（一）探索

节目开播后的前三年是“爬坡”的三年，这三年里，从团队建设、节目选题到团队对政治敏感性的把握等无不给我们带来过巨大的挑战。团队建设不是易事，央视卧虎藏龙，如何将这些人才的优势最大地发挥出来，是至关重要的问题。而创作这样一档栏目，要考虑的事情则更多，节目定位、目标观众画像、选题策划、统筹执行、后期播出、观众反馈、内容调整……每一个环节都马虎不得。

1. 完善团队管理制度

团队不是天然存在的，而是通过无数次集聚、汰换、打磨建设出来的。在节目创办初期，团队成员中的大部分都是从诸如“今日关注”“中国新闻”等老牌节目组中抽调过来的。团队中一部分是电视新闻人，另一部分是国际新闻人。搞电视的，不懂国际新闻；知国际新闻的，不擅电视手段。所以，一开始团队着实经历了很痛苦的一段迷茫期，因为能施展的东西非常少，团队成员对复杂的国际新闻事件也不够了解，可以说是举步维艰。一些人甚至一度认为自己并不适合做这个领域的节目，自我怀疑与悲观的情绪在团队中蔓延。

为此，栏目组为团队成员立下了三个基本考核参数：政治素质、业务素养、法律意识，要求这三方面严守底线，上不封顶。在此基础上还要具备独立的新闻思想逻辑与较强的学习能力。

国际新闻传播提高政治站位是必须。引导团队成员加强对政策的学习，提高政治思想觉悟势在必行。栏目组每周会对所有编导进行外交战略、外宣政策和国际关系基本常识的专业培训，并定期考核，增强每一位编导的政治意识、大局意识和责任意识。

业务上要求团队成员多思考、多揣摩，要掌握国家外交政策，补齐相关专业知识，时刻牢记国家立场，站在国家战略和对外传播的高度去思考问题，把好口径关，增强责任心，在拿不准的内容上及时上报，不存试水心态，认真学习，慎重把握，用心工作。为了充实他们脑中有关国际社会的知识，栏目组还提出了“一本书、两张报”的学习要求。所谓“一本书、两张报”，就是指团队成员每个月至少读一本国际新闻相关的专业书籍，做好读书笔记，并将此纳入考核，并且每天都要大声朗读《人民日报》和《环球时报》，用声音直接刺激大脑，强化对新近国际新闻的二次记忆，在做到对新闻事实、新闻线索烂熟于心的同时，强化对新闻标准的认知。此外，栏目组还要求团队成员积极关注国际知名通讯社如路透社、美联社的消息，时刻与国际上的新闻语态与表述方式接轨，避免自说自话，只有与国际主流媒体语态接轨，才能尽可能打动更大范围的国际受众。

尽管如此，国际新闻本身的复杂性依旧超出了预期。国际新闻报道往往是整个国际社会各个领域综合的呈现，因此如果对相关的知识背景不够了解，会错过很多重要的细节。国际传播领域从业人员的入门门槛是非常高的，需要有持之以恒的学习能力，能够不断吸收全世界的地理、历史、文化、风俗等方面的知识，成为一个有国际新闻专业素养的“杂家”“通才”。

如果说，提高团队成员的专业素养还只是个人层面的历练，如何打好团队配合才是一档栏目成功的底气。当时团队成员之间互不熟识，更让人头疼的是，团队成员来自不同栏目，工作习惯和个人性格各异，这对于打造一个默契无间的合作型团队，简直是一大障碍。

> 我至今都能记得第一次看到他们时的情形。他们的眼里都透露着孤独的、执拗的、疏离的目光，可以想象到的是，他们的心仍然停留在原来的团队中。这种“身在曹营心在汉”的隔膜感，一时间让我无所适从。令人尴尬的事情还在后面，在 2009 年开播年的年会上，团队中大部分成员竟然都坐回了他们原来团队的饭桌上，彼此之间嘘寒问暖，让《深度国际》团队的饭桌更乏生气，对于一个制片人来说，简直如针锥心。但节目仍需办下去，团队也要合作下去，团队的凝聚力和领导的权威性成为我的第一工作要务。（吕涛，2021）

首要抓手就是让团队先有“精气神”，那么制片人就得先成为“主心骨”。每一个环节我都与大家在一起，一起策划、一起查找资料、一起形成文案、一起修订稿件、一起编辑制作、一起复盘总结，这个过程中我不仅是“陪练”“伙伴”，与大家“共苦”，更是带动者、教练员。带头干，带来了一起干的局面。第二个抓手是立奖惩，历史上管理军心涣散的队伍，无不是从严明纪律开始的。主观立威是愚蠢的，从两个方面入手：一是抓质量。质量是节目的生命，也是一切奖惩的依据。内部管理围绕质量展开，要求节目成员必须保证每期节目的按时按质播出，严格审核每一期节目、每一个环节，确保节目质量；二是抓绩效。团队推行绩效制，员工的工资与其负责节目的收视率挂钩，收视率不尽如人意，工资就会减少。不讲人情，只论对错，这一做法很快赢得了团队成员的信赖，团队终于军心稳定，成为一个有效率、有温度的战斗集体。这样，人心逐渐归拢，开始为了同一个目标做事，栏目建设逐渐步入轨道，加上时间的“发酵”，团队意识与团队精神逐渐生根发芽。

2. 勾勒栏目雏形

必须承认，栏目组并不是一开始就目标明确、路径清晰的。栏目创立之初并没有明确的受众定位，《深度国际》是随着节目播出与影响力扩大，在反复尝试与探索中逐渐形成了独特的叙述风格，积累了一批忠实观众。通过调研了解到，目标观众主要是年龄在45岁以上、受过良好教育的城市男性，这在一定程度上受到我们节目播出时间的影响——节目在晚上十点播出，这个时段还收看国际新闻的人往往是一群高质量的“舆论领袖”，这也是节目独有的优势与特点。《深度国际》抓住这个特点，通过研讨和实验，把叙事手段和话语风格定位为成熟、理性、博深。

一开始，在国际关系领域并不够专业的我们理所当然地认为，做国际新闻专题，最重要的就是要关注国际事件中涉及军事冲突或合作的事件，例如：局部冲突与动荡、各国的国防与军事外交、国际范围内的军事演习、新概念武器研发进程等，自身就是爆点，极易引起关注、引发共鸣。做军事主题，是初期的一个基本战术定位。

但正因为军事选题极为敏感，其中“度”的把握至关重要，一开始就吃了苦头。在第一期节目的策划中，选择了一个军事主题，由于尺度把握不当，领导下达了临时更换节目的指令。这如同当头一棒，在深感肩头责任重大的同时，也陷入了迷茫之中。此后很长一段时间里，军事议题被大家不约而同地置之高阁。团队为了避开雷点密集领域，暂时放弃时事追踪，将目光转向一些国际“软话题”，比如粮食、气候、文化等，相关软话题涉猎甚广，工作人员自己在策划节目时都有些昏头昏脑，节目主题、定位很不清晰，收视率也一直在低位徘徊。

这是一段稍显漫长的调试期，但团队一直没有放弃对国际关系领域的探索。功夫不负有心人，终于在2010年底迎来了转折点。11月26日，一期名为《朝韩炮战冲击波》的节目横空出世，一举拿下了0.9%的收视率，与2010年全年平均0.3%左右的收视率形成了鲜明的对比，给团队带来了信心。

这期节目的成功，也让团队找到了节目发展方向，从那之后，节目路线逐渐稳定，开始紧跟新闻热点，军事冲突相关类选题成为重要组成部分。紧跟其后，2011年12月的几期节目也都取得了良好的市场反馈，收视率显著提升，节目收视率从11月前的0.2%—0.3%飞跃至0.5%以上并稳定保持。

（二）困境

经历了初期探索后，《深度国际》尝到了催生出一档全新栏目的甜头，但随之而来的却是更多的问题，也经历了一段时间的瓶颈。2012年后，《深度国际》收视率从2012年的0.72%微降到2013年的0.69%，再进一步降到2014年的0.65%，2015年明显下降到0.50%。市场份额也从2012年的3.12%跌至2013年的3.09%、2014年的2.92%、2015年的2.27%。如何将节目做出新意？在以往的内容上是否可以更加有深度？能够支撑我们栏目进行下去的内核是什么？这些问题，让团队的每个人都思考了多年。

1. 敏感选题磨炼政治敏感性

在2014年，我们栏目曾经发生过一次危机。由于一期节目涉及一些敏感问题，在播出当天被临时撤换。如今想来，这期节目的撤播，让人后怕又庆幸，如果这期节目播出了，其中的一些倾向和说法，造成的后果可能是不堪设想的。

2015年，又一期节目的播出危机，实实在在地打磨了栏目组的政治敏感性和战略传播能力。这期近一个小时的节目，内容做得很扎实，历史梳理很充分，嘉宾发言很犀利。不过，节目播出后，过于直接的嘉宾观点还是引起了个别外方的误解。作为一档国家电视台的国际新闻专题节目，在国际观众乃至外国政府眼中，其节目传达的观点和态度，很有可能会被认为是国家的政治立场和价值观念，因此，节目的制作必须要有更高的政治站位和外交敏感度。

> 对团队来说，这次事件是一道很大的坎儿，但让我们也从中收获了很多。在这次事件的处理过程中，我们第一次感受到了团队的温暖、团结与力量。在日常工作中，为了打磨好每一期节目，我们团队的每一位成员都有着自己独特的想法与深层的思考，成员个性极强，但大家都是有良知和责任心的。这次事件中，栏目组全体成员在没有接到任何通知的情况下主动赶回台里，其中包括正在休假、因事请假，甚至产假在家的人员。全栏目组无人退缩，克服困难，都选择回到台里与同事们一同面对危机。大家坐在自己的工位上，一言不发，静待制片人批评。那一刻，我的内心受到了极大震撼，也特别感动，我第一次发自内心地感到，团队真的进步了，真正成长为了一个成熟的团队，拥有了强大的凝聚力。（吕涛，2021）

2. 人事变动考验危机处理能力

2017 年，因为媒介环境的变化导致从业人员工作意向变动，团队经历一次大的人事变动，这次变动给节目制作带来一定的影响。因为栏目工作重心的调整，部分编导产生工作调动的意向，其中有 6 位主力编导提出离职，占了节目组台聘正式员工接近三分之二的数量，其中还包括开播之初“四元老”中的两位。这次巨大的团队动荡，直接导致节目组失去了“半壁江山”。

这次人事变动给《深度国际》带来了不小的困难。由于国际新闻专题节目的特殊性，《深度国际》对工作人员的知识储备与专业能力要求很高，新进人员没有半年以上的时间积累和磨合，很难真正上手运营节目。在这种情况下，栏目组的同志们一起奋战在第一线，稳住阵脚，愈挫愈勇，将最艰难的一年磨合期坚持了下来。在这期间，未曾停下过更新与进步的脚步，一期节目都没有耽误，也没有通过任何一期节目的重播来保持正常播出。当时，作为一个播出了 8 年的“老牌”节目，栏目组变危为机，不但度过了人事变动危机，而且及时更新了队伍，进一步提升了凝聚力。

如此大的动荡，说明我要学会防微杜渐，料事于先。我意识到了不掌握大家心理动态存在的隐患和带来的后果，于是更加深入地了解团队的动态和需求，以入微的工作、公平的原则、成长的空间来建设可持续发展的团队文化。同时，我也以更加开放的态度来对待人员的流动。对于团队成员辞职，我不试图挽留任何人，只要团队成员提出诉求，一定会同意他们换栏目、换环境的申请，哪怕节目任务再艰巨也会给他们自主选择的机会。没自信哪来的开放？不开放哪来的活力？没活力哪来的发展？这次事件让我明白了，团队建设的关键在于有核心理念、有健全机制、有规范流程、有发展动力，让机制管人，让机制选人，才能做到人尽其才、物尽其用。（吕涛，2021）

面对困境与低谷，团队有过不解、彷徨、迷茫，但唯独没有灰心丧气，定心凝神，反思调整，不断涵养胸中一口气，继续扎根做节目，磨炼自己，积攒经验，打造团队，拓展资源，不断提升节目制作水平。

（三）发展

在困难中不断总结、前进,《深度国际》逐渐找到了适合自己的路。2016—2018 年,《深度国际》连续三年荣获“年度央视品牌栏目”，排名从第 21 名、第 18 名到第 16 名，不断提升。2020 年新冠肺炎疫情暴发以来,《深度国际》的有关分析报道获得了全球观众的关注，2020 年全年平均收视率达到 0.88%，平均市场份额达到 3.81%，观众规模在 2.85 亿人以上，平均忠诚度高达 49.5%。

1. 聚焦深度，节目内容精专细化

国际关系问题是一个很大的范畴，不可以笼统地将国际关系、国际冲突归纳为一个大的领域。术业有专攻，专家不是“全把式”，不能当“万金油”，那不是本事，那是蒙事。每一类、每一位专家都有自己的特定专业方向乃至特攻的具体领域，他们研究的是特定地区、特定国家关系的细部。从事国际问题研究的专家良莠不齐，有些专家通过广播台、电视台等媒体散布一些不负责任的言论，哗众取宠、博取关注。所以，首先要从自身进行细化管理，对节目编导进行详细的分工，给每一位节目编导划定了特定的国际区域，让编导们对所负责相关地区的国际关系与历史进行深入学习，对所涉及国际关系进行充分细分，对国内外相关学术资源、媒体资源进行对接梳理，建立起一个个精准细分的专家智库，不滥用嘉宾，而是有针对性地邀请相关区域问题的“真专家”进行解读。此后，节目嘉宾的质量明显提升，节目质量得到保证。

随着节目运营的成熟，团队进一步加深了对节目本身的思考，有了国际关系知识积累与国际新闻事件解读经验的坚实基础，团队在转型的路上走得更加平稳，于是栏目组决定拓宽视野，放大节目格局，摆脱军事冲突类主题对节目选题的束缚与阻碍，改变观众对《深度国际》“军事频道评论版”的刻板印象，在节目内容中加入全球治理、政治选举、贸易摩擦、世界杯以及人权等相关话题，为观众描述更为立体全面的世界面貌，并尽可能在重大领域传递中国声音，节目口碑与收视基本维持稳定。尤其是“一带一路”、人类命运共同体、全球抗疫等主题，反响热烈。

此后，《深度国际》真正做到了行稳致远，无论从节目站位、功能定位、叙事模式、话语风格、专业水准、传播能力、队伍建设等都摸索出一套行之有效的经验模式和方式方法。2020 年新冠肺炎疫情暴发以来，栏目组更是勇于担当、大胆策划，推出了疫情相关的系列节目，并围绕国际关系的变化，及时传递中国声音，取得了极大成功，保持和提升了品牌影响力。

2. 多平台配合资源重组

总的说来，《深度国际》在经历团队建设与选题探索之后，已经逐渐找到了收视率与节目定位之间的平衡，我们开始与同期的其他节目以及其他新闻机构一起配合，打出新闻组合拳。2010 年 10 月 1 日嫦娥二号在西昌卫星发射中心成功发射，我们在 2010 年 10 月 8 日播出的《“嫦娥二号”探月特别节目——梦月·问月》中就详细介绍了人类探索月球的历程与中国登月的航天壮举“嫦娥工程”，与一周前嫦娥二号的成功发射遥相呼应，引起了观众的热烈反响。

持续聚焦、深度拓展，逐渐成为《深度国际》独有的一种编创模式，成为其独具特色、屡试不爽的一种有效形式。在 2020 年新冠肺炎疫情期间，《深度国际》就推出了以疫情为主题的长达一小时的系列节目，关注全球范围内的疫情动态，并从 2020 年 2 月 22 日开始将播出时间由每周六 22：00 提早至每周六 20：00，跻身央视周末黄金时段。这一系列节目播出后产生了重大影响，一定程度上起到了以正视听、引导舆论的作用。2021 年，为了回应以美国为首的西方国家对中国人权的污名化，又推出了《战争黑洞——美国制造的人权灾难》等节目，深刻揭露了美国在世界范围内制造的人权灾难，受到海内外各界的好评。

《深度国际》越来越大的影响力，肇始于创办之时的初心使命和创办初期的有益探索。12 年过去，600 期下来，《深度国际》不觉间已蔚为大观。这些年的发展，让我们深刻体会到“精微难穷”的个中滋味。如何谨慎，都不为过；如何娴熟，都不可大意。只有怀着精益求精的态度，深刻把握自身功能、职责、站位，规范每一个环节的流程，以一种“虚怀若谷”的态度、“战战兢兢”的操作，才能不被市场带乱节奏、不被个体影响全局，才能真正看到大国视野中的世界，才能准确格物、正确致知，做到“从心所欲不逾矩”。

二、栏目风格定位

《深度国际》聚焦重大国际新闻事件，对世界格局有深远影响的事件以及涉及中国或与中国关联的国际事件进行包括背景介绍、分析解释、归纳预测的综合性、专业性报道，为观众深度解析国际大事、普及国际关系领域的基本知识。十二年来，我们为国内外受众看待国际问题提供参考，通过真实客观的事件梳理、拉近世界各地观众的距离，为传播中国声音进行着不懈努力。

（一）扎根深度报道

2008 年 5 月 12 日 14 时 28 分 04 秒，以四川省阿坝藏族羌族自治州汶川县映秀镇为震中的一场大地震震惊了全世界。如果说，由这场自然灾害造成的周边国家的震感提醒着我们人类在时空上是紧密相连的，那么此后源源不断的国际援助则闪耀着人道主义的熠熠光辉，显示出国际社会对于“地球村”这一理念的深刻践行。

2008 年 8 月 8 日晚 8 时，第 29 届夏季奥林匹克运动会在中国北京正式开幕。这一项发源于两千多年前古希腊奥林匹亚的体育盛会，自 1896 年举办首届以来，逐渐成为国际社会团结一体、和平竞技的重要平台。中国成功举办第 29 届夏季奥运会，聚焦了全世界人民的目光，也为国人打开了一扇窗户，世界不只是家里客厅墙壁上的那幅世界地图，中国与世界的距离一下子被拉得很近很近，素有“国际关怀”的中国人更加关注外面的世界和他人眼里的中国。

2008 年 9 月 14 日，雷曼兄弟在美联储拒绝提供资金支持援助后提出破产申请，同一天美林证券宣布被美国银行收购。这两件发生在太平洋东岸的金融事件，标志着一场孕育于 2007 年早期次级房屋信贷危机的全球股市大崩盘的序幕正式被拉开，财困、破产、失业、紧急法案等成为接下来两年时间里国际社会的高频词。金融资本主义的积弊由此充分暴露出来，延宕至今。全球安危，系于一国一域，“多米诺骨牌”效应背后反映的是世界的深度互联互通、枯荣与共。

2009 年 1 月 7 日，工业和信息化部为中国移动、中国电信和中国联通三家通信公司发放了 3 张第三代移动通信（3G）牌照。互联网尤其是移动端互联网的迭代升级，意味着信息传播的速率也将迎来重大突破。从 2009 年下半年起，新浪网、搜狐网、网易网、人民网等门户网站纷纷开启或测试微博功能，社会名人、娱乐明星、企业机构乃至普罗大众一时之间都成了“博主”，随时随地可以分享自己获得的真伪存疑的信息。而对国际新闻的关注以及讨论，也在2008年的基础之上，获得空前的热度。出租车上司机猛聊小布什，饭店里隔壁桌大谈伊拉克，公园里晨练大爷传播印度尼西亚的爆炸案……中国人兴奋地以自己的方式介入到国际新闻传播中。

时代变了，世界在政治经济、技术革命、媒介革新、社会心理等方面发生了天翻地覆的变化，地球村走向共同体，自由市场经济走到了巅峰，西方到达鼎盛面临调整，中国逐渐承担起更多的责任……“韬光养晦”“专注自我、不闻不问”的内闭状态被打破，社会需求向“打开心门”“走向世界”进行调整，我们需要了解世界、表达自我。

世界的变化纷繁复杂、国内外受众的信息需求不断增加，《深度国际》将自己定位为国际新闻深度报道类节目，关注重大国际时事，聚焦全球新闻热点，从中国立场出发，为国内外受众传播中国声音。在内容上，它囊括了国际关系、新闻事件、聚焦国别、焦点人物等多种主题，重在对国家之间的外交关系、军事冲突、经济摩擦等问题进行分析评论。在表达上，《深度国际》力求严谨客观，以公正的态度审视世界时局动态。十二年间，《深度国际》几乎关注到了世界各个国家和地区的焦点事件，有针对某一国家或战略进行的深度剖析和解读，也有针对同一主题进行历时性的追踪观察和多维分析。团队在收集、叙述、解读相关国际新闻素材时，致力于揭示事件发展变化的枢机，引导观众的视野直达事件的极深处，这是《深度国际》栏目的内核。

作为战斗在国际传播第一线的《深度国际》，只有坚持深度，才能让观众信服，愿意跟随；才能预见事件发展走向和未来趋势，提供有预见和有价值的判断。《深度国际》不仅关注事件本身，同时也会关注事件的第二落点、第三落点，乃至更深处的、更隐蔽的落点，通过一期或者几期节目来追溯和还原，唤起记忆、建立链条、理出脉络、发现实质，这正是一档优秀的栏目所应该具有的承载性、连续性、呼应性、预见性和战斗力。

把精力更多地放在拓展新闻事件的内涵与外延上，而不是盲目被动地去追求新度。这样的做法，既符合《深度国际》本身的节目运作规律和内在的要求，也是在同质化日益严重的国际新闻赛道中取得领先的收视法宝。全球化背景下信息传播的纷乱复杂、中国日益提高的国际地位、国内外民众对于中国立场的好奇以及隶属于央视的栏目定位，都要求《深度国际》将目光投向事件背后更深处，抽丝剥茧，挖掘出各个事件背后的内含逻辑，引发观众深度思考。

（二）打造中国舞台

酒香也怕巷子深，好的新闻内容也需要通过恰当的平台触及合适的受众。十几年前，在当时的传播环境下，中国对外发声渠道严重不足。中国在发展中逐渐开始了解世界、走向世界，世界却不了解中国。加之世界范围内的信息传播渠道长期被西方媒体把控，世界各国人民对于中国的印象依旧片面、单薄。打造中国舞台，向世界表明中国态度，就成为我国国际传播任务所面临的重要一环。

中国广播电视总台中文国际频道是面向世界的媒体平台，是中国与国际社会沟通的媒介桥梁之一。慎海雄台长指出，台里上下要不断从百年党史中汲取打造国际一流新型主流媒体的智慧与力量，进一步增强历史自觉、坚定历史自信、把握历史主动，对标习近平总书记提出的打造具有强大引领力、传播力、影响力的国际一流新型主流媒体的目标要求，以攻为守、主动作为，在全面建设社会主义现代化国家进程中展现总台担当。

《深度国际》作为一档在中文国际频道播出的节目，不仅仅是国际新闻的解析者，更需要凭借画面和声音形象地对重大的国际新闻事件做有背景介绍、有归纳预测的报道来权威性地还原事件的真实面貌，坚持用“西方”听得懂的方式，讲好中国故事，传递中国声音。对此，副制片人柳巧为深有体会：“《深度国际》这么多年的发展是必然性与偶然性的结合。没有人能真正说清楚《深度国际》的成功密码是什么，但可能我们的成功就得益于我们对自己的定位始终非常清晰。”承担媒体责任、站在传播前沿、传播中国声音、体现全球水准，这就是《深度国际》行稳致远的初心所在。

从功能看，在承担新闻传播功能的同时，《深度国际》同其他国际传播类节目一样，在“媒体外交”方面发挥着重要的作用，秉承国际传播工作的宗旨，在每一期节目的制作中都努力向世界展示中国视角、中国智慧和中国精神，展现中华文化的睿智思考、严谨态度和兼爱情怀，传递中国声音、展现中国风采和良好的中国形象。

《深度国际》作为观察世界、联通中国和世界的宣传窗口之一，天然带有中国视角。这体现在两个方面：一是基于中国关注。虽然世界范围内的重大事件层出不穷，无论是发生地域，还是时间频次，都没有什么规律。但是，我们在筛选主题时，还是会更加关注与中国相关的重点主题，比如重要双边关系、多边关系，重要地缘关系、地区组织，重大利益地区、重要利益关系、迫切利益话题……这些也恰是观众的关注重点。另一个则是立足中国视角。有些话题，可能乍看起来和中国没有直接而密切的相关性，但是我们对事件进行表达和表态时，自然要站在中国的视角、用中国的方式来梳理、分析、表达。立定中国视角，并不仅仅是服务国内观众或国内需求，也不会由此带来节目客观性、传播力和影响力的问题。观众反馈也证明，明确的中国视角，不但没有让全球范围内的观众“掉粉”，反而增强了节目的可信性和吸引力，在一定程度上，中国视角已经成为“真实的视角”“不同的视角”“公正的视角”的代名词，这也是节目一直努力的方向。

作为一档在央视播出、面向国际的节目，我们有权利也有义务在必要的时候毫不迟疑地从中国立场和国家利益出发。但我们这里的中国立场，并不是中国具体利益的等义词。栏目组上上下下在实践中不断体会的中国立场，是中国作为世界上最大的发展中国家，为了全人类的福祉、根据《联合国宪章》等世界公认的国际规则、站在世界和平发展的大局、秉持独立自主公平正义的外交原则，对世界发出的负责任的正义之声。在节目中，我们并不充当最终的法官，但我们会充分呈现当事人、当事国、利益方的真实处境、内在动机和合法权利，也站在全球和平与发展、人类命运共同体的高度审视事件，这样，反而更利于向世界展示一个有态度、有温度、讲道理、秉正义、可信赖、可亲近、有力量的中国，在重大国际问题和时间节点上传递中国声音，加强舆论引导，汇聚正义力量。

习近平总书记在中共中央政治局第三十次集体学习时强调，国际传播工作“要高举人类命运共同体大旗，依托我国发展的生动实践，立足五千多年中华文明，全面阐述我国的发展观、文明观、安全观、人权观、生态观、国际秩序观和全球治理观。要倡导多边主义，反对单边主义、霸权主义，引导国际社会共同塑造更加公正合理的国际新秩序，建设新型国际关系”。[①]《深度国际》这样一个平台，正是国际传播很好的试炼场。我们不但在观点上立场坚定、旗帜鲜明，在叙事上也巧妙使用对比、驳论等方法，通过当事国相关事件的历时比较、处理某一国际问题的国别比较，让事实说话，不证自明；我们也常常在揭露真相、批判丑恶中，自然而然地树立起正确的文明观、价值观，有破有立。正是在立定中国视野、站稳中国立场、阐扬中国理论中，《深度国际》逐渐找到了国际传播的意义价值与核心要素，并在不断探索完善中找到了国际传播的力量与自信。

坚定不移奉行独立自主道路的中国在不同的事件与议题上会秉持多样立场，但多样立场的背后有自己的基本原则，坚持人民至上、生命至上，关注人的生存权、发展权，关怀远方的苦难，倡导和弘扬和平、发展、公平、正义、民主、自由的全人类共同价值观，反对双重标准，反对“合则用不合则弃”的利己行为，推动建立共赢共享的世界政治经济新秩序，建设开放包容、共同繁荣的世界。《深度国际》从开播至今，从始至终都在贯彻这一原则立场，传承了中华民族“仁义礼智信”的传统理念，在栏目制作中强调包容性发展，互鉴互学，各美其美，既全面、清晰地向观众呈现了国际事件的发展脉络，又在讲中国故事时注重展示负责任大国的气度风范。

（三）连接国际受众

2021 年 11 月 18 日，俄罗斯总统普京签署总统令，授予中央广播电视总台台长慎海雄“友谊勋章”。俄驻华大使、俄多家主流媒体及机构负责人纷纷致电、致函表示祝贺。俄罗斯驻华大使安德烈·杰尼索夫在祝贺

① 《习近平在中共中央政治局第三十次集体学习时强调：加强和改进国际传播工作，展示真实立体全面的中国》，《中国广播电视学刊》2021 年第 7 期，第 1–2 页。

信函中强调，俄方高度赞赏慎海雄台长为积极推动、促进中俄交流所做的努力。一系列中俄媒体重要倡议得以落实和推进，总台丰富的节目内容有助于深化中俄友好关系并增进民众相互理解，崇高的友谊勋章是最好的证明。

慎海雄台长也一一复函感谢。复函表示，在中俄两国元首的掌舵领航下，两国关系进入了更高水平、更大发展的新时代，为当下纷繁复杂的国际形势注入了强大正能量。近年来，总台与俄罗斯多家主流媒体和机构真诚互信、志同道合，成为好朋友、好伙伴。相信通过共同努力，中俄媒体关系一定会行稳致远，助力中俄友谊之树更加根深叶茂。在台长的引领下，全台上下始终以促进国际民众交流交往为己任,《深度国际》当然也要全力以赴，为增进各国观众之间的互相了解，为各国友好合作贡献力量。

自说自话是一档国际传播节目的大忌。关注国际时事和国际关系，只能赋予节目国际新闻的属性，不等于能够实现国际传播的功能；面向全球传播，只能说明节目具有全球关怀、具备全球传播能力，不能说明就具有国际影响。海外受众的存在和反响，才是节目国际传播效果的见证。《深度国际》的播出，既要服务世界范围内的华人群体，也要顾及文化背景与中华文化差异较大的观众的收看体验。我们深信，质量优良的节目能够在世界范围内引起理智受众的深度思考，能够使他们跳脱出西方媒体多年设立的话语框架，拉近国际受众与中国这个文明大国之间的距离。

海外受众中，海外华人、华侨是我们的首要目标受众和服务对象，他们虽然旅居海外，却始终关注祖国发展、倾听中国声音，由于母语关系和文化血脉，节目可以无障碍被他们接收。海外受众中，当然也有很多的外国朋友，他们对中国充满好奇或者寄予期望，他们大多是节目的忠实观众，希望通过《深度国际》接触中国文化，了解中国国情，观察世界风云。海外声音一直是我们非常重视的，能够在全球范围内得到正向的反馈，更是对栏目组极大的鼓舞。

和平与发展是世界永恒的主题，真善美是人类共有的追求。尽管生活在不同的国度，也许还拥有不同的文化，但是“山川异域，风月同天”，对于和平的珍视，对于爱与尊严的尊重，对于繁荣和发展的追求，让世界各国的观众有了共同的关注和相似的观点。

通过国际受众的反馈我们也能看出，在发达国家之外，还有很多国家和人民渴望安全与发展；在强权之外，还有广大的民众爱好和平、维护正义。当他们通过我们的叙事，认清了事件的实质、认同了我们的观点，我们就会获得一种力量；当他们感慨“尽管真相在被西方掩盖，但至少在今天的东方得到了正本清源”，呼吁我们扩大传播，让更多国家、地区的观众能看到我们的节目、传播我们的声音时，我们因“不辱使命”而倍感自豪；在我们的岗位上、用我们的方式为塑造可信、可亲、可敬的中国形象、传播中国文化贡献了力量，也取得了一定的实际效果。

这些年，《深度国际》用实际行动践行着习近平总书记“要广交朋友、团结和争取人多数，不断扩大知华友华的国际舆论朋友圈”[①] 的国际传播思想，不断提高舆论策略和艺术。未来，栏目组也将始终沿着习近平总书记指引的方向前进，继续不断探索传播艺术，提高创作水平；开阔视野，拓展传播路径；广交朋友，进一步加强与海外观众的互动、联络；扩大影响，向世界广泛而深度地传播中国声音。

观众并不是一动不动的靶子，而在观众中培养“舆论领袖”也是《深度国际》在国际传播领域的尝试。在大众传播产生影响的过程中，“舆论领袖”起着至关重要的作用，媒体往往是先作用于“舆论领袖”，再通过他们作用于一般受众。我们不能绝对地说新闻类节目的受众往往是群众中的“舆论领袖”，但是关注国际时事的这些人，据我们各种了解，的的确确一部分人在各行各业有着极大的话语权与影响力。《深度国际》正是通过影响“有影响力的人”，进一步强化传播效果的。

媒体在国际传播中真正要做的，是找到一种有效的模式和方法，不但要让中国政府和中国人看了说好，还要让外国政府和人民相信、喜欢。而培养

① 《习近平在中共中央政治局第三十次集体学习时强调：加强和改进国际传播工作，展示真实立体全面的中国》，《中国广播电视学刊》2021 年第 7 期，第 1–2 页。

海外“舆论领袖”，借助他们在当地的影响力与亲近性为中国发声，比中国在普通外国观众面前自说自话更能够获得好的传播效果。

节目定位上，我们既要站定国际传播主战场，又要将传播战略落实好，做到有效传播。我们通过反复推敲，逐渐形成了《深度国际》今天的栏目样貌。我们不打高射炮，不对“空”言说，而是贴近外国受众，走到当地民众心中去，发挥“民间外交”的作用。同时，我们不局限于将国家电视台的栏目“标签化”，不务实创新，却“狐假虎威”，要把媒体本身作为主体，基于新闻传播的信息传播功能、形象塑造功能，发挥好国际频道突出的国际传播优势，充分展示出主流媒体栏目应有的使命与担当。国际传播，不能局限于传播中国文化，而是强调“人类命运共同体”理念，从利益共同、价值共同体上找到中外结合点，因时、因地、因事而异，寻找中西媒体的价值契合点，拉近与国际受众的心理距离。

三、栏目传播路径

《深度国际》作为一档在中央广播电视总台央视中文国际频道播出的栏目，诞生于传统媒体兴盛的时代，伴随着新媒体的成长与繁荣，与受众一起，在纷繁复杂的媒体环境中不断学习、不断更替，探索出一条适合自身的台网结合的发展道路，不断朝着技术化与全能化发展，在国际传播的舞台上多方尝试，大放异彩。

（一）媒介融合，跟随技术潮流

随着媒体技术的不断发展，信息的传播渠道发生了翻天覆地的变化，我国的广播电视产业也面临着巨大的挑战。国际视野之内，这种压力和挑战都普遍存在。传统媒体平台观众的流失、运营模式的桎梏、新媒体的冲击无不使得《深度国际》快速做出调整，以应对瞬息万变的媒体环境。

依托于中央广播电视总台央视中文国际频道，《深度国际》在微博、央视频 App 等新媒体平台都有大量的露出机会。传统栏目被搬上了移动端，观众不用再每天准时准点守在电视机前观看节目，取而代之的是随时随地即可浏览，甚至可以多次回顾。媒介融合的方式，打破了过去单一的传播路径。在新媒体平台上，图片、文字、音频、视频相结合的方式打通了媒介之间传播的界限，使得多维度、立体化的信息传播得以实现，形成了报纸、广播、电视、互联网等媒介相互融合的局面，新闻传播的手段更加丰富多样、信息传播的范围也更加广泛，大大提高了栏目的创新力、传播力和影响力。

新媒体的发展使得触及更多的受众成为可能，媒介融合技术的运用也给编导创意的实现带来了更多的便利。不再受限于媒介技术后，团队的创意也能够在更大程度上得以发挥，从内容到形式，栏目质量都得到了大幅提升，对于受众来说也更具吸引力。节目制作完成并发布后，在国内外观众群中也取得了不错的效果。互联网与新媒体的融合帮助节目整合了更多的资源，包括官方媒体和民间媒体在内，栏目的影响力在不断提高。

官方以新媒体运营平台作为切入点进行栏目的运营是传统媒体栏目经常会使用的方法。结合“大数据 +”，拓展节目内容的获取渠道，可以打造媒介融合下的基于正确舆论导向的信息传播盛宴。在新的传播时代，栏目宣传路径也得以拓展。在各类小程序上，《深度国际》根据不同的媒介特点灵活安排信息发布形式和语言风格，移动客户端的普及与使用也使得栏目发布的信息能够更加精准地抵达每位用户。并且，媒介融合以后，信息的单向传播性被大大削弱，进而转变为新媒体平台上的双向互动，观众能够与栏目组及时对话，便于及时解答观众疑惑、反馈意见、更新信息，拉进栏目与观众的距离。

媒介融合的思路也带来了内容生产方面的转变。过去，新闻从业者带有较强的主观性，容易根据个人经验设计节目内容和形式、自说自话。多媒体技术介入以后，多维数据分析为编导确定选题提供了更多的科学依据；栏目受众的年龄、性别、行业、地域等属性也依托数据得到了更为全面的判断；节目发布后，栏目组追踪传播路径、分析搜索热度、把控社会观点也更加高效，从而做到及时引导、增加观众的认可度、收获更大范围的信任。

2021 年 12 月 4 日，中央广播电视总台党组理论学习中心组集体学习研讨了党的十九届六中全会精神。慎海雄台长在讲话中指出，总台全体党员干部群众要在宣传阐释全会精神上不断深化拓展，充分发挥总台融合传播优势，推动全会精神“飞入寻常百姓家”。要策划推出更多有分量、有影响力的深度报道、时政微视频、系列特稿、特别节目，把全会提出的重要思想和重要论断讲深入、讲透彻，深刻揭示党百年奋斗蕴含的理论逻辑、历史逻辑、实践逻辑，全面反映各地区、各部门学习宣传贯彻全会精神的生动实践，推动全会精神宣传报道不断走深走实。要在不断深学笃行的基础上，牢牢把准政治方向和舆论导向，坚持正确党史观、树立大历史观，准确把握党的历史发展的主题主线、主流本质。要瞄准年轻受众群体和新媒体舆论场，灵活运用H5、动漫、Vlog等年轻人喜欢看、听得懂的形式，推出更多接地气、有灵气、能共情的融媒体产品，从小切口讲好新时代的大变化，用生动鲜活的故事讲好新时代的“硬道理”。这是总台栏目的整体调性，更是《深度国际》一直在贯彻落实和努力的方向。

（二）借船出海，拓展国际影响力

节目的创办源自国家、社会的种种需求，是对时代命题和国家战略的一种回应。如何向世界说明我们的价值观，说明我们的理论、道路、制度，已经成为对外传播工作最重要的使命，这也是《深度国际》从诞生的那一刻起应该担负的责任。国家的地位、实力、影响，就是国际传播工作的地位、实力、影响；国家的关切、视野、格局，就是国际传播工作的关切、视野、格局。中国的高度，就是国际传播的高度。强大的祖国、先进的理念、宽阔的胸怀、进步的态势……这都必然成为作为国际传播工作队伍一员的《深度国际》的质的规定。

海外媒体是我国国际传播过程中的主战场，同时也是硬骨头。由于语言没有英语普及、传播技术尚不成熟、海外平台入场较晚等诸多客观问题，我国在海外媒体平台的影响力较之西方媒体仍处于相对劣势的地位。YouTube“CCTV4中文国际频道”是中央广播电视总台央视中文国际频道在海外社交平台上开设的官方账号，在我们自身的海外平台尚未获得大规模关注与认可的时候借助相对已较为成熟的海外平台扩大影响力是对外传播的不错选择。

立场鲜明并不会降低《深度国际》的专业性和客观性，反而增强了节目的权威性和代表性，体现了《深度国际》深度介入舆论工作的能力与勇气，显示了团队敏锐的判断力、强大的战斗力，展现了国家级媒体、品牌节目的担当和实力。立意正、内容实，形式生动、新颖，整体上与国际语态对接、与普遍心理吻合，这也正是对我们提倡的文化包容性的有力实践。唯有如此，我们才能更好服务外宣工作大局。

过去我们的对外传播主要是单向灌输，目的性较强，大多强调中国的成就等光彩的一面，在西方的话语体系下有时会显得过于被动，“中国威胁论”甚嚣尘上，无力澄清西方媒体对我国的歪曲。如今的国际传播更加强调双向互动、在舆论环境下占据主动。在海外社交媒体平台第一时间发出中国声音是我国对外传播“航母集群”的重要一环，《深度国际》的海外账号也在这方面做了大量有益的尝试，取得了较好的实践效果。同时，在对外传播时也要更加考虑国外受众的喜好，深入研究国外不同受众的文化传统、价值取向和接受心理，因地制宜，使中国文化不但能“走出去”，而且能“走进去”，走进受众的内心。

打入海外市场绝不是一朝一夕就能达成的，《深度国际》还有很长的路要走。适用多终端、善用大数据、立足多场景、追求高智能，以一国一策（针对不同的国家采用不同的传播方式，因地制宜，达到最佳传播效果）为原则、以精准化为特征，栏目团队也在不断摸索中寻找规律、总结规律，实现传播效果最大化。

（三）平台建构，打造多维传播体系

借船出海看似省力，却不是长远之举。我们在对外传播过程中不仅要借船出海，更要造船出海，提升我们自身平台的国际影响力，凭借专业、真实、客观赢得更多国家受众的喜爱与支持。

《深度国际》依托中央广播电视总台这个高端平台，在总台自建的网站与客户端上不断进行优质内容的产出，在这样一个信息聚集和交换的高质量平台，更要善于利用平台借智聚力，把各方优质资源融汇在一起，取得多方合力的溢出效果，把传播专业性转化为信息加工的专业性和权威性。

目前，在央视网、央视频等网站和其他视频平台都能够及时收看《深度国际》。这也方便了栏目组及时关注网络上的评价以及建议，便于编导及时了解收视情况，关注用户反馈和相关需求，将其作为节目改进的重要参考意见。

《深度国际》在年轻人中也有自己的市场，这是多维传播体系带来的机遇。我们知道，互联网受众多为年轻人，有时候受教育程度不高，电视新闻类节目的受众则往往年龄更加成熟、受教育程度也相对较高。但网络热度改变了我们的这一“偏见”，互联网一族也应成为我们的目标受众。在过去传统媒体的时代触及年轻受众是十分困难的，但在今天成为可能，并且让我们知道，面对年轻受众，严肃类内容依旧大有可为。

《深度国际》是一档能够让人“深阅读”的节目。我们处在一个“浅阅读”的时代，碎片化、短平快是这个时代的阅读特征。作为一个时长在30分钟以上、特别节目动辄45分钟乃至一个小时的“大部头”，还要引导观众去弄清来龙去脉、明辨是非、进行深度思考，在短视频流行的移动端口上，还能有如此大量的“粉丝”，这是令人惊喜的。值得看下去、能够看下去、可以看进去，这是互联网对我们的一种要求，能满足这一要求对我们是一种极大的褒奖和鼓励，也将成为我们创作的一种基本指标。

专业性是《深度国际》凝聚观众的核心竞争力，网友反馈的“分析到位、观点清晰、角度多元”“理性、透彻、专业”“深度”，正是节目的定位、追求，也是节目的特质和关键，无论是传统电视受众群体，还是互联网受众群体，这是被普遍认可和接受的，需要坚持下去。可读性是《深度国际》吸引年轻受众的着力点，网友反馈的“有理、有力、有节、好看”“温度”等节目的叙事风格和表达技巧，也是节目可读性之所在。《深度国际》在坚持专业性的同时，要进一步在节目的可读性上下功夫，这是扩大国际传播、拓展跨媒体传播的关键所在。互联网平台的搭建及其上受众的反馈，让《深度国际》看到了未来发展的坚实基础与进步方向，也为栏目组带去了希望与信心，向着下一个十二年继续耕耘。

第二节　做有思想的国际新闻

加拿大学者英尼斯指出，当 11 世纪初国与国之间开始交流的时候，国际传播就已经存在了。如果说随着信息技术的发展，各国的交流交往愈加频繁，那么媒体在这一过程中则扮演着传声筒的重要角色。段鹏在《传播学基础：历史、框架与外延》一书中为国际传播下了一个简单的定义：超越各国国界的传播，即在各民族、各国家之间进行传播。[①] 我国媒体的国际传播研究前身是 20 世纪 70 年代末开始的对外报道与对外宣传研究，当时最早的一批研究人员基本上来自新闻媒体单位和主管宣传工作的部门，他们将在外宣工作中的感性认识上升为理性认识，形成了中国第一批研究对外报道的论著。随着西方传播学自 80 年代进入中国，原先研究新闻学的一批学者开始分化，独立出一批专门研究传播学的学者。他们将传播学的原理应用到对外宣传报道方面，其中最具有代表性、至今仍具有重大参考和借鉴价值的，就是被誉为“我国的对外传播理论建设的第一块基石”的段连城 1987 年出版的《对外传播学初探》。[②] 到了 90 年代，中国媒体的对外报道、外宣工作才真正开始与国际传播学接轨，吸引了大批研究国际政治、外交学、国际经济学、文化学的学者加入，扩充了国际传播的队伍，也奠定了国际传播学在中国的学术兴盛局面。

作为对外传播工作队伍的一分子，《深度国际》自开播以来始终牢记外宣工作的使命与责任，栏目组试图在新闻业务的开展、传播策略的运用以及

---

① 段鹏:《传播学基础：历史、框架与外延》(第二版)，中国传媒大学出版社，2013，第 97 页。

② 魏秀堂:《对外传播理论研究的初步成果》，“传媒产业化发展与传媒理论创新高峰论坛”，2005 年 4 月。

根据受众反馈及时调整节目内容的过程中，通过实践的积累与反馈，不断加深对国际传播理论的理解，深度挖掘国际新闻，把握恰当切口，有针对性地回应海外普遍关心的热点、难点、疑点、问题，面对千差万别的国外受众，做到“内外有别”“外外有别”，向世界宣介、解读真实的中国。

一、国际新闻业务

新闻媒介自身的阶级属性与立场倾向决定了它对客观世界的反映并非机械式摹写，而是价值涉入式关照。在新闻的选择处理过程中，媒介通过议程的设置、素材的框限与信息的把关向观众展现出媒介环境下的真实。

（一）议程设置

柏拉图在《理想国》中有一个著名的“火焰囚徒”隐喻：山洞中背对火焰的囚徒错把墙上投射的影子看作了现实的存在，而对影子的形成原因毫无知觉。李普曼《舆论学》中也有如此论断：新闻媒介影响我们头脑中的图像。这是议程设置理论的雏形，指出我们看到的“事实”只是媒介设置的拟态环境，并不是事实的本质。

议程设置理论最早由美国传播学家 M. E. 麦库姆斯和 D. L. 肖在进行教堂山和夏洛特两项实证研究后，于 1972 年在论文《大众传媒的议程设置功能》中提出。[1] 该研究阐述了 1968 年美国总统选举期间媒介报道对选民的影响。麦库姆斯和肖认为，大众传播具有一种为公众设置“议事日程”的功能，传媒的新闻报道和信息传播活动以赋予各种“议题”不同程度的显著性的方式，影响着人们对周围世界的“大事”及其重要性的判断。德弗勒指出：“议程理论认为，新闻媒介提供给公众的不是世界的本来面目，而是新闻媒介的议程——是对世界上发生的事件有选择地报道。提出议程理论的人试图

① Maxwell E. McCombs and Donald L. Show, “The Agenda-setting Function of Mass Media” , *Public Opinion Quarterly* 36 (2), 1972.

描述和解释：（1）消息是怎样选择、编辑和提供的——所谓的‘把关’过程；（2）产生议程；（3）这一议程对公众的影响（研究人们对新闻媒介报道的问题的重要性的看法）。”①

议程设置是大众媒体所具有的重要功能和影响舆论的主要方式之一。媒体的新闻传播活动，实质上是一种选择活动，是对发生在客观世界的各种新闻事件进行取舍的过程。从表面上看，媒体的议程设置活动是媒体内部记者、编辑个人的选择活动，他们个人观念、知识会影响他们对于新闻议题的选择，而实际上，对于专门从事大众传播的媒体而言，传播是一种组织性活动，因而，媒体的对外传播活动受到组织机构的大原则和新闻从业者的小原则的双重影响。

媒体不仅可以告诉受众想什么，也可以通过议程属性设置引导他们怎么想。越来越多的传播现象表明，国际传播的基本功能不再是简单地告诉受众世界上发生了什么，它更注重告诉受众，当今世界上最重要的事情是什么。②议程设置为受众提供了一个认识与把握现实世界的框架与标准。人们认识世界的一个目标是将一个纷乱的、复杂变化的客观世界纳入一个有序进行的主观世界，以消除不确定性。议程设置内含的框架、标准，是人们认识活动的逻辑起点。对于受众而言，认可一家媒体的新闻报道，不仅仅是认可其所提供的信息，更是要首先接受媒体的议程设置以及这种背后的标准、框架和组织方式。③正如传播学者们所指出的："受众判断一个主题是否重要，主要看媒介对该主题的重视程度。"④国际传播议程设置在这一环节的决定性力量就得到了淋漓尽致的彰显。每年各大新闻媒体都会推出年度重大国际新闻，议程设置就成了媒体竞争话语权的关键。

---

① 李彬主编《大众传播学》，中央广播电视大学出版，2000，第 252–253 页。

② Patrick O. Heffernan, *Mass Media and American Foreign Policy*, Ablex Publishing Corperation, 1991.

③ 吴立斌:《中国媒体的国际传播及影响力研究》，中共中央党校，2011，第 227 页。

④ 刘继南:《国际传播与国家形象——国际关系的新视角》，北京广播学院出版社，2002，第 67 页。

随着全球化时代的到来，议程设置理论也有了更加丰富的发展。今天，人们获取外部世界信息的手段完全被国际传播工具垄断了。即使是很多外交政策的决策者们，他们得到世界范围内的第一手信息主要也是通过媒介完成的。传播学者 Patrick O. Heffernan 的研究就表明，美国外交决策者们收看电视的时间增多了，从电视媒介获取信息的比例也增多了。①

为了避免在重大国际新闻报道中被全球媒体设置议题和操纵，我国的媒体要通过增加一手信源、信源的多样化、选题的多样化，提高国际新闻报道的质量，确保新闻报道的平衡性、对称性、全面性和真实性。同时充分发挥本国主流媒体的主力军作用，加强传播矩阵建设，如门户网站、客户端、海外社交媒体账号等，在重大事件上密切配合，联动转发，引导国际舆论朝有利的方向发展。此外，还要争取海外"舆论领袖"的支持，打造第三方话语同盟，充分发挥他国宗教领袖、政治领袖等的人际传播说服力。

（二）新闻框架

在大众传播的所有信息中，新闻（news）是公共性、公益性最强的信息，这是因为新闻是人们判断环境变化并采取环境适应决策的主要信息依据，新闻报道涉及最广泛的公众利益。然而，既往的新闻学和传播学研究都表明，大众传媒的新闻报道并不是对现实的"镜子式"反映，而是根据一定的新闻立场和新闻价值标准对各种事实进行取舍选择和加工的过程，这个过程，实际上也是对现实世界及其意义的一种重构或者"建构"。② 新闻框架（news frame）理论就是研究媒介怎样通过新闻报道"建构"现实以及这种"建构"受哪些因素制约等问题。

"框架"（frame）作为考察人的认知与传播行为的学术概念，最早见于人

① Patrick O. Heffernan, *Mass Media and American Foreign Policy* (Ablex Publishing Corperation, 1991).

② 郭庆光:《传播学教程》(第二版)，中国人民大学出版社，2011，第 208 页。

类学家 G. 贝特森于 1955 年发表的论文《一项关于玩要和幻想的理论》[①] 中。在这篇文章中，框架指的就是如何理解传受双方相互约定的符号的诠释规则。对新闻框架研究产生了直接影响的，是社会学家 E. 戈夫曼。在他 1974 年出版的《框架分析》一书中，戈夫曼为框架做出了这样一个定义："框架指的是人们用来认识和阐释外在客观世界的认知结构，人们对于现实生活经验的归纳、结构与阐释都依赖一定的框架，框架使得人们能够定位、感知、理解、归纳众多具体信息。"[②]

20 世纪 80 年代开始，框架理论开始引进到新闻与传播研究领域，并由此诞生了"媒介框架"（media frame）和"新闻框架"（news frame）两个学术概念。媒介框架即媒介机构信息处理的组织框架，它适用于多种类型的媒介信息生产和传播过程的研究。这个概念应用于新闻的选择、加工、新闻文本和意义的建构过程的研究，则称为新闻框架。D. 桑德斯对媒介框架就曾做出过解释："媒介生产者常用媒介框架构建媒介产品与话语，……媒介框架能使新闻记者对错综复杂、常常矛盾的大量信息进行迅速而例行的加工与'打包'。因此，在对大众媒介的文本进行编码的过程中，这些框架就成为一个重要的制度化环节，而且，在形成受众的解码活动上还可能发挥某种关键性作用。"[③]

美国学者甘姆森指出"框架"一词是动词和名词的复合体，因而可以从这两个视角对这一概念加以理解。首先，作为动词的框架是指框架的建构（building frame），指代人们用框架来解释外部世界，进而构建意义；其次，作为名词的框架指代界限（boundary），这其中包含有取舍的含义，指代人们所观察到的客观事物的范围，只要是处于界限以内的客观事物，都成为人们

① G. Bateson,(1955), "A Theory of Play and Fantasy , " in *Steps to an Ecology of Mind*, pp. 138–148, London: Jason Aronson Inc., 1972.

② E. Goffman, *Framing Analysis*: *An Essay on the Organization of Experience*, New York, Harper and Row, 1974, p. 21.

③ T. Gitlin, *The Whole World is Watching:Mass Media in the Making and Unmaking of the Left*, Berkeley, University of California Press, 1980, p. 6.

认知客观世界的一部分。[①]

我国学者潘忠党则认为对媒介框架的理解可以从四个维度入手：第一，新闻报道中消息文本的组织方式；第二，新闻媒体从业者对具体事件或议题在不同层面或者对不同内容的凸显程度；第三，新闻媒体从业者在进行新闻报道时遵循的基本原则或者价值观；第四，存储在新闻媒介的个体记忆之中，并在个人语言中进行沉淀的思维模式。[②]正如美国学者托德·吉特林所言，对于大众传播媒介来说，无论是哪个层面的媒介框架，都为新闻从业者快速识别、处理、包装信息提供了保证，使消息更有效地传递到大众面前。[③]

框架理论为研究新闻报道内容提供了方法指导，它不仅仅与形象以及刻板形象的建构、文化和意识形态等密切相连，更是一种将各种社会要素融合在一起的“意义阐释图式”。它不仅仅指代新闻从业者对信息的选择和再组织的手段，也包括了对意义的建构和对符号的诠释。[④]因此借助框架理论，不仅能够更好地帮助《深度国际》在国际传播过程中理解传播规律，而且能给栏目组提供多元的视角解读历年节目内容的编排以及为往后每期节目的策划提供理论支撑。

（三）“瞭望者”与“把关人”

著名报人约瑟夫·普利策说:“假使国家是一条船，新闻记者应是站在船头上的瞭望者。”《深度国际》，就是在纷繁复杂的国际环境中的瞭望者，带领栏目的海内外观众，在瞬息万变的国际局势中，厘清事件脉络，把握时代脉搏，向世界提供中国视角与中国解读，为观众提供够专业、有深度的国际新闻。

传播者在传播过程中负责搜集、整理、选择、处理、加工和传播信息，

---

① 张洪忠:《大众传播学的议程设置理论与框架理论关系探讨》,《西南民族学院学报（哲学社会科学版）》，2001 年第 10 期，第 88–91 页。

② 潘忠党:《架构分析：一个亟需理论澄清的领域》,《传播与社会学刊》, 2006 年第 1 期。

③ 托德·吉特林:《新左派运动的媒介镜像》，张锐译，华夏出版社，2007，第 10 页。

④ 陈玮:《美英主流媒体呈现的西藏形象研究》，上海交通大学，2017，第 16 页。

因此，他们被称为信息的“把关人”，他们的这种行为被称为“把关”。最早提出“把关”这一概念的，是传播学四大先驱之一的社会心理学家卢因。1947 年，卢因在《群体生活渠道》一文中首次提出“把关”（gatekeeping）一词，该词来源于英文的“守门人”（gatekeeper）一词。他将传播者比喻成守门人，指出信息的传播网络中布满了把关人，这些把关人负责把关，对信息的流通进行筛选和过滤。[①]1950 年，传播学者怀特在其成果的基础上，将“把关人”理论正式引进新闻传播领域，他通过实验证明新闻传播中“把关人”的切实存在，确立了信息筛选的把关模式理论。

把关学说的提出，宣告了西方新闻传播界奉行的客观原则的破灭。各种媒介是报道新闻必不可少的“把关人”，媒体从业者面对极为大量的信息必然要按照一定的规则进行选择。而“把关人”的功能，就是帮助受众决定哪些事件和问题更值得他们关心并加以注意。

专业媒体不仅仅是新闻和咨询以及服务的重组者，更是链接人和发布平台。把握内容广度，快速整合各方资讯，在多种载体上获取信息，针对不同的受众分配不同的新闻信息，以及培育不同的新闻增值产品，是专业媒体从业者在新闻生产环节需要做到的内容。同时，媒体从业者也是新闻和信息的解读分析者，提高内容深度与高度，承担对新闻背景、宏观政策、突发事件、社会现象的解读和解析，正本清源，求真务实，引导社会舆论，引导人们探求事物的本源，以此提高受众对专业媒体整合、诊释信息的依赖程度也是他们在工作中需要做到的。除此以外，专业媒体也是公共新闻的推动者与多方角色的沟通桥梁。他们倡导关注公共领域中的公共事务，鼓励民众的广泛参与，通过媒体搭建平台，促成政府、媒体、公众之间的交流与沟通，共同探寻公共问题的解决之道。

在网络传播时代，“把关人”依旧存在。在信息生产与发布环节，核心“把关人”依旧是传统媒体。《深度国际》能够为观众提供的，就是在信息爆

---

① 休梅克:《大众传媒把关 Gatekeeping: 中文注释版》，张永华注释，上海交通大学出版社，2007 年。

炸、鱼龙混杂的当今世界中，通过专业媒体的素养与多年实践经验，利用最新技术与最前沿的研究成果，以通俗易懂的方式呈现复杂的国际事件。

《深度国际》在节目制作过程中有着多重把关。新闻从业者在筛选新闻信息的时候就会凭借多年积累的专业素养对选题与节目内容进行严格把关；同时，每期节目还会邀请相关领域的专家学者进行把关，保证节目的出品质量。专家学者们的加入也从另一角度反映了节目的可信性和科学性。中国社科院西亚非洲所研究员、中东问题专家殷罡撰文说:“由于后期制作很费事,《深度国际》播出的节目一般都是一周前录制的，这样就存在着一个风险，即节目播出的时候，事态已经有了新的发展。为了使节目不显得滞后，不让已经看过相关新闻报道和直播节目的观众感到失望，无论是节目编导还是受访嘉宾都要多费一番心思。费心思不是选用大而化之的套话和空话分析局势的三种可能走向，而是在尽可能充分了解事态发展动向和相关背景的基础上，依照特定事件发展的特定规律做出有根据、有把握的单一预判。这种预判有时候显得太大胆、太不留余地，但经过大家共同努力，大话落空或预判失误的情况基本没有出现过。这是《深度国际》的一个长处，也是它有必要继续存在的资本之一。”刁大明说:“作为一个戴着时效性镣铐的录播节目,《深度国际》整体做到了扬长避短，基本还是涵盖到某个固定的时间段内相对比较受大家关注的一些问题，也会有一些比较深入的探究。”

《深度国际》还建立了一套自己的专家表达模式。从开播以来，节目就逐渐搭建起了专家智库，他们年龄大多保持在40—50岁之间，有着丰富的人生阅历和深厚的学术功底，专家主要来自中央党校、清华大学、北京大学、中国人民大学、中国社科院等，还有海外的马德里大学、英国女王大学国际部等；就研究领域而言，他们分别是中东问题、反恐问题、俄罗斯独立军事问题、朝鲜半岛问题、美国问题等方面的专家，有能力做到“术业有专攻”，对相应事件做出专业性的剖析。同时，栏目组邀请国际问题研究专家对事件作评议时，不是为了树立专业权威，而是让他们成为叙事的一部分，提供借鉴，做出引导，帮助观众打开思维，使其有意识地去往深处挖掘事件。为了避免专家意见过多干涉观众的独立思考，编导们也会巧妙地控制相关内容的时长和比例，一般只在事件的关键处才插入专家评议，帮助观众理清扑朔迷离的事件脉络。

二、国际传播策略

国际传播是具有政治性的，它与国家或民族利益紧密联系在一起。国际传播充满着各个国家或民族利益的矛盾、冲突、妥协以及合纵连横的关系。在各种各样的国际机构中，传播主体大多是以国家社会的代表的身份出现的，而大众传媒的国际报道也都服务于本国利益。[①] 日本学者生田正辉指出：“国际传播的首要特征，是它与政治有着极为密切的关系，它是一种由政治所规定的跨国界传播。”[②] 在世界传播渠道被欧美国家强力把持的局面下，如何打破西方媒体固有的话语框架，在世界观众面前，用国际化的表达方式，以中国视角，展现真实、鲜活的中国，成为《深度国际》栏目建设的重中之重。

（一）信息传播技术

二战后，以美国为首的西方发达国家，在冷战的国际态势中为了与社会主义相抗衡，一方面从政治经济上对发展中国家进行控制，另一方面则尽力从文化思想上进行渗透，其间特别借助了大众媒介的强大影响。与此同时，以前的殖民地国家则纷纷独立建国，第三世界国家的自主意识逐渐加强，并与西方支配的意识发生激烈的碰撞。到 20 世纪六七十年代，甚至引发了一场全球性的“世界信息与传播新秩序”运动，形成了一大批世界性合作组织，如发展中国家的不结盟运动、联合国教科文组织等，与西方发达国家展

① 郭庆光：《传播学教程》（第二版），中国人民大学出版社，2011，第 229 页。
② 生田正辉：《国际传播研究》，《信息通信协会会刊》1985 年第 4 期，第 11 页。

开文化与传播的竞争。①

全球传播的出现与跨国传播科技的发展和全球信息化的进程密切相关。卫星通信技术、跨国广播电视、互联网等媒介的发达和普及，形成了一个全球性的信息传播系统。它们所带来的，是远距离传播的信息量与质的飞跃，以及不同国家、民族和个人之间的跨国界信息交流的普遍化和日常化。②

全球传播的另一大现象，就是新闻流动的失衡。自20世纪70年代以来，这就一直是发展中国家担忧的一个问题。20世纪90年代初，西方的四大通讯社——美联社、路透社、法新社、俄塔社（苏联的塔斯社）——控制着世界上的绝大部分的新闻流，每天出稿3000万字左右；其次的五家主要通讯社每天仅占109万字。③

传播是意图的表达，也是权力的话语。就在中国综合国力不断提升的同时，“中国威胁论”也一时甚嚣尘上。针对中国的这些偏见，固然部分源于中西历史文化、制度差异而带来的文化误读，但也离不开“边缘—中心”式的国际信息传播格局的影响。

全球通信是西方权力最重要的当代表现形式之一。在舆情引导民意、民意推动外交、外交影响内政的时代，信息传播成为国家战略的一部分，信息传播能力，是切实帮助其提高对国际事务决策权与话语权的关键，也是维护国家权力的重要手段。国际关系理论自由主义流派的代表人物约瑟夫·奈与基欧汉就曾指出，如果一个国家能够使其权力在别人看来合法，能够建立鼓励别人以和平共存的方式限定其利益的国际制度，那么，它或许就不需要像传统的经济或军事资源那样花费许多的成本。在信息时代，民族国家将更少依赖物质力量建构政治的能力，而更多依赖在丰富、大量的信息前在大众面

① 段鹏:《传播学基础：历史、框架与外延》（第二版），中国传媒大学出版社，2013，第101页。

② 郭庆光:《传播学教程》（第二版），中国人民大学出版社，2011，第230页。

③ Howard H. Frederick，*Global Communication & International Relations*，Cengage Learning, 1993.

前保证可信度的能力。中国自改革开放以来在各个领域均取得了高速发展，但仍未彻底改变世界对中国“落后”“专制”的错误印象。因为在以西方媒体为主导的“边缘—中心”信息传播格局之下，中国故事、中国声音有时候并不能激起多大的浪花，反而像“中国威胁论”等妖魔化中国的言论有时会占据着极大的市场。可以说，中国综合实力的中心化与信息传播的继续边缘化之间的“剪刀差”，反而会使得世界对中国的误读愈演愈烈。

当今世界依旧反映出这样的信息传播模式，国际信息传播格局整体上仍呈现“西强东弱”的局面。尽管中国有效应对 2008 年金融危机，在解决全球性问题上扮演了不可或缺的角色，并通过北京奥运会进一步与国际社会进行了前所未有的交流与互动，使得国际社会已逐步普遍接受中国的正面国家形象，而且通过主动提出理念和倡议，也已经产生了主动型的国际影响力，但是，西方国家仍会不时对我们进行无端指责。这其中有两部分原因：第一，西方利用既有话语权优势，持续努力构建有关中国的负面议题，这些努力也影响了其他发展中国家眼中的中国形象，在不平衡的国际信息传播格局下，全世界都不得不借由西方的“瞳孔”来观照彼此，无法看到全面的事实；第二，中国的国际传播能力与软实力建设尚未与经济领域取得的成就相匹配，国际信息传播格局中既有的西方霸权仍然存在。实际上，实现中华民族的伟大复兴，走向世界舞台中心，与之相匹配的国际传播能力是不可或缺的一环。

直至今日，全球数字鸿沟问题依然存在，世界各地人们媒介素养参差不齐，网络信息真假难辨，维护我国网络信息安全、信息主权，加快构建网络命运共同体，都需要维护世界信息秩序平衡。《深度国际》的出现，也是在信息洪流中做出的栏目化努力与尝试。尽管从技术层面，信息传播渠道不足依旧是我国对外传播的一大痛点，但实践中越来越高质量的内容、真实客观的立场，都推动着我们在世界舞台上不断亮相，打造属于我们自己的话语平台。

（二）国家形象建构

在国际舆论环境依然被欧美强势媒体把持的客观情况下，如何构建客观公正真实的中国形象就尤为紧迫。过去很长一段时间，中国的国家形象由西方媒体任意涂抹，我国媒体在国际舆论中基本没有声量。政治层面，在西方国家运用洗牌作弊等宣传技巧歪曲中国形象时，我们必须发出自己的声音，国家形象必须由自己来建构，否则难以掌握国际政治话语权。经济层面，良好的国家形象也能使本国更好地与他国合作，融入全球经济合作与竞争。

国内外比较一致的看法是，国家形象主要取决于两大因素：一是国家的自身实力和行为，二是信息传播，尤其是国际传播所产生的效果。比如，孙有中认为，“国家形象是一国内部公众和外部公众对该国政治（包括政府信誉、外交能力与军事准备等）、经济（包括金融实力、财政实力、产品特色与质量、国民收入等）、社会（包括社会凝聚力、安全与稳定、国民士气、民族性格等）、文化（包括科技实力、教育水平、文化遗产、风俗习惯、价值观念等）与地理（包括地理环境、自然资源、人口数量等）等方面状况的认识与评价，国家形象在根本上取决于国家的综合国力，但并不能简单地等同于国家的实际状况，在某种程度上是可以被塑造的。”[①] 美国的政治学家肯尼思·博尔丁则认为，“国家形象是一个国家对自己的认知以及国际体系中其他行为体对它的认知的结合；它是一系列信息输入和输出的结果，是一个结构十分明确的信息资本”[②]。国内外学术界对国家形象内涵、本质的认知还处于不断深化、不断争论的过程中。基于研究的需要，目前许多人往往还是“倾向于传播学意义上的形象定义，在此意义上，国家形象被理解为社会公众对一国的基本印象与总体评价，社会公众既包括国际公众，也包括国内公众。就其本质而论，国家形象是一国可观的无形资产或软实力的重要组成部分”。[③] 学者们普遍认为，良好的国家形象，对内能促进本国的政治、经济、文化、社会等各个方面的发展，对外能促进与其他国家、与国际社会的友好关系。

---

① 孙有中:《国家形象的内涵及其功能》,《国际论坛》2002，第 3 期。

② Kenneth E. Boulding, “National Images and International Systems,” Journal of Conflict Resolution June, 1959, Vol.3, No.2, p. 122. 转引自刘朋:《国家形象的概念：构成、分歧与区隔》，载《亚洲传媒研究》(2008)，中国传媒大学出版社，2009，第 124 页。

③ 吴一敏:《中国国家形象及其定位研究综述》,《经济师》2012 年第 5 期，第 9–10、14 页。

国家形象的建构研究主要体现在对国家形象建构的主体、方式、手段及渠道的探讨。对于主体，程曼丽认为，“国家形象塑造不是一种特殊的业务和专属的职能，而是一项由上到下的系统工程，需要全方位的参与，其主体不但包括政府主导者，还应包括企业和全体国民。”① 关于国家形象的建构手段，李正国认为有以下几方面：政治影响力、军事力量、经济援助、公共外交、政治传播、文化逆差、借势成事。② 罗建波则强调了文化作为“软实力”因素的重要性，认为文化可以通过影响和改变对方的观念和价值取向获取对方对自己的理解和认同。③ 关于建构渠道，周明伟认为应该包括以下七个方面：媒体日常报道、外交和政策、体育和国际会议以及大型仪式活动、产品与品牌、双向旅游、教育与留学。④ 在中国国家形象塑造和传播的具体研究方面，吴友富认为，经济形象、安全形象、文化形象、政府形象和国民形象不仅是中国立体国家形象组合中不可或缺的重要侧面形象，也是塑造和传播国家形象的重要手段。⑤ 同时他指出，国家形象的塑造和传播应该是国家战略层面上的整体式构建，要从战略定位、战略规划、战略整合以及战略公关等诸多方面，探讨中国国家形象建构路径。⑥

国际传播不是一个技术范畴，甚至也不局限于传媒的语域，而是由复杂的国际政治、经济、文化乃至军事、外交因素综合在起作用。作为奋战在国际传播一线的新闻工作者，《深度国际》对中国国家形象的重要性体会深刻。长期以来，中国的国际形象，很多是由以美国为主的全球信息传播体系来塑造的，他们凭借强大的经济、政治、军事、科技等实力，塑造并强加在我们

---

① 程曼丽：《大众传播与国家形象塑造》，《国际新闻界》2007 年第 3 期，第 5–10 页。

② 李正国：《国家形象构建：政治传播及传媒影响力》，《现代传播》2006 年第 1 期，第 157–159 页。

③ 罗建波：《构建中国崛起的对外文化战略》，《现代国际关系》2006 年第 3 期，第 33–37 页。

④ 周明伟：《国家形象传播研究论丛》，外文出版社，2008。

⑤ 吴友富：《中国国家形象的塑造和传播》，复旦大学出版社，2009，第 6–13 页。

⑥ 吴友富：《战略视域下的中国国家形象传播》，《国际观察》2012 年第 4 期，第 1–7 页。

头上一系列的丑陋形象，从19世纪的“黄祸论”“睡狮论”，到20世纪90年代开始的“中国威胁论”“中国崩溃论”等，到21世纪后“强大但不确定”的毁谤，以及频繁在人权、环保、海洋争端、知识产权等方面的挑衅，妄图把谋求和平发展、致力于构建人类命运共同体的中国“妖魔化”为一个追求强权、破坏规则的负面形象，为中华民族的伟大复兴设置障碍。在全球舆论场上，中国媒体的声音常常被忽略和掩盖，能够发挥的作用是有限的，与我们的政治经济实力不相匹配。

总体而言，新中国成立以来的国家形象建构经历了三个阶段：第一阶段是1949—1978年，重点建构的是“红色中国”的形象；第二阶段是1979—2008年，重点建构的是“开放中国”的形象；第三阶段是2009年至今，重点建构的是“全球中国”的形象。① 回望70年,“红色中国”“开放中国”“全球中国”的更新迭代串联起新中国形象再建构的主线，既绘出了中国人民在党的领导下完成从“站起来”到“富起来”再到“强起来”的奋斗轨迹，也融入了几代外宣工作者与时俱进、锐意创新的激情与智慧。国家媒介形象建构要与社会真实一致，才能提高说服力。国家的媒介形象离不开国家的实体形象。在对外传播中，应该尽量展现有血有肉，有优点有缺点，有成绩也有失误的真实中国，令海外传播中的中国形象更具有真实性、可信性和权威性。这样，一方面可以消除别国疑虑，展现中国对于合作的真诚，鼓励各国与中国共同打造未来的利益共同体，另一方面也是为了不给西方媒介抹黑中国留有可乘之机。

在国际传播中发出中国声音，既是中国形象的塑造和传播，也是中国形象的一部分。奋斗在国际传播一线的《深度国际》，深知国家形象是国际社会对一国的整体认识和综合评价。国家形象意义重大，其中包含了各国政府以及民众对一个国家的“印象”与“评级”，直接影响到一个国家在国际社会中的地位和信誉，是国家软实力的重要体现，也是一个国家在国际上的无

① 史安斌、张耀钟:《新中国形象的再建构: 70年对外传播理论和实践的创新路径》,《全球传媒学刊》2019年第6期，第26–38页。

形资产。良好的国家形象有助于特定国家在国际关系中拥有“道德”优势，从而在国际交往和国际竞争中占据主动。

（三）文化帝国主义

经济全球化带来文化的全球化，谋求文化霸权的发达国家借机推行文化帝国主义，向包括中国在内的广大发展中国家推行和输出西方的文化和价值观。对文化帝国主义进行了解，有助于我们在国际传播的过程中警惕外来文化的侵蚀，同时避免做出给他国受众带来反感的行为，在平等尊重开放包容的基础上，向世界讲述中国故事。

文化帝国主义是在 20 世纪 60 年代反对“美国的文化帝国主义”的国际环境下诞生的。它实际上隐含着全球化的背景。“文化帝国主义”这一概念最早可追溯到赫伯特·席勒的《大众传播与美利坚帝国》。以阿芒·马特拉、赫伯特·席勒为代表的传播政治经济学学者，沿袭萨米尔·阿明“依附理论”的传统，将世界传播置于资本—帝国主义世界体系中考察，实质上是一种文化价值的扩张，即通过含有文化价值的产品的销售，实现全球的文化侵略。

文化帝国主义使得发展中国家的文化产业依附于发达国家，破坏了被支配国家的国家形象或信息主权。扭曲了被支配国家的历史、文化和价值观、传统道德和政治体制。

二战后新兴的民族国家尽管在政治上脱离了西方的殖民统治，但在经济和文化方面依然严重依赖少数发达资本主义国家。就文化和传播领域而言，西方几个主要的通讯社掌控了全球信息的流通权和阐释权，新兴的民族国家的文化空间被严重地挤压和左右，国际文化的流通严重失衡。①

对国际传播中媒介流动不平衡的担忧开启了“新世界信息秩序”争论（NWIO，而后发展为新世界信息与传播秩序，即 NWICO），1976 年联合国教科文组织（UNESCO）第 19 次全球总会在肯尼亚首都内罗毕召开，在此次会议上各国一致通过了建立新传播秩序的决议，紧跟着在第 31 届联大会议上

① 汪民安主编《文化研究关键词》（修订版），江苏人民出版社，2020，第 397 页。

该问题被再次强调。1977年，联合国教科文组织委任爱尔兰政治家西恩麦克布莱德（Sean McBride）为新成立的“国际传播问题研究委员会”主席，继续采纳并实践联大的各项决议。麦克布莱德委员会的成立使得国际传播关注的视角从最初南北方的新闻流动扩展为全球媒介信息流动，出现这一变化的原因是——文化娱乐信息同新闻一样在世界范围内是不平衡流动的，而且新媒介技术导致国际媒介环境更为复杂和多变。然而，该委员会并没有产生持久的效力，与会国家出于不同的利益诉求产生了巨大的差异并很快分裂为两大阵营——包括英美在内的发达国家坚持信息自由流动的基本原则，认为媒介信息应当置于不受约束的市场过程中，而另一阵营是共产主义国家、发展中国家和部分西方国家的联合，他们认为“信息自由流动”的观点是合法化英美等在经济和文化领域的支配权，因此前者提出一个信息自由和平衡流动的替代方案，希望在一定程度上保护欠发达国家，并解决发达国家媒介信息无孔不入的现象。马特拉在多年后回顾这次争端时嘲笑道：“这完全就是自由的狐狸想在密闭的鸡舍中活动。”①

文化帝国主义的知识威望从来都不是源于其严谨的理论定义，反而它所具有的多义性和模糊性无数次将其卷入各种争论。这一论题的主要叙述包含了一系列范畴不等的定义，在席勒那本最早出版且引用率最高的著作中，他如此写道：“文化帝国主义是指在某个社会步入当下世界系统过程中，在外部压力的作用下被迫接受该世界系统中强势国家的文化和价值观，并使社会制度与该世界系统相适应的过程。”②

文化帝国主义理论的突出贡献，就在于揭示了权力始终弥散在国际传播的过程中。③大众媒介内容流动的不平衡，侵蚀了文化的自主性，抑制了文化的发展。新闻流动的不平等关系，相对增加了那些庞大、富有的新闻生产

① Mattelart, A. *Mapping world communication*: *War*, *progress*, *culture*. Minneapolis: University of Minnesota Press. 1994. p. 236.

② 赫伯特·席勒:《大众传播与美利坚帝国》，刘晓红译，上海：上海世纪出版集团，2006，第9页。

③ 贺程:《全球化传播语境下的文化混杂性问题研究》，武汉大学出版社，2013，第19页。

国的全球势力，并阻碍了适当的国家认同和自我形象。全球性的媒介流动造成了文化同质或一致化的状态，导致了一种支配性文化模式的出现，而这种文化模式和多数人民的真实经验并没有什么关系。

三、受众研究

随着各国国际地位的此消彼长，中国人乃至世界人民在国际交往中的思想观念也发生了深刻变化。中国想将中国智慧带给世界、积极参与国际事务，世界人民想要走进中国、了解中国。在创办《深度国际》之初，栏目组就已经关注到了中国社会公众大面积复苏的对国际问题的关注，这种关注需求即使在今天也仍然处于不断强化的趋势中。及时更新对《深度国际》受众的了解，能够帮助栏目在国际传播过程中更好地把握方向，知己知彼，在与全球观众对话的同时，提高国际国内的互动效率，进行规律性认识的总结升华。

（一）面向生产性受众

生产性受众观是文化研究学者约翰·费斯克（John Fiske）提出的概念，这一概念更加关注受众的实践性、能动性和创造性。它脱胎于费斯克早期的电视研究中。在其早期《解读电视》（*Reading Television*,1978，与 J. Hartley 合著）一书中，明确提出了两个问题：一是："大众消费"还是"大众传播"；二是："谁是传播者"。对于前者，费斯克和哈特利引用麦奎尔（D. McQuail,1975）的观点，认为"大众传播是一个复杂微妙的过程，就像两人对话一样，是一种协商、互动、交换的活动"①。由此，他们在考察受众时就要考虑受众成员彼此沟通的方式。从这一时期开始，他们就意识到了以往受众研究的局限性，需要全方位研究受众还需要从传受双方的交互关系上下手。在后一个问题中，他们发现了一种"异常解码"的传播现象，即传播过程两

① 约翰·费斯克、约翰·哈特利:《解读电视》，台湾远流出版公司，1993，第 57 页。

头的当事者根本不知道对方是谁，且传者的制码和受众的解码之间存在着各自使用一套不同的符码和成规的现象。[①]因此，传者想要传达的意思和受众理解的意思产生偏差就是很平常的事情，这为理解传播过程与传播效果提供了更多的思路。

1987年，费斯克出版了他的专著《电视文化》（*Television Culture*，John Fiske,1987），把他的受众研究推进了一大步。在这部著作中，费斯克把用于分析文学作品的符号学、结构主义等理论用来阐述“通俗”的电视作品，提出了电视文本是开放的，是“生产者性文本”（the producerly text）的观念。生产性文本和生产性受众犹如一枚货币的两面，两者相辅相成，缺一不可。费斯克认为，电视文本既有可写文本（不断要求重新书写文本进而创造新的意义）的开放特点，又有可读文本（吸引消极、接受式、被规训了的读者）易懂的特点，是种生产性的文本。这种文本“为了满足多种多样的观众，它必须允许阅读中存在大量的文化差别，因而必须在符号中留出相当大的空白，以便亚文化可以用来协和，来形成他们的意义，而不是发行人想提供的意义”[②]。

在费斯克眼中，好的受众都是“游击队员”，他们施行的是周旋的艺术（the art of making do）。有人总结：这种周旋既不是激进的对抗或者拒绝，也不是全盘的认同与臣服，而是在斗争中有妥协，且进且退，进中有退，退中有进，进退自如。[③]费斯克认为，受众主动采取游击战术，从大众传媒资源中获取了自己的意义、创建了自己的文化，有效地避免了意识形态对受众的俘虏，这就是生产性受众观的内涵。

费斯克是这样解释受众为什么具有主动性的：每个人都有文化素养，

① 孔令华、张敏:《费斯克的生产性受众观——一种受众研究的新思路》,《南京航空航天大学学报（社会科学版）》2005年第1期，第48–52页。

② 约翰·费斯克:《大众经济》，载吴士余主编《大众文化研究》，上海三联书店，2001，第144页。

③ 陶东风:《超越精英主义与悲观主义——论费斯克的大众文化理论》,《学术交流》1998年第6期，第93页。

不管他在物质世界中处于何种地位，每个人的社会经历、文本经历都使他具有了阅读和理解文本的能力，意义和乐趣就在读者运用其文化能力进行阅读时产生。乐趣来自对意义的控制和积极的参与过程，被统治阶级的乐趣在于坚持自己的观点，或反抗，或独立，或与主流意识形态对话、协商。[①]

《深度国际》所面对的，是来自不同国家不同文化背景形形色色的观众。因此在国际传播过程中，更要时刻提醒关照主动参与式的受众。尤其是不同文化语境下的受众，对于同一事件的理解可能是千差万别，这就需要节目在制作时呈现更多的事实内容，而避免过多主观的内容加入。在国际新闻传播过程中，我们还要站在大国担当、全球胸怀、行业典范的高度，与世界接轨。在这个层面看待问题，国际语态融合与应用是至关重要的，我们的观念与表述，既要让国内受众听得懂，又需要让国际受众感受到，从而减少沟通障碍和认知偏见，真正在意见层面，以理性为标准，坦诚沟通、形成共识。这是我们整个栏目组需要长期学习并不断研究的课题，我们发现，我们的语态和表达方式还不够国际化，距离入脑、入心更是有很大的差距，为此，提升海外传播的技巧也是目前工作的重点，系统分析海内外受众对节目信息的需求及其心理和思维模式、收视偏好和习惯，努力做一些接地气的节目是每一个《深度国际》人奋斗的目标。

（二）彰显对话精神

霍尔认为，意义是通过对话获得的——人们通过对话学习到符号的意义。[②]在传播过程中，传受双方拥有共通的意义空间是互相理解沟通的前提，而对话就是互相学习对方的符号系统的过程。《深度国际》需要面对来自不

① 鲁哲：《意义的生产和流通——费斯克〈电视文化〉述评》，《新闻与传播研究》1998年第4期，第78页。

② 埃姆·格里芬：《初识传播学：在信息社会里正确认识自我、他人及世界》，展江译，北京联合出版公司，2016，第576页。

同文化背景的受众，与受众的沟通对话就是在更新自己符号系统的过程，只有通过对话不断核对、矫正彼此的意义是否得到了正确的传达，才有可能实现有效的传播。

福柯认为，话语就是权力，话语是由权力产生的。“在任何社会里，话语一旦产生，即刻就受到若干程序的控制、筛选、组织和再分配，这些程序的作用在于防范它的权力和危险，把握不可预料的事件。”[①]但是,“话语不是一劳永逸地服从于权力或反对它。我们必须承认一种复杂的和不稳定的相互作用，其中话语可能同时既是权力的工具和后果，又是障碍、阻力、抵抗和一个相反的战略的出发点。话语承载着和生产着权力；它加强权力，又损害权力，揭示权力，又削弱和阻碍权力”。[②]所以福柯主张，为了将个人从规范性认同约束之下的霸权话语中解放出来，必须发展边缘性话语、沉默的话语来反对、消解中心的霸权话语。传统媒体掌握了传播的主动权，决定受众接受的信息，将受众置于艺术创造之外，忽略受众在面对艺术作品的反应和再创造，进而导致广播文艺和电视文艺成为国家意识形态的传达工具，这是令人害怕的事情。

巴赫金的“狂欢节理论”认为:“狂欢节弹冠相庆的是暂时的解放，即从占统治地位的真理与既定的秩序中脱身的解放，它标志着对所有的等级地位、一切特权、规范以及禁律的悬置。”[③]狂欢化实质上是一种最自由、最民主、最多样的人与人之间的对话形态，它彻底打破了统治阶级强加在人民头上的种种精神枷锁，将人民从统治者的独语控制下重新解放出来。

受者本位的觉醒赋予受众接受和解读信息的权利。如今的传统媒体中的传播内容，正是受众与媒介的权利不断相互作用而形成的“受者本位”的场景。[④]受者本位要求广播电视的内容与受众的审美需求相联系，强调受众的

① 阿兰·谢里登:《求真意志》，尚志英、许林译，上海人民出版社，1997，第160页。

② 米歇尔·福柯:《性经验史》，佘碧平译，世纪出版集团，2011，第66页。

③ 约翰·费斯克:《理解大众文化》，中央编译出版社，2001，第99页。

④ 李鑫磊、李雯:《规训权力之下媒介与受众之间的博弈》,《科技传播》2019年第11期，第32—33页。

审美需求从根本上决定了广播电视的内容和形态。[①]

通过受众的反馈，《深度国际》逐渐了解了他们的需求。他们把《深度国际》作为"了解国际国内形势""获取全球信息"的重要来源，用来突破视野局限、解读时事、观察世界、"与世界持续接轨"，或者在平凡琐碎的生活中，作为一种调节和慰藉，作为一种让生活更加充实的手段。这是他们收看《深度国际》的真实动机，也是受众的现实需求，也正是《深度国际》的传播目的、功能定位、努力方向之所在。

通过与受众的对话，《深度国际》也觉知了自身的价值，那就是在提升国际传播功能的同时，也在满足国内广大人民群众的现实需求，成为人民群众观察世界的"眼睛"、对接世界的窗口，是他们与全球接轨的桥梁，是他们深度思考时代的辅助。我们在引导一个个观众进行深度观察和深层思考之时，也在培养一代关注社会、关心国家、关切世界、关怀人类的时代"新人"，他们是在中国变得日益强大、担负更多世界责任、中华民族走向伟大复兴之时成长起来的，代表着一种全新的、充满活力、文明进步的力量。他们是中国的代表，也是世界的希望。

（三）打造互动仪式链

互动仪式链理论最早由当代美国著名社会学家兰德尔·柯林斯（Randall Collins）提出，他认为情感能够联系社会团结与个人行动。互动仪式链是社会结构的基础，通过互动仪式可以实现微观社会学与宏观社会学的结合。在社会学研究中，虽然互动仪式链理论是一个相对比较年轻的理论，但是已经引起学界的广泛关注和思考，并成为各领域学者深入探索研究的热门理论之一。

该理论的出发点之一是研究情境而不是个体，认为人类社会的全部历史都是由情境构成的。而且，每一个人都生活于局部环境中；我们关于世界的一切看法，我们所积累的一切素材也都来自这种情境。

从古典社会学家涂尔干开始，社会学就非常重视对仪式的研究。特别是

① 陈皓:《福柯：权力与自由》,《人民法院报》2019 年第 2 期，第 6 页。

欧文·戈夫曼，他具体从微观互动的角度研究了大量日常生活中的仪式问题。“互动仪式”一词就主要来自戈夫曼，是指一种表达意义性的程序化活动。这类活动对群体生活或团结性来说具有重要意义。如涂尔干早就提出，宗教仪式具有整合作用。在人类社会中存在着各种各样的仪式，仪式的类型反映了社会关系的类型。例如在传统社会，人们的活动是高度仪式性的，但在现代社会，则是低度仪式性的。仪式类型不同，所反映出的群体成员类型和群体意识也不同。

但无论是涂尔干还是戈夫曼，他们只是强调了仪式的概念及其社会功能，并没有系统阐述仪式作用的机制。所以，系统探讨互动仪式的作用机制，是互动仪式链理论所要解决的核心问题。柯林斯提出，互动仪式的核心机制是相互关注和情感连带。他认为仪式是一种相互专注的情感和关注机制，它形成了一种瞬间共有的实在，因而会形成群体团结和群体成员身份的符号。①

仪式是人们的各种行为姿势相对定型化的结果。人们做出这些姿势，以形成和维持某种特定的社会关系。故柯林斯认为社会中的大部分现象，都是由人们的相互交流，通过各种互动仪式形成和维持的。例如，会话是一种仪式。因为会话跟人们在一起唱歌一样，有共同关注的话题，并共同创造了一种会话的实在，具有共同的情感。对会话者来说，讨论的问题是否是真实的并不重要，重要的是他们之间有共同关心的问题，而且任何一方都不能打破他们共同建立的会话现实。否则，会话将难以持续下去。故成功的会话是一个有节奏的连续过程，会话者之间的话语交替具有最小的时间间隔，且彼此的话语有最低程度的重叠。

从这种意义上来说，互动仪式链理论可以为传播研究走出“缺乏对人的关注”这一困境提供参考。虽然从性质上来说互动仪式链理论是一种社会学理论，但它实际上分析了人际传播、群体传播乃至大众传播基于互动仪式的链式结构，进而挖掘了人类传播行为在社会心理学层面上的根本动因——获

① 兰德尔·柯林斯:《互动仪式链》，商务印书馆，2004，第6页。

取情感能量。①

《深度国际》的受众群中，不乏海外华人华侨，他们习惯于通过定时收看国内媒体的节目获取来自祖国的声音。《深度国际》也努力通过栏目的构建，用一期期节目勾连起了散落在世界各地的中华儿女，成为他们在日常生活中为自己建构的仪式，通过群体间的关注与互动形成与认知符号相关联的成员身份感，进而获得情感能量，更加有信心和热情从微观向世界介绍中国。

第三节　做有情怀的国际新闻

2009 年，中央电视台调整办台方针，提出了“新闻立台”。这一提法在本质上是对电视媒体根本属性和战略定位的一次调整，是对媒体产业属性和喉舌属性的深入思考和深刻复位。这一方针的提出再次强调，新闻媒体必须更加关注新闻本身，也即事件本身，这是人们最关心的新闻真实，也是新闻人必须坚守的初心。

这一调整有着扎实的现实基础：一方面，我国政务正逐渐走向透明化，这为媒体第一时间获取准确信息、行使监督权和保障公众的知情权提供了坚实基础，我国新闻传媒的规章制度也伴随着政务公开而逐渐完善。另一方面，在 2008 年北京奥运会、汶川大地震等重大社会活动或事件中，媒体再次证明了自身在关键时刻能够发挥举足轻重的作用。事实上，媒体凭借出色的新闻报道能力在危急关头临危受命，可以发挥堪比“救死扶伤”的效用，安抚人心；在“宴请天下”时又能将中国故事讲得生动传神，达到“宾主尽欢”的效果；在面对误解与非议时也能及时澄清，并且有理有据有节、使人

① 陈权:《互动仪式链理论在传播研究中的应用》,《新闻世界》2012 年第 10 期，第 183–184 页。

信服。我国媒体的职能在逐步完善，并且随着社会的发展与人民生活水平的提高而逐步深化。

在“新闻立台”的办台方针指导下，新闻中心诞生了。这是一个致力于提升新闻与新闻节目影响力的专门机构，它集结了当时的中央电视台新闻节目中心、广告经济信息中心、海外节目中心、社教节目中心、文艺节目中心五大节目中心的所有新闻采编力量，总编室的原海外记者处也纳入整合后的新闻中心，实现了新闻中心对驻外记者的直接管理和指挥。新闻中心的成立，意味着新闻类节目的春天来了。更加专业、更加多元、更加权威的新闻类节目，即将在这个大舞台之上，竞相迸发光彩。国际新闻，自然不能缺席。在这一时期出现的《深度国际》，趁天时地利人和之便，在肥沃的土壤里汲取养分，即将开出美丽的花朵。

本节将从栏目的选题、叙事和立场出发，深度分析十二年来《深度国际》在面对世界重点议题时如何运用专业国际新闻传播知识与话语，在国际主流媒体平台上与西方传统媒体博弈，将事件的真实情况与脉络清晰地呈现给世界观众，为构建在世界洪流中的中国形象，向着中国走进世界、世界了解中国而不断努力。

一、选题——立足中国实际

随着世界各地的联系日渐紧密，人们对于全球新闻的需求也越来越大。但五花八门、未加甄别的网络信息给受众正确认识事件发展走向带来了不少困难。《深度国际》在选题策划阶段重视全球范围发生的、被民众热烈讨论的、具有重大影响的国际新闻事件，内容主要涉及全球热点议题、重点国际关系以及周边外交环境，帮助受众甄别更加值得关注的信息，从国家立场出发解读国际事件，通过选题呈现我们对于国际事件的关切，表达我们自己的态度与想法。

（一）从国际新闻入手，了解世界

《深度国际》的视野，实际上反映的是中国的视野。从一个专注于自身发展的地区大国，到一个世界经济增长“火车头”的全球大国，中国的外交视野也从关注周边推广到了关注全球。对全球范围内的新闻进行深度报道，成为《深度国际》选题的第一原则。

人权、疫情与反恐议题在世界范围内都是热点话题。选取这些话题作为栏目深度分析的对象，能够帮助观众树立大局观。了解全球人民都在关心何种话题，就是在主动参与全球治理，积极融入全球发展，以主人翁的姿态加入全球化大家庭。在国际关系日渐紧密的当下，不做袖手旁观的冷漠看客、通晓大国间的游戏规则、利益往来，从某种程度上来说也是在为自身的发展做积极的探索。

对世界上热点话题涉及较多的重点国家及其之间的关系进行梳理、对围绕这些国际关系的事件进行深度报道，是《深度国际》选题的一大方向。虽然从表现上看对于这些关系的报道是全球媒体的一大趋向，但是如何选取报道角度则是栏目组新闻专业功底的体现。从何种角度分析各种关系之间的利益博弈既是《深度国际》节目制作的难点，也是《深度国际》吸引受众、提高收视率的亮点。作为目前综合国力世界排名前列的超级大国，中国与美国的关系是许多关心国际事件的人重点关心的话题。中国作为世界上最大的发展中国家，如何与这个发达国家相互尊重，和平共处，合作共赢，如何在国际交往中互惠互利是许多观众都关心的话题。也是中国需要回应世界的问题。作为曾经的超级大国，俄罗斯与美国的关系更是错综复杂，这两个国家在国际事件中的动向以及所扮演的角色是厘清世界格局走向的关键；对中东地区频发的各种事件的深度解读也同样能够体现我们的站位与担当。

国家的发展离不开各国的互助协作、持续沟通。《深度国际》关注全球热点议题，这一取向与我国的发展战略是分不开的。周边外交环境一直是我国在对外交往中关注的重点。近年来，我国与周边国家的交往越来越密切频繁，“一带一路”倡议的提出与相关建设的实施使得周边国家的发展与我国经济的发展、社会的进步变得密不可分，了解周边国家的动态对于及时调整我国发展步伐与方向都有很大的借鉴作用。我们既需要稳定的周边环境来保障国家的发展，也需要警惕周边部分国家对我国利益的虎视眈眈。例如，南海问题背后涉及的各方利益也是《深度国际》想要探讨的选题，针对南海的系列事件进行单个梳理后从全局把握涉事双方关系是栏目想要带给观众的思考。在南亚方面，对印度一些事件的解读将帮助国内外受众更加了解这个第三世界国家的发展现状，进而丰富对世界发展现状的知识储备，以更加开放、包容、多样的眼光看待世界上不同文明的社会形态与发展需求。

国际新闻报道的出现有着时代要求。全球化背景下，复杂的国际形势推动各国对信息的迫切需求，从而推动传播媒介的快速发展。《深度国际》的出现，一方面力求帮助政府与民众研判国际形势；另一方面也从多维度观测国际舆论环境，全面把握国内外舆论走向。栏目迄今播出的六百多期节目，通过众多选题向观众呈现了全球态势和国际局势，涉及话题新颖而巧妙，覆盖范围广泛而全面，囊括了多个国家和地区的发展走向，向观众呈现出清晰、全面的世界画卷。

（二）顺时而变，迎合受众所需

《深度国际》也是一个海内外观众联通世界的桥梁和交换信息的平台，通过这档栏目，受众辨别真伪、认清真相、深入思考、理性判断。近年来民众生活得到大幅度改善，民间层面的对外交往也日益频繁，国民的视野逐渐拓展到全世界。民间外交成为我国对外交往中很重要的一个方面。我国民众的态度很大程度上也构成了我国国际形象的一部分，因此民众的外交素养也同样需要提高。《深度国际》一方面将客观真实的世界介绍给受众，另一方面也培养起受众对于国际事件独立客观思考的严谨态度。

从社会层面看，2008—2009 年，深藏在中国人民文化基因中的全球关怀被进一步唤醒，越来越多的人开始渴望了解国际资讯。这种觉醒，当然不是无缘无故的，而是有着深刻的动因：首先，它来自中华民族五千多年的深厚文化基因。西汉时开启的连通中国、中亚和地中海沿岸各个国家的丝绸之路，有力地促进了东西方的经济文化交流，带来的经济、文化利益至今仍惠及沿路的各个国家与地区；及至实行极为开放与包容的文化政策的唐朝，国都长安成为当时世界上最为繁华的国际性大都市，云集各国各族的商人、留学生和外交使节，出现了“万国衣冠拜冕旒”的盛世景象；到了 1840 年，中国的全球关怀则与强烈的救亡图存民族愿望联系在一起，在洋务运动、新文化运动、五四运动中，中国学习西方的技术、文化、思想以期挽救民族与国家的未来的意愿日益强烈；1978 年改革开放至今，我们关注的重点则指向了国家的富强与中华民族的伟大复兴，这不只局限在单向度地从国际社会获取信息，更重要的是在这种信息互通的过程中，把真实的中国声音、中国形象传递出去。

其次，这种主动的对国际社会的关注，建立在改革开放以来中国经济实力腾飞的现实基础之上，2008 年国内生产总值达到了 300670 亿元，是 1978 年改革开放伊始的近 87 倍。[①] 中国人民的物质基础和生活条件得到了极大的改善，有了更多的余力从日常的劳作中抬起头，立足中国，观察世界。再者，北京奥运会给了国人一个与国际社会“贴肤”交流的机会，我们在开放怀抱迎接全世界的过程中，文化基因深处对全球关注的种子进一步萌动、发芽、生长。此外，信息化也为此浪潮铺设了技术基础。信息的传播与交互效率的迭代为复兴的全球关注赋能。在媒介创造的愈发逼真的拟态环境中，中国人民在信息体感温度上感受到了“环球共此凉热”，地球村的概念再一次照进了现实生活。

信息化浪潮刺激了国人心绪转换、人际关系、自我确认、环境监测这四大需求。长时段、全面剖析国际现象的国际新闻节目可以有效帮助人们从烦琐的鸡毛蒜皮中转移注意力，在关注更高层次的国际关系运作时舒缓神经，与平凡的日常生活相互补充。国内越来越多的民众对国际大事感兴趣也激发了更多的个体渴望了解一些基本的国际关系常识，填补国际关系领域的知识空白，将国际大事转换为日常谈资，满足国人茶余饭后的社交需求。了解宏

① 数据来源：中央政府门户网站，《2008 年国民经济和社会发展统计公报》，2009 年 2 月 26 日，http://www.gov.cn/test/2009-02/26/content_1249960.htm。

观层面的国际风云也是对民众自身横向的国别身份与纵向的历史身份进行再确认，而在不断深入的全球化的影响下，动荡的国际时事最终会影响到共同体中每一个个体的现实命运，所以有必要通过对世界环境的监测与官方回答来指导民众规避风险、维护利益。

在 2009 年，尚没有一档长时段、多角度、深层次解析国际新闻与国家大事的节目来满足民众联通世界的迫切需求。能成为民众观察世界的窗口，能为他们提供世界大事的“菜单”，能让他们看了以后做到心里有谱、感到真正可以信赖，《深度国际》正是在每一份感动与自豪中怀抱着对受众的深切关怀完成了一次次节目的选题策划与报道。

（三）扩大国际影响，与世界同频

在西方媒体把握较多国际话语的环境下，建立自己的新闻传播体系框架，用正义、真实、条理清晰的专业呈现征服世界范围内的受众是《深度国际》一直以来努力的方向。二战期间，以英、美为首的资本主义国家开始在世界范围内铺设国际传播信息网络，并借由英语更为普及之便，极力向世界宣扬自己的主张，影响全球各国的意识形态，掌握国际舆论阵地的主动权，这为我国在海外媒体上发出自己的声音带来了不小的困难，也让我们更坚定了构建更为全面的国际传播格局的决心与抱负。

扩大中国媒体在国际范围内的影响，首先就是要报道世界范围内受众感兴趣的话题，做到与世界同步，先在目标受众的心智中占有一席之地，再考虑深入受众、入脑入心。因此，《深度国际》的选题呈现出对于国际事件的密切关注。

栏目刚刚创立时，由于对国际新闻尺度的把握能力不足，选题多以气候、文化等软性话题为主，这些话题涉及全球各个国家民众的共同利益，既不容易产生国家之间的冲突，又可以体现对于人类命运的共同关注，是比较容易操作且被国际受众关注的选题。为了增加节目的趣味性，栏目组邀请的嘉宾类型也比较丰富。有活跃在新闻现场的记者、有奋战在抢险救灾一线的士官将领，也有从事报纸杂志刊发的媒体人等。在选题多为介绍类、科普类的专题时，丰富的嘉宾类型也给栏目带来了别样的精彩。

显而易见，未来的中国将会在世界舞台上获得更多的话语权，为世界发展提供更多的中国智慧和中国方案。然而，我们必须看到，这个话语权的获得，不会是自然而然、理所当然就会发生的。以美国为首的西方国家长期主导着国际格局，尤其是美国，长期以来把中国视作对手、敌人，为了维持自己超级大国的地位，维护本国社会制度的优越性，不惜采取在经济、政治、思想舆论等各个方面的孤立政策，试图在世界舞台上把中国拒之门外。美国新一届政府所谓的“应该竞争的时候竞争，可以合作的时候合作，必须对抗的时候对抗”的中美关系定位，实质是对美国有利合作的维护和对不利合作的敷衍，凡是对美国不利的合作就采取“恶性竞争”“恶意对抗”是他们的一贯策略，攻击中国、孤立中国是其惯用伎俩。所以，舆论场是以美国为首的西方国家针对中国的重要“战场”之一。

在国际舞台上硬碰硬显然无法破局，唯有迎合世界发展潮流，寻找世界各国的共通价值与利益点，以真实、客观的立场向受众娓娓道来，才能彰显真正的大国风范，赢得世界的尊重。就节目选题而言，只有面对世界，才能获得世界受众的认可，也只有面向世界，才能彰显中国人文精神的深刻内涵。从中国的现实国情出发，《深度国际》通过细致的选题筛选，为受众打造出全面、国际的话语场域，在社会主义核心价值观的指导下为观众思考国际政治格局引导了方向。

二、叙事——建构中国视角

《深度国际》在叙事上也在不断地进行探索。目前我国在国际传播领域所做的尝试，都在围绕着建构具有中国特色的叙事话语进行。这里所指的中国特色，并不是与西方的话语框架完全相悖或者自说自话，而是站在中国的角度，解读对于国际社会发展具有重要影响的国际事件，在面向世界观众时真诚地给出中国态度与中国方案，在关注人类共通价值的同时，丰富节目表现形式，通过严谨客观的叙事手法与逻辑推理，说服有独立思考、明辨是非能力的受众，在世界传播格局中不断提高自身的叙事水平，与欧美主流媒体在国际舆论空间中争夺话语主动权，不再受其抹黑污蔑，向世界展示立体生动的中国。

（一）开阔解读视角，寻找“全人类共同价值”

世界上每时每刻都在发生无数起新闻事件，报道哪些、如何报道是栏目组每天都要考虑的事情。而想要引起世界观众的共鸣，寻找人类共有的普世价值是在国际传播叙事过程中的一项有力尝试。《深度国际》的定位虽然高远，叙事的策略却大多从小处着手。除了日常的国际新闻叙事，栏目组也极为关注人物命运。力图从个人命运体现群体诉求、从微观故事映射宏观哲理，从国际事件反思国内态度，通过对事件的全方位解读引起观众共鸣，进而酝酿带有中国特色的新闻叙事角度。

新闻，具有监测环境的功能，而监测环境的目的还是要回到让人们适应和改造环境上来。对事的关注，归根结底是对人的关注；对局势的把握，归根结底是对人的境遇的预判；对罪恶的批判，归根结底是对人的命运的同情。国际传播工作承载着勾勒世界图景、立足中国视角和讲述中国态度的重要使命，更需要不断提高信源的搜集能力、对新闻事件的梳理能力和对事物精准判断的敏感度，在纷繁复杂的世界政治格局中挖掘深层哲理、梳理国际秩序，通过对国际新闻全面、多维的解析阐释国际局势和中国战略，进行历史溯源和前景预测，驳斥外界对中国的无端猜忌和诋毁，做到谋深虑远，汇聚正义。

人类之所以不同于其他动物，就在于我们有着类似的认知能力和同情心。世界上发生的众多件事之所以被关注，是因为它常常和人相关，而只要和一个人相关，也就和其他人相关，因为我们属于同一个群类，属于同一个命运共同体。鲁迅说得好：“无穷的远方，无数的人们，都和我有关。”把事件还原到人，捕捉事件中人的命运，善于讲生动感人的故事，这是《深度国际》叙述话语的根系。“莫看江面平如镜，要看水底万丈深”，新闻事件常常成为由数字、口水、虚假的情感、无效的表态构成的“无情之物”，但是在这表象之下，是一个个活生生的个体的生死攸关、是一个个家庭的悲欢离合，阿拉伯之春、叙利亚内战……这些因为经年累月而变得不那么新鲜的事件，每一秒都在血和泪、悲和苦中度过。只有把这些“小人物”的命运故事说出来，才能唤起无数远方的人们的同情心，才能形成反对战争、呼唤和平的宏大声音，才能影响那些“大人物”的决策。这是人类的良知所系，也是媒体的正义所在。也唯有如此，我们才能把节目的深度、高度、锐度都建立在“温度”的基调之上，使其散发出人性的光辉，让我们的节目在专业、严肃的同时，具有人情味儿。这也正是中国文化“仁者爱人”“老吾老以及人之老，幼吾幼以及人之幼”的精髓和要义所在，节目也由此体现和传播了中国精神，塑造了可信、可亲的中国形象。

“人本主义”是人类通则，古今中外，关注人的生存和命运永远是伦理道德的核心。即便拥有不同的宗教信仰、政治体制，关注个体的生存永远是一个政府、一个公民的基本良知。没有什么比一个同类的苦难更能激发同情，没有什么比一个生命的逝去更能引起怜悯，没有什么比人们的真实境遇更能令人信服。《深度国际》利用栏目优势，抓住“人物命运”作为叙事策略，使节目具有一种“仁爱”的底色，把中国“仁者爱人”“和生万物”等传统文化植入其中，形成栏目在众多新闻报道中独树一帜的亮点。

（二）理性情感兼具，多维呈现节目形态

《深度国际》坚持播出十二年，逐渐拥有了更深度的内容、更宏大的视野以及更广阔的外延。在叙事手段上，作为专业的新闻深度报道，栏目经常使用巧妙安排情节、变化叙事节奏等手法。与欧美某些媒体为了夺取眼球而罔顾新闻事实的手段不同，《深度国际》无论在报道时使用什么样的叙事手法，目的都是为了更加全面、真实、客观地向受众呈现事件，尽可能以通俗易懂的方式还原事件本身，通过栏目的剪辑编排更加吸引受众。但这一切，都是以尊重事实为基本前提。虽然被限定在电视机这块屏幕上，《深度国际》所展现的空间却可以到达海角天边。栏目组也正是通过对于叙事场景的构建、对于事件场景的虚拟布置与切换，做到让受众仿佛身临其境进行事件的

体验。

栏目组通过多年的经验积累，在众多的素材中找到因果牵连，再结合相关领域专家的观点，就能做出较为精准的判断和预测。但节目如果只限定于此，显然是不够的，它很难真正打动观众的心，引发观众独立的、深度的思考，反而会造成专家的“一言堂”，框定住观众的思维。

在严谨专业的新闻叙事之外，最容易走进观众内心深处的，就是牵动观众的情绪，讲述具体人物的命运与故事。大洋彼岸政治棋坛上的一记狠手为何与我有关？盖因这时代的灰尘落在具体的人身上的痛感与我相仿、哭声与我相似。肤色不同、语言不通的我们因何可以相互理解、相互守望？盖因我们都是人类，而人同此心、心同此理。冷冰冰的新闻事实不能沟通人心，但人作为同类的生存而具有的同情心和同理心却足以成为桥梁。《深度国际》通过挖掘国际新闻背后人物的命运故事，不仅能使新闻作品完成质的转换，将无机质、冷硬的逻辑推演与事实罗列变为有血有肉的作品，使用这样动人的叙事手法，更能通过小切口打开时空的隔膜，让观众得以与异国他乡的人物坦诚相见、感同身受，在深受感染的同时深化对事件的认知，从而引发更加有力量的认同感和行动力。真实性、历史感、人性化让《深度国际》具有一种独特而动人的史诗感。

对国人讲述世界故事，更要对世界讲述中国故事。《深度国际》既有理性的逻辑推演，又有感性的情绪铺垫，它通过一期期节目不断完善着自己的叙事话语，从多方面带给观众新鲜与刺激，用不同于西方的话语逻辑呈现对于国际事件与国际关系的思考，丰富国际舆论上的声音，基于成熟的新闻叙事话语框架讲述中国故事、提供中国视角、传播真实中国。

（三）坚守内容导向，严谨梳理事件脉络

《周易·系辞上》中有言:“夫《易》，圣人之所以极深而研几也。唯深也，故能通天下之志；唯几也，故能成天下之务。”《深度国际》十二年来在“深”字上下足了功夫，也有着深刻的体悟。多年的国际传播经历，让栏目组上下深知在舆论的“市场”里有着多少“假冒伪劣”与“谬种流传”，而扬清激

浊、荡去滓秽的唯一办法，是让事实说话，是提高观众的媒体素养和识别能力。这既需要在话语模式上下功夫，也容不得在内容准备上有丝毫马虎。栏目的探索，用青源惟信禅师修佛悟道的历程恰好可以说明："老僧三十年前来参禅时，见山是山，见水是水；及至后来亲见知识，有个入处，见山不是山，见水不是水；而今得个体歇处，依然见山还是山，见水还是水。"观众最初耳闻目睹的"山水"，往往是道听途说而来，于是人云亦云，特定的事实，常常被偏见和歪曲误导；只有深入事物的过程之中、发掘相关人物的真实故事和体验、梳理事物发展的因果脉络和潜藏动机，才能看到全貌、还原真相。

在栏目的制作过程中我们也曾有过因过于自信而出疏漏的情况。经过这些事件的经验以及反思，让栏目组深刻自省，不能因为做国际专题新闻时间久了，特别是也做过几期比较成功的朝鲜半岛、南海等涉及敏感话题的选题，就自认为有能力剖析敏感选题；自认为对国际问题比较熟悉了，就开始慢慢放松了对自己在政治意识和理性表达上的要求，放松节目制作过程中的警惕性。

以我为主，建立自己的话语模式和表达标准是《深度国际》一以贯之的准则。"外宣"不是简单的"外来"，栏目的表述与态度不能跟着国际媒体，尤其是西方媒体走。为改善这一情况，栏目组致力于加强全员的政治纪律、政治规矩及安全意识教育，定期组织学习，提高大家的政治意识，做政治上的明白人，深刻理解国家的核心利益，同时提高个人素养，不把个人的情绪带到节目制作当中，严把口径关、内容关，提升和发挥中文国际频道品牌栏目在国际传播中的舆论引导作用，坚守内容制作水准。

在对外传播工作实践中，我们还要警惕狭隘的爱国主义与民族主义。在西方媒体的刻意抹黑下，我们的国际形象在外国受众眼中有时会存在一些争议。唯有通过结构紧密、环环相扣的论证推理，才能表达中国真正想向世界传达的内涵，才能引导世界人民准确解读中国，才能承担大国在国际交往中应该彰显的责任与气魄。《深度国际》在具体的节目制作中也不断探索，通过不断完善自己的叙事策略，在国际传播实践中坚守内容导向，确保不被主观的个人情绪所左右。

三、发声——讲好中国故事

“讲述好中国故事，传播好中国声音”，是对外传播工作的根本要求。打破长期以来西方媒体的垄断格局和对中国的思维定式，必须因时而动，顺势而为，才可以让“中国声音”叫得更响，“中国故事”传得更远。这不仅要求新闻工作者提高讲好故事的能力，也要增强主动发声的意识，把中国的好故事、好声音传播出去，让正确的观点深入人心。对《深度国际》而言，更需要我们练好基本功，不仅能从表层上全面呈现国际舆论环境，更要能从深度上剖析国际关系、走向，还要客观、真实地讲好中国故事。

《深度国际》走过了十二年，在国际传播一线奋斗了十二年，栏目组已经明晰了一些西方传播的套路，也积累了足够的斗争经验，摸索出一些有效的传播策略。在团结了相当规模的国际受众的同时，建立了畅通的对外传播和交流的渠道。要把国际传播工作做好，让世界知道中国人民为人类文明进步作出了什么贡献，正在作出什么贡献，还要作出什么贡献，就必须与世界人民直接沟通。这个过程中必然会受到众多阻挠，遇到一些障碍和困难，只能化压力为动力，力争在“舆论铁幕”上撕出一道口子来，打破封锁，才可能取得最后的胜利。

（一）与外国受众对话

马克思主义新闻观认为，真实是新闻的本质。“根据事实来描写事实”还是“根据希望来描写事实”是衡量“好报刊”还是“坏报刊”的标准。《深度国际》在价值塑造的过程中，就必须找到中西方文化的交融点，让国外民众了解真实的中国、正确认知中国。

虽然《深度国际》做的是大众传播，观众也遍布全球，看起来与“在地化”恰好相反，但是节目相关的每个国家的主体或文化主体仍然是特定的，如何照顾当地政治、宗教、文化等特定差异和具体情况，不但反映团队的专业水平，还关乎传播效果，只有“贴近”传播，才能更容易被人接受、获得信任。

不仅是中国需要面对世界，世界也想要了解中国。《深度国际》作为官方媒体出品的栏目，很大程度上不仅是一个展示宣传的窗口，更是与外国受众沟通的平台，让那些听惯了 BBC、VOA 的耳朵也接触到了中国的声音，将没有经过欧美媒体加工的真实中国呈现给外国受众。同时栏目也借此平台直接倾听外国受众的声音，在他们的反馈中不断增进栏目的内容质量，及时调整制作方式。

中国在世界范围内推广旨在传播中国语言文化的“孔子学院”与“孔子课堂”也是与外国受众对话的一种方式。汉语虽然不是世界上最普及的语言，却是世界上使用人口最多的语言。将汉语推广到世界，也是提高我国国际地位与话语权的有力尝试。而遍布世界各地的华人华侨也都是我们可以团结的力量。千里之外、漂洋过海，熟悉的乡音定能唤起他们内心深处对于祖国的眷恋，祖国的繁荣发展也是他们作为华夏儿女血脉中自豪的一部分,《深度国际》在节目制作过程中主体还是使用中文，这不仅是对世界传媒环境下国际传播大量使用英文的无声表态，更是一种文化自信，栏目相信，随着对海外受众的逐步培养，汉语也会渐渐受到国际社会的支持，成为更加普及的国际传播使用语言。

媒体具有引导舆论的作用，节目需要因时、因地、因势制宜，运用恰当的方法表明立场，引导国际舆论向好的方向发展。在目前的国际环境下，我们的国际地位不断攀升，国家综合实力不断提升，与各国的国际交流也更加密切，中国的经济发展、中国的对外交流政策都需要有平台进行表达，强起来的中国，需要展示自己走向世界舞台中心的中国，有责任也有条件向世界宣介自己的主张，弘扬自己的价值，讲好自己的故事，以获得更多理解和支持。《深度国际》的受众中不乏一些各国具有一定影响力的重要人物，栏目中所表达的很多观点，可以在很多话题上准确传递中国的声音与观点，既与各国要员理性对话，又培养受众的阅读习惯，提供他们与中国对话的场所，在各个国家的民众中积累信誉、树立形象，在面向全球的客观报道中传递中国价值，让海外受众对中华文化产生更深切的认识、更深刻的理解。

（二）描绘国家轮廓

“新闻是历史的草稿”，栏目组希望多年以后，人们可以从《深度国际》中窥见时代脉动，可以重读历史风云，可以觅到一种怀抱，可以体会到一个立体鲜活的中国。

十二年间，制作团队深耕新闻评论业务，不断探索节目的功能和定位，它不是简简单单的一个对外宣传工具，而是作为一个媒体主体，发挥着信息传播功能和形象塑造功能。《深度国际》需要在短短三十分钟的篇幅内梳理和阐释国际新闻事件的脉络走向，也需要通过对具体事件进行分析，引导国外受众对近年来中国发展变化进行全新解读，从更为多元的信息形成对当代中国的真实判断。有没有全球视野、有没有大国胸怀、有没有专业水准、有没有现实价值……这一连串的问题和思考，是节目创立之初就基于《深度国际》与国休戚的认识上对栏目组、对每一期节目提出的要求，它要求栏目提高站位、主动担当、自觉施为。十二年来，《深度国际》没有错过一个国际重大事件，没有遗漏任何重大国际焦点，在事关国际大事、国家利益的重大议题上，总是及时地发出理性、专业、负责的声音。

中国对世界的态度，需要通过有效、精准、多元化的国际传播方式解读出来。我们的“一带一路”政策，需要用外国受众习惯接受的方式表达，来体现大国担当与责任；我们的全球情怀，也需要在实践“人类命运共同体”的过程中向世界传递；在政治冲突中，我们坚持友好礼让，但我们也需要在被触犯底线时毫不退让地表明我们的决心与立场；在与各国的经济贸易中我们坚守诚信，秉持着互利共赢的理念与世界各国友好往来，但若有国家想与我们进行贸易战，我们也需要提醒他们与中国为敌所需要付出的代价。

中国对于国家形象的树立早已不再是通过在时代广场上僵硬地打着广告的那种稚嫩的方式了，我们的国家形象，在每一次的国际事务中都会呈现，我们每次态度与观点的表达，都是在宣告世界：中国有自己所坚守的原则，容不得半点侵犯。理性、友好的君子之交才能在国际舞台上赢得尊重。

（三）让世界听见中国

在呈现多方观点的同时，《深度国际》也坚持用中国声音讲好中国故事，向国际社会传递中国观点与中国智慧。副制片人柳巧为的体会是："节目制作的初衷有部分就是传递态度，更重要的就是通过对国际事件的表述方式折射出我们的态度。比如说对于美国疫情的关注，对于抗议的政治化、美国社会的分裂等，我们把这些事情选取出来给观众看，其实就是代表了一种态度。可能在美国人看来新冠肺炎疫情就是'大号流感'，但我们不这么认为，我们向世界真实、客观地提供中国对新冠病毒的看法、理解和实际做法、成效。"说到底，《深度国际》首先是中国的一档节目，它讲述的当然就是中国的故事，传递的就是中国的观点。

近年来，国际传播工作致力于向世界传达中国的发展观、文明观、安全观、人权观、生态观、国际秩序观和全球治理观，倡导改革开放和国际合作，在面对国际分歧和地区冲突时，反对单边主义、霸权行径和强权政治，呼吁建立公正合理、与时俱进的国际秩序观和全球治理观，巧妙引导国际社会共同努力、推动形成基于公平正义的国际新秩序。《深度国际》的每期节目，也都真切关注普通人的命运，运用各种生动感人的事例，有效推动人文交流和民心相通，在多年的国际传播中广交朋友，不断扩大知华友华的国际舆论朋友圈。

变革中的世界，需要了解中国。据统计，21世纪以来中国被国际媒体报道的数量显著上升，其中2020年的数量是2000年的8.8倍，这反映出中国在世界上的受关注度大幅提升，也从一个侧面反映了世界对于中国发展的强烈兴趣。就2020年而言，美国的被报道量仅为中国的1.2倍，二者已经非常接近；而中国的被报道量则是法国的2.4倍，英国的3.4倍，德国的4.7倍，中国的国际受关注度已经领先这几个西方传统强国不止一个身位。与此同时，随着国内媒体如微信、微博、抖音等日益成为外媒涉华报道的重要来源，中国话语在数量上也是处在快速增长的通道上。[①]

但是，关注量增长，不意味着正面影响随之增长，污名化是西方惯用的伎俩，增量越大、抹黑越多。当今的国际舆论场依旧为西方国家所把持，中国媒体的发声经常面临被封禁、被歪曲的风险，而西方媒体则肆无忌惮。在新冠肺炎疫情当中，“中国病毒论”“中国担责论”“中国赔偿论”等抹黑论调甚嚣尘上，大大激化了西方国家人民的“仇华”心理。在这种情况之下，我们向世界人民传递中国声音、讲述中国故事的困难程度可想而知。

这也正是《深度国际》目前乃至未来都会面临的国际舆论环境，且实际情形或许会较当下更为复杂。著名的传播学学者沃尔特·李普曼曾在《幻影公众》一书中直言:“做决定的不是公众，而是掌握着公众舆论的个别人。”当西方社会中被政客操控的主流媒体在报道重大的国际事件时，都只对西方受众传递“片面真相”“人造真相”，将中国积极的一面、真实的一面遮盖起来，那么中国以及中国媒体在西方社会中将很难获得信任。回顾近些年来闹得沸沸扬扬的孟晚舟事件、中兴事件、华为事件乃至新冠肺炎疫情，西方社会的主流观点基本与国人的观点背道而驰，事情的真相似乎只为双方中的一方所掌握。一项基于跨文化解决方案（CCS）年度调查的量化分析数据显示，美国公众关于“中国威胁”的心理认知迅速加强并形成共识，成为美国政府对华强硬政策的社会心理基础。当西方受众把中国视作“威胁”，那么即使中国媒体传递了客观、公正的中国声音，讲好了真、善、美的中国故事，生产了制作精良的中国作品，他们也不会听，不会信，更不会以之为真实。如何打破这一“量增污多”、恶性循环的不利局面，我们必须思考在关注度日益增长的同时，如何更有效、精准树立正面的中国形象这一迫切命题。

① 吴瑛、乔丽娟:《国际舆论新格局与中国话语新空间》,《对外传播》, 2021 年，第 1 期，第 9–13 页。

第二章
国际视野：聚焦全球热点时事的新闻深度报道

《深度国际》是一档专注于国际新闻事件深度报道的节目，其核心特质在于“深度”。《新闻学大词典》将“深度报道”定义为“运用解释、分析预测的方法，从历史渊源、因果关系、矛盾演变、影响作用、发展趋势等方面报道新闻的形式”，这一形式的目的是揭示事件实质和意义并追踪和探索其发展趋向。[①] 可以看出，与注重报道“是什么”的普通新闻报道不同，深度报道在回答“是什么”的基础上，还要在对“为什么”和“怎么办”的探索中实现深度。[②]《深度国际》重点聚焦重大国际新闻事件、对世界格局有长远影响的事件、涉及中国或与中国关联的国际事件，对国际新闻事实做深层次剖析，进行包括背景介绍、分析解释、归纳预测的综合性、专业性深度报道，做到在收集、叙述、解读相关国际新闻素材时，揭示事件发展变化的枢机，引导观众的视野直达事件的深处，同时关注更深处的、更隐蔽的落点，通过一期或者不连续的几期节目来追溯和还原，唤起记忆，建立链条，理出脉络，发现实质，让观众了解到“深度”的“国际”。

对于“深度”，节目首先做到了客观表达，以公正客观的态度审视世界时局动态。其次，节目也做到了深度剖析，注重对现实问题进行多维度、多视角观察，传递被证实的信息、被论证的观点、合乎公理和逻辑的判断。最

① 甘惜分、钱辛波、成一、洪一龙:《新闻学大辞典》，河南人民出版社，1993，第155页。

② 王清、彭飞:《全媒体时代的纸媒深度报道探析》，《新闻前哨》2021年第10期，第25–26页。

后，专业叙事是节目的独特之处，即以专业缜密的思维构建逻辑性叙事话语。为了真正做到“深度”，节目组成员提高自身综合素质，持之以恒地了解、熟悉、把握全世界的地理、历史、文化、风俗等方面的知识，致力于成为一个具有国际新闻专业素养的“杂家”。

《深度国际》在内容上囊括多种主题，包括国际关系、新闻事件、聚焦国别、焦点人物等几种类型，其中“国际关系”“新闻事件”类选题占比较高，重在对国家之间的外交关系、军事冲突、经济摩擦等问题进行分析评论。鉴于此，本章重新分类，将从全球热点议题、重点国际关系、周边外交环境三个方面，系统分析《深度国际》如何实现国际新闻的深度报道。

第一节　全球热点议题

公共议题是“社会上多数人都重视的问题”①，是公众在公共空间共同讨论与交流的议题②。全球公共议题并没有明确的概念界定。蔡拓曾提出全球性问题的概念，指出全球性问题是指国际社会所面临的一系列超越国家和地区界限，关系到整个人类生存与发展的严峻问题。③赵隆则认为全球性议题通常指所有全球性问题中最受关注的，并纳入国际社会议事日程中的问题。④全球安危，系于一国、一域，“多米诺骨牌”效应背后反应的是世界的深度互联互通、枯荣与共。在全球化带来机遇和风险的情况下，没有一个国家能够免受全球公

① Weaver, D.H. (et al.), “Media Agenda-setting in a Presidential Election: Issues, Images and Interest,” *Praeger Publishers*, 1981, Chapter 4.

② 刘晶、潘南君:《算法推荐下的公共议题传播》,《福建论坛（人文社会科学版）》2021 年第 6 期，第 57-65 页。

③ 蔡拓:《全球问题与当代国际关系》，天津人民出版社，2002，第 2 页。

④ 赵隆:《议题设定和全球治理——危机中的价值观碰撞》,《国际论坛》2011 年第 13 期，第 21-26 页。

共问题的挑战。[①]《深度国际》涉及多个国家、地区，议题范围广泛，内容丰富，为观众深度解析国际大事、普及国际领域的相关知识。从节目标题词语共现网络图可以看出，与人权、公共卫生、反恐相关的词频较高，反映了全球主要的国际议程和氛围基调。因此本节选取出现频率最高的人权、疫情、反恐议题作为对象，系统分析这些报道如何实现“深度”。

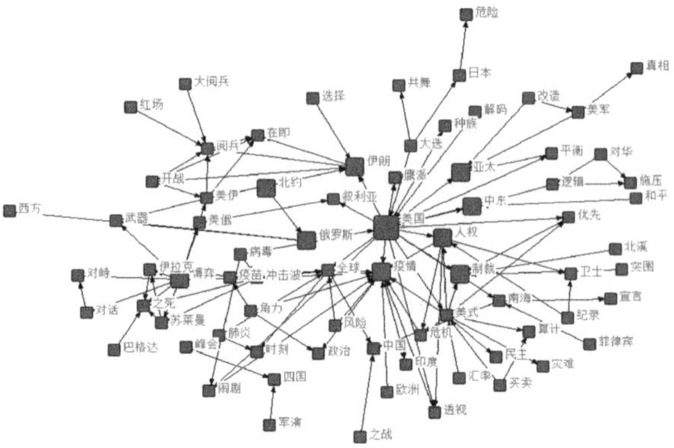

图 2-1 节目标题词语共现网络图

一、人权议题

近年来，人权议题在国际关系中的地位迅速提升，成为诸多国际性热点议题之一。[②]人权作为衡量全人类社会进步与文明的一种价值尺度，已经广泛融入当今全球治理进程的架构中，越来越具有全球性和普遍性意义。[③]在此背景下，人权话语成为越来越主流化的国际话语，国际社会围绕人权议题的话语权竞争已经成为当今国际政治的重要特征。[④]《深度国际》作为国际新闻深度报道节目，给予这一议题大量笔墨。本节将从人权议题最为凸显的难

① 俞正樑:《试论全球性议题与全球政治的新发展》,《国际观察》2009 年第 2 期，第 1–7 页。

② 邱昌情:《中国在国际人权领域话语权：现实困境与应对策略》,《人权》2018 年第 3 期，第 63–77 页。

③ 潘基文:《人权应是指引 2015 年后发展议程的核心原则之一》，2013 年 3 月 1 日，联合国：http://www.un.org/chinese/News/story.asp?NewsID=19366。

④ 俞正樑:《试论全球性议题与全球政治的新发展》,《国际观察》2009 年第 2 期，第 1–7 页。

民问题、种族问题以及战争问题入手，揭示节目如何深度挖掘，深刻分析。

（一）难民问题中的人权议题

难民是由于种族、宗教、国籍、属于某一社会团体或具有某种政治见解的原因留在其本国之外，并由于此项畏惧而不能或不愿受该国保护的人；或者不具有国籍并由于上述事情留在他以前经常居住国家以外而现在不能或由于上述畏惧不愿返回该国的人[①]。根据联合国难民署发布的2020年《年中趋势报告》，全球被迫流离失所者人数预计已超过8000万。[②]其中，中东地区和非洲一些国家是难民问题的主要发生地。本部分以中东地区报道为例，选取《阿富汗20年：没有赢家的战争》这一较有代表性的报道，从选题背景、选题动机、人物选择三个方面，逐层剖析“深度”之体现。

1. 选题背景

2001年9月11日，“基地”组织在美国纽约制造了震惊世界的“9·11”恐怖袭击事件。为了报复当时受塔利班庇护的“基地”组织，美国开始在阿富汗空袭塔利班和“基地”组织目标，由此开启了长达20年的阿富汗战争。直到2021年8月30日，美军终于结束了这场旷日持久的战争，撤出了全部军队。

美国布朗大学公布的统计数据显示，美国发动阿富汗战争的20年来，造成超过4.7万阿富汗平民的死亡，约1100万人沦为难民。美方发动战争，严重侵害阿富汗难民的人权。普通百姓流离失所，家破人亡，不得不踏上背井离乡的路途。人员离散，经济崩溃，阿富汗国内生产总值全面下滑，失业率急速上升，全国半数以上人口处在贫困线以下。美军撤军后遗留的武器有许多流入当地极端分子和反对派手中，严重威胁当地平民人身安

① 王陈平:《〈关于难民地位的公约〉及其议定书：难民权利保障的法律框架》,《人权》,2017年第4期，第130—144页。

② 张婧昊:《联合国难民署：2020年上半年全球被迫流离失所者逾8000万》，2020年12月10日，央视新闻：https://baijiahao.baidu.com/s?id=1685715633582639056&wfr=spider&for=pc。

全，经济恢复、国家重建也因此受阻。[1]与此同时，战争也给周边国家带来恐慌。

长达20年之久的战争结束，其在世界上掀起的巨浪绝不亚于战争的开端。“美军撤军阿富汗”的新闻占据了各大报纸头条和新媒体热搜。这期节目的播出时间是2021年9月11日，正赶上美国“9·11”事件20周年，经过沟通和讨论，节目组决定制作一期有关美国在阿富汗经历的美史最长的对外战争的专题片。

2. 选题动机

2021年9月11日的节目《阿富汗20年：没有赢家的战争》总结了长达20年的阿富汗战争的起因、影响与评价。正如节目的题目所言，这是一场没有赢家的战争。20年的消耗使得美国债台高筑，更把阿富汗民众推向了更加水深火热的深渊。

> 在仓促撤离的驻阿美军使用无人机在阿富汗首都喀布尔实施了空袭，空袭的目标位于一处居民区，这场袭击造成了10名平民遇难，其中包括6名儿童，其中最小的仅2岁。
>
> 伊玛尔是此次空袭的幸存者也是空袭遇难者的家属，遇袭车辆所在的民居正属于他们一家四兄弟。伊玛尔说，袭击发生时遇难者车辆刚刚到家。孩子们正在围过来欢迎时，灾难突然降临……

这是节目创作者们了解到的真实故事之一。当一个又一个令人揪心的故事呈现在他们眼前时，无尽的唏嘘、感叹、痛惜袭来。美军的撤离并不意味着历史翻篇，这20年，阿富汗经历了什么，阿富汗人民都铭记在心；这20年，美国又干了些什么，全世界也都看在眼里。通过客观、真实的节目揭示这些年美国在阿富汗地区的所作所为，引导观众看清其残忍、虚伪和罔顾道

① 张红：《美国输出战乱祸害了多少国家（环球热点）》，2021年9月23日，人民日报海外版：http://paper.people.com.cn/rmrbhwb/html/2021-09/23/content_25880634.htm。

义的真相。用《深度国际》传播出去，让世界看到，让人民知晓，正是节目组的希望，也是我们义不容辞的责任。

3. 人物选择

在《阿富汗 20 年：没有赢家的战争》这一报道中，出现的人物众多，共包括："9 · 11" 空袭遇难者家属伊玛尔、其他村民、战地记者、美国士兵、专家刁大明与殷罡、美利坚大学国际关系学院教授艾哈迈德、巴基斯坦和平和外交研究所所长法哈特 · 阿西夫、美国前中情局官员里德尔、阿富汗《喀布尔新闻》总编辑扎沃克、2003 年时任美国总统乔治 · 布什、2012 年时任阿富汗总统卡尔扎伊、美国驻阿富汗前大使彼得 · 汤姆森、VICE 新闻网记者乔什 · 赫什、《华盛顿邮报》记者怀特 · 洛克，时任美国副国务卿尼古拉斯 · 伯恩斯（现任美国驻华大使）、俄罗斯联邦总统普京，伊朗总统莱希、美国记者赫奇斯。

这些出场人物可以被划分为平民百姓等"小人物"、专家学者、国外新闻机构工作人员以及各国官方人员。

（1）"小人物" 的选择和作用

以人为本，聚焦人物命运。这是人类的良知所系，也是媒体的正义所在。越是不起眼的人物，越是真实可靠，因为他们没有说谎的利益。伊玛尔是恐袭遇难者扎马力的兄弟，伊玛尔回忆到，孩子们正在围过来欢迎刚刚到家的扎马力。袭击突然降临。之后美军给出的声明中认定扎马力为"恐怖分子"，而现实却是包括扎马力在内的一家人，在过去几年内一直为外国机构工作。如此强烈的对比，给观众带来极大情感上的冲击，唤起人们对无辜难民的关怀和同情，刺激无数人追问真相、为无辜百姓伸张

图 2–2　恐袭遇难者伊玛尔

正义的欲望，揭示“美式人权”表里不一的实质。同时，真实的画面、朴实的语言共同还原真实图景，使美国某些政客邪恶、虚伪的嘴脸昭然若揭。

只有把这些“小人物”的命运故事说出来，才能唤起无数远方的人的同情心，才能形成反对战争、呼唤和平的宏大声音，才能影响那些“大人物”的决策。也唯有如此，我们才能把节目的深度、高度、锐度都建立在“温度”的基调之上，使其散发出人性的光辉。深度报道才能产生深远影响。

（2）专家学者的选择和作用

专家表达模式是《深度国际》特有的形式。本期节目共出现刁大明、殷罡、美利坚大学国际关系学院教授艾哈迈德、巴基斯坦和平和外交研究所所长法哈特·阿西夫四位专家学者。其中两位中国专家出现次数最多。

刁大明作为中国人民大学国际关系学院副教授，中国人民大学国家发展与战略研究院专聘研究员以及中国人民大学国家发展与战略研究院全球公共外交研究中心副主任，致力于美国政府与政治、中美关系、比较政治等方面的研究。在《阿富汗 20 年：没有赢家的战争》这期节目中，刁大明一语道破美国开展阿富汗战争的真实目的，即表面上以反恐为由，实则是为了实现其一己私利。

> 这个战争本身的目标，实际上是极其不明确的。有反恐的一些意图，但是同时是有所谓的大中东民主改造计划的。当时小布什政府是“火神派”当道，就是他对伊拉克，对萨达姆有非常天然的这种世仇。

殷罡作为中国社科院西亚非洲所研究员、中国中东学会副秘书长，专攻中东事务，在本期节目中首先提出了应该如何正确“反恐”，后又通过对中国处境的分析，阐明了对阿富汗局势稳定的期望。

两位中国专家都没有直接表达观点，只是理论结合实际，陈述事实，他们的发言频率在整期节目中的占比也比较小，只在事件的关键处才穿插出现。由此可见，节目组邀请国际问题研究专家对事件作评议时，不是为了树立专业权威，而是让他们成为叙事的一部分，提供借鉴，做出引导，帮助观众打开思维，使其有意识地去往深处挖掘事件。

（3）新闻机构工作人员的选择和作用

节目中引用了不少阿富汗和美国新闻机构工作人员的言辞，用于对事实的补充和佐证。例如，阿富汗《喀布尔新闻》总编辑扎沃克表示，美国只是“利用恐怖主义和恐怖组织作为工具”，以搅乱阿富汗局势，谋求一己私利。而后又引用《华盛顿邮报》记者怀特·洛克的观点，即美国关于阿富汗的战略都毫无价值。他们“根本就没有战略，甚至不知道敌人是谁，在那儿的作战对象是谁”。同时，另一位美国记者赫奇斯也表示，在中东发动战争以及全球范围内大规模军事扩张，使得美国经济受损，“走向终结”。

《深度国际》栏目寻找事实，阿富汗总编辑表达观点，美国记者们则证实了相关观点，并以当局者媒体的身份为美国下了“走向终结”的定义。三者有机结合，从各个角度揭发美国披着“反恐”外衣的不正义行为，是对美国满怀恶意，挑起争端，破坏人权、区域和平与安全的佐证。

（4）官方人员的选择和作用

如果说只有新闻机构工作人员的佐证还不够，那么节目组选取的各国政府官方人员的发言则可以大大提高观点可信度。对于美国出兵阿富汗，时任总统乔治·布什声称此举是为了“通过向中东输出民主，让那里不再滋生仇恨和恐怖主义”。而时任美国副国务卿尼古拉斯·伯恩斯却对开战的意图和作用提出质疑。美国前中情局官员里德尔更是直接指出，在这场战争中，中情局官员带着几百万美金，收买了北方联盟站到美国一边。至此，美国的虚伪嘴脸已然众目昭彰。不仅如此，阿富汗前总统卡尔扎伊指明美国恶行，如把项目合约交给亲戚、兄弟、有政治影响力的人，使阿富汗政府腐败程度提高，备受指责。同时，俄罗斯联邦总统普京与伊朗总统莱希也对美国的举动表示不满和谴责。

政府官方人员的言辞无疑为节目的观点提供了力证，他们所披露的不为人知的黑幕也正是节目“深度”之体现，同时也为节目增加了吸引力，提高了卖点。信源多方采集，才能够丰富节目视角和观点，真相来源于多方的话语取证，才能够做到客观公正。

（二）种族歧视中的人权议题

种族问题在西方是一个历史久远、老生常谈的话题，即使种族隔离和种族歧视在 20 世纪 60 年代已经废除，但非洲裔、拉美裔、亚洲裔等其他族裔仍在持续不断地遭受不同程度的歧视。受到种族歧视的少数族裔时常会面临求学困难、高失业率、无家可归等困境，然而近年来种族歧视现象愈演愈烈，生命安全亦受到严重威胁。生命权是最基本的人权，连民众生命权都保证不了，还谈何人权呢？[①] 这里选取《美国："不能呼吸"的痛》（2020 年 6 月 21 日）作具体分析。

1. 选题背景

一直以来，美国种族冲突不断。2020 年 5 月 25 日，美国明尼苏达州明尼阿波利斯市白人警察暴力执法，把 46 岁的非洲裔男子乔治·弗洛伊德按倒在街头，用膝盖压住其颈部达七分钟之久，尽管弗洛依德一直向警察求饶，呼喊"I can't breathe"（我不能呼吸），警察仍不予理会，最终乔治·弗洛伊德死亡。这一事件将种族主义议题推向顶峰，反种族主义浪潮再次席卷了美国本土。

然而，在国内情况一团糟的情况下，美国却有精力多次对其他国家的种族问题指手画脚。例如，以美国为首的西方国家裹挟着"双重标准"，在其发布的人权报告中，对世界近 200 个国家的人权状况进行了攻击和指责，包括利用媒体捏造事实，对中国进行"污名化"传播，甚至试图恶意抹黑中国人权，干涉中国内政。

自诩为"人权卫士"的美国，以"人权"为借口对他国人权状况品头论足、指手画脚的行为屡见不鲜。此次"弗洛伊德之死"事件反映了美国底层

---

① 程亚惠：《起底：种族歧视、枪击不断、暴力镇压……这就是"美式人权"？》，2020 年 6 月 18 日，央视新闻客户端：https://content-static.cctvnews.cctv.com/snow-book/index.html?item_id=14954077421813076846&toc_style_id=feeds_default&share_to=wechat&track_id=3da1b176-ac0b-4746-9081-c29e9e516e4a。

人民的生活现状，将“美式人权”虚伪的嘴脸撕裂在人民的面前，引发了全世界的愤怒。“美式人权”虚伪、软弱、不公正，这是可耻和可悲的。

2. 选题动机

虽然说这次骚乱的直接导火索是白人警察暴力执法，但实质上反映出美国黑人的郁闷和愤怒积攒已久。而弗洛伊德濒死前绝望的呼喊，“I can't breathe”已成为揭示美国种族和政治问题的又一个黑色标签。

这一事件也成为美国反种族歧视抗议活动的导火索，为世人揭开了美国所谓民主、自由面纱之下的种族痼疾。在美国，不同种族之间的收入水平、教育资源、医疗资源等均处于极度不平等的状态，这些不平等情况又反过来加强了种族关系的不平等，陷入了恶性循环当中。

美国的某些政客自知这一痼疾难治，却采用通过外交事件来转移民众关注焦点的老套路，掩盖国内问题，而随意操纵中美关系便是其屡试不爽的惯用伎俩。

探明非裔、拉丁裔、亚裔等少数族裔的处境，解析被喻为“全球监护人”的美国难以根本解决种族问题的原因，寻找如何更好应对美国对中国人权恶意抹黑的途径，我们希望通过一期揭批美国国内种族痼疾的节目，带着观众一起解答层层疑惑。

3. 人物选择

本期节目出现的人物有：非洲裔女性塔尼亚、美国前总统奥巴马、美国前总统特朗普、美国现任总统拜登、反对种族歧视抗议者妮凯、特朗普支持者布兰妮、南佛罗里达州居民 Torika Alonso Burfod、美国南加利福尼亚大学种族问题历史学家艾瑞拉·格罗斯，以及国内专家学者金灿荣、王勇和刁大明。这些出场人物可以划分为平民百姓等“小人物”、政府官员以及专家学者。

（1）“小人物”的选择和作用

节目中出现的“小人物”包括非洲裔女性塔尼亚、反对种族歧视抗议者妮凯、特朗普支持者布兰妮、南佛罗里达州居民 Torika Alonso Burfod。非洲裔女性塔尼亚坦言不敢让孩子出入公共场合，最真实地反映了黑人现实生活处境，使观众得以窥见一些“小人物”的命运。反对种族歧视抗议者妮凯认为美国社会充斥着仇恨，话语中对社会的失望与不满，对黑人命运的关切和同情溢于言表。南佛罗里达州居民 Torika Alonso Burfod 作为非洲拉丁裔选民，直言自己非常重视种族问题，这也是其他少数族裔的心声。然而，特朗普支持者布兰妮则认为美国社会的不自由和动荡是反对种族歧视的抗议者造成的，其认同白人因平权政策遭到歧视的比例超过了认为非洲裔仍受歧视。

两种观点的强烈对比，突出美国当今形势复杂，种族问题的严峻，也侧面暗示了少数族裔争取人权的艰辛，以及美国对相关问题糟糕的处理方式。一直以“人权卫士”标榜自我的美国，对他国事物“热心”，却对本国国民的生死冷漠，产生了强烈的讽刺效果。

（2）专家学者的选择和作用

金灿荣老师作为中国人民大学国际关系学院副院长、中国人民大学中国对外战略研究中心主任，主要研究领域是美国政治制度与政治文化、美国外交、中美关系及大国关系、中国外交和战略，他从社会学的角度，分析了美国种族歧视问题愈演愈烈的根源是西方文明的侵略性。王勇老师从经济学的角度分析了财富阶级对种族问题的影响；刁大明老师则是从政治学的角度对这一问题进行了分析。三位专家从不同角度，结合实例对美国种族问题的分析，使观众对美国种族歧视问题的理解更全面、更客观，也更有深度。

尽管本期节目专家学者发言频次相较其他期较多，但依旧没有对事实和证据喧宾夺主，因此不会带来节目客观性、传播力和影响力的问题。节目整体上要达到深层次剖析的程度，从小处着手、大处着眼就是一个很好的途径，因此，节目组关注国际新闻背景下小人物命运故事的同时，会巧妙地从人物上升至国际社会的高度加以深度分析阐述。

（3）政府官员的选择和作用

本期节目出现的政治人物较为单一，主要是美国不同时期的三位总统：奥巴马，特朗普以及拜登。

奥巴马作为美国历史上唯一一位黑人总统，在发言中表达着对种族问题的担忧。代表共和党的特朗普和代表民主党的拜登将种族问题作为竞选筹码，指责对方对少数族裔恶行的同时，宣扬自己的所作所为，但实质上，两者到底有没有切实为少数族裔的权利和利益着想，有没有做出任何实质的改变？相信观众通过观看他们在节目中自己的发言，会自有评判。

人权未得，却先沦为权贵争取一己私利的筹码，足以窥见美国少数族裔处境的悲凉。

（三）战争局势中的人权问题

战争，尤其是非正义的战争，对人类的生命、自由、尊严、财产和环境这些基本人权构成了最严重的破坏。1945 年，在世界反法西斯战争胜利后，《联合国宪章》第一次将人权写入国际文件，和平权乃是一项基础性的人权。然而时至今日，以美国为首的一些西方国家却试图用“保护人权”这一荒谬的谎言，掩盖战争的真相，理所应当地剥夺着他者的人权。

1. 选题背景

二战后的七十多年，战争从未绝迹。据不完全统计，二战结束到 2001 年，共发生 248 次武装冲突，其中美国发起 201 场，占比 81%。二战后几乎所有美国总统都在任期内发动或介入过对外战争，包括朝鲜战争、越南战争、空袭利比亚、入侵巴拿马、海湾战争、出兵索马里、科索沃战争、阿富汗战争、伊拉克战争、叙利亚战争等。

美国频频打着“人权”旗号发动侵略战争，而战争就如同一个巨大的黑洞，不仅在炮火中吞噬着生命，硝烟过后依然危害着人的生命与健康，战争黑洞造成深重人权灾难。美国发动的对外战争造成严重恶果，造成大量人员伤亡、设施破坏、生产停滞；还带来难民潮、社会动荡、生态危机、心理创伤等一系列社会问题。战争，残害生命，摧毁家园，剥夺人们生存和发展的权利，使活生生的人面对着死亡的恐惧。

2. 选题动机

2021 年 4 月 24 日播出的《战争黑洞——美国制造的人权灾难》这期节

目，旨在从纷繁复杂的国际形势中挖掘出高举人权旗帜的美国的虚伪与言行不一，深刻揭露美国在世界范围内制造的人权灾难。

中国前驻休斯敦总领事李强民认为，这样的专题片“有助于配合我国整体外交斗争和国际人权领域的斗争”。中国传媒大学电视学院教授、视听传播系主任叶明睿认为这期节目“有助于帮助全球观众进一步理解国际外交舞台上的中国立场，增进理解与信任”。欧洲华人华侨青年联合总会会长周灵建指出这样的片子“可以让世界了解真相”。《塞尔维亚电讯报》主编内马尼亚感谢我们为当地人民发声。他们对这期节目的认可，也正是节目组选择报道这一主题的初衷。

3. 人物选择

此次节目可以算得上是出现人物最多的一期。“小人物”、专家学者、官方人员共有 26 位，由此也可见美国发动战争的影响范围之广。

（1）“小人物”的选择和作用

此次节目的“小人物”较少，主要是网民，也门空袭事件目击者阿卜杜拉·穆罕默德，阿布格莱布监狱虐囚事件受害者塔立布·马吉里，叙利亚男童艾兰的姑姑蒂玛·库尔迪，以及画面中无数流落的难民。在节目中，几位来自不同国家的战争受害者无一不悲痛地回忆着美军的残暴、战争的残酷、人民的无辜。无源头发动战争，伤及无辜，早已使美国丧失民心。当许许多多网民得知真相，留给美国的是数不清的指责与声讨。

（2）专家学者的选择和作用

此次节目出现的专家学者主要来自中国、伊拉克、塞尔维亚和美国。专家学者学识丰富，他们的解读往往是公正且权威的。中国军事问题专家尹卓主要负责在合适的时机

图 2–3 阿布格莱布监狱虐囚事件受害者塔立布·马吉里

对一些政治概念做出解读。伊拉克环境学者拉缇芙和塞尔维亚生物学家斯坦科维奇指出，美军利用生化武器，给当地人造成不可磨灭的伤害，无数无辜平民因为放射物患病，而放射物衰变时间长，导致这样的伤害是持久无法消散的。塞尔维亚急救中心临床中心主任格鲁伊契奇博士，直言美国此举正是为了种族灭绝。加拿大魁北克大学渥太华分校教授、美国研究中心主任唐纳德·古齐奥莱塔则从专业的角度，明确指控美国确实侵犯了人权。

（3）官方人员的选择及作用

本期节目出现的官方人员有 12 位之多，足以见得美国发动战争影响之大和破坏范围之广。

时任美国总统布什宣布伊拉克战争胜利，现场一片欢腾，与之后出现的几个伊拉克平民受辐射影响遭受病痛的画面对比鲜明，突出了美国忽视人权，惨无人道。

美国前国务卿鲍威尔指控伊拉克拥有大规模杀伤性武器，而后特朗普指责鲍威尔，抖出没有杀伤性武器的实情。“鲍威尔拿出的试管装着的可能是洗衣粉”，节目又引入俄罗斯联邦总统普京的言论，使美国的举动显得荒谬可笑。美国自导自演的闹剧，却要无数无辜百姓买单。这样的安排，渲染了战争中人民命运受他人摆布的悲凉和无奈。

叙利亚驻联合国代表贾拉里发言时用冷幽默讽刺美国栽赃之荒谬。“生化武器没有攻击有武器的人，只会找上妇女和儿童，已经学会区分武装人员了。”这样的据理力争和英美国家的离席再次形成对比。美国与叙利亚，哪方无辜，哪方栽赃，无须点破，已十分明了。

官方人员的正式发言具有权威性，代表一国态度。当他们的发言自相矛盾，或是和他者产生冲突，我们就能够从中找出漏洞，探索真相。

二、新冠肺炎疫情议题

2020 年新冠肺炎疫情在世界范围内暴发以来，节目勇于担当、大胆策划，推出了疫情相关的系列节目；并围绕国际关系因受疫情影响而进行的调整，及时发出深度、客观、理性的声音，取得了极大成功，持续保持和提升品牌影响力。针对疫情这一主题，节目选择不同视角，呈现不同侧面，用专业、事实和数据说话，从而帮助受众形成全面而深刻的认识，引导观众更为理性、科学地看待全球疫情形势。

（一）选题背景

2020 年，一场猝不及防的新冠肺炎疫情席卷全球。在这场突如其来的战“疫”面前，疫情报道成为工作主旋律。

受疫情影响，截至 2020 年 3 月 19 日，40 多个国家宣布进入紧急状态，全球股市暴跌，美国大选受阻，东京奥运会被迫推迟，中东局势动荡，新冠病毒溯源问题在全球吵得火热……全球新冠肺炎疫情的发展势头似乎超出了所有人的预期。长时间的隔离、封闭影响到生产、消费、投资、物价、贸易等方方面面。

处在紧张状态下的国人对新闻报道的依赖程度大大增加，亟须通过新闻了解国内、国外抗疫情况。因此，疫情报道的首要任务就是为观众带来最新鲜、最直观的全球疫情形势报道。

2020 年 3 月至 4 月，中国疫情已经得到有效控制，然而美国范围内疫情形势依然严峻，社会撕裂和分化愈演愈烈，人类命运与共、休戚相关，全球抗疫本应携手并进，共克时艰。但美国政府不仅没有积极应对疫情，还一味地推卸责任，对中国进行无端指责，无中生有。一时间，“中国病毒论”“中国担责论”“中国赔偿论”等抹黑论调甚嚣尘上，大大激化了西方国家人民的“仇华”心理。全世界如何共同抗疫，如何避免疫情遭遇政治化操作催生的恶果，是当时不得不共同面临的问题。

在这一背景下，节目首先从美国社会现状和美国当局态度出发，剖析美国政府的真实意图、政治主张和美国社会的现实状况。当下需要掷地有声、铿锵有力的声音，只有客观陈述事实，进行正面回应，才能发挥媒体的监督与纠偏作用，揭露美国抗疫不力试图甩锅的图谋，有力回击外界的刻意抹黑，公开、清晰地向世界表达中国战胜疫情的决心、信心和能力，这也是重大危机面前媒体应有的责任与担当。

（二）选题视角

以 2020 年 8 月间的五期节目为例，五期节目连续聚焦了美国与疫情相关的议题，从公共卫生、国家战略、政权博弈等多种视角呈现出美国的单边主义行径和某些政客造谣抹黑做法，分析美国政党战略，以驳斥其污蔑言论，预测形势走向。

2020 年 7 月 25 日节目《疫情下的“极化”美国》聚焦美国国内的社会撕裂问题，深刻解读了缘何特朗普政府和医学专家产生了严重的分歧，美国当局的政治态度缘何出现极化现象。通过特朗普对全国性口罩强制令的消极态度和不信任心理，表现美国当局疫情防控不力；通过美国国家过敏症和传染病研究所所长安东尼·福奇对疫情形势的解读，说明特朗普政府极度缺乏科学认知；通过美国民众的“反福奇运动”游行活动视频，展现美国社会失去理智、陷入混乱的现实状态。美国近四成家庭连一次性拿出 400 美元的紧急资金都做不到，在这种情况下，曾由奥巴马主导实施的美国医改法案遭到特朗普当局的终止提议，美国很多民众将因此失去所有保险。节目引述电影《切尔诺贝利》的台词“谎言的代价是什么，并不是它会被错当成真相，真正的危险是，如果我们听多了谎言，会再无法分辨出真相”，客观呈现了美国当局推卸责任、捏造谎言，用极化的政治加剧社会反智的态势。

2020 年 8 月 1 日节目《疫情下的“反智”美国》聚焦美国对中国的挑衅和制裁，以 7 月 21 日美国关闭中国驻休斯敦总领馆事件开场引出议题，通过采访国际政治问题专家和时任中国驻休斯敦总领事，揭示了美国反智主义、民粹主义和身份政治的真实面目；引用美国媒体报道资料，转述美国国会参议院情报委员会成员的观点，表现出其对美国关闭中国驻休斯敦总领馆的困惑；引用伊朗、俄罗斯等权威部门的言论，反映各国对美国做法的反对和不解；进而引用中国外交部发言人的有力回应，驳斥了美国方面声称中国窃取疫苗研制技术的谣言。以美国一系列“退群”操作和对中国经济和技术的打压、造谣，描绘美国政治思维的“反智”姿态。

2020 年 8 月 8 日节目《美国“密电构陷”丑剧始末》聚焦美国关于“新冠病毒源自武汉”的造谣行为，援引 CNN、CNBC、Facebook 等美国媒体发布的内容，引用“俄罗斯—中国分析中心”主任谢尔盖·萨纳科耶夫的言论，驳斥特朗普的相关说法没有依据、纯属造谣；引用美国国家情报总监、美军参谋长联合会议主席等代表美国官方的说法，证明美国并没有找到证据证明病毒来源于中国武汉。同时节目指出，不可轻视美国对中国“污名化”的议题设置行为，存在美国民众被迫接受这些诋毁中国、“污名化”中国的信息并被洗脑的危险。

2020 年 8 月 15 日节目《美对华施压逻辑》关注美国对中国企业的单边经济制裁，阐释了美国的非理性逻辑。他们认为中国发展迅速的原因是对美国技术的剽窃，于是对多家中国企业实施单边制裁和无端打压，真实动因是特朗普政府妄图通过渲染中国威胁，营造出一种新冷战的氛围，从而实施有利于自己的政策。

2020 年 8 月 22 日节目《推进核威慑美欲打破核平衡？》则把焦点对准美国的核武器研制打破与俄罗斯的核武器平衡。从美国单方面退出中导条约、大力扩充核武库等行为分析美国打破核平衡的手段，指出核竞赛可能并不局限于大国，所有有战略焦虑的国家都是核竞赛的队员，世界会因此陷入核紧张，同时也意味着美俄之间的核军备竞赛会进入更激烈的阶段，给世界和平发展带来重大打击。

尽管这五期节目都聚焦美国，但各具视角，维度不同，通过对疫情防控、经济制裁、核武研发等方面的新闻事件加以分析，客观、真实、立体化地展示出这一时期美国的战略思维、社会现状和国家形象。

（三）选题影响

在自媒体时代，新冠肺炎疫情的暴发不仅造成了无数人的病亡，引起了大范围的恐慌，民心动荡。在信息领域也卷起千层恶浪，海量的反智主义、谣言等危害性信息不断冲击着人们脆弱敏感的神经，不安全感疯狂地席卷了全世界。

在这个特殊的时间节点上，推出抗疫系列节目，放眼全球，对世界范围内的抗疫局势及举措进行实时分析，客观展现了各国面对严峻疫情的不同应对措施。通过节目制作，栏目以自己的方式加入了全民抗疫的持久战，为海内外华夏儿女送去心安。

然而，美国等一些西方国家没有积极抗疫，却利用疫情从中国武汉发现这一借口，不断往中国身上泼脏水。节目组及时预判到了美国此举背后的长远谋划和险恶用心，借助媒体的身份以及多年积攒下的信誉口碑，不间断推出疫情相关主题节目，在不同时段呼应和深化这一主题。这种大密度、高强度、持续性、系统性的报道，达到了识破谎言、揭露事实、挖掘实质的效果，也有效设置了议题、引导了舆论。

《深度国际》“疫情系列”从对人类安全的关注、呼吁全球抗疫合作，到呈现和解析围绕疫情在某些国家发生的混乱、自私、毁谤、阴谋等实际情况，为惶恐不安的世界提供了权威与真实的信息，有效抚慰人心，向世界展示了中国人的逆行大爱、众志成城，也将中国人民在疫情面前的勇敢、坚韧、团结和智慧呈现在全世界面前，时刻提醒疫情面前唯有守望相助，才能共克时艰、共渡难关。以 2020 年 2 月 22 日的《战疫：人类共同的考验》为例：

> 没有人能准确预料到一场病毒的到来，面对疫情也没有人能独善其身，我们能做的就是携手度过，再一起重建未来……
>
> 面对一个疫情，它已经不是一个国家的问题，如果一个病毒在一个国家蔓延，它肯定会影响其他国家，病毒是不分人种的，病原体侵犯我们的人类健康也是不分国籍的，如果在这个层面上来看，我们应该共同面对共同的敌人。

中国传媒大学人文学院副教授赵莹对疫情期间《深度国际》的系列节目评价极高，认为节目的安排有助于展现中国负责任大国的形象。

以“人类命运共同体”为开端，呼吁全球联合抗疫、加强国际经济协调、互助互信，“团结合作，携手共进”的倡议贯彻始终。关注全球战“疫”行动中的焦点、困境、合作、得失，针对关键问题郑重发声，将全球疫情的实际情况全景展现在观众面前，塑造了负责任、开放、理性、温情的中国形象，为全球战“疫”的大国态度树立正面典范。

毫不夸张地说，《深度国际》“疫情系列节目”是新冠肺炎期间全球百态的一部“写真集”，记录着一段疫情期间国际舆论战的“战斗史”，也是为全球抗疫贡献中国力量的一本“功劳簿”。

三、反恐议题

恐怖主义，是指通过暴力、破坏、恐吓等手段，制造社会恐慌、危害公共安全、侵犯人身财产，或者胁迫国家机关、国际组织，以实现其政治、意识形态等目的的主张和行为。[①] 恐怖主义危害巨大。对内危害民众生命安全，造成社会不安，政局动荡，破坏民族感情，阻碍经济平稳运行和发展；对外有损国家形象，影响周边国家安全，威胁世界和平与安全。联合国安理会声明，一切恐怖主义都是对国际和平与安全的最严重威胁。[②] 恐怖主义具有全球化、网络化、分散化的特征，因此反恐自然而然成为全球重视的议题。

（一）选题背景

全球各地都在不同程度上遭受恐怖主义的威胁。其中，由于长期存在的

① 第十二届全国人民代表大会常务委员会:《中华人民共和国反恐怖主义法》，2015 年 12 月 27 日，中央政府门户网站：hhttp://www.gov.cn/zhengce/2015-12/28/content_5029899.htm。

② 徐德智:《安理会：一切恐怖主义都是对国际和平与安全的最严重威胁》，2021 年 12 月 4 日，央视新闻客户端：https://content-static.cctvnews.cctv.com/snow-book/index.html?item_id=305449480125853324 2&toc_style_id=feeds_default&share_to=wechat&track_id=fdf7917d-afc6-4f4a-84b4-74dea02b8da2。

阿以争端，大国在中东推行霸权政策，中东贫困问题日益严重，“双标”的大国对某些恐怖主义的纵容，以及伊斯兰教的原教旨主义，使中东地区成为恐怖主义的温床。[①]其中，阿富汗更是被直接称为“训练恐怖分子的现代化‘大熔炉’”，是“恐怖主义的摇篮”。[②]“9·11”事件后，美国向全球恐怖主义宣战，入侵阿富汗以消灭藏匿“基地”组织恐怖分子的塔利班，正式将恐怖主义推向全球议题的顶端。[③]2021年9月6日，持续二十年的阿富汗战争才正式结束。

因此，我们选择阿富汗作为案例，找出自节目开播以来有关阿富汗恐怖主义的报道，进行历时性的分析，从不同时间节点、选题背景、选题视角、总体的选题影响入手，分析“深度”在该议题的表现。

二十年间，阿富汗损失惨重。布朗大学“战争成本核算”项目称，自2001年至2021年4月中旬，至少有4.7万名阿富汗平民在这场战争中遇难，6.6万至6.9万名阿富汗士兵死亡。一些监督机构称，这场冲突总计造成72名记者和444名援助人员死亡。另据联合国称，阿富汗战争还迫使400万阿富汗人在国内流离失所，270万阿富汗人逃亡海外，而阿富汗总人口也不过3600万。根据美国国防部的数据，美军的阵亡人数为2442人，负伤人数为20666人。另据估计，战争还导致逾3800名美国私人安保承包商雇员死亡。[④]

战争不仅造成不可逆转的大规模人员伤亡，也造成了惨重的经济损失。布朗大学“战争成本核算”项目称，美国的阿富汗战争开支总计达到2.26万亿美元。与美国过去参与的其他冲突不同，美国为阿富汗战争而债台高筑，

---

① 杨永志:《中东缘何成为国际恐怖主义的温床》,《太平洋学报》2004年第7期，第80–83页。

② 派尼·科瑞斯普、朱利安·格瑞恩、辛本健:《阿富汗，恐怖主义的摇篮》,《国外社会科学文摘》2001年第12期，第25–26页。

③ 第十二届全国人民代表大会常务委员会:《中华人民共和国反恐怖主义法》, 2015年12月27日，中央政府门户网站: hhttp://www.gov.cn/zhengce/2015-12/28/content_5029899.htm。

④ 张骄瀛:《外媒盘点阿富汗战争20年损失》, 2021年5月2日，新华社客户端: https://baijiahao.baidu.com/s?id=1698633210176700980&wfr=spider&for=pc。

支付了大约 5300 亿美元的利息，还向退伍老兵支付了 2960 亿美元的医疗等护理资金。①

战争持续多年，周边国家也难以“洁身自好”。首先，长久的战争为恐怖主义的滋生和蔓延提供了有利条件，周边国家难以免除对恐怖活动外溢的担忧。其次，各国在阿富汗的项目投资必然受经济环境不稳定的影响。同时，战争造成大量难民流离失所，周边国家同样面临难民涌入的问题，国际上潜藏着人道主义危机。

与此同时，随着美国在阿富汗势力减弱，阿塔发展军事力量，在外交上主动出击，向外界特别是周边国家示好。阿塔代表团近年访问了俄罗斯、伊朗、巴基斯坦、中国等周边国家，承诺不会危害周边国家安全。②

于中国而言，美阿战争带来的是周边安全环境潜在的不稳定因素，以及地缘政治格局的变动。美国持续渲染“中国威胁论”，美国现任总统拜登声称结束阿富汗战争是为了应对中国。③

（二）选题视角

《深度国际》对阿富汗局势的报道，从 2009 年节目创办至今从未间断。这样历时性的报道，可以有效帮助观众紧跟时局发展，把握国际关系动向。

2009 年 8 月 31 日节目《阿富汗：寻找明天》聚焦阿富汗第二次总统选举，通过对当时阿富汗总统大选内幕的深度分析，对阿富汗未来的发展和政治局势进行了展望和预测。报道描述了大选期间的社会动荡、纷争不断、徇私舞弊，也介绍了阿富汗恐怖主义的历史，揭穿美国的阴谋，即：美国试图把阿富汗战争视为其全球战略计划的重点，希望通过战后重建，把阿富汗打造成

① 刘晓琰：《拜登最新辩词：阿富汗撤军是为了中国》，2021 年 9 月 11 日，长安街知事微信公众号：https://mp.weixin.qq.com/s/sPOaWEYwrIXvHUL4zbWWgg。

② 孙萍：《环球深壹度 | 阿富汗风云突变，对周边国家有何影响》，2021 年 8 月 18 日，新华社新媒体：https://baijiahao.baidu.com/s?id=1708398502266039270&wfr=spider&for=pc。

③ 刘晓琰：《拜登最新辩词：阿富汗撤军是为了中国》，2021 年 9 月 11 日，长安街知事微信公众号：https://mp.weixin.qq.com/s/sPOaWEYwrIXvHUL4zbWWgg。

民主样板，展示给世人。这与节目前半部分对阿富汗历史和现状的描述形成对比，节目借时任俄罗斯驻阿富汗大使卡布罗夫之口向人们揭示，美国所谓的“民主样板”不过是个豆腐渣工程，最好的解决之道是尽快帮助阿富汗真正自立。

2011 年 7 月 22 日节目《十年阿战，谁是胜者》抓住当时美军撤军的时间节点，力图揭示美国发动战争与撤军的真实意图。十年战争，阿富汗积贫积弱，为了生存不惜种植罂粟；美国则是债台高筑，失去民心。不论是开战还是撤军，阿富汗已然陷入暴乱，民众除了担心阿富汗政府无力抵抗塔利班的安全威胁外，还担心阿富汗政府的贪污腐败并不能给他们带来美好未来。专家叶海林在其评论中揭露美国撤军真相，即美国无心也无力继续战争，即使曾经信誓旦旦地要将阿富汗从塔利班手里解救出来，如今也只得忍受塔利班的挑衅，寻求与其和解。

2012 年 3 月 23 日节目《驻阿美军：丑闻背后的真相》是对“驻阿美军枪杀 16 平民”这一耸人听闻的事件的解读。屠杀案与美国保护平民的口号背道而驰，然而事发后不久，美军却宣称，惨案可能是一名患有精神病的“流氓士兵”所为。这一说法疑点重重。记者邱永铮通过实地考察，用事实揭穿驻阿美军生活之环境优越，以及阿富汗民众对美军的恶感。节目虽然没有点明屠杀平民之居心以及屠杀者患有精神疾病的可信度，但相信观众早已从一幕幕实地考察的画面中得出了自己的答案。

2021 年，美军正式从阿富汗撤军，节目组用了四期节目，紧跟阿富汗局势变化的同时，对旷日持久的阿富汗战争做出详尽的深度解读。

2021 年 7 月 17 日节目《美军败走阿富汗》聚焦美军撤军与“美式反恐”失败的原因，即其对外政策的失败和能力的下降。2021 年 8 月 14 日节目《阿富汗：谁主沉浮》从美国和阿富汗之间的纠葛讲起，按照时间发展脉络交代背景，力图通过对阿富汗当前局势及内部势力分布的介绍，引导观众解析预判阿富汗如何实现持久和平稳定。2021 年 9 月 4 日节目《塔利班：在外界拭目中归来》从塔利班 11 天占领总统府入手，分析了塔利班的现状，做出了对未来国际社会可能会对塔利班转变态度的预测。2021 年 9 月 11 日节目《阿富汗 20 年：没有赢家的战争》是对十年前《十年阿战，谁是胜者》的回应。讽刺的是，“联军取得进展，塔利班卷土重来”的闹剧，竟又持续了十年。一直伴随的是美国的债台高筑，还有阿富汗民众更加无边的苦难。

（三）选题影响

阿富汗战争 20 年，对阿富汗国内中国公民的生命安全造成了同等的威胁。《深度国际》通过对阿富汗局势的持续关注和多角度深度报道，帮助当地中国公民了解事件全貌，把握国际动向，专家基于国际形势对未来局势发展的预测，有助于稳定和安抚当地中国公民。《深度国际》等中国媒体为当地中国公民提供充足有价值的信息，中国驻阿大使馆为他们提供切实的保障与服务，两者相互呼应，在保护当地中国公民安全的同时，也为他们打了一针强心剂。而对阿富汗局势的深度报道，也加深了中国人民对阿富汗的了解，有助于两国人民的相互理解、友好相处，以及日后的良好合作。

在有关阿富汗恐怖主义的一系列报道中，我们从多个角度全方位呈现真实的阿富汗，关注事实，注重公正。在节目中，我们不充当最终的法官，但我们会充分呈现当事人、当事国、利益方的真实处境、内在动机和合法权利，也站在全球和平与发展、人类命运共同体的高度与视野审视事件。中方积极支持阿富汗和平和解及重建进程，但从未介入阿富汗内部纷争，不干涉阿富汗内政，未派一兵一卒进入阿富汗，赢得阿富汗各派政治力量赞赏。[①] 我们传递的是中国根据《联合国宪章》等世界公认的国际规则、站在世界和平发展的大局、秉持独立自主公平正义的外交原则，对世界发出的负责任的正义之声。由此可见，中国视角已经成为“真实的视角”“不同的视角”“公正的视角”的代名词。一个有态度、有温度、讲道理、秉正义、可信赖、可亲近、有力量的中国，在重大国际问题和时间节点上发出的中国声音，应该是“让全世界都能听到并听清”的中国声音，这样才能够展示真实、立体、全面的中国。

---

① 孙萍:《环球深壹度：阿富汗风云突变，对周边国家有何影响》，2021 年 8 月 18 日，新华社新媒体：https://baijiahao.baidu.com/s?id=1708398502266039270&wfr=spider&for=pc。

第二节　重点国际关系

国际关系（International Relations）是国际社会当中行为主体之间关系的总称，包括政治关系、经济关系、文化关系、军事关系、民族关系、宗教关系等，国际关系一种是超越了国家界限而建立起来的特殊的社会关系。在国际关系当中，国际政治关系是最重要和最活跃的关系，国际经济关系是最基本的关系。现今，国际社会正在经历近百年来最引人注目的深刻变革。大变革必然带来大调整，力量对比的变化要求有与之相适应的国际关系及国际秩序，来维护并促进世界的稳定与发展[①]，因此国际也在经历着新的大变局[②]。世界很大，有时也很小，总是由少数大国和几组重点国际关系定义国际热点、构成事件主体；国际风云，变幻莫测，大国关系也处在不断调整之中。一组关系，常常处在变动之中，有时甚至风波不断，这就需要与时俱进，关注新命题，应对新问题，预测新动态。对国际关系尤其是对重点国家之间的国际关系的关注和剖析，对于把握世界发展变化、认清自身发展形势以便做出合理、有效的应对措施显得尤为重要。《深度国际》节目在选题上就着重笔墨在一些重点国际关系的报道上，“国际关系”类报道占比 34.3%，重在对国家之间的外交关系、军事冲突、经济摩擦等问题进行分析评论，是本节目报道内容最多的类型。从节目标题看，“中美”“美俄”“美国”与“中东”等词汇共现频率较高，可以说明国际新闻事件主要聚焦的国别 / 地区之间或国别与事件之间的关系图谱。这些关注既准确反映了全球迎来百年未有之大变局、

① 徐步：《构建新型国际关系的理论内涵及时代意义》，《国际问题研究》2021 年第 3 期，第 1–22 页。

② 孙兴杰：《后帝国空间与国家构建：反思现代国际关系的原点与限度》，《国际政治研究》2021 年第 5 期，第 54–80 页。

世界政治经济关系深度调整、大国复杂的竞争合作关系等重大命题，也及时呈现了由主要国家政治经济、军事外交战略推动的国际事件、人物命运，把握住了国际脉动，回应了国内国外观众的重大关切。十二年间，中美关系、俄美关系、中东问题等不断演化，借由相关合作和博弈的新闻议题梳理分析国际关系，是《深度国际》节目常见的内容类型。本节选取了节目中出现频率较高的几组重点国际关系作为研究对象，系统剖析这些报道如何实现“深度”。

一、中美关系

美国是当今世界唯一的超级大国，其凭借着远超其他国家的经济和军事实力影响着世界格局和发展变化。中国作为世界上最大的发展中国家，中国共产党成立 100 年来，实现了从站起来、富起来到强起来的历史性飞跃。相应的中国国际地位也经历了从地区性大国走向国际舞台中心大国到有国际影响力的强国的梯级上升①，中国的决策和发展也在影响着世界的发展和变化。受中美本身经济、军事及国际地位的影响，中美关系已经成为最重要的国际双边关系之一。习近平主席在 2021 年 11 月 16 日同美国总统拜登举行视频会晤时谈道：“过去 50 年，国际关系中一个最重要的事件就是中美关系恢复和发展，造福了两国和世界。未来 50 年，国际关系中最重要的事情是中美必须找到正确的相处之道。中美分别是最大的发展中国家和最大的发达国家，中美能否处理好彼此关系，攸关世界前途命运。”②美国国务卿安东尼·布林肯直言道：美中关系可以说是我们未来在世界上最重要的关系，这不是秘

---

① 张卫良、谢耄宜:《中国共产党成立 100 周年与中国国际地位梯级上升》,《湖南大学学报（社会科学版）》2021 年第 3 期，第 8–16 页。

② 旷思思:《今年以来中美元首 3 次会晤、通话，习近平这样谈双边关系》，2021 年 11 月 18 日，求是网：http://www.qstheory.cn/zhuanqu/2021-11/18/c_1128074979.htm?ivk_sa=1023197a。

密。[①]《深度国际》节目作为一档具有全球视野、大局意识的栏目，自然也在中美关系上投入了较多的笔墨，中美关系类内容占所有节目内容的6.31%。通过梳理不同时期的节目高频词可以发现，早期节目主要关注中美之间的经济合作和军事力量的博弈，以及亚太地区其他国家的相关问题，而近年来以中美关系为议题的节目则聚焦经济矛盾、公共卫生争端、外交对话等方面，与近年来美国屡屡对其他国家使用制裁手段的行为相关，重点揭示美国经济制裁、政治纠葛背后的霸权思维和潜在意图；同时在新冠肺炎疫情蔓延的背景下，节目分析评论了美国国内持续加重的疫情并驳斥了美国某些政客对中国的无端造谣和指控。总的来说，中美关系有合作与互信，也有竞争与博弈，还有着密切的经济联系，从这三方面对中美关系加以报道剖析，显示出节目本身的专业性及多维视角。

（一）中美关系中的合作与互信

习近平主席曾多次强调，“中美应增强高层战略互信”，“积极拓展合作”。2013年6月7日，习近平主席在美国加州安纳伯格庄园与时任美国总统奥巴马举行“不打领带”的会晤时表示：“中美两国利益攸关，战略互信是互利合作的基础，互信程度越深，合作空间越大。”[②]2014年7月9日，在出席中美战略与经济对话开幕式的致辞中，习近平主席9次提到“新型大国关系”。习近平主席在会上强调：“构建中美新型大国关系是一种使命和责任。中美两国利益深度交融，历史和现实都表明，中美两国合则两利，斗则俱伤。”[③]2021年11月16日，同美国总统拜登举行视频会晤时，习近平主席再次强调：“中美合则两利、斗则俱伤，合作是双方唯一正确选择。中美应

① 乌元春：《美国务卿首次记者会：中美关系是未来世界上最重要关系！》，2021年1月28日，环球网：https://view.inews.qq.com/a/20210128A07BUQ00。

② 刘会民：《习近平：放眼世界，我们面对的是百年未有之大变局》，中国新闻网，2017年12月29日，网址：https://www.chinanews.com.cn/gn/ 2017/12–29/8412268.shtml。

③ 曾伟：《习近平“中美关系”战略定位：互敬、互信、合作》，2014年7月11日，人民网：http://politics.people.com.cn/n/2014/0711/c1001–25271373.html。

合作共赢，要坚持互利互惠，不玩零和博弈，不搞你输我赢。”[①] 可以说，中国一直希望中美两国能够加强合作与互信，创造共赢局面。美国各界人士也呼吁美国与中国加强合作，深刻认识两国关系互利共赢的本质，强调美中合作有利于两国以及全世界[②]。

中美在这些年的发展中也不乏通过一系列的对话磋商与行动增进双方互信，加强双方合作。在《深度国际》关于中美关系的报道中，有关中美合作与互信的节目占比 18.75%，并且主要集中在 2015 年，“互信”与“合作”成为节目标题的高频词，这与当时的中美关系有着必然的联系。2015 年是 2013 年中美构建新型大国关系的第三年。这一年中美关系充满了挑战，起伏跌宕。但由于坚持了中美新型大国关系的正确方向，在双方的共同努力下，中美关系不仅没有倒退，而且取得了重要的进展[③]。本部分选取 2015 年 9 月 18 日及 10 月 2 日的两期有关报道的节目，从选题背景、报道内容以及人物选择进行分类剖析。

1. 选题背景

2015 年 2 月 11 日，国家主席习近平和时任美国总统奥巴马通话，表示接受对方邀请，将于 9 月对美国进行国事访问，这将是习近平就任国家主席后首次对美国进行国事访问。[④] 此次美国之行，被外界誉为继 2013 年美国加州“庄园会晤”和 2014 年北京“瀛台夜话”之后，中美元首又一次“跨越太平洋”的握手[⑤]。

---

① 旷思思:《今年以来中美元首 3 次会晤、通话，习近平这样谈双边关系》，2021 年 11 月 18 日，求是网：http://www.qstheory.cn/zhuanqu/2021-11/18/c_1128074979.htm?ivk_sa=1023197a。

② 李志伟:《美国各界呼吁美方加强与中国合作》，2021 年 11 月 12 日，人民网：https://baijiahao.baidu.com/s?id=1716213134293190110&wfr=spider&for=pc。

③ 吴建民:《2015 年的中美关系》，2016 年 1 月 14 日，今日中国：http://www.chinatoday.com.cn/zw2018/zgysj/201601/t20160114_800046762.html。

④ 储信艳:《习近平接受邀请将于今年 9 月访美》，2015 年 02 月 12 日，新京报：http://www.xinhuanet.com/mil/2015-02/12/c_127488080.htm。

⑤ 欧阳开宇:《习近平访美看点：习式外交的新型大国关系样本》，2015 年 09 月 08 日，中国新闻网：https://www.chinanews.com.cn/gn/2015/09-08/7512390.shtml。

这次国事访问不仅对中美关系意义重大，也对世界产生了深远的影响。在这一大背景下，很多中国媒体都着力报道中美互信与合作，充分体现了中国对中美合作的欢迎与期待，《深度国际》当然也要紧跟形势。习近平主席此次访美的时间是9月23日至25日，这两期节目刚好选在这之前与之后，分别对此次国事访问的背景做出分析，以及对实际日程和议事内容做出深度解释和剖析。

2. 事件题材

报道内容的多维、全面、具有深度是《深度国际》节目的特色，在这两期节目的报道中也展现得淋漓尽致。

> 实际上，此次国事访问之前的七个月，也是中美之间小插曲不断的七个月。从南海反潜侦察到拒入亚投行，再到人民币汇率问题，中美之间小摩擦不断。而在同时，美国国内针对中美关系的辩论，也越发如火如荼。

这只是2015年9月18日节目的一小段，在《中美：互需与互信》这期节目中，从中美之间的网络安全的争议到美国对华政策辩论，从中美之间的经贸合作到中美合作促进伊核协议全面达成，从中美共同抗击埃博拉应对全球公共卫生问题到中美应对气候变化，再到谈及中国发展、中美关系变化以及中国立场，节目从新闻事件出发，揭示中美关系的发展，系统全面地分析了中美关系的现状以及内在原因，也暗含着对中美关系的期待以及对此次国事访问的期待。

> 1972年2月21日，时任美国总统尼克松访华，他将自己访华的一周称为“改变世界的一周”。1979年1月1号，中美正式建交，两国关系进入“蜜月期”。1979年1月28号，中国农历大年初一，时任中国国务院副总理的邓小平和夫人卓琳登上了飞往美国的专机，这是新中国成立后第一位出访美国的国家领导人。邓小平为期8天的正式访问，不仅在美国掀起了“邓热潮”“中国热”，也使中美关系走上了一个新开

端。1991 年，苏联解体，冷战告终，世界政治格局由美苏争霸演变成美国独大，中美之间的战略基石动摇了。2001 年中国正式加入世界贸易组织，经济发展迅速，成了名副其实的“世界工厂”，中美两国的关系由此变得十分微妙。2008 年，全球金融危机的暴发更是为中美关系注入了新的变数。“斯普特尼克”是苏联在 1957 年发射的第一颗人造地球卫星的名字。在美苏争霸的冷战期间，此举击败了同样在研制人造地球卫星的美国，大伤美国的自信。2010 年，在美国眼中，正是他们遭遇的第二个“斯普特尼克时刻”。

在此次国事访问结束后的 2015 年 10 月 2 日的报道中，节目通过系统梳理了习近平主席此次美国之旅和出席联合国大会的活动，深入地分析了相关谈话和成果，还回顾了中美关系的发展史，在纵向的历史中更加清晰地认识中美关系，更增加了报道的深度和全面性。在中美互信与合作的相关报道中，节目主要通过中美官方人员的表态奠定合作的基调，通过回顾中美合作的事件说明中美合作与互信具备历史借鉴和基础。当然，在分析中美合作与互信的时候也不能单方面只聚焦合作，也会阐释中美具有的差异和分歧，更加客观地展现中美关系，因为中美所具有的差异和分歧是不可忽略的，而中美的合作与互信就是要淡化甚至解决这些差异与分歧，同时节目会说明中美合作与互信对中美两国乃至世界的重要性和意义。

3. 人物选择

在两期有关中美互信与合作的报道中，出现的人物主要分为两类：一类是中美官方人员，如时任中国外交部发言人华春莹、时任中国驻美大使崔天凯、时任中国驻纽约总领事章启月、时任中国财政部副部长朱光耀、时任中国商务部新闻发言人姚坚、时任美国密歇根州州长斯奈德、时任美国卫生与公共服务部部长博韦尔、时任美国商务部长潘妮·普利兹克、时任美国总统国家安全事务助理苏珊·赖斯、时任美国驻华大使博卡斯等人；另一类是中美相关学者专家或行业人员，如中国国际关系专家高祖贵、陶文钊、金灿荣、霍建国、阮宗泽等人，美国智库卡内基国际和平基金会的高级研究员维克拉姆·尼赫鲁、美国学者兰普顿、美国外交家基辛格、美国卡内基国际和平研究院副院长包道格、哈佛大学贝尔弗尔科学与国际事务研究中心主任格雷厄姆·阿利森、美国著名智库布鲁金斯学会副主席布鲁斯·琼斯等人，以及联想集团董事长兼 CEO 杨元庆、微软全球执行副总裁沈向洋等人。

这样的人物选择有两方面的好处，一方面从涉及主体来讲既有中方官方人员和中方学者，又有美方官方人员和美方学者，使得报道更能全面地展现中美双方的不同态度和观点，也使得报道更加的客观公正，不偏不倚；另一方面，采用大量学者的采访和观点，使得报道的分析更加具备理论性和深度，更能从深层次剖析和认知不同环境、不同事件下的中美关系以及习近平主席访美将带来的深刻的影响。《深度国际》之“深”得到充分展现。

（二）中美关系中的竞争与博弈

中美关系自特朗普政府执政后发生深刻的变化，战略竞争成为两国关系的新常态。在政策层面，主张对华强硬已经成为美国国内的基本共识。2017 年底以来，白宫和美国国防部相继发布多份权威文件，明确将中国界定为“战略竞争者”[①]。随着中国经济的发展和国际地位的提升，美国越来越感受到所谓的“危机”，越来越关注中国的发展，并且采取各种手段想要抑制中国的发展，中国为了维护自身的权益和发展也在采取各种措施与美国较量，中美竞争与博弈早已成为中美关系中的重要方面。

在关于中美关系的报道中，有关竞争与博弈的节目占比 68.75%，占比最高，时间跨度也很长，从 2010 年到现在一直都有涉及，内容方面主要涉及亚太战略问题、南海问题、军演问题、钓鱼岛问题以及台湾问题等，其中有关亚太战略的问题占比最高，这与美国重返亚太，以及中美各自在亚太的利益有着极大的关系。

在 2012 年 6 月 3 日闭幕的本年度香格里拉对话会上，时任美国国防部长

---

① 丑则静:《百年变局下的国际格局演化与中美战略竞争新态势》,《新视野》2021 年第 3 期，第 120-128 页。

帕内塔提出，美国“亚太再平衡战略”是中美关系竞争与博弈的重要表现之一。本节主要针对节目中有关美国在亚太的战略报道进行分析。

图 2–4　时任美国总统奥巴马关于亚太地区的表态

1. 选题背景

美国重返亚太是早就有想法和准备的，时任美国国务卿希拉里和时任美国总统奥巴马曾在 2009 年就进行了公开表态，宣誓了美国重返亚太的野心，这一点《深度国际》2012 年 10 月 19 日《亚太　美国的选择》节目也进行了关注和梳理。

> “我们回来了！”2009 年，美国国务卿希拉里曾经对着太平洋如此大声宣告。
>
> 2009 年 11 月，奥巴马就公开宣称，在这个世界上，美国决不做老二，他是“美国第一位太平洋总统”。两年之后，美国总统奥巴马终于借着两场国际峰会，将这句话付诸实践。尤其是在印尼巴厘岛举行的东亚峰会上，奥巴马成为首位参加这个会议的美国总统。美国“重返亚太”由此迈出了结结实实的第一步。不仅如此，从经贸自由到军事安全，奥巴马频频亮剑，以表“重返亚太”决心之坚定：我们回来了，并且还不走了！

美国通过一系列的表态和措施将其战略重点逐步往亚太地区转移，意图加强对亚太地区的联系与控制，尽管时任美国国防部长帕内塔对“亚太再平衡战略”做出解释，明确否认这是为了遏制中国崛起，本质上讲，亚太再平衡不是新概念，它依然是在利用中国周边个别国家对中国发展的疑虑，来加固美国的战略地位，本质上就是想要遏制中国发展。“美国舞剑，意在中国。”

2. 事件题材

事件题材的延续和深入也是《深度国际》节目的特色之一。从针对美国亚太战略的报道可窥一二。

单单涉及美国亚太战略或行动的报道就有从 2011 年 11 月 25 日至 2018 年 1 月 20 日共 15 期节目，这 15 期节目从美国的各种在亚太地区的行动、美国亚太地区的政策走向、美国不同领导人的亚太观等各个方面对美国的亚太战略以及对中国的影响做出深刻剖析。如 2011 年 11 月 25 日《美国：亚太舞剑》节目针对奥巴马及美军方的一系列表态和行动做出梳理和分析，点明美国亚太战略剑指中国；2013 年 8 月 30 日《美国亚太“平衡”谁？》节目通过分析美军在亚太的军力部署以及美国与其亚太地区盟友的动向，点明美国亚太平衡实际上就是在“平衡”中国；2016 年 11 月 19 日《解读特朗普的亚太观》节目通过分析美日关系、特朗普政府对当时的《跨太平洋伙伴关系协定》（TPP）计划的态度等，说明虽然特朗普在亚太地区的政策可能会有变化，但总体上还是会将战略重点放在亚太地区。

这 15 期节目各具视角，从不同维度展现美国亚太战略重点以及亚太战略的调整变化，立体展现美国的战略思维，并且都分析了对中国的影响以及我们应该采取的应对策略，虽然是在报道美国的亚太战略，但字里行间都离不开中国，这与美国亚太战略本身的目的是分不开的。美国认为其在亚太地区的影响力和主导地位受到中国的空前“挑战”，重返亚太战略就是要牵制与遏制中国的发展[①]，另外也与节目本身是分不开的，《深度国际》作为国家电视台的一档节目，天然自带中国视角，关注中国利益。质性研究只有申明研究主体的立场、方法、过程，才能增强研究过程和研究结论的有效性和说服力；实践证明，明确的中国视角，增强了节目的可信性和吸引力，在一定程度上，中国视角已经成为“真实的视角”“不同的视角”“公正的视角”的代名词。

---

① 黄河：《“选择性遏制”与美国“重返亚太”——兼论对中国在亚太地区重要海外安全利益的影响》，《江南社会学院学报》2015 年第 2 期，第 37–43 页。

3. 人物选择

这里主要选取 2013 年 8 月 30 日的《美国亚太“平衡”谁？》节目进行分析。在这期节目中出场的主要人物一方面是国际关系专家高祖贵、尹卓、罗杰·贝克尔等人，另一方面是美国的官员如时任美国总统奥巴马、美国国务卿希拉里、美国国防部长哈格尔、美国太平洋空军司令卡莱尔等人。

图 2-5　时任美国国防部长哈格尔关于亚太战略表态

专家评论与分析是《深度国际》固定表达模式之一，也是加深对相关国际事件理解的重要手段。高祖贵是国际政治学博士、中共中央党校国际战略研究所副所长，对国际关系和国际政治有深入的研究，尹卓是著名军事专家、曾任海军战略研究所所长，长期从事军事学术研究工作，在本期节目当中重点从军事尤其是海军方面对美国亚太战略做出了分析。值得注意的是，本期还邀请了美国战略预测公司东亚研究部主任罗杰·贝克尔作为专家进行分析，罗杰·贝克尔对美国在东亚的战略有着相对深入的了解和剖析，他的分析能够进一步丰富认知美国亚太战略的视角。

与本期关注的重点相关，本期在人物选择上着重突出了美国高级官员针对亚太战略的表态。

2012 年初，时任美国国务卿希拉里在美国参议院听证会上说道：“我们是在与中国展开争夺影响力的竞争。让我们把人道主义和理想化的一面放在一边，谈论赤裸裸的实力政治吧。我们是在与中国竞争。”

美国新任国务卿克里在日本访问期间发表了题为“21 世纪太平

洋伙伴关系”的演讲。值得注意的是，仅仅提到一次有关亚太再平衡的话：“让我来澄清一下：奥巴马总统做出了战略性的明智选择，在亚洲重新平衡我们的利益和投资。我向你们保证，作为一个重视我们太平洋伙伴关系的太平洋国家，我们将继续加强我们活跃和长期的影响力。”

以美国官方的表态作为相关内容的证明，极大地提高了相关信息的可信度，更加直接地向观众展现美国的立场、态度和政策，也使得节目报道更加客观公正。

（三）中美关系中的经济联系

美国是目前世界第一大经济体，中国是目前世界第二大经济体，中美互相均是对方的重要贸易伙伴，有着密切的经济联系。中美经济的关系不仅仅是两国之间的关系，更是关系世界的整体经济发展。中美的经济联系既有密切合作，也有贸易摩擦。随着近些年美国对一些中国企业的打击，中美贸易摩擦升级，似乎经济对抗成了主流，但是如果从内部挖掘，中美的经济联系依旧紧密，需要避免零和博弈。

节目对于中美经济关系的报道占中美关系报道的 12.5%，当然关于中美合作和博弈的报道中也有很多涉及经济关系，这里指的是节目整体均关注中美的经济联系。在经济联系的报道中，主要呈现了经济贸易摩擦，本节选取了 2018 年 4 月 7 日《中美贸易摩擦：真相与走向》节目进行分析。

图 2-6　时任美国总统特朗普展示其签署的关税备忘录

1. 选题背景

2018 年 3 月 23 日，特朗普签署总统备忘录，宣称依据“301 调查”结果，将对从中国进口的商品大规模征收关税，并限制中国企业对美投资、并购[①]，2018 年 4 月 3 日，美国贸易代表办公室在其网站上发布了根据所谓“301 调查”单方认定结果，宣布对原产中国的进口商品加征 25% 的关税，价值约 500 亿元。

为捍卫中方自身合法权益，2018 年 4 月 4 日，中国政府依据《中华人民共和国对外贸易法》等法律法规和国际法基本原则，决定对原产于美国的大豆、汽车、化工品等 14 类 106 项商品加征 25% 的关税，涉及 2017 年中国自美国进口金额约 500 亿美元。4 月 6 日早上，美国总统特朗普表示，鉴于“中国不公平的反击”，他已指示美国贸易代表办公室依据“301 调查”，考虑对从中国进口的额外 1000 亿美元商品加征关税是否合适。

2. 事件题材

中美贸易摩擦事件发生之后，《深度国际》于 2018 年 4 月 8 日即进行了报道，试图挖掘贸易摩擦的真相与走向，体现出节目对新闻的敏感性和时效性；注重厘清事件的前因后果，挖掘真相，还原过程，预测影响与走向。

> 作为一个拥有 13 亿多人口的巨大市场，中国是世界上唯一拥有联合国产业分类中全部工业门类的国家。近年来中国经济增长中内需，特别是消费的贡献率已经大幅度上升。在 2017 年全年 GDP 增长中，消费开支贡献率占 58.8%，资本形成占 32.1%，货物与服务净出口占 9.1%。中国经济增长从过去过度依赖投资和出口向消费投资出口协调拉动的局面转变。任何国家都不应低估中国经济日益强大的适应能力、抗打击能力和反制能力。

> 中国经济在全球经济的份额现在也占到 15% 以上，每年世界经济增长的增量中间，中国的贡献率在 30% 以上，无论投资股票市场、外汇市场、债券市场还有大宗商品都要看看中国经济的走势。也就是说中国经济如果不好，全球经济都会受到拖累。

① 牛弹琴:《中美贸易战进入全新阶段，中美都有三个没想到！》，2018 年 9 月 24 日，百家号：https://baijiahao.baidu.com/s?id=1612478732288518565&wfr=spider&for=pc。

在对中美此次贸易摩擦充分解读和剖析后，节目向观众呈现了上述结论：这是对美方错误行径的正告，也是给中国观众注入的一针定心剂。

节目以客观、专业精神传播中国声音，分析关于中美贸易摩擦的时候，着重表现了中国应对美国贸易挑衅的决心、应对能力，抱持鲜明的“有我之境”，让事实说话，以中国的方式来梳理、分析、表达，通过该片在国际传播渠道与平台的扩散，帮助全球观众进一步看清中国立场、中国态度以及中国实力，履行了新闻媒体的国际传播功能。

3. 人物选择

在这篇报道中选取的人物包含面较广。

一是都引用了中美最高国家领导人的话语，鲜明地表现中美各自的立场和利益取向；二是也都选取了中美相关官员的表述，进一步阐述中美官方立场；三是按照节目惯例，此次节目也邀请了几位相关的专家学者进行剖析，值得注意的是，除了邀请国际关系方面的专家，还邀请了著名宏观经济学家向松祚从专业角度认知中美经济贸易关系；四是特别选取了小人物美国印第安纳州农民布伦特的话语，最真实地表现了与此次中美贸易摩擦密切相关的美国底层农民最真实的态度和担忧，反映了此次美国挑起的中美贸易冲突实际上并不是在维护所谓的美国利益，而是“损人不利己”的行为。

我目前耕种着5000英亩的土地，主要是种植玉米和大豆，我支持特朗普政府，但我非常担心，（他们）目前在贸易和关税方面的行动，事实上，中国是我们最大的大豆客户。（贸易摩擦）让我们变得十分脆弱。我的农场，以及其他许多像我一样的人的农场，会成为这场贸易摩擦中第一个牺牲品。特朗普总统请保护自由

图 2–7　美国印第安纳州农民布伦特

贸易，让我们的农业和经济保持强劲。

五是还引用了美国权威媒体的表述，进一步点明美国此次挑起贸易冲突的行为是完全错误的。

我们真的不想和中国打贸易战，特朗普先生。(《福布斯》杂志网站)贸易战是一场根本赢不了的战争。(美国财经电视媒体 CNBC)特朗普挥霍美国声誉的行为可能使其落下不值得信任的贸易伙伴的名声。(《纽约时报》)

节目多位一体，深度剖析，从多个主体、多个视角来全面地展现中美贸易摩擦的真相和走向，揭示中美贸易摩擦的本质，充分展现了节目的专业性和全面性，也充分展现了节目的立场。

二、美俄关系

冷战结束后，美俄关系经历了四次重启，均以失败告终。美俄关系重启的背后既有促进关系缓和，又有阻碍关系发展的双重性因素，冷战结束后美俄虽有改善关系的意愿，却一直没能建立起卓有成效的建设性伙伴关系，甚至陷入"螺旋式下降"的困境[①]。乌克兰危机以来，由于美国对俄罗斯实施经济制裁和政治军事遏制，美俄关系陷入长期对抗。基于军事安全互动的俄美关系基本结构使两国难以摆脱安全困境。拜登执政后，美国对俄推行"强力遏制 + 有限合作"政策，普京政府可能以反制与合作两手策略应对[②]。

目前美俄关系的疏远与冷战时期的战略对抗已有本质不同，因为国际格

① 刘莹:《美俄关系"重启"的困境分析》,《俄罗斯东欧中亚研究》2021 年第 3 期，第 19–38 页。

② 柳丰华:《俄美关系的走向及其影响》,《国际问题研究》2021 年第 3 期，第 68–87 页。

局已从两极向多极转变。从历史来看，美俄关系大部分时间也是竞争大于合作，美俄竞争不同于其他地区大国之间的竞争，是根植于国家认同的安全观和例外主义的根本矛盾。因此，两国关系短期内很难得到改善[①]。未来美俄关系至少在普京的执政任期内将很难转圜，不太可能摆脱“没有最坏，只有更坏”的魔咒[②]。

美俄关系作为世界上重要的大国双边关系，也是《深度国际》关注的重点。在各种关系中，美俄关系类内容占比 14.8%，正如美俄关系本身的特征和走向，从历期关于美俄关系节目的标题也可以看出，节目在关注美俄关系上也主要关注了对抗、竞争与博弈。

（一）选题背景

二战结束以来，美国视俄罗斯为欧亚大陆主导权的主要博弈者之一。唯一的超级大国美国企图主导欧亚大陆，不甘平庸的俄罗斯始终是制衡其霸权的一支重要力量，冷战结束以后，国际政治的重心逐渐转向了亚欧大陆的心脏地带及其“柔软的下腹部”——欧亚非三大洲交汇地带[③]。这一带在冷战之后发生了很多热点事件，如欧盟东扩、科索沃战争、马其顿危机、车臣战争、伊拉克战争等。这一带是俄罗斯的边陲地带，也是俄罗斯与西方国家的缓冲地带，俄罗斯历来重视与该地区国家的关系以及自身在该地区的势力建设。

由于该地区优越的地理位置、丰富的资源以及美国遏制俄罗斯的需要，美国不断插手该地区的事务，搅乱该地区的形势，以巩固其在该地区的势力，同时遏制和威胁俄罗斯。如美国在科索沃问题上支持穆斯林的阿尔巴尼亚族、出兵打击阿富汗的穆斯林政权塔利班、对车臣分裂势力进行支持，在叙

① 托马斯·格雷厄姆、胡冰:《新时代的俄美关系》,《俄罗斯东欧中亚研究》2018 年第 5 期，第 44–56 页。

② 王郦久:《论俄美关系本质及普京连任后双边关系走向》,《和平与发展》2018 年第 2 期，第 43–57 页。

③ 李兴:《从博弈论视角看欧亚大陆与俄美关系》,《俄罗斯中亚东欧研究》2004 年第 5 期，第 57–62 页。

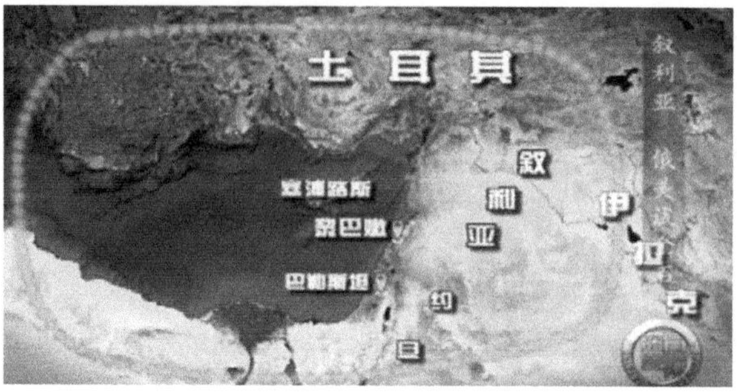

图 2-8　叙利亚的地理位置

利亚问题上只支持反对派武装甚至出兵叙利亚，美国驻叙利亚和打击伊斯兰国特使詹姆斯·杰弗里接受采访时就坦言：美国出兵叙利亚的目的，就是要制造一个新越南，或者一个新阿富汗，让俄罗斯陷入战争泥潭，不可自拔[1]，而俄罗斯的强势介入使美国等西方国家在叙利亚复制“利比亚模式”的图谋最终破产[2]。美国还插手乌克兰局势，美方宣布向乌克兰提供价值 4700 万美元的军事装备，包括 210 枚反坦克导弹和 35 套发射装置，宣称为了增强乌克兰的防御能力。对于美国向乌克兰军售的问题，俄方回应相当明确——“美国就是战争帮凶，这种做法无疑是想推动乌克兰好战派动武，内战一旦加剧乌克兰出现更多流血事件，俄罗斯一定不会坐视不管”[3]，美俄的关系在乌克兰危机之后一直徘徊在低谷。

20 多年来，美俄两国战略目标背道而驰，美国要维护单极格局，俄罗斯寻求恢复超级大国地位；两国的国家利益存在结构性矛盾，美国屡屡侵犯俄罗斯利益，阻碍独联体一体化；美国热衷推广所谓民主，干涉俄罗斯内政；双方都有“例外论”的文化背景和“救世主”的强烈使命感[4]。

在这样的背景下，《深度国际》聚焦美俄关系中的博弈与对抗，尤其是

---

① 张文平说教育:《说实话了？美特使：美国出兵叙利亚，目的是让俄罗斯陷入泥潭》，2020 年 5 月 14 日，百家号：https://baijiahao.baidu.com/s?id=1666661767425759602&wfr=spider&for=pc。

② 闫伟:《美俄博弈下的叙利亚问题及其前景》,《国际论坛》2020 年第 4 期，第 60–74 页。

③ 鉴艺雯:《美国插手俄乌争端，无疑是火上浇油逼迫普京动武！》，2018 年 1 月 15 日，百家号：https://baijiahao.baidu.com/s?id=1589624240975223264&wfr=spider&for=pc。

④ 陶文钊:《后冷战时期美俄关系的三个循环》,《和平与发展》2020 年第 4 期，第 1–19 页。

将报道重点放在美俄在欧亚非三大洲交汇地带的冲突，鲜明地展现出美俄关系的冲突所在，让观众能够深入地了解美俄关系，这也凸显了《深度国际》节目的深度与专业。

（二）事件题材

在美俄关系类内容中，对抗和博弈几乎占据了报道内容的全部，《军控续约美俄关系坚冰能否融化？》《被制裁的“北溪-2”》等聚焦俄罗斯和美国的军事力量博弈；《西方“反俄统一战线”玄机》《“制裁门黑客门通俄门”迷局》等聚焦俄罗斯和美国的政治角力；《俄罗斯：“出兵”叙利亚》《乌克兰战火再燃的背后》等引入第三方国家，分析背后由俄罗斯和美国两方大国力量牵动的地缘政治和区域局势。其中针对叙利亚问题上的美俄对弈是节目关注的重点，关于美俄在叙利亚问题上的博弈的报道占据了整个美俄关系报道的三分之一，这些报道不仅凸显了美俄关系的博弈，更揭示了叙利亚问题的本质。

2013 年 9 月 27 日节目《叙利亚：俄美试金石》直接点明现在的叙利亚已经成为美俄在中东博弈的试金石。节目梳理了叙利亚战争爆发以来的主要动向，阐释了俄罗斯缘何力挺叙利亚；系统梳理了叙利亚与俄罗斯的历史关系，明确揭示了俄罗斯在叙利亚问题上强硬的原因；同时也分析了美国在叙利亚问题上的态度以及美国未来在叙利亚问题上可能的走向。节目全面地剖析了美俄在叙利亚问题的初步交锋，尤其是深刻地表现了俄罗斯在叙利亚问题上的坚定态度。

2016 年 3 月 4 日节目《叙利亚：谁和谁的停火？》聚焦 2016 年 2 月 22 日美国与俄罗斯就叙利亚冲突各方停火达成的协议，并请专家评论、分析了当时叙利亚的局势以及停火的原因：

图 2-9 俄罗斯总统普京宣布叙利亚达成停火协议

美国又不想出力，又不想出兵，又不希望自己的代理人被消灭掉，那只有停火，这是对于美国来说，目前能做到的最好的选择。

如果继续让巴沙尔军打下去，可能迫使美国出手、迫使北约出手，那样的形势是不可控的，现在的形势还是在俄罗斯的掌控之中。

节目直指此次叙利亚停火并不是叙利亚政府军和反对派的停火，本质上是美俄之间的停火，是美俄为了各自利益的暂时让步。

2017 年 4 月 22 日节目《美俄：叙利亚再角力》聚焦特朗普外交安全政策突然出现一系列大反转，尤其是其在叙利亚、俄罗斯等问题上的转变，让叙利亚局势迅速升温，濒临战争边缘。节目主要从叙利亚的生化武器问题展开延伸到美俄关系，进一步说明了叙利亚问题本质上是美俄的角力，而此次危机不过是两国关系经常在坏与非常坏的区间内周期性摇摆的一次体现。

除了上述提到的几期节目，《深度国际》有关美俄关系在叙利亚问题上的体现的报道还有很多，如 2012 年 3 月 30 日节目《叙利亚：多国演义》、2015年9月25日节目《俄罗斯“出兵”叙利亚》、2016年10月15日节目《叙利亚：美俄角斗场？》、2017 年 12 月 23 日节目《叙利亚：普京的进与退》、2019 年 11 月 2 日节目《叙北博弈：美俄进退？》等。

这些节目前后呼应、持续解读，根据叙利亚局势的发展以及美俄在叙利亚问题上的行动和立场不断有针对性地进行解读，让人们对世界主要关系、对事件的根本真相都能做到深入了解、正确判断。在不同阶段聚焦叙利亚问题中体现出来的美俄关系，具象又立体地展现出美俄关系近些年的发展变化，全面、深刻又具体，也易于观众能够直观地感受和理解美俄关系。

（三）选题意义

欧亚区域秩序、中美俄博弈和全球转型三者紧密纠缠在一起，深刻影响着世界格局的发展进程[①]。在百年未有之大变局下，中美俄三角关系的地缘战略意义再度凸显，成为当前及今后一个时期影响国际战略格局与国际秩序演变的关键因素，中美矛盾成为三角关系发展的最主要矛盾，美俄关系竞合两分，中俄战略合作全面提升[②]。中国、俄罗斯与美国是当今世界上三个最活跃的地缘政治角色[③]，中、美、俄三国在亚太地区的合作与竞争，是影响亚太局势和地区格局乃至世界发展的最重要因素[④]。俄罗斯是中国的新时代全面战略协作伙伴，中国与俄罗斯关系密切，2021 年 6 月，俄罗斯总统普京表示：中俄战略伙伴关系当前处在历史最高水平[⑤]。中国和美国的关系是世界上最重要的双边关系之一，在国际局势深刻调整和复杂多变的背景下，中国需要更主动地引领中美俄三边关系的良性互动，以中美俄三边协作共同应对日益严峻的全球性挑战[⑥]。因此，深刻把握美俄关系，对于更好地理解和融入中美俄三边关系具有重要价值，也能够更加认清俄美关系的本质，恰当、合适地处理好与美俄的相关问题。正确看待美俄博弈，才能以合适的立场和态度处理和应对。

最可怜的还是各国内部的各派，所以这个给我们教训。就是小国还是把国得治理好，你过得如果特别团结，那么地区别的强国和全球大国其实

① 冯绍雷：《从全球转型看中美俄关系与欧亚秩序构建》，《当代世界》2021 年第 9 期，第 39–45 页。

② 韩璐、刘飞涛：《大变局下中美俄大国关系互动探析》，《和平与发展》2021 年第 4 期，第 26–46 页。

③ 托马斯·格雷厄姆、胡冰：《中美俄关系与“战略三角”》，《俄罗斯东欧中亚研究》2020 年第 6 期，第 17–26 页。

④ 柳丰华：《中美俄在亚太：政策演变与博弈趋势》，《俄罗斯研究》2020 年第 6 期，第 72–104 页。

⑤ 郭泽涵：《普京：中俄关系处在历史最高水平》，2021 年 6 月 15 日，中国网：http://www.china.com.cn/opinion2020/2021-06/15/content_77569573.shtml。

⑥ 冯玉军、尚月：《美俄关系新发展与中国的政策选择》，《国际问题研究》2018 年第 4 期，第 19–33 页。

没有插手的机会的。那一旦你们家分裂了，那就惨了，命运不在你手上。

这是 2016 年 3 月 4 日节目《叙利亚：谁和谁的停火？》里中国人民大学国际关系学院副院长、国际问题专家金灿荣教授的感叹。中国虽然现在是世界大国，但也曾分裂，也曾弱势，也曾被列强凌辱瓜分，所以中国在未来的发展道路上应该更加注重加强民族团结、增强民族自信。

图 2-10　左侧为叙利亚内战场景，右侧为金灿荣教授

三、中东多边关系

中东（Middle East），指从地中海东部南部到波斯湾沿岸的部分地区，包括除阿富汗外的西亚的大部分与非洲的埃及、地处俄罗斯边界的外高加索地区，约 23 个国家与地区，1500 多万平方千米。中东首先是一个泛化的地理概念，具体就指西亚和北非大部分地区，中东地区大部分是伊斯兰国家，但以色列和塞浦路斯除外；中东地区大部分是阿拉伯国家，但土耳其、伊朗、以色列、塞浦路斯除外[①]。中东地区沟通大西洋和印度洋，自古以来就是东西方交通枢纽，为“两洋三洲五海”之地，战略地位极其重要。

中东地区是一个非常奇特的地方，资源丰富、生活富足、金融发达、经济繁荣而又矛盾突出、冲突不断、混乱不堪、举步维艰。中东地区既是世界

① 闫珺岩:《涨知识：关于中东你该知道的那些事儿》，2016 年 01 月 19 日，新华网：http://www.xinhuanet.com/world/2016-01/19/c_128644173.htm。

重要战略资源的产出地，又是世界大国角逐纷争的大舞台[①]。

（一）选题背景

中东是当今世界最为突出的热点地区之一。外部力量地缘政治博弈、内部民族、宗派、体制、石油资源等因素作用下，中东地区动荡不安，中东地区的动荡和战乱已成为常态，动荡和战乱让许多国家陷入恐慌，导致该地区陷入军备竞赛的状态，大量从美方购买军火，减少了经济民生的投入，加剧某些中东地区国家的贫困。毫无疑问的是，阿拉伯世界是美国式民主输出的冤大头：阿拉伯国家陷入动荡，整体力量明显下降，民族复兴又被推后，与以色列、伊朗的实力差距更加拉大，中东地区实现和平与和解的愿望短期内难以实现[②]。

当前，中东地区继续呈现冲突激化、战乱不断的动荡局面，新老问题交织互动，结合阿拉伯国家沉沦、土耳其崛起、伊朗以守为攻、以色列战略明朗化等地区格局的重构，共同促使中东地缘力量对比朝新形态发展[③]。

地球资源枯竭论，加上西方霸权主义列强的强盗逻辑的实施，西方帝国主义列强打着民主、自由、人权的幌子，以掠夺能源为主要目的，到处发动战争，是导致北非、中东及全世界各地动荡局面的根本原因。

中东地区热点事件仍旧层出不穷，大国博弈，地区强国争雄，巴以冲突、伊拉克战争、阿富汗战争、叙利亚战争、也门冲突、伊朗核问题、极端恐怖组织问题、卡塔尔外交危机等，危机、内战、政变、恐袭充斥着中东地区，中东情况错综复杂、矛盾冲突众多、战乱持续不断、形势反复多变[④]。中东问题的复杂、中东地区战略位置的重要性、中东地区丰富的石油资源都让

---

① 郑东超：《我们应当怎样看中东》，《前线》2019 年第 7 期，第 31–34 页。

② 杨元勇：《中东当前动荡局势的成因及未来走向》，2015 年 6 月 9 日，人民网：http://world.people.com.cn/n/2015/0609/c187656-27127047.html。

③ 丁工：《中东地区形势突起新因素与地缘格局之变》，《新疆社会科学》2019 年第 3 期，第 58–66 页。

④ 詹世亮：《中东问题的历史与现状》，《外交学院学报》2003 年第 1 期，第 21–27 页。

中东地区成为世界关注的重点。

（二）事件题材

《深度国际》节目也给予了中东问题较强的关注。在各种关系中，中东关系类内容占所有节目内容的 8.1%。关于中东地区主体的报道占比呈上升趋势，2009 年至 2011 年关于中东地区主体的报道占比 4.0%、2012 年至 2014 年占比 6.0%、2015 年至 2017 年占比 6.8%，到了 2018 年至 2020 年占比更是达到了 24.5%。有关中东的报道主要集中在巴以问题、叙利亚问题、伊核问题以及伊拉克问题之上，其中叙利亚问题和伊核问题是报道的重点、占比最大。从针对中东的报道不断上升以及报道所关注的重点，不难发现中东问题离不开一个国家——美国，近年来中东地区局势动荡和美国在该地区的部署行动影响着中东问题受到世界的关注程度。

2011 年 9 月 16 日节目《叙利亚：中东之“痛”》聚焦叙利亚冲突。分析和关注了叙利亚问题最初的发展，梳理了叙利亚从 2011 年 3 月 18 日的示威游行冲突到 9 月份战局初定，分析分别引用了时任叙利亚总统巴沙尔以及反对派人士的话，强调了各自的立场以及冲突，同时也介绍了西方与伊朗基于自身不同利益对待叙利亚问题的态度，更重要的是节目一针见血地点出了叙利亚问题的内在：

> 如果说中东大变局，是整个阿拉伯世界更新与蜕变的过程；那么也可以说，这场变革，也是美国主导下的中东，持续坍塌的过程。美国的政策和立场一直在不断调整。年初的突尼斯革命，让美国和全世界都始料未及。及至埃及阶段，美国开始从被动应对中，逐渐试图争取主动。而利比亚和叙利亚，无疑被视为美国调整中东政策的第三个阶段——它开始试图引导这场变革的方向了。

叙利亚冲突的发展是美国施压的结果，带有美国的战略目的在里面，也就是说美国希望引导阿拉伯这场大变局向有利于美国利益的方向发展。

2015 年 4 月 10 日节目《也门：中东新“暴风眼”》聚焦沙特联合阿拉伯十国空袭也门，虽然涉及的主体是沙特阿拉伯和也门，但是节目也着重关注了其背后沙特阿拉伯和伊朗两个中东大国的角力及其根深蒂固的逊尼派与什叶派的矛盾。

> 沙特和伊朗的介入，让也门冲突具有了教派色彩，成为教派争斗的另一个战场。

> 众所周知，逊尼派与什叶派的矛盾已历经千年。如今，逊尼派的沙特和什叶派的伊朗坐在两大教派的头把交椅上。联系到此次也门乱局，即便在伊朗因种种考虑，态度和动作都相对缓和的情况下，沙特真正针对的还是伊朗。

> 这次的实质是在没有域外势力干预的情况下，也就是说没有美国和欧洲势力的干预的情况下，地区内部的一场空前规模的教派对决，也就是什叶派和逊尼派的一场对决，一场叫阵，根本原因就是教派冲突，很简单，就是教派冲突。

不过节目本身并未将也门冲突完全归咎为沙特和伊朗的角力，也分析了也门自身所存在的历史问题。凸显了节目本身的多维视角和全面报道。另外，值得注意的是，在此次报道中还有小部分的内容涉及了中国从也门撤侨的内容，既展示了中国政府以人为本的理念和对人权的保护与重视，也充分体现了中国作为负责任大国对维护国际和平与安全的担当。

2020 年 8 月 29 日节目《中东变局：和平还是“新风暴”？》聚焦阿联酋牵手以色列，节目分析了阿联酋与以色列关系逐渐走向亲密的过程以及双方建交的原因，关注了巴以问题以及以色列与阿拉伯国家的关系，更深层次将目光放在了伊朗身上，对未来中东形势的发展做出了深入的理解和剖析。

图 2-11　特拉维夫居民舍菲关于以色列和阿联酋建交的看法

可以预见的是，若未来某些阿拉伯国家经过美国牵线搭桥，与以色列“媾和”，那么，一直持态度强硬、不承认以色列合法性的伊朗，将得到更多中东地缘国家和势力的支持，届时中东各个利益攸关方恐将重新洗牌。

节目本身不仅聚焦当时的事件本身，进行溯源和追踪后，也对未来可能的走向做出预测与分析，而这样的预判常常被事实证明是准确的。《深度国际》的特点，既记事，也叙事；既纪实，也评说。从这一点看，有史有论。那么，史要接受真实性的检验，论要接受准确性的检验。真实、正确，这就要求我们要有史论担当的意识和能力。一档节目的高度，是在历史中经受住检验而仍能立得住。

中东问题专家、中国社科院西亚非洲所研究员殷罡，曾参与《深度国际》数十期节目的录制，在《苏莱曼尼之死冲击波：博弈伊拉克？》《全球抗疫路漫漫》《中东变局？和平还是“新风暴”》等节目中为广大观众提供了许多精当、到位的观点，对于《深度国际》的选题特点，他认为：

> 《深度国际》这个栏目的制片人对栏目组成员的要求也是很严格、很到位的，在选题制定上尤见业务功底和责任感，不是什么吸人眼球说什么，而是该说什么说什么。盘点我参加过的节目，过去几年中东发生的所有应该解说的事件，都入了《深度国际》的选题，几无遗漏。

有责任感、报道全面，是《深度国际》节目有“深度”的又一体现。关于中东的报道节目除了分析当事国家本身的形势及原因，总是绕不开背后的大国博弈，尤其是美国的立场和行动，这与中东问题的本质是分不开的，中东目前存在的很多混乱和争端都是美国一手造成的，节目通过深度剖析揭露了美国为了自身利益而罔顾中东许多国家的人权和利益的恶性。除此之外，从很多关于中东的节目中，我们能够感受出悲悯与同情，中东问题引发了难民问题、各种战争，让许多人处于水深火热之中，甚至丧失了生命，对于他们的处境和无奈感同身受，相关的节目报道凸显了这样的同理心。

（三）选题意义

在人类漫长发展历史上，中东以其深厚的文明和重要的地缘位置，对世界进程产生着重要影响。世界正经历百年未有之大变局，国际格局和国际体系发生深刻调整，国际力量对比更趋均衡。中国是最大的发展中国家，中东国家是全球能源供给的核心地带，中国与中东国家同为国际舞台上重要的政治力量[①]。习近平主席在埃及开罗阿拉伯国家联盟总部发表了题为《同舟共济克时艰，命运与共创未来》的演讲，指出："我们要抓住未来 5 年的关键时期共建'一带一路'，确立和平、创新、引领、治理、交融的行动理念，做中东和平的建设者、中东发展的推动者、中东工业化的助推者、中东稳定的支持者、中东民心交融的合作伙伴。"[②]

21 世纪前 15 年，中国和中东经济同步高速发展，双边经济合作进入黄金期。中国在中东的经济利益快速扩展，对中东能源的依赖不断上升，这成为冷战后中国与中东关系最显著的特征[③]。除此之外，中东是中国树立大国形象、落实"大国外交"、践行"人类命运共同体"构想的重要舞台[④]。大国博弈，国际政治和经济利益异频同振，中国的中东政策需要与时俱进，进行适

---

① 王灵桂:《深化友谊共促发展推动中国与中东合作迈上更高水平》,《西亚非洲》2021 年第 5 期，第 3–9 页。

② 《推动中阿两大民族复兴形成更多交汇》，载习近平:《习近平谈治国理政》(第二卷)，外文出版社，2017，第 461 页。

③ 牛新春:《想象与真相：中国的中东政策》,《西亚非洲》2021 年第 4 期，第 25–53 页。

④ 李伟建:《中阿战略伙伴关系：基础、现状与趋势》,《西亚非洲》2018 年第 4 期，第 3–20 页。

当调整①。因此，把握不同阶段的中东形势，深刻认识中东问题，加强中国对中东的了解，对于中国适时地调整中东政策及在中东问题上的立场有着重要参考价值，《深度国际》就是在通过不同的中东事件剖析中东形势发展和中东问题的本质，帮助国内受众更好地了解和认识中东。

这份"历史性的和平协议"能不能给中东带来真正的和平？

全世界人民都有这样的美好期待，中东人民也有这种美好期待。有积极推进和平的力量，也有破坏和平的力量。有希望实现稳定的，也有不断破坏稳定的力量。我的看法，中东要实现彻底的和平，我觉得这恐怕还是一个很漫长的过程。

通过展现一幕幕中东战争下的平民百姓的生活场景，通过嘉宾之口讲出中东人民的期待，《深度国际》展现出了充分的人文关怀。通过对于中东问题的深入、持续的报道，《深度国际》也在影响着受众，更好地唤起观众的和平意识。

第三节 周边外交环境

崛起大国的周边区域往往是地区内外若干大国的竞争场，而自身崛起所引发的利益扩展会首先投射到周边区域。② 因此，周边外交环境对一个国家的发展崛起是至关重要的。

---

① 《推动中阿两大民族复兴形成更多交汇》，载习近平：《习近平谈治国理政》（第二卷），外文出版社，2017，第 461 页。

② 刘丰：《中国周边战略的目标、手段及其匹配》，《当代亚太》2013 年第 5 期，第 4–21 页。

中国有着14个陆上邻国、8个海上邻国，面临着复杂的地缘政治环境。①因此，自新中国成立以来，国家就十分重视与周边国家的关系。从1978年开始，邓小平同志为避免与周边一些国家存在的领土领海主权纠纷对我国发展与周边国家的关系构成严重影响，创造性地提出了“主权在我，搁置争议，共同开发”的解决思路，产生了重要而又积极的影响。以江泽民同志为核心的党的第三代领导集体创造性地继承和发展了邓小平同志外交战略思想，将推进睦邻友好、开创周边和平环境作为外交工作的首要任务之一。2003年8月胡锦涛同志在驻外使节小型座谈会上第一次明确提出“正确处理大国是关键、周边是首要、发展中国家是基础的关系”②。十八大以来，针对周边外交，以习近平同志为核心的党中央依次提出义利观、亚洲安全观以及在人类命运共同体理念指引下的周边命运共同体。其中，义利观被誉为十八大以来新时代周边外交理念的一大创新，周边命运共同体的提出更是新时代中国周边外交理念发展达到新高峰的重要标志。由此可见，按照亲诚惠容理念和与邻为善、以邻为伴周边外交方针深化同周边国家关系，与周边国家实现共同发展、共赢发展，成为中国外交理念的主要方面。③④

然而，即使中国一向睦邻友好，以邻为伴，谋求协同发展，由于历史遗留和现实等方面的原因，与周边一些国家的摩擦或争端依旧存在，一定程度上影响了中国周边环境安全。例如中日两国之间钓鱼岛问题、中国与菲律宾的南海争端等。一些国家虽然跟中国没有矛盾，但其自身的问题如果处理不好，不可避免地也会波及中国，威胁中国的和平发展，例如朝韩问题、巴以争端等。此外，基于历史上一些大国崛起后走向对外扩张的记忆，周边一些国家对中国

---

① 阮建平：《深植中华文化根基的周边外交理念》，《人民论坛》2019年第30期，第35–37页。

② 张红：《党报称中国走向“大外交”积极参与全球治理》，中国新闻网，2011年2月8日，网址：https://www.chinanews.com.cn/gn/2011/02-08/2828425.shtml。

③ 李文：《从着眼和平稳定到立足合作共赢：理念的变化》，《世界知识》2020年第3期，第16–17页。

④ 孔铉佑：《习近平外交思想和中国周边外交理论与实践创新》，2019年4月16日，求是网：http://www.qstheory.cn/dukan/qs/2019-04/16/c_1124364176.htm。

崛起也存在不同程度的担忧。所有这些分歧、矛盾或担忧都可能成为既有大国实施离岸制衡、阻滞中国崛起的重要条件。①

鉴于此，节目组非常重视周边外交关系，经常就某一周边外交问题用多期节目展开深度探讨。本节选取节目中出现频率最高的东北亚、东南亚、南亚三个地区，梳理《深度国际》如何做好周边外交环境的深度报道。

一、东北亚地区

东北亚作为一个地理概念，主要包含的国家有中国、日本、韩国、朝鲜、俄罗斯和蒙古国。这一地区国家意识形态、发展阶段各异，大国利益纠缠。可以说，在国际安全形势与安全秩序中，东北亚地区是地域形势最复杂、局势最为敏感的地区之一。②

东北亚诸国之中，日本和朝鲜自古以来就与中国有着紧密的联系。人员交流、贸易往来、摩擦纷争，均是古已有之。因为与中国距离较近，来往密切，两国的政治经济局势、安全形势、与中国的关系等都会对中国产生或直接或间接的影响。纵览节目，中日关系类内容占比 22.3%，朝韩关系类内容占比 3.42%，还有许多以全部东北亚为重心的报道，足见节目组对这两国环境的重视。本小节跟随节目组的报道，按照节目类别分析有关日本和朝鲜的报道的深度所在。

（一）日本

日本是中国的重要近邻之一。经济上，中日两国互通有无，互为对方重要的贸易伙伴；文化上，双方在商业展演、音乐影视、动漫游戏等新兴文化产业

① 孔铉佑:《习近平外交思想和中国周边外交理论与实践创新》, 2019 年 4 月 16 日，求是网: http://www.qstheory.cn/dukan/qs/2019-04/16/c_1124364176.htm。

② 高科:《东北亚地区安全形势与我国面临的安全挑战》,《江南社会学院学报》2013 年第 2 期，第 1-7 页。

领域的交流与合作蓬勃发展；科技上，双方许多部门、地方、研究院所、大学都开展各种形式的交流与合作，对促进两国科研人员的交流、开展合作研究等发挥了重要的作用；军事上，双方在防卫医学、院校和学术研究等领域开展交流，特别是2018年6月8日，中日防务部门海空联络机制正式启用。[①]然而，在政治及历史领域，东海及钓鱼岛问题上的争端是中日两国短期内客观存在的矛盾。中日关系不仅事关两国，更关系到地区乃至世界的和平、稳定与繁荣。

节目对日本相关主题的报道评析呈现出三类特征：一是政治格局，二是外交关系，三是安全形势。因此本小节着重分析三个类别的报道。需要说明的是，许多报道涉及了三个方面的内容，因此本节重点根据节目的侧重点来分类。

1. 政治格局

日本政治格局特点明显：政党林立，首相更换频繁，甚至出现过“十年九相”的罕见局面。[②]可以说，日本的政治格局十分不稳定。在涉及日本政治格局的众多期节目中，绝大部分与首相的选举有关。

（1）选题背景

日本首相更迭频繁，意味着对内对外政策的不稳定。政局不稳定首先会导致民族主义情绪的产生和增长，其次也会给双边关系增加难度。不仅如此，自安倍晋三执政以来，参拜靖国神社，拒不承认侵华历史，争夺钓鱼岛，搅局南海争端，执意修宪，使日本偏离和平发展的道路，甚至曾试图严重挑战中国底线，给中国周边带来极大不安。

（2）选题视角

《深度国际》节目开播不久就是日本大选，期间选举不断，议会解散后又再次重组，直到2020年，我们依旧关注着日本旧首相的辞职与新首相的

① 外交部:《中国同日本的关系》，2020年5月，外交部官网：https://www.fmprc.gov.cn/web/gjhdq_676201/gj_676203/yz_676205/1206_676836/sbgx_676840/。

② 李季:《专家谈近年日本政局特点：政党林立十年九相》，2012年12月18日，中国新闻网：https://www.chinanews.com.cn/gj/2012/12-18/4417783.shtml。

卸任。值得注意的是，很长一段时间，伴随着历次选举，日本政府的举措显现出明显的右转趋势。首相的选举和右倾政策的抬头，构成了日本政治格局明暗两条线索。

2009 年 8 月 17 日节目《日本大选：盛夏亮剑》聚焦日本“建党历史上最凶险的选举”，对决的双方是时任首相麻生太郎和最大在野党——民主党党首鸠山由纪夫。这期节目将重点放在介绍隐藏在日本选举政治背后的自二战以来一直延续的世袭制，针对这一问题，节目组既采访了日本东洋大学法学部教授楠元纯一郎，指出了日本世袭制度的三个特点，即地盘、知名度、“钱袋子”；也采访了中国社会科学院日本研究所副所长高洪，解释为何日本政坛的世袭制沉疴难愈。国内国外双重视角，代表着节目组的双重洞察，对日本政治世袭制做出了全面、深刻的解析与阐释，做好选举前对日本政坛基本态势的分析。

2012 年 11 月 30 日节目《日本政坛：危险时刻》播出时，日本再次面临一场前所未有的大选混战，准备参选的政党多达 12 个，候选人就有 1000 多人，是日本历史上参选政党最多的一次国会大选。本期节目着重分析未来可能主导日本政坛的人物，并在此基础上预测中日关系的走向。时任日本首相野田佳彦由于内外交困的执政压力而不堪重负，他所代表的民主党所获支持率也仅为 16%。参选者安倍晋三在其竞选纲领中赫然写道：“要强化对钓鱼岛的支配。”同时还提出要修改“和平宪法”，赋予日本集体自卫权，大幅扩充军事预算，提升自卫队为“国防军”。另外，自民党还要在教科书审定时减少考虑邻国的认识和感受，而是倾向于“尊重日本传统和推崇爱国心”。参选者石原慎太郎更是以“日本维新会”党首的身份在“日本外国记者协会”发表演讲时扬言，日本应该有核武装构想，或与美国共同开发最新型导弹。参选者一个比一个更为右倾的态度，预示着未来中日关系将面临的巨大挑战。同年 12 日 21 节目《日本大选：鹰派归来》播出之时，日本众院选举混战已尘埃落定，自民党强势回归，鹰派安倍重掌日本。节目首先分析了安倍为何赢得选举，用《读卖新闻》的话说，就是日本多数选民带着忧虑和迷茫，挑了一个“不那么坏的选择”；紧跟着，节目又将视线放在安倍当选后的政策：修改和平宪法、将自卫队改名为“国防军”，实施集体自卫权等，对中国日后的政策制定提供了背景；最后，节目也没有放过安倍当选后面临的社会问题，提出了右翼势力将把日本引向何方的担忧，通过这样的一系列分析，节目组将一幅完整的日本首相选举、政局更迭、局势动荡的画面，精美地呈现在观众眼前。

2013 年 5 月 10 日节目《日本挑战和平宪法》持续跟进安倍晋三上台以来的右倾举措，罗列了其否认侵略历史、打算参拜靖国神、修改和平宪法以实现日本的“正常化”等小动作。节目的关注点是日本社会的右倾躁动，详细、全面的分析为亚洲国家如何面对日本的右倾举动提供了借鉴。同年 7 月 26 日节目《安倍的拐点》则在 21 号举行的选举中安倍以及其控制的自民党和公明党顺利胜出的节点上，重点讲解这次选举的重要性，即：这是一场决定和影响着今后日本政府和外交政策的重要选举。10 月 11 日节目《安倍：日本回来了》关注到日本回归“正常国家”的诉求，当时已就任日本首相的安倍晋三更是多次高调宣称“日本回来了”，借此时机，节目组再一次让受众明确看到日本的右倾趋势。此后 2015 年 8 月 28 日节目《安倍的日本“定位”》继续关注安倍晋三为靖国神社献上祭祀费、力推新安保法、解禁集体自卫权、修改“和平宪法”、推动日本成为一个“正常国家”等种种右倾动作，呈现当时日本右倾程度的同时，节目结合专家的评述分析其战略目的，表明实际上安倍晋三很可能是在试图使日本重获战争权。

时间推进到 2016 年，8 月 26 日节目《安倍：铺路修宪》中，安倍晋三政权炒作中日东海对峙，渲染中国军事威胁，执政联盟掌控两院，右翼政客纷纷入阁，把持日本朝野、加剧中日对抗。这一切都是其为修宪做准备，足以见得安倍晋三带领下的日本政坛右倾化程度正在不断加深，中日关系因此更加紧张。

2017 年 10 月 14 日节目《日本：选战进行时》播出时，日本再次面临大选，当时，为达到执政目的，候选人的政治右倾化也愈演愈烈。

2020 年，突如其来的新冠肺炎疫情不仅使得日本经济下滑，众目所盼的东京奥运会也不得不推迟举行，同时，迫于身体健康状况，执政时长最久的安倍晋三最终选择辞职。9 月 5 日节目《安倍辞职不安之秋》针对这一问题，多方面分析了其辞职的背景、后续的问题以及潜在的影响。9 月 19 日节目《菅义伟：守望日本》紧跟政局变化，探究安倍晋三辞职更为深刻的原因，描摹日本社会现状的同时，预测日本政局未来，分析菅义伟所面临的挑战，为及时调整中日政治、经济、文化等方面的政策从专家角度提供前瞻性的研究建议。

（3）选题影响

结合节目，可以看出日本政治格局的发展大致可以归纳为两个特点：首相更迭频繁、逐渐右倾。很多专家学者认为，因为经济发展的需要，即使日本政局动荡，中日关系整体友好的基调是不会被撼动的。但从节目的历时性分析中可见，日本在右倾道路上越走越远，日本政坛对华鹰派势力不断增强，而且日本社会目前也不具备改善对华关系的民意氛围。① 中国社会科学院日本研究所副所长、研究员吴怀中指出，现在“厌华”“反华”正在成为日本国内的某种政治正确。新首相上任后越是根基不稳，越有可能迎合保守右翼派别和选民，以此博取支持守住政权。因此，节目组对日本右倾不断加剧的预测，也恰巧与前文提到的明暗两条线索重合，表象与实质的融合，是关于日本政治格局报道的深度所在。

2. 外交关系

中日比邻而居，两国的交往已有两千多年的历史。周恩来总理曾经用“两千年友好，五十年对立”来概括抗日战争胜利之前的中日关系。② 中国人民大学国际关系学院教授黄大慧则用“恶化与改善”的循环来形容 21 世纪以后的中日关系。在经历了 2001 到 2009 年第一次恶化与改善循环和 2010

---

① 刀剑笑:《日本政局突变！新首相会是谁？对中国更强硬？》，2021 年 9 月 3 日，环球时报评论：https://baijiahao.baidu.com/s?id=1709871769969684477&wfr=spider&for=pc。

② 钟亚平:《中日交往的“两千年”和“五十年”》,《东北亚学刊》2014 年第 1 期，第 16–19 页。

年至今第二次恶化与改善的循环，两国关系目前正在重回正轨。[①]

（1）选题背景

《深度国际》开播的2009年，正是中日关系从第一次循环走向第二次循环的交接之际。巧妙的是，2009年8月17日第二期节目《日本大选：盛夏亮剑》就将日本作为报道主题。此后几年，日本持续不断的作为“主角”出现在观众的视野。对于中国和日本，历史与领土问题是影响两国的直接因素，逐渐右倾的日本政府加剧了两国在领土问题上的矛盾。日本和美国的同盟，日本和俄罗斯之间的多次访谈，除了达到维护日本自身利益的目的外，也有制衡中国发展的图谋。

（2）选题视角

有关日本外交关系的选题中，既有以国家间外交关系为重点的报道，例如节目中经常出现的中日、俄日、美日关系等；也有针对一个问题以多种视角加以分析的报道，例如钓鱼岛事件、日本外交政策的梳理和介绍等。这两种类型往往互相交织，但每期节目侧重不同，因此这里依旧按照侧重进行分类。

以国家间外交为重点的报道中，中日关系占比较大。例如，2012年10月26日节目《中日冷暖鉴》通过重温两国四十年来外交历程，回顾当初如何恢复邦交，试图解释中日邦交正常化四十周年之时，两国外交上唇枪舌剑，军事上剑拔弩张，经济、文化和民间交流项目纷纷取消的原因。

2014年1月4日节目《中日百年衰荣鉴》正值日本大肆宣扬“中国威胁论”、扩充军备、解禁集体自卫权之时，节目回顾日本近代以来的历史进程，探寻安倍晋三政府一系列危险举动背后的真正原因。同年7月18日节目《中日安全观大碰撞》阐释了中日两国的政治博弈和观念摩擦，驳斥日本渲染的中国威胁。同年11月21日节目《中日“机遇之窗”开与合》分析了2014年在中国“一带一路”的倡议下中日两国短暂地握手合作，但日本转而对钓

① 黄大慧:《对中日关系重回正轨的若干思考》,《现代国际关系》2019年第12期，第1–8页。

鱼岛问题进行挑衅，中日之间的友好合作再次难以正常开展，日本的所作所为破坏了原本中国提供的合作共赢图景。2017 年 6 月 3 日节目《中日“破局”之钥在谁手中？》则在中日邦交正常化 45 周年两国关系向好的背景下，指出日方的诚恳才是当下中日关系“破局”的关键所在。

关于俄日关系的报道主要围绕两国的岛争。2011 年 2 月 25 日节目《俄日夺岛战》播出之际，俄罗斯方面旁若无人地对“南千岛群岛”（日称“北方四岛”）进行考察和建设，而日本方面全民总动员，发起了保卫“北方领土”活动，因此节目讲述了日俄两国争岛的来龙去脉，分析了四岛让两国争得头破血流的真正原因。2016 年 12 月 17 日节目《普京访日：“高冷”的背后》以普京访日作为背景，指出普京在不断招揽投资，拉动经济的同时，真正要面对的是复杂的国际局势，尤其周边的环境，提振民心，突出重围。而后的 2016 年，安倍晋三与普京有过四次会晤，两位领导人围绕日俄的领土问题进行了多次交涉，2017 年，安倍晋三决定再次访俄。2017 年 4 月 15 日节目《日俄的“死结”》中，专家杨伯江一语道破，领土问题正是日俄关系的死结，而在这个“死结”的另一端，是美国在越拉越紧。节目指出，日俄之间的问题只有靠两国携手的努力才能有效解决。2019 年 1 月，安倍晋三访问俄罗斯，与普京举行第 25 次首脑会谈，被外界称作索要领土之旅。同年 2 月 2 日节目《岛争日俄的温度差》标题一语双关，寒冷的天气之下是谈判遇冷，而遇冷的背后，是安倍晋三渴望“成功”的政治抱负和俄罗斯改善俄日关系的迫切愿望。

美国与日本的关系一直以来都事关整个亚太局势。2013 年 12 月 13 日节目《日美：同盟困境》评析了日本对中国宣布设立东海防空识别区的态度激烈，而美国却心态缓和，同时利用巧妙的外交手腕巩固与韩国的关系，美日同盟遭遇大考，东亚陷入零和博弈的困境。针对 2017 年安倍晋三访问美国的新闻事件，同年，2 月 18 日节目《安倍访美：同盟的“买卖”》通过抓住安倍晋三访美的诸多细节来分析美日关系的动态和走向，从历时的角度分析其此举遵循了历史上每位日本首相访美的惯例，但日美之间仍难掩摩擦。日本仍处于低姿态和妥协态势，还期待着得到美国的保护与肯定。2020 年 12 月 26 日节目《大选之后美日如何共舞》聚焦日美首相相继更迭，预测了两国同盟关系走向和外交政策的变化。

由报道数量和追踪时长可见节目组对钓鱼岛问题的重视程度。2012年，中日邦交正常化40年，但在钓鱼岛问题上日本动作频频。当年5月11日节目《日本夺岛心机》阐明日本罔顾事实，公然挑起争端，很大原因是日本政坛为了选票的右倾行为。紧接着5月26日节目《日本：蓝色野心》在对日本钓鱼岛夺岛计划曝光于天下一事众说纷纭之时，指出冲之鸟礁、钓鱼岛是构筑第一岛链的重要环节，这也是遏制中国海军向大洋发展的战略阵线。7月27日节目《钓鱼岛：阴谋与较量》继续跟进钓鱼岛背后日本“算盘”的同时，指明要在发展过程中消除日本的敌意。8月10日节目《日本：钓鱼岛路线图》播出时，日本以中国加强国防和军队现代化建设为由，发布了《防卫白皮书》。对此，《深度国际》通过这期节目，传递了中国就此问题的一贯立场，表示此举是为了维护本国主权安全和领土完整，不对任何国家构成威胁。

然而，日本全面强化钓鱼岛警备，在钓鱼岛问题上继续显示出咄咄逼人的态势。9月14日节目《钓鱼岛危机边缘》指明中日关系面临最严峻考验，同时分析不断扩张的军事实力和日本社会的集体右倾将会造成严重的后果。紧接着9月21日节目《钓鱼岛：美国因素》揭示中日钓鱼岛争端难以解决的重要原因，即是美国的搅局。10月12日节目《日本：岛国的迷失》指出领土争端在日本历史上并不是一个新鲜词，于是节目回归历史，从根源解释为何日本领土纷争不断。2013年1月4日节目《钓鱼岛：变与不变》指的是安倍晋三一方面希望改善对华关系，一方面却不改变其在钓鱼岛问题上的强硬立场。看似矛盾的心理，实则反映了其在对华关系问题上进退维谷的境地。

除此之外，节目组也对日本外交政策的解读颇费苦心。通过2012年8月31日节目《日本站在危险的十字路口》、2013年1月11日节目《日本：构筑对华“包围圈”》、2013年5月3日节目《日本外交的“三国杀”游戏》、2013年10月25日节目《日本的纠结》、2013年12月20日节目《安倍的大国路线图》和2016年5月13日节目《安倍外交：柔术？忍术？》深度解析了日本的外交策略和中日关系的走向。

（3）选题影响

从一系列报道可以看出，中日的关系大体呈现出“政冷经热”的局面。日本主流认为，中国是 21 世纪日本最大的外交战略课题，是最主要的竞争对手。[①] 同时，美国搅局亚洲，中美对抗性竞争加剧，美日同盟关系决定了日本仍有携手美国制衡中国的意图。

2021 年，中国已经实现第一个一百年目标，2022 年，冬季奥运会成功在北京举办，同时也是中日邦交正常化 50 周年，均需要稳定良好的周边关系。因此，与日本关系的稳定对中国可以说是至关重要的。我们将继续跟踪做好针对日本外交关系的报道，把握两国友好合作的方向，体现应有的善意和诚意，既要敢于剥茧抽丝，揭示真相，又要正确引导观众，为营造积极有利的舆论环境继续发挥理性、重要的沟通作用。

3. 安全形势

作为一个处在板块交界处的岛国，日本面临着诸多问题，例如：地震与海啸等自然灾害、气候变化、海上资源开发、水产资源利用、土地资源利用等。地缘环境特质决定了日本的行为偏好，日本面临的问题决定了其向外扩张的需求和野心。这一现实又进一步决定了日本的安全形势对作为邻国的中国会产生直接的影响。[②]

（1）选题背景

近年来，日本步步推进解禁集体自卫权，升级军备，军演不断，升级自身在美日军事同盟中的军事作用，将战略注意力和战略资源部署到东海地区[③]，使周边国家感到不安，扰乱区域和平与稳定。日本局部冲突与动荡、国防与军事外交、国际范围内的军事演习、新概念武器研发进程等，自身就是

---

① 黄大慧:《中日关系与命运共同体构建》,《东亚评论》2018 年第 1 期，第 17–18 页。

② 日本防卫省:《令和元年版防卫白书》, 2019, 第 185 页。

③ 时殷弘:《中国的东北亚难题：中日、中韩和中朝关系的战略安全形势》,《日本学刊》2019 年第 1 期，第 182–184 页。

爆点，容易达到引起关注、引发共鸣的作用，进而为报道后续的背景呈现、深层原因挖掘、未来局势走向预测、对正义的呼吁和号召形成了铺垫。

（2）选题视角

在有关日本安全形势的 18 期节目中，共涉及地震、军事、疫情三个主题，其中军事是影响地区安全较大的因素，也是报道次数最多的安全话题，因此这里着重分析历年军事的相关报道。

2012 年 2 月 10 日节目《日本军售魔盒开启》解释日本无视“和平国家招牌”，公然突破“武器出口三原则”，加强军事力量的真实目的，即推动日本“军事正常化”进程，同时为军事进一步解缚“探路”。同年 10 月 5 日节目《日本军力观察》播出前后，日本巡逻机、战舰，已向钓鱼岛附近海域移动。反潜作战、常规潜艇、战斗机，均号称“名列世界第一”。在日本自卫队释放出危险信号之时，节目及时对日本军力大揭秘，起到知己知彼的作用。2013 年 7 月 19 日节目《军演日本海》系统地解释了当年中俄联合海上军演的原因，即传递捍卫地区和平、维护海上安全的重要信息。2014 年 3 月 28 日节目《日本核武冲动》关注日本 331 公斤武器级钚储量，通过分析核武器的威胁，表明日本如果选择在拥核的基础上推进军事强国路线，将给包括中国在内的亚洲邻国乃至世界安全带来不可估量的威胁。

2014 年 9 月 5 日节目《日本军刀出鞘》将日本解禁集体自卫权、购买军事装备等行为形容为“军刀出鞘”，将再次把日本引向危险的道路。2015 年 7 月 31 日节目《日本：危险的潜实力》点明日本藏军于工、藏富于商、藏资海外，使得富国变为强军，政官商形成铁三角，过于注重自己的国家利益，而忽视他国合理的国家利益的倾向，让人们对日本成为“正常国家”后的世界前景无法乐观。同年 8 月 14 日节目《日本：“大国化”歧路》直接道破日本通过强军实现“大国梦”是不反省历史的表现，只有从内心深刻反省历史，才能把日本引向真正的和平。10 月 9 日节目《日本防卫政策大转变》通过分析防卫政策转变的原因，预测未来日本可能会参与的军事行动，日本自卫队海陆空力量的发展以及它对亚太乃至世界安全的威胁。2016 年 4 月

8 日节目《新安保法：日本的战与和》指明新安保法的正式施行，开启了行使集体自卫权、出兵海外的时代。扩充军费，武装自卫队装备，强化离岛防卫等行为，“和”成为安倍晋三一再强调的说辞，“战”才是新安保法的防卫政策露出的本色。2017 年 3 月 25 日节目《安倍的春季攻势》将日本渲染朝鲜半岛危机，借机增加防卫开支，加大军购力度，延长自民党总裁任期相联系，指出这一切都是安倍晋三为了走向修宪铺路。同年 11 月 25 日节目《日本军力提速进行时》聚焦日本持续扩大军事力量，呈现了对日本再次退回到“愚蠢的战争”的担忧。

（3）选题影响

针对日本安全形势中军事的深度报道从不同时间、不同角度出发，摆明日本军事扩张的真实意图。对于观众来说，这样的历时性系统分析有助于增强其对待他国动向的敏感度，强化其安全意识，提高其政治觉悟，使普通百姓面对他国的“挑衅”更加沉着冷静；对于一些决策者来说，也有助于对问题的追本溯源，在制定方针政策时厘清要害。同时，从一些报道中，观众也得以知晓稳定中日关系，防止军事冲突，阻止日本解禁集体自卫权等行动的原因和必要性。

同时，有关日本安全形势的报道用到了大量共时解析的形式，即就同类主题，做不同侧面分期解读或同一主张阶段性推进的方式做深度传播。共时历时并举则能够有效增加节目的厚度，使节目显得更加专业、精深。

（二）朝鲜

朝鲜全名为朝鲜民主主义人民共和国，位于东亚朝鲜半岛北部。北部接壤中国与俄罗斯，南部与韩国以一条“三八线”相隔，西临黄海，与山东半岛隔海相望，东临日本海。

朝鲜建国于 1948 年 9 月 9 日，与中国建交于 1949 年 10 月 6 日，是同新中国最早建交的国家之一。建交以来，两国高层互访频繁，经贸、人文等领域交流与合作不断深化，在军事、文化、教育、科技、体育等各个领域始终保持着较为密切的交流与合作，在地区和国际事务中保持了良好沟通与协调。[①]

节目对朝鲜相关主题的报道评析呈现出三类特征：一是政治格局，二是外交关系，三是安全形势，本小节将着重分析三个类别的报道。需要说明的是，许多报道涉及三个方面的内容，因此本节重点将根据节目的侧重点来分类。

1. 政治格局

朝鲜是坚持社会主义的国家，执政党是朝鲜劳动党，奉行一党制。冷战期间，朝鲜作为社会主义阵营的国家，受到西方打压和遏制。冷战后，东欧社会主义阵营瓦解，在美国的意识形态侵蚀下，纷纷走向资本主义，朝鲜顽强地坚守着自己的社会主义制度。

（1）选题背景

冷战后，朝鲜发展、朝鲜半岛局势一直是为众人所关注的焦点之一。2011年12月，朝鲜领导人金正日去世，给朝鲜政坛带来极大变化，对朝鲜人民的情绪造成巨大的打击。这一变动，不仅朝鲜自身需要积极应对，其所引起的东北亚局势的潜在变动也要求周边国家及时做出反应。同时，朝鲜迫切的发展愿望越来越遭到制裁，为了突破重围，朝鲜也越来越执着于核武器的发展。

（2）选题视角

涉及朝鲜政治格局的报道数量不多，主要与朝鲜国家计划与发展相关。

2011年1月28日节目《朝鲜：打开强盛大国之门》中以朝鲜提出的十年战略计划，即“2012年打开强盛大国之门，2020年达到发达国家水平”为开端，探究深陷朝核危机的朝鲜如何实现强国梦。同年4月15日节目《太阳节背后的真实朝鲜》以已故领袖金日成的诞辰纪念日，朝鲜国内一个重大节日“太阳节”为背景，为观众呈现一幅政治话题外山明水秀，自然资源和天然宝藏丰富，人民淳朴、善良、勤劳、勇敢的真实朝鲜。12月30日节目《朝鲜送别金正日》播出之前的12月17日，当时的朝鲜最高领导人金正日去世。央视驻平壤记者赵曙光到达平壤东区的金日成与金正日的壁画前，采访现场参与悼

① 中华人民共和国驻朝鲜人民民主主义共和国大使馆:《中国同朝鲜的关系》，2021年2月，外交部官网：https://www.fmprc.gov.cn/ce/cekp/chn/zcgx/zcgxgk/t1316823.htm。

念的平壤市民，让观众看到悲痛但仍旧克制理性的朝鲜人民。2019 年 6 月 29 日节目《朝鲜发展“千里马”的跃与滞》指出即使朝鲜集中全部力量发展经济建设，但国际社会的制裁犹如当头利剑，使朝鲜经济的发展受阻。国际上对此观点不一：一种认为朝鲜的民生问题和老百姓的温饱问题等基本方面不仅不应该受到制裁，反而需要援助，应帮助朝鲜解决朝鲜的发展问题；另一种观点认为，现在朝鲜处于联合国制裁下，如果对朝鲜援助，很可能缓解朝鲜的困局，使它无核化的压力变得不迫切，影响无核化的进程。节目结尾用“一国之民生若是也能描述得如此不痛不痒、轻描淡写，那人道主义又何去何从呢？”节目在一定程度上表明了我们的观点，也希望借此引起观众深层次的思考。

（3）选题影响

朝鲜政治格局的变动，要求我们进一步理性审视东北亚可能出现的新变局。根据节目从不同角度做出的深度分析，我们希望可以判断这些变化将推动东北亚局势及世界局势向什么方向演变，以及思考身处变局的中国应该做出何种政策或战略调整与应对。①

对朝鲜政治格局的关注，除了其本身的重要性，还可以看作节目组希望通过还原一个真实、完整的朝鲜，做到观点上的客观公正，不偏不倚。

2. 外交环境

朝鲜劳动党把自主、和平、友好作为对外政策的基本理念，主张按照完全平等、自主、相互尊重、互不干涉内政和互利的原则发展对外关系，发展同其他国家的睦邻友好关系，加强同反对帝国主义自主力量的联合，坚决反对帝国主义的侵略和战争策动。② 朝鲜作为“七十七国集团”和“不结盟运动”正式成员国，正在积极开展与广大发展中国家的交往。③ 目前，朝鲜共

---

① 刘兴华:《朝鲜政局与中国的东北亚战略》,《现代国际关系》2012 年第 1 期，第 18–20 页。

② 聂运麟、余维海:《国际共产主义运动年鉴（2017）》，华中师范大学出版社，2019，第 106 页。

③ 莽九晨、霍文、曲翔宇、刘仲华、王伟:《除了“金特会”，看看朝鲜外交有多广》，2018 年 6 月 7 日，环球网：https://baijiahao.baidu.com/s?id=1602562492653146004&wfr=spider&for=pc。

与160多个国家及组织建立了外交关系。

（1）选题背景

在朝鲜战争结束后近半个世纪里，朝韩一直处于敌对状态，虽是一族同胞，双方却互不往来。进入21世纪后，随着国际形势的变化，朝韩关系取得历史性进展。然而，朝鲜对核武器的执着使朝鲜报道危机四伏。朝鲜对继续拥有核武器的渴望和外界对朝鲜半岛无核化的争取成了这一区域的主题。

亚太地区国际关系专家刘兴华指出，朝鲜半岛的战略稳定是保障东北亚安全与稳定的核心因素，因而一直得到包括中国在内的东北亚相关国家的高度关注。①

（2）选题视角

涉及朝鲜外交环境的节目众多，在此只选取有重大影响及有代表性的几次报道着重分析。

2018年2月10日播出的《平昌：朝韩再牵手》，播出前一天是平昌冬奥会的开幕式，在开幕式上朝鲜和韩国两国运动员高举半岛旗帜入场，第二天朝韩女子冰球联队登场比赛，两国时隔十一年后再度牵手奥运赛场，引发全球关注和热议。节目通过呈现奥运会现况、梳理两国历史背景和政治关系来揭示两国“再牵手”的重要意义。节目引用韩国民调数据，呈现了多半民众对朝韩两国联手参赛的积极态度；采访中国国际问题研究院研究员和特约评论员，分析朝韩两国由博弈转向合作联手的实际意义；梳理了朝鲜和韩国数年的汇演活动，介绍了两国在文化层面的交流和互通情况；鉴于朝韩“牵手”发生在国际社会对朝鲜加大制裁、美韩联合军演的背景下，节目还比较分析了美国和韩国不同的对朝态度，指出了美国在制裁朝鲜时不顾朝韩会谈取得重要成果的强硬态度，也挑明了韩国维持周边环境、维护国家安全的需求与困境，介绍了中国提出的“双暂停迈向双轨并行谈判”的方案，以及通过解决半岛无核化问题、建立半岛永久和平机制从而实现半岛和平发展的外

① 刘兴华:《朝鲜政局与中国的东北亚战略》,《现代国际关系》2012年第1期，第18-20页。

交主张。节目并没有局限于平昌冬奥会这一个别的新闻事件，而是整合了朝韩、美韩、美朝各方面的历史事件和政治背景，结合历年来的重要数据和领导人言论等资料，梳理新闻事件背后的国际关系，揭示了朝鲜半岛复杂的历史文化、政治军事逻辑。值得一提的是，节目播出时间在开幕式的第二天，事件刚刚发酵，当时各家媒体正在做消息报道，而《深度国际》已经推出了深度分析，领跑全球舆论。

2018 年 6 月 16 日节目《朝鲜半岛问题的“结”与“解”》引用英国《金融时报》的报道——“这次具有里程碑意义的峰会不仅属于美朝，也是中韩等国希望给朝鲜半岛带来无核化进程的第一步。”体现出新闻事件焦点之外的他国媒体对于该事件的态度和评价，立体化呈现朝鲜半岛局势。

2015 年 1 月 30 日播出的节目《朝美和谈的“价码”》，是对 2015 年 1 月份朝鲜和美国互相给出的谈判条件的分析，节目播出时间与新闻事件发生时间相距较短。2015 年 1 月 9 日，朝鲜方面提出“不核试换不军演”的提议，要求美国停止大规模军演，朝鲜才会停止核试验，而美国方面拒绝接受该提议。1 月 19 日，朝鲜再度提出该提议。针对美国将如何回应该提议，朝美关系是否能打破僵局，节目首先选取翔实的视频资料，讲解美国大规模军演的历史动态和主要目的，使观众对新闻事件的来由有所了解；其次采纳中国国际问题研究院研究员的评论和朝鲜、美国两方面官方发言人的言论，使观众对各方立场有鲜明的认识；最后，总结并解读朝鲜该提议的“价码”和朝美关系的走向。

对发生在 2010 年的朝韩延坪岛炮击事件进行的系列剖析又是一个节目组选取历时的视角跟进报道的比较典型的案例。2010 年下半年开始，美韩两国频繁军演示威，11 月 23 日，延坪岛炮战爆发，数个小时内 200 多发炮弹持续轰炸，给双方造成了严重的伤亡。虽然朝鲜半岛冲突不断，但像这次双方动用重型武器直接交火的场面还不多见，是朝鲜战争结束后最为严重的一次冲突。在炮战发生仅仅 3 天后，也就是 2010 年 11 月 26 日，节目组迅速推出了《朝韩炮战冲击波》，邀请专家张召忠、朴建一迅速解析炮击背后的原因、可能造成的影响以及朝鲜战争遗留下的历史性问题。随着事态的发展与发酵，节目组继续跟进此事。12 月 22—25 日，韩国海军在东部海域举行为期3天的机动演习；陆军和空军则从23日起在京畿道抱川市军用射击场举行“最大规模的联合火力演习”。虽然韩国国防部宣称，在东海举行的演习和抱川冬训只是例行训练，与延坪岛事件毫无关系，但外界普遍担忧，这会让刚刚显露和缓迹象的半岛局势再添变数。12月24日播出的《朝鲜半岛风云录》，分析了经过半个月时间的发酵后，各利益相关方的反应及其背后可能蕴藏的深意，以及事态将来可能的走向。除了回顾半个月以来事件的发展情势外，我们还采用历时的视角，向观众说明朝韩问题的复杂性，在节目中梳理了朝鲜战争后朝韩两国历次为和平与统一做出的努力，点出其因朝核问题、域外大国的插手等屡屡让和平计划付诸东流的外交困局。历时梳理、持续跟进让节目不但具有一种历史的视野，同时也具备一种如同“电视剧连续性”一样独有的吸引力，在新闻“烂尾”流行的当下，更彰显了一种新闻专业主义精神。

（3）选题影响

朝鲜半岛局势的动荡会对中国的安全产生直接的影响。战略学家时殷弘指出，中国在朝鲜和朝鲜半岛问题上有六项重大利害所在，即：

> ①朝鲜半岛基本和平稳定，即“不生战”；②朝鲜内部不能出现严重和急剧的大失控、大混乱以致内战状态，即“不生乱”；③朝鲜必须对中国有起码的友善，防止或阻止朝鲜出现对华持久敌视态度；④强有力地阻滞朝鲜的核武器和中远程导弹发展，争取最终实现半岛无核化；⑤保持中国在对朝政策和中朝关系方面必需的起码灵活回旋余地；⑥朝鲜半岛不得成为美国针对中国的重大战略/军事堡垒，争取和维持韩国对中国的基本友善。[①]

因此，节目的历时性与共时性结合的深度报道，首先有助于现实和六项

---

① 时殷弘：《中国的东北亚难题：中日、中韩和中朝关系的战略安全形势》，《日本学刊》2019年第1期，第182–184页。

重大利害形成参照，进而帮助判断半岛局势对中国形成的影响。其次，对半岛局势的掌握有助于预测其未来走向，提早做出应对。

3. 安全形势

朝鲜政治经济体系由“先军政治”所主导，即在军事上，强调以先军政治为指导强化国力。朝鲜现有约 120 万名军人，是全球武装力量人数排名第五的国家。朝鲜无视周边国家反对的声音，欲在核武器道路上扬帆远航，是朝鲜半岛最大的安全威胁。

（1）选题背景

在 2006 年至 2017 年底，朝鲜一共进行了 6 次核爆炸试验，20 次弹道导弹发射。尤其是 2017 年，朝鲜以惊人的速度推进核与弹道导弹计划，不但发射了洲际弹道导弹，还进行了第六次核爆炸试验，引发了 6.1 级地震。[①] 当时，朝核问题不断升温，半岛局势持续紧张，愈演愈烈。

（2）选题视角

针对朝鲜安全形势的报道主要集中在朝鲜对军事的发展议题上，我们选取节目中比较深刻的报道进行分析。

美韩两国的不断护国军演并向朝鲜敏感水域发射炮弹，激怒朝鲜在 2010 年 11 月 23 号炮击韩国延坪岛。在此时间节点，11 月 26 日节目《朝韩炮战冲击波》讲述了几十年间朝韩之间的矛盾、美韩之间的关系以及本次朝韩炮战的具体经过和各国对此事件的反应。

2012 年 12 月 14 日节目《朝鲜:“箭”指何方》通过分析得出朝鲜突然进行卫星发射的原因，即为了纪念金日成主席诞生 100 周年的同时，以此为重要契机，做出一件有标志性的令人震撼的成就来体现其打开大门之年。

2013 年 4 月 12 日节目《朝鲜：危局临界点》播出之时，半岛局势空前紧张。美韩对朝鲜步步紧逼，朝鲜则以战争相威胁。对此，朝鲜最高领

① 陆睿、耿学鹏:《新闻背景：朝核问题的由来》，2018 年 6 月 11 日，新华社：https://baijiahao.baidu.com/s?id=1602970902097348562&wfr=spider&for=pc。

导人金正恩表示，朝鲜的核武器并不是拿美元兑换的商品，也不是政治筹码，而是民族的命根子、统一朝鲜的国宝，第一次将核武器上升到了国家生命的高度。紧接着的 4 月 19 日节目《危险的半岛“牌局”》聚焦朝鲜会否发射导弹，对其一边积极调兵遣将进行着部署，一边又在提议对话的原因做出解释。在聚焦半岛局势，带来朝鲜最新消息分析的同时，为观众介绍朝鲜和美国一系列行动背后的深意。对于朝鲜来说，发出强硬信号一是为了保障自身地区的安全，更多的目的是“只做给美国看”，反抗由于美国对朝政策的过于强硬使得朝鲜自身的发展受到的极大限制。对此，节目总结道：正是因为彼此的不信任，美朝双方很难走上谈判桌，而面对种种安全威胁，朝鲜认为紧握住“核”才能继续生存下去，才有与美国对话的资格。

2017 年 3 月 18 日节目《朝核问题根源何在》表明朝核问题的历史因素，即从 1950 年底，美国麦克阿瑟提交的对朝作战清单显示需要投放 26 颗原子弹起，核武器的威胁就笼罩在朝鲜半岛的上空。专家指出，对于朝鲜来说，认为自己走上了以先军政治为特征的国家发展道路是重大的战略失误。但问题的根源仍在美国，正如时任外交部发言人华春莹所说：“朝核问题的实质是朝美矛盾。”美方要压迫朝鲜必须听话，朝方则不愿被对方打败。宁可忍受制裁和孤立也要坚持到底，形成了朝鲜恶性循环的怪圈。节目末尾再次提出观点：和平协商，充分理解和照顾各方利益和关切，才是解决冲突的唯一正确途径。

（3）选题影响

针对朝鲜安全局势，节目组紧跟新闻热点，迅速抢占时效，经常在问题发生后很短的时间内，推出新闻专题片，系统详尽地讲述事件的前因后果，通过充分收集的海内外媒体资源，对韩朝两国媒体报道的分析呈现，新闻事件现场画面的补充，确保新闻事件报道的真实性与客观性的同时，给观众以沉浸式体验，使其能够了解和理解事件背景及情境。在此基础上，节目组经常邀请相关地区国际关系专家进行分析与解读，客观、全面地对事件进行了专业呈现和广泛传播，给国内外观众提供了了解事件的精彩解读与渠道平台。

二、东南亚地区

东南亚位于亚洲东南部，包括中南半岛和马来群岛两大部分，共有 11 个国家：缅甸、泰国、柬埔寨、老挝、越南、菲律宾、马来西亚、新加坡、文莱、印度尼西亚、东帝汶。

本着平等与合作精神和对地区和平与稳定的追求，东南亚国家联盟成立，促进本地区经济增长、社会进步和文化发展，为建立一个繁荣、和平的东南亚国家共同体奠定基础。在东南亚 11 国中，只有东帝汶没有加入东盟（ASEAN），2021 年 11 月 22 日，国家主席习近平正式宣布建立中国东盟全面战略伙伴关系，而在 2022 年 1 月 1 日生效的《区域全面经济伙伴关系协定》（RCEP）中，东盟也是重要成员。

（一）选题背景

《深度国际》在东南亚地区主要关注的是东南亚各国与其他大国的关系、各国的政局和外交政策、持续不断的南海争端等。其中南海争端相关的节目到目前为止占据了 14 期节目，还有不少针对领土问题的节目也提到了南海局势。可见，南海争端是我国在东南亚地区的主要关注点。

中国是最早发现、命名南沙群岛，最早并持续对南沙群岛行使主权管辖的国家。第二次世界大战期间，日本占领了南沙群岛，后又在二战胜利后将南沙群岛归还。[①]

南海主权归属之争发端于 20 世纪后半期。从 20 世纪 60 年代开始，中国南海露出水面的岛礁以及海域被一些周边国家侵占。提出所谓“主权”要求并分割海域的有越南、菲律宾、马来西亚和文莱等国家。围绕中国南海岛

---

① 吴士存：《南海问题的起源、发展及演变》，2018 年 9 月 28 日，中国南海问题研究院网站：http://www.nanhai.org.cn/paper_c/310.html。

礁的主权归属及部分海域的管辖权形成了6国7方的争端局面。[①] 中国社会科学院研究员张蕴岭指出：

> 在大国竞争加剧背景下，周边地区一些热点问题也会变得更为复杂，有的会升温，甚至可能酿成冲突。南海问题已经成为大国展示战略决心和进行战略角力的地区热点问题。美国的海空军事力量经常性进入南海，并且拉拢一些大国采取联合行动，对中国进行军事威慑。中国与东盟就解决南海争端和预防冲突开展了多方面的合作，包括中国加入东盟制定的《东南亚友好合作条约》（TAC）、联合发表《南海各方行为宣言》、继续就达成“南海行为准则”进行磋商等，并且就如何解决争端与相关国家进行商讨，维护了南海地区局势基本稳定。美国把中国作为对手，力图在中国与东盟之间打入楔子，这无疑会搅乱局势，增加地区的动荡。[②]

（二）选题视角

一个问题，常常处在变动之中，有时甚至风波不断，这就需要与时俱进，关注新命题，应对新问题，预测新动态。因此这里仅以南海问题为中心，着重分析两次比较有影响力的报道。

从2012年至今，针对南海争端的节目视角十分丰富：包括南海觊觎者的解读，南海宣言的解读，菲律宾惊扰南海的深层原因的分析，南海争端中的他国搅局，中国对南海争端的行动，南海局面的积极发展等。其中，2016年7月8日节目《中国为何对南海仲裁说不》以及同年7月22日节目《南海仲裁戏外戏》两期节目最为出彩。

2012年，中国近海海域频生事端，4月10日，菲律宾军舰与中国海监

---

① 茶客：《一书读懂南海（代序）》，2020年5月13日，美篇网：https://www.meipian.cn/2xumakje。

② 张蕴岭：《新形势下推动构建中国与周边国家命运共同体》，《当代世界》2021年第7期，第52–56页。

船在黄岩岛对峙；6 月 15 日，越南空军在南沙群岛海域巡逻飞行；6 月 21 号，越南国会通过“海洋法”，宣称将西沙、南沙纳入越南领土。

2016 年 7 月 8 日节目《中国为何对南海仲裁说不》播出之际，正值“中菲南海争议仲裁庭”在菲律宾、美国等国家主导之下要对中国进行“最终仲裁”之时。

2016 年 7 月，美国数艘军舰在中国南海示威，中国人民解放军在南海接连举行了两次大规模军事演习，展示中国军队的力量和能力并赴南海进行例行性战斗巡航。时任外交部长王毅应约同时任美国国务卿克里通电话，指出所谓的“南海仲裁案”在程序、法律、证据适用方面牵强附会、漏洞百出。

7 月 12 日，海牙国际仲裁法庭对南海仲裁案做出“最终裁决”，判菲律宾“胜诉”。《深度国际》根据事态发展进度，在关键时刻，引用重要资料和论据，揭露某些国家滥用国际法，试图以国际法为工具侵犯中国主权、在中国南海海域制造不稳定态势、破坏中国和平发展环境的险恶用心。节目通过采访国际法律专家，指明所谓的“南海仲裁”让人诟病的硬伤；通过阐释《联合国海洋法公约》，表明所谓的黄岩岛争端实际上是主权之争，并不适用公约范围，且缔约国有权声明不接受强制仲裁；通过梳理菲方的诉求和做法，揭示其为了使国际仲裁法庭受理案件而做的精心“包装”。

2016 年 7 月 22 日节目《南海非法仲裁戏外戏》在菲律宾等国无理挑衅并进行所谓“南海仲裁”的背景下，对南海问题进行了本质上的回应和澄清，再次传递了中国主权不容侵犯、不容挑衅的中国一贯立场。

（三）选题影响

中国在致力维护自身权益的同时，把地区繁荣、互利共赢作为自身海洋战略的出发点。对待争端，亮明中国态度，坚定不移维护自己利益，同时表达和平理性、控制争端的大国态度，有理有据、有礼有节。

通过观察情况、发现脉络、收集整理信息、依据规律、掌握动态、预测趋势，正确预计可能出现的问题，《深度国际》对南海争端的报道做好了前馈。《中国为何对南海仲裁说不》完成了一次有理有据、论证有力的驳斥，是对整个南海仲裁问题的有力回应。该期节目播出四天后，“南海仲裁案”宣布了最终裁决。这说明节目组对阴谋早有预判。

三、南亚地区

南亚指位于亚洲南部的喜马拉雅山脉中、西段以南及印度洋之间的广大地区，南亚共包含 7 个国家：尼泊尔、不丹为内陆国，印度、巴基斯坦、孟加拉国为临海国，斯里兰卡、马尔代夫为岛国，其中，印度和巴基斯坦是南亚的主要大国。南亚次大陆的文明史可以追溯至公元前 2500 年印度河河畔的城邦国家。不过，英国统治印度时期是影响现代印度国家形成的最为重要的时代。南亚多国之间至今也剪不断、理还乱的关系奠定自这一时代[①]，各国独立后，南亚地区出现了权力结构失衡、贸易结构同质化、宗教与民族冲突长期延续等现象，最终使得南亚地区整合虽然勉力推进，但成效十分有限，未来前景不容乐观[②]。

受印度和巴基斯坦本身的国家实力、国内形势以及两国的关系等因素影响，印度和巴基斯坦成为南亚国家中最受世界关注的两个国家。印度共和国是南亚次大陆最大的国家，是一个由 100 多个民族构成的统一多民族国家。印度是世界第二人口大国，也是金砖国家（BRICS）之一。随着全球化的深入发展，印度实现迅速崛起，2020 年印度全球 GDP 总量排名第六[③]，对地区乃至全球产生举足轻重的影响[④]。印度经济产业多元化，涵盖农业、手工艺、

① 吴孟克：《南亚次大陆的历史记忆（上）》，《世界知识》2017 年第 18 期，第 70–71 页。

② 王涛、曹峰毓：《南亚地区一体化困境的历史溯源》，《东南亚南亚研究》2018 年第 2 期，第 55–61 页。

③ 孙晓彤：《2020 年印度居全球 GDP 总量排名第六》，2021 年 3 月 7 日，中国国际贸易促进委员会网站：http://www.ccpit.org/Contents/Channel_4299/2021/0307/1329996/content_1329996.htm。

④ 牛福长、胡志丁、王学文：《中国和印度对周边国家的地缘经济权力时空演化》，《经济地理》2021 年第 06 期，第 1–11 页。

纺织、服务业等，尤其是近年来服务业增长迅速，成为全球软件、金融等服务业重要出口国之一，成为世界经济大国之一。作为崛起中的大国，印度也积极谋求政治大国地位，印度的政治精英们始终拥有强烈的大国意识和强国抱负，开国总理尼赫鲁就曾发下宏愿，印度要当“有声有色”的世界大国①，印度的外交体现出了强烈的权势政治色彩，在大国博弈和扩展中的外交两大方面，印度表现出了特有的积极、进取和强势②，印度五次申请加入联合国常任理事国就是其谋求大国地位的表现之一。巴基斯坦伊斯兰共和国，是一个多民族伊斯兰国家。巴基斯坦人口数量达到 2.21 亿，是世界第六人口大国，是南亚第二大强国。巴基斯坦虽然较印度来讲综合国力和经济发展均处于较低水平，但是多年来的印巴冲突尤其是围绕克什米尔地区的争端、巴基斯坦国内的恐怖主义、巴基斯坦多次核试验以及巴基斯坦与中国的关系与合作，也让这个国家备受世界关注。

《深度国际》节目对于南亚地区的关注也集中在这两个国家身上，特别是印度的身上，针对印度的关注从 2009 年节目创办之初持续到了 2020 年，在不同时期对印度的不同方面进行了深度剖析。

（一）政治局势

政治局势是指一国政局的稳定程度、与邻国的关系、边界安定性、社会安定性等。政权频繁更替、政府人事更迭、暴力事件、宗教势力的斗争、经济危机的爆发等，都意味着国家内外方针政策的调整和变化。《深度国际》对于印度及巴基斯坦的政治局势也给予了一定的关注。2009 年 11 月 2 日节目《巴基斯坦塔利班》以及 2020 年 10 月 10 日节目《印度疫情之下》分别对巴基斯坦的政局稳定程度以及印度的社会安定加以报道和剖析。针对印度

---

① 《学术前沿》编者:《印度的大国抱负》,《人民论坛·学术前沿》2018 年第 1 期，第 4–5 页。

② 宋德星:《大国权势：印度外交战略的不改初心》,《人民论坛·学术前沿》2018 年第 1 期，第 19–28 页。

节目还有两期谈及其与邻国中国的关系，此处不做具体分析，在下一部分外交关系中加以剖析。

1. 选题背景

巴基斯坦塔利班，简称“巴塔”，英文简称 TTP，成立于 2007 年。1979 年和 2001 年分别由苏联和美国发动的两场阿富汗战争，孕育了巴基斯坦塔利班的诞生[①]。20 世纪 90 年代末期，塔利班在阿富汗建立政权，美国出兵阿富汗后，塔利班被打散了，一些塔利班的高级头目来到了巴基斯坦部落地区，在“基地”组织的影响下，活动在联邦部落地区的各派武装组织于 2007 年底组成塔利班集团，称为“巴基斯坦塔利班”[②]。巴基斯坦塔利班以巴基斯坦政府、军警和平民（尤其是对非逊尼派穆斯林）为主要袭击目标，妄图在巴建立伊斯兰教逊尼派神权统治，拥有至少 1 万名成员，活跃在联邦部落直辖区和西北边境省的部落地区[③]，巴基斯坦塔利班逐步兴起和壮大，并且积极与巴政府对抗，让巴政府感觉到了统治危机，巴基斯坦塔利班制造了大量恐怖袭击，严重威胁巴国家安全[④]，已经对巴基斯坦政权和民主体系构成了严重威胁。2009 年 10 月 17 日巴军为部落区重建彻底清障，巴基斯坦军方在部落区开展代号“拯救之路”行动，全力围剿以马哈苏德派别为首的“巴基斯坦塔利班”武装[⑤]。

2. 选题视角

2019 年 11 月 2 日节目《巴基斯坦塔利班》聚焦 2009 年 10 月 17 日以来

---

① 富育红:《巴基斯坦塔利班发展现状及演变趋势》,《南亚研究季刊》2014 年第 1 期，第 43–49 页。

② 肖建明、宗蔚:《“利剑行动”与巴基斯坦塔利班的命运》,《印度洋经济体研究》2015 年第 2 期，第 97–113 页。

③ 刘红超:《对巴基斯坦塔利班的解读》,《新疆师范大学学报（哲学社会科学版）》2011 年第 5 期，第 26–32 页。

④ 兰江:《试析巴军“拯救之路”军事行动》,《黑龙江史志》2010 年第 9 期，第 209–210 页。

⑤ 杜冰:《巴基斯坦“拯救之路”反恐行动及其前景》,《国际资料信息》2009 年第 11 期，第 41–43 页。

巴基斯坦军方开展的代号为“拯救之路”的行动，进行了战况回顾，再聚焦最新战况。节目回顾了巴基斯坦塔利班的发展，一步一步走向“恐怖主义组织”，也直接点明了巴基斯坦军方此次花费如此大代价仍要打击巴基斯坦塔利班的原因——巴基斯坦塔利班已经威胁到了巴政府的统治。节目还通过展现巴基斯坦北部山区著名的旅游胜地斯卡杜的场景，尤其是“9·11”前后的对比，以及对当地居民的采访表现出巴基斯坦塔利班对巴基斯坦这个国家带来的苦难。节目通过历史回顾、各种场景的展现、巴基斯坦官方人员的表态以及民众的态度，凸显了巴基斯坦塔利班的恶行以及无辜的百姓对和平、安宁生活的渴望。

2020 年 10 月 10 日节目《印度疫情之下》聚焦新冠疫情下的印度，回顾了印度新冠疫情的发展，分析了印度疫情井喷式暴发的原因，尤其关注了新冠疫情下的印度经济：印度的经济出现越来越“政治化”的倾向，让观众直观地了解印度疫情下的经济；节目的后半段又关注了印度在外交场合上积极的表现，国际战略环境的变化为印度提供了“借疫谋势”的空间，印度在各个场合表现出了雄心，如印度在药品上所谓的“反倾销”、印度和日本签署《物资劳务相互提供协定》、与美日澳进一步拉近关系等。从社会、经济、政治等多方面，《深度国际》全面地向受众展示了新冠肺炎疫情之下的印度。

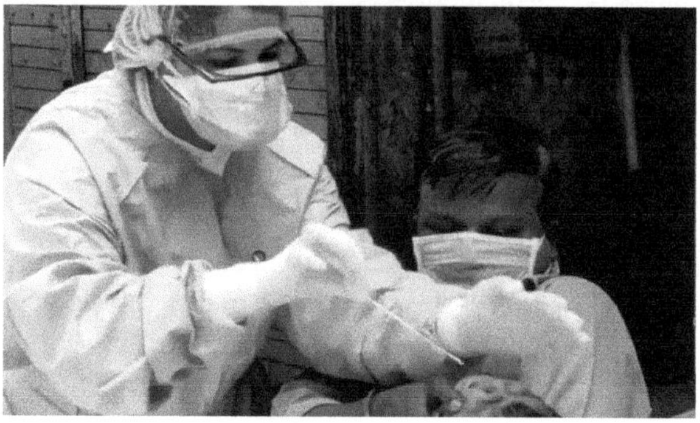

图 2–12　印度医护人员在进行核酸采集

针对巴基斯坦和印度不同的社会状态和政治局势问题，《深度国际》关注了不同的重点，深入挖掘不同背景、不同局势下印巴不同的社会问题，各有侧重。

3. 选题影响

印度与巴基斯坦都是中国的陆上邻国，与中国关系密切。

中国和巴基斯坦是铁杆朋友和全天候战略合作伙伴，中国和巴基斯坦的关系经过了长期的发展处于很高的水平：1996 年 12 月，江泽民主席应邀对巴进行国事访问，确定了建立面向 21 世纪的中巴全面合作伙伴关系；2003 年 11 月，中巴签署“关于中巴双边合作发展方向的联合宣言”；2015 年 4 月 19 日，习近平主席在巴基斯坦发表题为《中巴人民友谊万岁》的署名文章[①]；2021 年 5 月 21 日，国家主席习近平同巴基斯坦总统阿尔维就中巴建交 70 周年互致贺电等。中国在巴基斯坦进行了大量的投资，中国和巴基斯坦 2015 年 4 月 20 日启动了中巴经济走廊项目，巴基斯坦国内局势的稳定，会切实地影响中国的利益。

中印关系则是伴随着冲突与合作，新中国成立以后，印度是第一个与中国建交的非社会主义国家，1954 年两国总理互访，共同倡导了和平共处五项原则，但是中印的边境争端以及印度与美国的关系，也让中印的关系蒙上了一层阴影，不过由于印度与中国接壤，加之中国在印度有大量出口，在 2019 年 4 月至 2020 年 3 月期间，印度从中国进口了价值超过 650 亿美元的商品[②]，印度的国内局势如果产生变化，也会对中国产生一定影响。因此，关注两国的国家政治局势对于我们来讲是十分有必要的，这也是《深度国际》节目组对于印巴两国政治局势问题一直保持高度关注的原因。

图 2-13 返乡聚集的印度打工者

除此之外，关于印巴的两次节目中也有一个值得关注的地方，就是无论是在报道巴基斯坦塔利班还是印度新冠疫情，都将

① 刘晓朋：《习近平在巴基斯坦媒体发表署名文章》，2015 年 4 月 19 日，新华网：http://www.xinhuanet.com/world/2015-04/19/c_1115016670.htm。

② 重北：《专家：贸易、投资、技术印度样样都离不开中国》，2020 年 7 月 7 日，百家号：https://baijiahao.baidu.com/s?id=1671545984563492950&wfr=spider&for=pc。

一部分笔墨聚焦到了当地人民之上，关注老百姓的利益和关切，凸显了以人为本的价值取向，把节目的深度、高度、锐度都建立在“温度”的基调之上，使其散发出人性的光辉，既彰显了人道主义精神，又通过传播向西方受众传递这种价值观念。

（二）外交关系

外交关系，是指国家为了实现对外政策，通过外交活动而与其他国际法主体交往而形成的关系，主要是国家之间在外交活动中形成的一种关系。《深度国际》节目在关于印度的报道中，对印度的外交关系给予了高度关注，印度外交关系相关节目占到印度相关节目的 62.5%，占比最高，在这其中，主要涉及中印关系、美印关系。

1. 选题背景

美国是目前世界上唯一的超级大国，中国随着改革开放以来的迅速发展，作为世界第二大经济体，第二大消费市场和第一大货物贸易大国，中国经济持续稳定恢复，作为世界经济增长的稳定器和动力源的作用更加明显。中美关系已经成为世界上最重要的双边关系。与此同时，印度经济也在迅速发展，20 世纪 90 年代以来，印度经济持续增长，成为新兴经济体国家，在最近十年里，每年的 GDP 增速都在 7.5 左右①，2015 年中国经济增长率下降到 7 %以下，而印度经济增长率超过 7 %，印度经济增长率首次超越中国②，印度成为世界上经济增长率最高的国家，印度已经是全球成长最快的新兴经济体之一、世界十大经济体之一，同时印度还不断活跃在国际政治舞台之上，谋求政治大国的地位。中国和印度由于边境原因、历史关系、经济关系等因素，本身就关系密切，而在 2017 年 11 月 5 日，时任美国总统特朗普在

---

① 张平:《印度经济增速为什么会那么快？》, 2019 年 7 月 31 日，搜狐网：https://www.sohu.com/a/330499016_104543。

② 文富德:《2015 年印度经济增长率超过中国的原因》,《亚太经济》2016 年第 4 期，第 66–71 页。

视察日本横田军事基地时阐述了“印太战略”构想，这是美国首次用印太战略代替亚太战略。[①] 在美国“印太战略”设计中，印度被界定为关键性角色，在 2017 至 2019 年间，印度在“印太战略”中表现为有限参与者，2020 年以来印度变为主动介入者，与美国的战略合作进一步深化。印度的战略角色转变主要源于对中印、美印关系的再定位[②]。在这样的情况下，中美印的关系显得尤为重要。

2007 年，英国人戴维·史密斯出版了他的著作，书名就叫《龙象之争：中国、印度与世界新秩序》，书中预言，到 2050 年，世界上最有影响力的三大强国将依次是中国、印度和美国。

中美印互动增强，影响进一步上升，中国和印度的关系、美国和印度的关系，乃至中美印三边的关系，如何互动、走向如何，对地区、世界局势有何影响，成为国际关系研究中一个重要课题，具有重要的学术、理论和实践意义。对此，《深度国际》也给予了一定的关注。

2. 选题视角

关于印度的外交关系共五期节目进行了报道，其中两期关于中印关系、两期关于美印关系、一期关于日印关系，本节选取 2013 年 5 月 31 日关于中印关系的节目以及 2020 年 9 月 12 日关于美印关系的节目进行分析。

2013 年 5 月 31 日节目《龙象之争与龙象共舞》聚焦中国国务院总理李克强出任总理后首次出访的印度之行。节目分析了中印关系的重要性，详细地回顾了 1953 年以来中印关系的发展历史：既有合作也有竞争与冲突，同时，从历史回顾和现实状况两方面表明了中印两国虽然存在竞争和分歧，但是作

① 徐吉军:《龙不可轻侮！美国兵败中亚中东，霸权梦碎印太战略！》，2021 年 10 月 17 日，汉唐荣耀公众号：http://www.wyzxwk.com/e/mp/content.php?classid=16&id=443451。

② 郑海琦:《“印太战略”视阈下印度的战略角色转变与关系定位》，《印度洋经济体研究》2021 年第 5 期，第 91–110 页。

为两个发展中的大国，同样面对国内的发展问题以及国际上的政治经济形势变化的挑战，也正在迎接时代赋予两国发展的机遇，中印应该加强合作，互利共赢。

在这期节目当中，还多次提到了美国。

在奥巴马政府的重返亚洲战略上，印度确实在华盛顿的战略地图上。美国在 2012 年的新国防战略规划中，特别画出了一道“从西太平洋和东亚延伸到印度洋和南亚地区的弧线”。希拉里曾写道：“美国正在把战略赌注压在印度的未来上。”

有些国家要故意把印度塑造成中国的替代版本，所以给予印度格外的重视，希望在地缘上他们能牵扯住中国。在发展道路上把印度捧成跟中国差不多的表现优异的好学生。

可以看出，中印关系的发展也受到了来自美国的影响和干扰，印度在与中国进行交往时，受到自身利益和美国亚太战略的影响，必然会在某些方面有所保留，中印关系受到美国的影响在未来会更加具有不确定性。

2020 年 9 月 12 日节目《美印靠近背后的算盘》聚焦了越走越近的美印关系，挖掘背后的逻辑以及与中国的关系。节目多方面展现了美印当前的合作，如美国为印度量身打造舰载机、美印签署《共享地理空间防御情报协议》、试图重构全球供应链的“经济繁荣网络”等，强调了“印太战略”，但也点明了美印更多的是一种相互利用的关系而非真正的“伙伴”。在分析美印关系的时候，也不可避免地谈到了中国，提到了中印的边境冲突、印度封禁中国部分手机应用程序等，但节目在最后也一语破的：中印是搬不走的邻居，维护好中印关系才是印度真正应该做的。

从节目的标题我们可以看出《深度国际》分别聚焦中印关系和中美关系，但是详细研究两期报道内容，不难看出，谈及中印关系时离不开美国，谈及美印关系时离不开中国，《深度国际》洞察时事，深刻把握了中印关系、中美关系的实质是中美印三方关系。

3. 选题影响

中美印三边关系处于错综复杂的亚洲地缘环境中，受三国国内、地区以及国际等诸多因素影响，中美印三边关系具有不对称性、不平衡性、非对抗性和不稳定发展性等特点。在中美全方位博弈的背景下，中美印三角关系出现新变化，三角的枢轴国家由原来的美国转变为印度[①]。中美印“战略三角”结构将对任一国家的对外政策形成制约，并且，任一双边关系都会对第三个国家造成影响，中国在“战略三角”格局中处于被动的不利局面，如果按照目前趋势发展，中国在该格局中的地位将可能继续恶化[②]。因此，深度把握中美印关系尤其重要，尤其是对于美印关系的关注和剖析，具备一定的参考和借鉴价值。

另外，从对于中印关系的两期标题“龙象之争与龙象共舞”及“龙象起舞”和具体报道内容中我们不难发现，《深度国际》在报道中印关系时都有意识地表现中印的合作与互信以及能带来的好处，向受众尤其是海外受众传达出对中印友好的支持态度与期待。

（三）安全形势

此处关于安全形势的分析立场是中国，印度作为中国的邻国，印度的政策变化，特别是在军事方面的调整影响着中国的周边安全形势。关于这个方面《深度国际》也给予了关注，即 2009 年 8 月 16 日节目《印度的强军梦》以及 2018 年 1 月 13 日节目《印度：东进加速》。

1. 选题背景

随着印度经济的迅速发展，为了巩固自身国防以及提升其在国际社会中

① 陈建山:《中美印“战略三角”新变化及趋势分析》,《学术探索》2020 年第 2 期，第 79–88 页。

② 王晓文:《中印在印度洋上的战略冲突与合作潜质——基于中美印“战略三角”格局的视角》,《世界经济与政治论坛》2017 年第 1 期，第 38–62 页。

的地位，印度近年来大力发展军事，既花费大量财力物力在军事科研上，也通过向美俄等国进行军备采购提升武器装备水平，印度军费大额增长，从 2000 年的 142.88 亿美元到 2009 年的387.22亿美元①，再到

图 2-14　印度总理莫迪与时任美国总统特朗普

2020 年军费预算约为 652 亿美元，印度超过了俄罗斯和沙特的军费，挺进了世界第三②，在各种世界军事实力排行榜中，印度也基本上都能挤进世界前五，印度的军事实力得到巨大发展，印度的军事野心也在逐渐膨胀。

中国和印度是邻国，还存在着边境问题，在 1962 年爆发了中印边境战争；2017 年 6 月至 8 月，印度在中国洞朗地区制造了长达两个多月的中印边境对峙；2020 年 6 月 15 日，在中印边境加勒万河谷地区，中印双方发生激烈的肢体冲突造成人员伤亡。印度与中国的地理位置加上边境矛盾，让中国必须要关注印度的军事发展和“东进”政策。

2. 选题视角

2009 年 8 月 16 日节目《印度的强军梦》聚焦印度近年来的军事发展。印度研发建造的第一艘核潜艇、自行研制的第一艘航空母舰以及印度高额的军备采购，表现出印度近年来国防军事实力的极大提升。节目除了关注印度自身在强军上的努力，更是关注到了美国在印度军事发展上的角色，以及背后的利益之争，深度剖析了印度强军背后的地区博弈。

① 北海居:《中国和印度历年军费支出比较（1960-2018）》，2019 年 12 月 11 日，雪球网：https://xueqiu.com/5296061618/137147947。

② 军武吐槽君:《2020 年军费排行榜深度解析，中国稳居第二，印度意外挺进前三》2021 年 2 月 28 日，腾讯新闻：https://view.inews.qq.com/a/20210228A06BLK00。

图 2-15 印度军购的武装无人机

2018 年 1 月 13 日节目《印度：东进加速》节目聚焦印度总理莫迪上任伊始实行的“东进”政策。节目开始仍关注印度军事的发展，从印度 2018 年 1 月 2 日发布的军购清单开始讲起，谈及近两年印度高额的军备采购确实为印度在短期内快速提高海陆空三军军事实力提供了巨大帮助，这为其“东进”政策提供了一定的支撑，但仍然不够，节目还关注了其与东亚及东南亚国家的关系，尤其是与日本的合作，中国的发展壮大让日本和印度都感到焦虑和不安，在一定程度上印度和日本一拍即合，因此印度极其重视与日本的合作。除此之外，美国又出现在了这个舞台上，节目更深一层剖析了美国在印度“东进”政策上发挥的作用，以及美国的印太战略，最终可能还是直指中国。

两期节目看似都关注印度，实际上都是关注其背后蕴藏着的地缘政治和国际政治，这其中有印度，有俄罗斯，有中国，有日本，更有美国，展现了复杂的国际关系和地缘政治局势。

3. 选题影响

印度的崛起和军事实力的猛增让中国不得不关注和重视，美国和日本想要借助印度来遏制中国，中国也不得不防范，对于印度本身的关注能够让我们有所准备和针对性地采取措施和制定政策，也有利于维护我们在亚洲的利益。《深度国际》聚焦印度军事实力大的发展，一方面为中国观众展现了印度强大的一面，由于自媒体偏见性的视频引导加之很多中国人对印度的固有印象，在很多中国人的眼里印度脏乱差、贫穷又落后，不可否认，印度确实存在着一定的发展问题，但其实力的增长也是不可忽视的；一方面也能够对公众加以警示，更加重视印度的发展尤其是军事实力上的增长。

这也增进了观众对地缘政治和相关国际关系深入的了解，节目不仅聚焦浅层的印度军事发展和政策，更深度挖掘其背后的东西，为观众深度解析国际大事、普及了国际关系领域的基本知识。《深度国际》关注事件的第二落点、第三落点，乃至更深处的、更隐蔽的落点，带领着观众也能够深入其中，深度把握，一定程度上也提升了观众的敏锐感，引发观众独立的、深度的思考。

《深度国际》从命名上就能看出其核心特质在“深度”。深入、充分的呈现，要素足够进行丰富表现；深刻、理性的剖析，在表象之中透视本质，在叙事之中体现逻辑；深远、敏锐的前瞻，视角远及未来，预判到事件走向与影响。《深度国际》确实做到了“深度”二字。

本章小结

本章综述了国际视野：聚焦全球热点时事的新闻深度报道。首先解释了何为“深度”，指出这是一种在普通新闻报道之上的、探究背景、原因、影响等一系列新闻背后内容的报道形势。总体而言，为了挖掘深度，节目在客观表达、深度剖析、专业叙事三方面做了扎实的努力。在《深度国际》开播十二年间，节目组关注到了世界各个地区、各个国家的焦点事件，有时针对某一国家或战略进行深度剖析和解读，有时针对同一主题进行历时性的追踪观察和多维分析。因此，本章从三方面展开，分别是第一节“全球热点议题”；第二节“重点国际关系”；第三节“周边外交环境”。下文将对每节内容做简要的概述。

“全球热点议题”从节目标题词语共现网络图提炼出全球主要的国际议程和氛围基调，选取出现频率最高的人权、疫情、反恐议题作为对象。人权议题相较于其他议题稍显复杂，因为难民问题、种族歧视、战争局势等多方面都会涉及人权议题，因此在人权议题下又下分：难民问题中的人权议题，选取 2021 年 9 月 11 日节目《阿富汗 20 年：没有赢家的战争》这一较有代表性的报道，从选题背景、选题动机、任务选择三个方面，分析“深度”的体现；种族歧视中的人权议题，选取 2020 年 6 月 21 日节目《美国：“不能呼吸”的痛》，从上述三个方面详细介绍美国种族歧视问题的背景、现状和影响；战争局势中的人权议题，选取2021年4月15日节目《战争黑洞——美国制造的人权灾难》，毫不留情地揭露高举人权旗帜的美国的虚伪与言行不一，批判美国在世界范围内制造的人权灾难。

新冠肺炎疫情议题以2020年8月间连续聚焦美国的五期节目为例，从公共卫生、国家战略、政权博弈等多种视角呈现出美国的单边主义行径和造谣抹黑做法，分析意图，驳斥不正确的言论，为观众提供疫情下“全景”的美国。

反恐议题以持续二十年的阿富汗战争正式结束为背景，选取节目开播至今有关阿富汗反恐战争的报道，从多个角度全方位呈现真实的阿富汗，关注事实，注重公正，帮助观众了解事件全貌，把握国际动向。

“重点国际关系”着重聚焦了三个备受瞩目的国际关系：中美关系、美俄关系以及中东多边关系。中美关系中，竞争与合作相交而行。中美关系中首先有合作与互信，从2015年9月18日及10月2日的两期有关习近平主席访美报道节目中，分别对此次国事访问的背景，以及访美的实际日程和议事内容做出解释和剖析；中美关系中的也有很多竞争与博弈，相关节目共有15期，分别从美国的各种在亚太地区的行动、美国亚太地区的政策走向、美国不同领导人的亚太观等各个方向对美国的亚太战略以及对中国的影响做出深刻剖析；中美关系中还有不可忽视的经济联系，2018年4月8日，节目组针对中美贸易摩擦进行了专题报道，厘清事件的前因后果，挖掘真相，还原过程，预测影响与走向。

美俄关系中，对抗和博弈几乎占据了报道内容的全部。军事博弈、政治角力、由大国力量牵动的地缘政治和区域局势都是美俄关系中的重点。通过系列报道，节目进一步明晰了两国竞争实质、竞争影响、其他国家局势动荡的深层原因。

中东问题类内容占所有节目内容的8.1%，纵观《深度国际》开播至今的相关节目，不难发现，中东问题离不开一个国家——美国。除了对严肃的政治因素进行分析外，节目组更是关注到中东战争下的平民百姓的日常生活，通过画面展示他们真实的生活图景，通过嘉宾之口讲出中东人民的期待，展现出了充分的人文关怀和和平意识。

“周边外交环境”关注中国周边三个重点地区：东北亚、东南亚以及南亚的政治格局、外交关系以及安全形势。东北亚地区中，日本与朝鲜事件频发。由于地缘接近，两国成为节目关注的焦点。针对日本，节目组选取数期首相选举的报道明晰日本政治格局；通过多期对中日、美日、俄日、钓鱼岛争端以及日本外交政策等日本外交活动的关注，分析国际形势；对日本军事情况的报道，可以帮助观众预见整个东北亚的安全形势。针对朝鲜，节目组选取朝鲜的发展和半岛局势两个方面介绍朝鲜政局，为观众描摹真实的朝鲜；朝鲜的外交关系中，朝韩关系以及涉足两国关系的美国是主要问题，书中选取有代表性的几次报道，指明两国关系的背景、原因、潜在影响以及未来走向，突出真实的同时，也为中国提前做出外交政策等方面的改变提供借鉴。

东南亚地区中，南海争端可以说是重中之重。借多期节目，《深度国际》详细地讲明南海争端的历史背景、事态发展、大国搅局。同时，对待争端，节目传递中国声音，我们既要坚定不移维护自身利益，也要表达和平理性。力图控制争端，是客观理性的大国态度的极好体现。

南亚地区中，印度和巴基斯坦出镜率最高，尤其是针对印度的关注从 2009 年节目创办持续到了 2020 年。书中分别介绍了印度和巴基斯坦的政治格局、外交关系和安全形势。通过对多期节目的剖析，我们可以看出印度和巴基斯坦政治格局的稳定对中国的重要性，了解中印关系、美印关系、日印关系中三国各自的立场，以及中国畅合作、谋发展的思想，透视印度近年来大力发展军事、向美俄等国采购军备的真实意图，引导观众重视的同时，也向外界传播了中国观点和立场。

《深度国际》通过从不同主体和角度对节目进行归类、总结、深度剖析，充分地展现了节目适切时代语境、满足社会需求、履行对外传播的职责，突出表现了节目立足国内、深度报道、国际视野的特征，节目在国际报道领域大展风采，在采访的深度、新度和广度上精耕细作，形成了独特的报道风格。

第三章
中国故事：基于中国价值观的国际新闻叙事

《国际传播学》一书提到了国际传播的广义说，国际传播包括由内向外的传播——把有关本国政治、经济、文化等方面的信息传达给国际社会；也包括由外向内的传播——将国际社会的重要事件和变化传达给本国民众。在十八届中央政治局第十二次集体学习时，习近平总书记强调，“要加强国际传播能力建设，精心建构对外话语体系，发挥好新兴媒体作用，增强对外话语的感召力、公信力和创造力，讲好中国故事，传播好中国声音，阐释好中国特色。”[①]因此，无论是对内还是对外，国际传播都强调用中国声音讲出中国故事。

“讲好中国故事”的内涵包括发声、讲述和故事三个方面。[②]其一是主动发声，打破自我沉寂。随着中国在国际社会上影响力的增加，我国媒体需要紧盯国际舆论，在国际事务中主动建构议题、引导议题，确立国际话语平台中应有的中国身影。其二是改变传播语态，抛弃宣传思维。对外传播必须抛弃过时的宣传思维，启用讲述式的传播语态，将信息以亲和的、去政治化的叙事方式传递给国外受众。其三是讲好故事，做到真实可信。

“讲好中国故事”需要明确中国在国际叙事体系中的定位和使命，结合本国的历史、文化和价值观进行叙事设计，构建基于国家立场的中国叙事体系。2012年，中共第十八次全国代表大会上，中国政府正式提出“人类命运共同体”的意识，随后，习近平总书记在多次国际重大场合对“人类命运共同体”理念

---

① 刘瑞生、王井:《“讲好中国故事”的国家叙事范式和语境》,《甘肃社会科学》2019年第2期，第151–159页。

② 周干茜:《面向命运共同体时代:“讲好中国故事”的路径探索》,《上海广播电视研究》2021年第4期，第42–47页。

进行阐释，赢得了世界各国的广泛认可，同时被写入多个联合国决议，开启了当代中国价值观国际传播的新征程。某种程度上，人类命运共同体的理论内核是中国“和合”文化，就是以“和合”文化的价值准则来审视、解决人类共同问题，在确保世界文明多样性发展的基础上，寻求达成全人类范围的共识。[①]对于中国而言，阐释人类命运共同体可以从结构层面进行突破，即改变阐释共同体内部“各自为战”的碎片化内容输出模式，在国际传播和议题管理中确立明确的元叙事，帮助阐释共同体内部形成对于特定元叙事的认同，再以此为基础展开国际传播。诸如美国的“美国梦”和日本的“酷日本”作为各自国家的元叙事，对于国际传播参与者内容生产的逻辑产生了显著的影响。从当前国际传播的实践来看，“命运共同体”可能会成为我国一个具有感召力的元叙事。[②]

但是，将设计付诸实践的过程并不容易。尤其是在信息传播发达的当今社会，独家新闻难以“独家”，价值传播难以共鸣。因此，各国新闻机构更加追求创新的新闻报道视角，新闻事件的独家解释、深度分析和评论[③]，这就对媒体的新闻叙事能力提出了更高要求。传统新闻学对新闻要素的归纳体现为5W1H，美国叙事学家西摩·查特曼提出的叙事三要素即情节、人物、场景，与传统新闻学上的意义指向最为接近，可以说他的叙事理论涵盖了包括电视新闻报道在内的绝大多数叙事文本的基本构成要素。人物和场景的组合就是静态的存在物（existent），场景可以理解为事件发生的时空环境，而情节涉及的行动和事件的发生，就是叙事的动态过程，而事件又是行动和发生过程的组合。[④]

基于以上的时代背景与理论框架，本章节将从《深度国际》节目中的人物安排、情节设置、时空关系来分析如何基于中国价值观进行国际新闻叙事，传播中国声音。

① 张恒军:《当代中国价值观的跨文化阐释与传播：理论路径与实践维度》,《对外传播》2021年第6期，第8–12页。

② 杨明星、潘柳叶:《“讲好中国故事”的外交叙事学原理与话语权生成研究》,《新疆社会科学》2021年第5期，第78–88+163页。

③ 吴郁:《当代广播电视播音主持》，复旦大学出版社，2007，第172页。

④ 赵崇印:《叙事学与电视新闻的关系探讨》,《今传媒》2021年第10期，第44–47页。

第一节　被叙述的事件人物

时任外交部副部长傅莹指出，“传播说到底是做人的工作，是人与人的对话和交流”。对于新闻媒体来说，这里的人既包括叙事者，也包括被叙述的事件人物。“事件”被定义为“由行为者（actor）所引起或经历的从一种状况到另一种状况的转变”，导致这种“转变”的行为者或行动者就是纪录片所记录的历史事件的事件人物。所谓人物（character），指的是具有产生角色效果的显著特征的行为者。事件人物是指在历史事件的发生、发展过程占据主导地位，产生决定作用的人。[①]事件人物既可以是人，也可以是动物；既可以是个体的人，也可以是群体和组织。叙事者可以通过选择代表性人物、对叙述对象的侧重报道，隐蔽地传达希望读者接触和了解的信息、内容，影响叙事的焦点和受众对于事实的感知判断。[②]

《深度国际》通过选取跨圈层化的人物类型，呈现事件的多种面向，提供理解事件的不同立场；利用复合多元的人物关系推动事件发展，体现多方力量的此消彼长；刻画典型的人物行为加深受众视听印象，提供更多事件细节，增加节目吸引力。

一、跨圈层化的人物类型

“圈层”的概念最初指的是地壳、地幔、地核部分的外部结构，后来指的是文化、经济、农业等布局所呈现出的圈层化动态的场所，再后来，“圈

① 邓秀军:《纪录片叙述者的主体性研究》，华中科技大学出版社，2013，第63页。

② 陈冠合:《讲好中国故事的叙事策略研究——以〈人民日报海外版〉中国故事版面为例》，硕士学位论文，南京大学，2020，第20页。

层”的概念延伸到人文社会学科、营销学、政治学中。[①] 在社会科学中，圈层指的是“以情感、利益、兴趣等维系的具有特定关系模式的人群聚合”。[②] 社会分工将人群划分成不同的圈层，并赋予他们相对应的社会资本。圈层化带来的直接后果就是，各圈层享有的权利并不完全相等，有多有少；在圈层化交往中，各圈层独有的话语体系在固化各圈层边界的同时，也让圈层外的“他者”处于一种“失语”状态；圈内的信息理解方式及其价值导向在群体内部交流中不断强化，这在进一步加深圈内同质化的基础上加剧了圈层之间的认知差异。[③] 新闻媒体作为社会公器，需要尽可能展现不同圈层的形态与语言，并且尽可能促进不同圈层之间的交流和理解。本章提到的“跨圈层化”，正是《深度国际》进行人物建构的一种思维。首先，它打破了传统新闻媒体在报道国际新闻时“严肃正经”的套路。在对某些国家的领导人进行形象建构时，节目不仅体现他们威严高大的一面，还会通过他们与不同群体圈层之间的互动来表现其多元个性；其次，节目邀请了众多专家学者，他们身处知识分子圈层，以专业扎实、通俗易懂的语言风格连接了普通民众与外部世界，实现知识的跨圈层流动。最后，节目刻画了普通群众圈层里的不同群像，他们或积极参与社会事务，或亲自参与重大政治事件，或历经苦难在社会底层徘徊，主动或被动地走进受众视野。总的来说，节目在“跨圈层化”的思维指引下，打开了观察整个世界的视角，为受众带来了各个圈层、不同角落的人物声音。

（一）国家领导人

国家领导人作为政治传播至关重要的要素，是一个国家某一阶段的符

① 郑琳、叶之宁:《舆论热点圈层化传播的引导机制》,《青年记者》2020 年第 27 期，第 48–49 页。

② 彭兰:《网络的圈子化：关系、文化、技术维度下的类聚与群分》,《编辑之友》2019 年第 11 期，第 5–12 页。

③ 陈帅:《论当代青年的圈层认同感的话语建构》,《中国青年研究》2020 年第 11 期，第 80–86 页。

号，为国家与社会的互动关系搭建桥梁。[①] 随着媒体的不断发展，媒介形态和交流方式随之变革，这不仅改变政治传播的呈现方式，也影响政治传播的呈现内容，推动政治传播走向新的高度。

《深度国际》作为一个致力于国际新闻深度报道的专题节目，其中不乏对各国领导人的报道与呈现。从地域上看，节目涵盖了亚洲、欧洲、北美、中东、南美洲各地区的领导人。

其中，又以亚洲、欧美的领导人为主要呈现对象，例如日本的安倍晋三，朝鲜的金正恩，俄罗斯的普京，美国的奥巴马、特朗普、拜登。节目选取的场合主要为国内外高级会议 / 论坛、新闻发布会、外交会谈。很多媒体在展示某些国家领导人的个人形象时，表现形式多为西装革履，昂首挺胸，占据画面中心，给大众带来威严感和距离感，彰显国际政治的严肃氛围。

以 2021 年 6 月 19 日的《俄美峰会再“对表”》这期节目里的拜登为例，节目回顾了他从 1970 年踏入政界到 2020 年竞选总统成功的这 50 年：他年轻时作为美国参议员发表讲话，人到中年第一次竞选美国总统，耄耋之年终于竞选成功。前两段视频资料，节目选取的都是他身着西装，打着领带的形象。而到了老年，节目选取的则是他穿着大衣和夫人登上列车的画面，拜登微笑着向镜头招手。通过衣着、场合、神情的变化，一位政治家形象便展现在受众面前。在美俄领导人会面时，节目对拜登形象的呈现如下：拜登携夫人下飞机，走过人群，挥手致意；拜登与普京握手；拜登在媒体前接受采访并发表讲话。这三种形象基本成为节目中所有领导人出现的“标配”，分别体现了他们在家庭、民众、媒体中的形象。

在 2010 年 10 月 16 日《智利大营救》这期节目中，时任智利总统皮涅拉在得知塌方消息后紧急中止对哥伦比亚的访问，于 8 月 7 日午夜抵达科比亚波，同在塌方事故中失踪的矿工家属会晤。画面中的皮涅拉身着西装领带，从专机下来后赶往了事发地。在白天的视察中，皮涅拉头戴安全帽，在

① 郑雅楠:《新媒体与我国国家领导人形象传播》，硕士学位论文，中国青年政治学院，2015，第 1 页。

救援专家的指引下考察矿井周围的情况。8 月 22 日，皮涅拉在得知被困井下的矿工们都还活着时，拿着从井底传上来的纸条，与媒体、救援人员紧紧簇拥在一起，激动地笑着说："所有 33 人都活着，在避难所里，这个小纸条今天从大山的深处走来。"此时的皮涅拉已经脱下了西装外套和领带，他的头发相较于 8 月 7 日初到现场时也显得有些凌乱。值得注意的是，他宣布这个好消息时将纸条高举，还用手指着上面的字向媒体的镜头进行展示。之后，皮涅拉在现场读了字条上一名矿工写给自己 63 岁老母亲的话。

图 3-1 智利时任总统皮涅拉激动地接受采访

> 亲爱的妈妈我没事，
> 我要靠耐心和信念走出这里。
> 我又听到打钻机的声音了，
> 希望它能开出洞来。
> 真是太好了！

在朗读纸条时，皮涅拉紧靠着这位矿工的母亲，语态缓慢且温柔。在矿工母亲将老花镜戴上后，皮涅拉便将纸条递给她看。这一连串的画面与同期声使得皮涅拉的人物色彩变得丰富，同时也让受众有身临其境之感，吸引着受众对营救事件保持持续关注。

（二）行业专家

《深度国际》离不开专业解读、评析和判断，这既是节目定位的特点要求，也是新闻本身的质的规定。因此，节目一开始就把专家访谈作为节目不可或缺的内容版块和叙事结构，除国内外媒体及其他渠道获取的视频画面资料外，专家采访同期的使用也是节目客观性的重要保障之一。对于专家来说，《深度国际》也是他们眼中的“瞭望塔”和“发言台”。

秉持着对节目、对观众、对嘉宾认真负责的态度，在嘉宾的选择上，《深度国际》坚持“找专业的人说专业的事”原则，避免专家使用上的“万金油”现象。致力于建设权威、成熟、稳定的专家智库，执行严格的专家准入制度，为节目的客观公正与节目质量保驾护航。

1. 公共卫生领域专家：专业、亲和、风趣

无论是十年前的“超级细菌”，还是近两年的新冠肺炎疫情。每当全球面临公共卫生事件，人类命运共同体的呼声就尤为明显，《深度国际》对其总是做出积极回应，引证多位国内外专家，对疫情疾病做详细介绍。

以 2010 年 9 月 17 日《无声的较量：破解“超级细菌”》这期节目为例，在权威医学刊物《柳叶刀》上发布了论文的两位英国学者首先介绍了超级细菌的形成，接着，中国疾控中心传染病防治所所长徐建国与副研究员闫梅英对细菌的耐药性做了具体解释，并提出要研究新的药物来治疗。北京大学医学院公共卫生学院教授周子君科普了耐药细菌如何在人体内存活繁殖，瑞典防止抗生素耐药性委员会奥托指出细菌的耐药性与人类滥用抗生素脱不开关系。

> （超级细菌）“超级”就在于难治。
> 就原来讲青霉素、头孢或者这一类的抗生素对它不敏感了。
> 用这一类的抗生素过去治疗感染是有效的，现在没效了。
> 所以它超级表现在超级耐药，并不是说它致病能力增强了，
> 只是说我感染了这种细菌以后，
> 过去抗生素可以治疗，现在不好治了，必须想别的办法。

徐建国向受众解释了“超级细菌”的“超级”体现在何处，以及未来需要面对的问题。在讲解时，他将“耐药性”这样的医学术语切换成口头语，

例如“不敏感了”“没效了”“增强了”“不好治了”，提高了话语的传播效率。

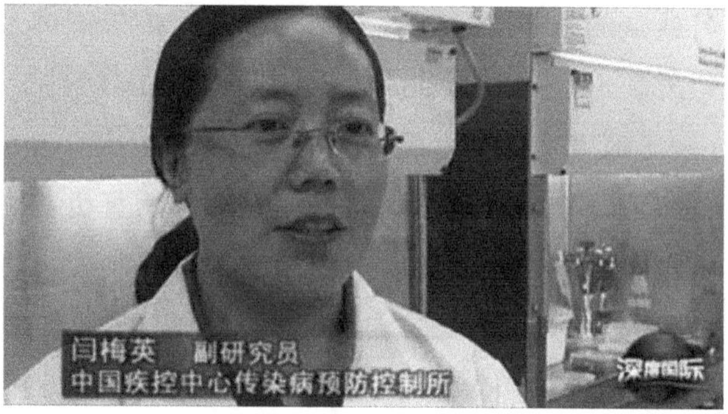

图 3-2 研究员闫梅英科普细菌的耐药性

在人物形象的呈现上，节目选取了身穿白大褂、站在实验室里的专家形象，给人以专业、严谨的印象。专家闫梅英的微笑和温柔的语调，带给受众良好观感，拉近了双方的距离，让疾病带来的沉重氛围在此刻得到了缓解。

公共卫生事件常常成为政治博弈的角力场。为了让专业的人做专业的事，规避过度政治化，《深度国际》一直将专家学者置于节目话语权的中心。在 2020 年 3 月 7 日《新冠肺炎：“X 疾病”现身？》这期节目中，针对有国外媒体将武汉华南海鲜市场打上“唯一病毒发源地”标签的情况，节目巧妙利用台湾阳明大学医学院教授潘怀宗的一段发言，从科学专业的角度回应了西方社会。

这就是所谓的五个家族，ABCDE，五个家族都有，可是大陆 7 万多人（华南海鲜市场）也只不过只有 C 家族。可是老美（美国）到现在没有几个病例，他五个家族都有。好，那我们再看下一张就很清楚了，如果这个是蝙蝠最原始的基因，它，有人杀它拿来吃，这时候就跑到人类上面去。然后接着它就开始变，变了以后，它就变成叫 H38，从 H38 过来以后就变成 H3，所以到了 H3 之后，就成立了 B 族群。那在这里的病毒，往这边走到人类去，它形成了 H13 家族，H13 家族就变成是 A 家族。然后它的爷爷 H13，它的奶奶 H3，到了后头这个 H1 的时候，已经到它的儿子辈了。你从科学上面来讲就是说，如果大陆的病毒都是在所谓的 C 家族的话，那为什么从来没有看过 B 家族跟 A 家族，你不可能说在大陆产生的病，它的爸爸妈妈都没出现，儿子就出现了，那请问你，那这儿子从哪里来的。

此番生动有趣的“病毒家族论”狠狠地反击了西方媒体毫无缘由的“扣锅”行为，展现了一位既有学识又有趣的中国学者形象，也体现了我们在病毒溯源问题上的专业性，以及从容不迫的风度。

图 3-3　学者谢铮谈论新冠肺炎是否属于“X 疾病”

在这期节目中，北京大学公共卫生学院全球卫生系副主任谢铮总共出现了 5 次。第一次，她对新冠肺炎属于 X 疾病做了一个定性，同时也提到新冠肺炎的传染历程、治疗方法以及未来发展的趋势都是未知的；第二次，在谈及病毒溯源的问题时，她认为病毒被打上“武汉”“中国”的标签是一种歧视，甚至是一种人与人之间的斗争，这对于人类对抗疾病是毫无用处的；第三次，在对比西方国家疫情管控措施时，她认为很多西方国家绝大多数都是一个小政府大社会，像中国这样的强政府的模式，治理模式是很少的；第四次，她对中国的防疫措施进行了总结，防疫的成功得益于多部门协调、人民的参与以及敢于尝试的决心；第五次，她向疫情防控的国际合作提出了展望：“我们在长期来说，比如说这个疫情告一段落之后，在疫苗的研发以及病原体的研究，都是需要我们各个国家携手应对的。”

从她的这五段发言中，受众可以清晰地感知一位专家学者从抽象到具体，再到抽象的思维逻辑，以及言语中贯穿的“人类命运共同体”的价值观念。画面上的谢铮，面着淡妆，脖子上系着一条蓝色丝巾，神情时而严肃时而微笑，带给受众平易近人的观感。

2. 军事领域专家：认真、接地气

在大国竞争中，军事较量往往是重中之重。但对于普通民众来说，复杂专业的战备名称、战备功能、作战技术都难以理解，因此节目必须邀请领域专家对其做出解释，专家的人物形象也需认真、专业又接地气。

以 2012 年 4 月 6 日《雄心勃勃的亚洲巨象》这期节目为例，军事专家杜文龙通过举例分析的方法对目前印度空军作战机型和机种进行分析，指出其常规作战能力很高，短距离或中距离对地、对海作战能力都不错，但是远程打击能力、远程投送能力始终是印度空军的一个缺失。

> 比如说战斗机，它通过一种空中加油，就可以延长它的作战半径，向更远的地区投射它的兵力。另外像 C130 和 C17，如果在印度中部向边境地区，或者向境外投送这种地面作战力量，是一个非常便捷的工具和平台。如果缺少这些内容，战略空军就无从谈起。

军事话题相较于医学话题离普通百姓的生活更加遥远，因此在专业术语向口头语的转换上难度更大。为了应对这个问题，杜文龙在讲解完某一事件后，会尝试在结尾运用比喻或夸张的手法对事件进行一个总结，例如下面所示案例中“面多了加水，水多了加面”这个极具生活气息的画面被用来比喻印度军方为了满足临时的军事需求而不断更改护卫舰的行为，生动形象，令人印象深刻。

> 因为建造时间长达将近二十年，
> 在首舰的建造过程中，
> 印度军方不断修改设计方案。
> ……
> 所以整个设计图纸在历时十年中，
> 大改有几十次。
> 所以最后如果满足海军全部作战需求，

图 3–4 研究员杜文龙介绍印度战斗机

这个排水量显然是不够的。

所以经过十年，

这个德里级护卫舰在出厂在下水的时候，

已经成了德里级驱逐舰。

所以这种临时满足的军事需求，

形成了一种面多了加水，水多了加面的做法。

在形象呈现上，身穿军装的杜文龙坐在自己的办公室里，背后罗列着各种军事专业的书籍，展现其人物的权威性。较之一般的正装来说，军装的符号意义更能体现人物定位，更加符合节目主题。

3. 国际关系领域专家：严肃、逻辑严谨

大国之间的行为动作不能仅仅理解为单一的“行动”，而是要洞穿其背后暗藏的“深意”。对国际关系专家来说，一方面，他们需要对目前的国际环境有深入了解，其次，他们还要预判事态发展以及带来的影响，充当智囊团的角色。节目呈现出的专家形象严肃认真，语言逻辑严密，语态果断有力。

在 2019 年 11 月 23 日《埃尔多安访美：美土关系止跌回暖？》这期节目中，提到了一个细节——为了改变美方的想法，在会晤期间，埃尔多安特意拿出一个平板电脑，给时任美国总统特朗普和 5 名共和党议员播放了一段反库尔德武装的宣传视频。这个细节涉及三个主体——美国、土耳其、库尔德武装。这三方有何关系？埃尔多安又为何要向特朗普展示这个视频？国际关系专家李绍先对其做出了解释。

埃尔多安向特朗普、向美国的资深国会领袖们进行了，我认为是比较充分的解释。埃尔多安这个讲的，就说土耳其的军事行动针对的只是叙利亚库尔德武装。而叙利亚库尔德武装他们认为是恐怖组织，是土耳其的库尔德工人党的分支。那么土耳其库尔德工人党，美国也视为恐怖组织，这是其一。其二，埃尔多安明确表示，土耳其对于叙利亚库尔德人没有敌意，而且这个土耳其在叙利亚境内设立的安全区将要安置 30 万现在已经在土耳其的库尔德难民。

由此可见，埃尔多安是为了向美国“示好”，表明自己打击恐怖主义的决心，并表示自己不会将库尔德武装势力和库尔德人混为一谈，更不会对库尔德人发起攻击，让美国放心。李绍先用“其一”、“其二”这些表示顺序的词语，也体现了他说话的逻辑性。至于埃尔多安的访美之旅是否真的能给美土关系带来实质性的转变，李绍先给出了自己的判断。

从形势上来看，埃尔多安去美国的访问，双方没有任何的实际成果，公布的也好，或者记者招待会来看，没有显性的这个成果。但是我个人认为这次访问基本还是实现了土美关系的止跌回稳这么样一个目标。

“个人认为”这四个字表达了李绍先对土美关系的谨慎态度。预测未来从来就不是一件容易的事，预测国际政坛的风云变化就显得更加艰难。但对《深度国际》来说，预判事态发展又是节目的应有之义。中国社科院西亚非洲所研究员、中东问题专家殷罡撰文说：“由于后期制作很费事，《深度国际》播出的节目一般都是一周前录制的，这样就存在着一个风险，

图 3–5　研究员李绍先谈及美土关系

即节目播出的时候，事态已经有了新的发展。为了使节目不显得滞后，不让已经看过相关新闻报道和直播节目的观众感到失望，无论是节目编导还是受访嘉宾都要多费一番心思。费心思不是选用大而化之的套话和空话分析局势的各种可能走向，而是在尽可能充分了解事态发展动向和相关背景的基础上，依照特定事件发展的特定规律做出有根据、有把握的单一预判，这种预判有时候显得太大胆、太不留余地，但经过大家共同努力，大话落空或预判失误的情况基本没有出现过。这是《深度国际》的一个长处，也是它有必要继续保存的资本之一。”

在形象呈现上，李绍先身着正装，面部表情严肃，主要以特写镜头出现，给人以紧迫感，背后的世界地图交代了人物角色。与前两类专家不同，国际关系领域的专家常常不是一人占据整个画面，而是和资料影像同时出现。这是因为国际关系专家的评论篇幅通常较长，此举有利于合理分配受众注意力，不至于让他们感觉枯燥乏味。

传播效果研究中特别注重“二级传播”，认为大众传播产生影响的过程中，“舆论领袖”起着至关重要的作用，媒体往往是先作用于“舆论领袖”，再通过“舆论领袖”作用于一般受众。我们不能绝对地说本节目的目标受众一定是群众中的“舆论领袖”，但是关注国际时事的这些专家学者，的的确确是各级“舆论领袖”。《深度国际》正是通过影响“有影响力的人”，进一步强化传播效果。

可以说，《深度国际》探索出了一条多方共赢的传播路径：一方面，对于同一国际关系问题不断深入研究和表达，专家逐渐在观众中建立起了自己的公信力；特定专家成为自己所在专业领域的表达符号；另一方面，受众对专家也加深了解，形成信赖，增加了对特定信息或特定话题的辨识能力和判断能力；对节目来说，嘉宾的专业化、专门化确保了每期节目的专业性、客观性，受众的信任度和依赖性增强了节目的传播力和影响力。

（三）不同身份的民众

新闻，具有监测环境的功能，而监测环境的目的还是要回到让人们适应和改造环境上来。对事的关注，归根结底是对人的关注；对局势的把握，归根结底是对人的遭遇的预判；对罪恶的批判，归根结底是对人的命运的同情。因此，《深度国际》透过呈现多身份的群众人物，挖掘事件带来的最深远影响。

在人物形象的建构上，节目对于这三类群众的处理有一个共同特点，即模糊个人形象，凸显群体形象，这也是电视新闻与纪录片、短视频的不同所在。由于制作时间紧凑，画面篇幅有限，电视新闻需要优先将尽可能多的事实与信息传播出去。因此，群体形象相较于个人形象能够承载更多的内容与意义，也能带来更好的视觉效果。

1. 参与社会事务的一般公民

一般公民常以社会事务参与者的身份出现，例如选民。在 2009 年 7 月 21 日的《伊朗大选：一波三折》这期节目中，开头就出现了穆萨维和内贾德两位总统候选人的支持者，他们在游行中积极地表达自己的政治倾向。其他没有积极进行政治表态的德黑兰选民，他们迫切地希望新任总统能解决住房与就业问题。这些选民与其说是代表自己发言，不如说是代表整个德黑兰发言。节目没有呈现出镜者的个人信息，而是将“选民”这个标签打在了他们身上。

接着，就是具有民族身份认同的公民。在 2020 年 1 月 11 日的《苏莱曼尼之死冲击波》节目中，作为伊朗民族英雄和军事领袖的苏莱曼尼被美方击毙以后，他的葬礼在伊朗首都德黑兰举行，数十万民众身着黑衣涌上街头为苏莱曼尼送行，队伍长逾 30 公里。抗议民众挥舞着拳头，伴随着伊朗民歌，擎着黄旗和苏莱曼尼的画像高喊：“报仇！报仇！报仇！美

图 3–6　伊朗民众涌上街头抗议美国并为苏莱曼尼送行

国去死！打倒美国！”这样的场面无不让受众感受到震撼与哀怆，其传播效果远比将话筒和镜头对准某一位民众更好。

2. 推动事件发展的特殊公民

在国际政治的场域里，除去领导阶层，还有不少被时代和境遇所选择、成为具有特殊身份的公民，他们的一举一动也影响着世界进程。

在2010年4月9日的《车臣：俄罗斯之痛》这期节目中，通过层层调查，警方发现莫斯科地铁连环爆炸案的主使者正是“黑寡妇”群体。动物界中有一种通体乌黑、腹部长着红斑的剧毒蜘蛛，雌性会在交配后咬死配偶，故名“黑寡妇”。它们被用来比喻车臣分裂分子的妻子或姐妹，令人望而生畏的女子敢死队员。“黑寡妇”中多数人的丈夫或兄弟在与俄军战斗中死亡。她们总是面戴黑纱，发誓为死难亲人报仇。

在建构“黑寡妇”形象时，节目放出一系列图片来展现这个组织的变化。起初，她们以群体形式活动，每个人手持冲锋枪，脸上没有任何遮挡物。后来，成员们都穿着黑色衣服，戴着黑色头纱和面纱，以单人或双人的形式出现。这样的变化愈发彰显了“黑寡妇”群体的神秘感以及她们给国际社会带来的威胁。

刻画群体中的典型个体也是建构群体形象的一种方式。在这期节目中，马尔哈·乌斯塔哈诺娃与阿卜杜拉赫马诺娃就是此次车臣地铁爆炸案中的两位“女人弹”。

图3–7　恐怖组织“黑寡妇”的女子成员

黑纱下一张娃娃脸稚气未脱，柔弱的双手握着一杆冰冷的枪。

阿卜杜拉赫马诺娃，18岁，生于俄达吉斯坦一个村庄。母亲靠在集市摆摊把她抚养成人。

16岁时，阿卜杜拉

赫马诺娃被北高加索匪帮小头目乌玛拉特·穆罕默多夫掳走并成为其妻子。

乌玛拉特·穆罕默多夫，达吉斯坦反政府武装组织成员，北高加索地区匪首乌马罗夫的左膀右臂。

他涉嫌策划一系列爆炸案，是俄联邦安全局的重点通缉对象。2009 年 12 月被击毙。

……

马尔哈·乌斯塔哈诺娃，20 岁，车臣共和国人。（马尔哈·乌斯塔哈诺娃，28 岁，达吉斯坦人。）

她的丈夫同样是俄北高加索匪帮的头目之一，去年 10 月准备袭击车臣总统卡德罗夫时被击毙。

“娃娃脸”“柔弱”“18 岁”“20 岁”，这些词语让人很难将其与爆炸案凶手联系起来。但正是这些对比强烈的画面和文字，才让受众对“黑寡妇”这个群体的形象有了更加清晰和深刻的认识。在“黑寡妇”身上笼罩着双重悲剧，一重来源于爆炸夺去的无数冤灵，另一重来源于她们自己。恐怖分子把那些失去丈夫、失去父亲、失去兄弟的女人招募到组织当中来，对她们首先实施精神控制，用精神迷幻剂、一些药物来控制她们，同时培训她们如何实施爆炸，如何蒙混过关。有句话说，“战争让女人走开”。然而在动荡之源车臣，妇女的地位一直就不高，这也是为什么蒙着黑色头巾的黑寡妇往往被非法武装分子利用，当作“杀手锏”，其实就是炮灰。这样的人物遭遇，不得不让受众重新思考个体命运与国际时局的关系。

3. 需要社会关注的底层群众

底层群众是无法被忽视的存在，他们受限于主客观条件，难以掌握个人生存和发展资料，因此常处于社会的弱势地位。在这其中，难民的体量最为庞大，危机最为深重。

有人说难民是国际关系中的“弃儿”，是文明社会的排他者，生活在人类最底层。而这一切，并不是新出现的现象，战后 60 年，以至整个 20 世

图 3-8 阿富汗难民领取世界粮食计划署免费发放的烤馕

纪，国际政治都与难民问题纠结在一起。可以说，难民问题是世界政治的伴生物。2010 年 7 月 13 日《难民：家国何依？归途何在？》这期节目就为我们还原了世界各地的难民群像。虽然身处不同地区，但他们面临的衣食住行、读书等问题都是相同的。

乌孜别克族居民：我们只好逃走，房子被烧了，他们杀妇女杀男人。

贾拉拉巴德难民：很多人得了痢疾、发烧，几乎每个人都在生病，一些老人还有心脏病，我们根本没有足够的药。

塞拉利昂难民：对我来讲，我非常想继续读书。但是现在，没有学校、没有食物，我们的生存还得不到保障。

……

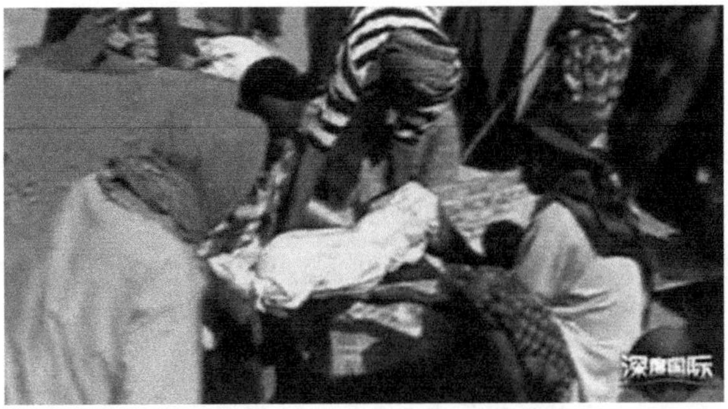

图 3-9 非洲民众正在埋葬一名饿死的孩子

《深度国际》对饱受极端天气折磨的非洲饥民也投去了关怀的目光，2011 年 10 月 7 日《饥饿的非洲》这期节目通过一连串的数字揭示了他们悲惨绝望的生存现状。其中，节目注重呈现妇女儿童群体，因为他们是弱势中的弱势，更有说服力，更能带来视觉与心灵的双重冲击。

在饥荒袭击的索马里南部，每天每1万名儿童中就有6人死于饥饿。整个“死亡三角”地区，有80万名儿童可能等不到下一场雨的到来。

与那些无法等到救援的孩子相比，7个月大的米哈格·法拉赫算是少有的幸运儿。米哈格是7个兄弟姐妹中最小的孩子，当家里的牛羊因干旱全部死掉后，他的妈妈带着他和另外4个孩子踏上了求生之路。一周之后，他们走到了索马里和肯尼亚交界的达达布难民营。此时，法拉赫骨瘦如柴，眼神浑浊，体重只有六斤半，仅相当于一个初生婴儿的体重，其他身体指标也远远低于正常水平。

《深度国际》不断将视角聚焦在底层民众的身上，体现了“以人为本”的叙事策略。《深度国际》利用篇幅优势，抓住“人物命运”作为叙事落点，使节目具有一种“悲悯”的气质和“仁爱”的底色，很好地把“仁者爱人”“和生万物”的中国文化植入其中。

二、复合多元的人物关系

单丝不成线，独木不成林。事态的推进并非依托个人之力，而是通过不同类型人物之间的接触与互动才得以完成。人物关系是指叙事作品中存在的人物之间通过社会、观点、人际等建立的关系。① 主次远近是人物关系的基本结构，构建起国际社会的差序格局。对抗与协作是人物关系的基本底色，丰富故事情节，推动事件发展。交织与流变是人物关系的基本状态，揭示真实细节，增强戏剧效果。《深度国际》通过安排事件人物的主次，刻画敌友

① 邓秀军:《新媒体纪实影像叙事：文本的解构与话语的重构》，中国社会科学出版社，2017，第103页。

关系的变化，展现出复合多元的人物关系。

（一）人物关系的主次之别

在纪实影像叙事中，事件人物有主要人物和次要人物之分。主要人物是叙述者在新闻文本中的重点叙述对象，承担着主要的情节内容，因此在叙述文本中着墨最多。主要人物既可以由叙述者按照事件关联程度进行安排，也可以根据人物本身的性格特点加以重点呈现。次要人物的篇幅排在主要人物之后，但他们又与事件有着密不可分的关系，起到证实与衬托的作用。

1. 用主要人物交代事实、引人注意

在 2016 年当选菲律宾新总统的杜特尔特以其变化莫测、口无遮拦的特点让西方国家陷入“集体焦虑”，同时也使菲律宾在美菲关系上占据了前无古人的主攻立场。

《深度国际》捕捉到了这样一位个性突出的人物，在 2016 年 9 月 30 日《美菲之“结”》这期节目中，通过快速混剪的手法呈现了杜特尔特的“危险发言”。他咒骂奥巴马，称美国国务卿克里为“疯子”，评价美国驻菲大使戈德堡为“伪娘”。频出的狂言将美菲关系推入紧张尴尬的局面，也吸引了国际社会的目光。

在画面安排上，节目将杜特尔特置于画面中央，且多用特写镜头，他穿着各色衬衫的个性化形象也强化了作为“主要人物”的画面效果。作为次要人物的美国官员们，则被做成了小窗置于画面的一角。杜特尔特的发言金句也被做成了橙色的花字贴在画面上，带来更强的视觉冲击力。

杜特尔特表面的“嚣张”到底有何底气呢？节目对杜特尔特的

图 3-10　杜特尔特对美国官员出言不逊

心理想法进行了剖析，认为他意识到了菲律宾总是在美国面前低人一等，从而希望改变这样的一种状态。为了配合这段解说词，节目播放了杜特尔特就任总统宣誓的影像，视频里他把左手放在小女儿捧着的一本《圣经》上进行宣誓，另外三名儿女在旁见证。

图 3-11 2016 年杜特尔特就任菲律宾总统并宣誓

> 民族意识强烈的杜特尔特，一上任就急于彰显“美菲同盟要为菲律宾国家利益服务”的决心。由此，在美国无比珍视的“军事存在”的问题上，既没撕破脸，又适当地敲山震虎、提高要价，从而彻底改变前任政府对美几乎不惜倒贴的“一边倒”政策，想必才是杜特尔特真心实意的对美态度。人们很难否认，只有这样的菲美关系，才会将菲律宾的国家利益“最大化”。

杜特尔特作为主要人物，他的形象在节目中得到了充分展现。他对待美国表露出不同于前任领导人的“勇”和“刚”，应该是来源于他对自己国家利益的“忠”与“护”。

2. 用次要人物旁证事实、衬托主角

在 2011 年 10 月 7 日播出的《饥饿的非洲》这期节目中，中国导演吕建民在开头便分享了他到索马里北部小城博萨索拍摄电影的经历，描绘了他所亲历的索马里生活实况。

> 索马里曾经在历史上号称骆驼之国，我们不停地能看到在某些地方能看到骆驼，能看到几只羊，但是我觉得骆驼和羊瘦得不成样子，瘦骨

嶙峋这个样子。而且我想象一下，博萨索这个城市除了我们住的那个酒店，我们酒店比当地总统府还高级，有两棵小树以外，整个博萨索没有见过绿色，包括地上都是盐碱地那种感觉。那么我们当时很好奇，这个羊和骆驼他们怎么生存呢，连个草根都没有它怎么生存？

我们住得那么高级的酒店，接待外国人，而且那个地方我们洗澡刷牙全是海水，然后那个地方是没有淡水，我不知道它是一个海滨城市不是一个岛呀，然后我们每天喝的淡水，都是老板给我们提供的瓶装矿泉水，这些瓶装矿泉水都是从迪拜带过来的。在当地瓶装矿泉水酒店卖给我们是两美金一瓶，很小瓶。我就觉得很好奇，首先一个我不了解他们的骆驼是怎么生存下来的，我也不了解索马里人靠什么活下来。

当地最高规格的安保待遇，为吕建民实地拍摄海盗电影提供了安全保障，但他也因此失去了体验当地普通人真实生活的机会。因此，吕建民心中有一个巨大的疑问：当地的人民是如何生活的？节目借由吕建民提出的这个问题，开始对索马里人民的生存状态进行探讨，并引申出本期节目的主题——非洲饥荒。

身处非洲之角的吕建民，隐约感受到了这个城市安宁之下隐藏的某种危机。但他没有料到，一场巨大的灾难此时正在逼近东非之角。

2010 年 7 月，创建于 20 世纪 80 年代的饥荒早期预警系统，对非洲干旱以及可能导致的饥荒提出警告。并于当年 11 月开始定期发布事态演进的紧急预警。

然而，相关国家和国际社会却忽视了这个重要信号！

图 3-12　中国导演吕建民讲述在索马里的拍摄经历

导演吕建民的这一段经历成为节目主题的引子，也成为非洲饥荒的佐证。

在画面安排上，节目也做了精心设计。导演吕建民只占据总画面的三分之一，另外三分之二的画面播放其团队拍摄的索马里实地场景，其本人只起到补充说明的作用，不至于喧宾夺主。从传播效果来看，用中国人的面孔讲述非洲的故事，增加了与华人受众的亲近感，呼应了人类命运共同体的价值观念。

（二）对抗与协作

对抗与协作是国际政治中的永恒主题，在《深度国际》中可以看到，国家间的对抗主要源于意识形态的对立，协作则基于对共同利益的追求；个体之间的对抗来源于阶级与立场的冲突，协作则体现在危急时刻的互相帮助。节目偏好使用同期声来展现对抗与协作的关系，让受众身临其境地感受国与国、人与人之间的碰撞。

1. 国家层面的对抗与协作

虽然大国之间没有永远的朋友，也没有永远的敌人，但在某一时期内，两国关系总会更多地趋向对抗或者协作。以中国近年来的对外关系为例，中美关系较为紧张，在经贸、科技领域持续对抗；中俄关系呈现稳定的协作态势；中日关系则因为历史问题而摩擦不断。

在2014年6月13日《中美碰撞亚洲安全观》这期节目中，七国集团峰会首次关注南海争端，美国日本联手公开搅局南海事务。在节目一开始，主持人便直接点明了这场对抗的实质："中国所提出的'亚洲安全观'想要建立一个与现在不同的新地区秩序，为此它越来越愿意努力，而且越来越能够为亚洲各国寻找更多的合作空间。相比之下，美日在不断深化同盟体系的同时，还不断扩大同盟体系，试图将更多的国家拉入到自己的羽翼之下，构筑一个所谓的遏制中国的'对华包围圈'。这样的举动无异于撕裂亚太安全与合作，增大了亚太地区动荡的风险。"接着，时任美国国防部长哈格尔与时任中国人民解放军副总参谋长王冠中通过喊话的形式，表明了两国在南海问题上截然相反的立场。

哈格尔：亚太地区的挑战，最明显的考验是中国南海问题，中国在这个问题上曾经采取单边行动，限制黄岩岛、仁爱礁等。美国在领土争端问题上的态度是不站边，但当国际秩序受到挑战时，美国不承认中国在东海设立识别区。

专家王冠中：那么既然哈格尔部长以如此坦率的态度无端地指责中国，那么我要以同等坦率的态度，对他的讲话谈一谈看法。第一，我认为哈格尔部长的讲话是一篇充满着霸权主义味道的讲话；第二，是一篇充满威胁和恐吓语言的讲话；第三，是一篇充满着鼓动、怂恿亚太地区不安定因素起来挑事、闹事的讲话；第四，是一篇充满着非建设性的讲话。

时任日本首相安倍晋三也就此对中国提出了批评和指责："以我们与美国的同盟为基础，尊重我们在东盟的合作伙伴，日本将不遗余力推进地区稳定和平与繁荣。"三方喊话激起了中国与美日之间紧张的对抗氛围，节目按照美国、中国、日本这样的顺序安排，也客观反映了当时国际环境严峻、中国被美日夹击的处境。主持人的声音铿锵有力、语气坚定，传递了中国在面临意识形态对抗时不卑不亢的定力与魄力。

呈现国家间的激烈对抗并不是节目的最终目的。《深度国际》致力于将对抗原因梳理清楚，明辨是非，用理性化解纷争。用史实讲道理，是《深度国际》的拿手好戏。

中国在南海的主权和权利是在历史中形成的。中国的西沙群岛、南沙群岛，两千多年来都在中国管辖下，属于中国所有，但二战期间，日本帝国主义将西沙、南沙侵占。1946 年，中国政府根据《开罗宣言》和《波茨坦公告》从日本手中收回主权。1948 年，中国政府划定并宣布了九段线，大量的历史文件，以及各国出版的地图都是这样明确记载或标定的。

1969 年 4 月，著名的"埃默里报告"出炉。报告明确指出，南海石油储油潜力巨大，仅南沙海域的石油资源就可达 418 亿吨，堪称“另一个波斯湾”。

根据中国对南海主权的一贯主张，这一海域的油气资源理应由中方拥有。然而，面对如此诱人的资源，南海周边国家纷纷对南海资源展开抢夺，分别声称对南沙群岛及周围海域拥有全部或部分主权。从此，平静的南海风云突变。

从时间顺序上来，中国公布九段断续线在《联合国海洋法公约》问世前的 35 年，生效前的 47 年，要求断续线符合海洋法公约本身不符合实际。而将近半个世纪存在的历史事实任何人都不可否认。海洋法公约并不规范、不影响各国的领土主权问题，不能将海洋法公约作为评判中国在南海主张合法性的唯一或主要依据。

在专家看来，专属经济区和大陆架权利，来自于以海洋法公约为核心的现代海洋法制度，中国“九段线”主张则来自于当时的习惯国际法，两者法理来源迥然不同，指责“九段线”主张与《公约》规定的专属经济区和大陆架制度不符，岂不是要让《公约》进行时空穿越？

历史不会说谎，《深度国际》深谙此理。节目罗列出中国公布“九段线”的时间，以及《埃默里报告》与《联合国海洋法公约》的颁布时间，便让美日同盟机关算尽的小把戏原形毕露。到头来，美日无非是想抢占原本就属于中国的资源。在解说词的最后，“岂不是要让《公约》进行时空穿越？”这句玩笑式总结蕴藏的暗讽意味，让受众听了也忍不住扑哧一笑。虽然时空穿越是美国电影里的经典桥段，但拿到历史问题面前，就是一条行不通的死路。

与中国交好、协作的声音更多地出现在发展中国家，大家致力于互利共赢，成果共享。以 2014 年 11 月 28 日《“一带一路”启航》这期节目为例，东南亚地区的各国看到了“一带一路”倡议带来的实惠和机遇，期待继续与中国深化多方合作。时任马来西亚贸工部长穆斯塔法说：“马来西亚是战略要道，连接了亚洲和世界上其他重要的国家。中国到马来西亚投资，与其他国家的通联会更加容易。”马来西亚政府还设立投资发展局，帮助中国企业寻找在马来西亚的机会与合作伙伴。

最令外界质疑的是，美国曾经也推出过援助欧洲国家的“马歇尔计划”，以加强美国在世界范围内的主导作用，中国的“一带一路”倡议和它相比有什么不同呢？节目请特约评论员叶海林表达了观点，即有福同享、一荣俱荣的共同体理念。

我们要强调一点，“马歇尔计划”不是一个单纯的援助计划，那么中国的“一带一路”也不是，“马歇尔计划”美国的主导作用非常明显，但是中国并不追求这一点，但是其他的方面我们要看到，“马歇尔计划”很大程度上它体现的是美国金融资本的意志，而中国的这个“一带一路”体现的是整个的亚洲地区发展基础设施的共同需求。

当前中国推动资本“出海”的意图是消化国内很多产业存在的产能过剩现象，同时为巨额的外汇储备“消肿”找到一定的出路，可以说，中国资本输出的本旨依然首先是满足本国的经济需求，然后才是在客观上惠及其他国家。

中国经济发展到今天，现代化发展到今天，我们确实需要世界资源、世界市场，而且我们国内生产能力过剩，我们必须走出去否则国内（会）有大规模失业的，我们不讳言这里面有我们的利益在里面，但是我们的方式主要是经济合作。然后技术上就是互联互通，就是通过技术的这个经济合作、技术合作，使相隔很遥远的欧亚非能够在交通上、物理上先串联起来。所以我们这个方式主要是经济合作，而且这个过程当中，我们获益这不容讳言，人家一定也获益。而且当地老百姓如果能得到发展，他应该是最大的赢家。

国际协作一定是基于互相尊重、互惠发展的前提，它不是自我牺牲、成全他人，也不是拉帮结派、孤立异者。《深度国际》通过全面客观地展现真实，传递了更具力量的中国声音。

2. 个体之间的对抗与协作

新闻事件中的人物之间，由于立场、态度、利益等的不同而产生矛盾冲突，这样的关系叫作对立关系。[①] 个体间的对立关系增强了新闻的可读性，也更容易引发人们对事件话题的思考。

2018 年 3 月，时任美国总统的特朗普通过推特宣布，解除蒂勒森的国务卿职务，并委派时任中情局局长蓬佩奥接任该职。虽然特朗普上台以来换将无数，但撤换掉处于执行岗位上的蒂勒森，是最具震撼力的一次。对于其他阁员来说，此次换将行动无疑是一个下马威：任何人都可以缺少，但是你想要拥有这个职位和岗位，关键你必须要听从我、服从我，并且执行我的理念。中期选举临近，特朗普的这一举动也吊足了国际社会的胃口。

在刻画对抗关系时，节目运用对比的方法，展现了特朗普与蒂勒森从默契交好变得形同陌路的过程。特朗普与蒂勒森虽然没有直接同台互呛，但节目一前一后播放了两人的同期声，营造出浓烈的火药味。

2017 年 2 月蒂勒森的就职典礼上，特朗普握住蒂勒森的手，并鼓励式的一拍，两人之间默契十足。但仅一年后，孤零零的蒂勒森却在离职新闻发布会上，甚至不愿提及特朗普的名字。

特朗普：坦率地说，关于朝美首脑会谈问题，我并没有和蒂勒森讨论太多，是我自己决定的，那时蒂勒森在国外。

蒂勒森：我想请你们每个人，每天对他人做一件善事，华盛顿可能是一座非常刻薄的城市。

---

① 邓秀军:《新媒体纪实影像叙事：文本的解构与话语的重构》，中国社会科学出版社，2017，第 103 页。

节目通过塑造人物之间的对抗，来体现利益的分化。特朗普决定替换蒂勒森，是为了在他与朝鲜领导人金正恩会面之前，以及为了在众多正在进行的贸易谈判中组建一支新的团队。蒂勒森作为传统建制派人物，他支持美国留在巴黎气候协定，并且废除伊朗核协定。但特朗普最核心的政治意图，就在于通过这些美国最关注的外交议题，例如朝鲜、伊朗，塑造他自己，能够对中期选举进行交代。并且在合适的时候塑造一个外部的威胁感，来强化自己个人的权威和支持度。

个体间的协作关系通常体现在危急时刻，个体以受助者或者帮助者的身份出现。在 2015 年 5 月 1 日的《尼泊尔大地震》这期节目中，大量现场影像资料显示，在尼泊尔 8.1 级大地震发生后，加德满都市内随处可以看到楼房倒塌、路面断裂、大量瓦砾堆在路上，衣物和生活用品散落其间，加德满都居民拉姆向镜头讲述了地震发生的瞬间。

我当时在家看电视，
忽然从床上被震下来。
我意识到发生地震了，
立刻往外跑，
拼命跑到安全的地方。

在地震发生后，尼泊尔政府立即召开抗震救灾紧急会议，警察、武警部队和军队在内的所有力量即被动员起来，全力参与灾区救援。但由于加德满都老城区街巷狭窄，重型挖掘设备难以进入，很多救援人员只能徒手挖掘。强震发生后余震不断，给救援工作带来困难。25 日夜间，当地还下起小雨，使灾区情况雪上加霜。

我们从昨天（25 日）下午 1 点就在这里救援了，
我们还会继续在这搜寻。
就在刚才我们在旁边那栋建筑里救出 15 个人，

他们都还活着，
但那栋建筑里已经找到超过 50 具尸体。

同时，中国也派出救援队进入现场。4 月 26 日当天，经过 4 小时艰苦搜救，在灾情严重的加德满都西北部，中国救援队成功救出了一名 16 岁少年。这名少年已被困超过一天，是中国救援队救出的第一位幸存者。时任中国国际救援队领队付晓光表示："据当地的老百姓讲，里头可能不只是一个人，我们经过跟他们了解，它这个房屋结构比较复杂，我们想今天晚上连夜一定要把埋在这个废墟里面的当地老百姓全都给他救出来。"

节目穿插同期声和画外音，并且配上现场资料，再现了帮助者与受助者之间的协作，以及救援队队员之间的协作。其中不乏细节处理，例如使用特写镜头捕捉救援队队员徒手挖掘的场面，彰显出无私奉献、团结合作的光辉人性，生动诠释了"患难见真情"的含义。

（三）关系流变

一般来说，随着更多事实的披露以及力量的介入，事件人物之间的关系会产生流变，可能由对立走向协作，或者由协作走向对立。在关系的变动中，事件的本来面目也逐渐浮现。

以 2009 年 7 月 21 日《伊朗大选：一波三折》这期节目为例，在大选结果出来后，内贾德以 62.63% 的得票率实现连任，改革派候选人穆萨维的得票率刚刚超过三成。这一结果立即引起穆萨维支持者们的强烈抗议，大规模示威接连不断，保守党与改革党的对立冲突达到顶峰。

在这个过程中，西方媒体对伊朗的内部冲突不断添油加醋。在伊朗国家电视台播出的访谈画面中，几名曾参与抗议示威活动的被捕人员表示，西方媒体歪曲事实的报道，将他们推到了抗议的人群当中。

被捕抗议者 1：我受到了美国之音（VOA）和英国广播公司（BBC）的影响，他们声称冲突是伊朗武装力量制造的，但我发现冲突的制造者其实是我们这些抗议者，是我们在烧毁公共财产、投掷石块、袭击车辆、砸碎民房玻璃。

被捕抗议者 2：我认为我们是受到了英国广播公司和美国之音的挑拨，才做出了这些破坏社会秩序的行为。

通过对两位抗议者的采访，节目展现伊朗两党关系从激烈对抗逐步走向缓和，但由此又引发了时任伊朗总统内贾德与美国总统奥巴马之间的关系变化。在6月15日，也就是美国干涉伊朗大选事件被曝之前，奥巴马表示："显然我们都在关心伊朗的新闻，首先我想清楚地表明，应该由伊朗人民来决定谁是伊朗的总统，我们尊重伊朗主权。"但在6月下旬，伊朗把混乱矛头指向美国后，内贾德发言称："我认为奥巴马先生犯了一个大错误，我们从来就没有寄希望于英国和其他两三个欧洲国家政府。大家都知道他们的所作所为，他们在世界上根本就没有尊严。但问题是为什么奥巴马也落入这个圈套，为什么他犯了这样的错误？"

事件焦点从单纯的伊朗国内阶级矛盾，转变为国际关系矛盾，揭露了大选背后西方大国试图操纵他国内政的真相。由此可见，人物关系的变动必然映射事态的变动，节目的叙事重点也会随之发生变化。

三、用人物行为刻画人物形象

社会符号学认为，意义制造的过程与方式总是多模态的，除了言语和书写形式之外，意义的生成还借助于图像、音乐、三维物体以及人的动作、目光、姿态等多种模态，所有这些模态都有可能为所建构的意义作出同等贡献。[①] 因此，《深度国际》用人物语言、人物动作、人物神态三个方面的人物行为刻画人物的形象，并通过行为符号传递叙事意义。

① 葛静深、翟莉：《以多模态话语传播中国故事》，《中国社会科学报》2021年9月7日第3版。

（一）人物语言

人物语言的出现主要有同期声、画外音两种形式。同期声最显著的作用就是还原真实。通过收录现场的声音，同期声携带了说话人的语气以及环境音，让受众获得身临其境的体验。

《深度国际》就运用了大量的同期声，无论是竞选时的慷慨陈词，还是外交场上的坚定表态，都能让受众捕捉到国际风云的瞬时变化；而东非难民对和平的渴望，智利被埋矿工从井下发出的呼叫，无不唤起每一个受众的悲悯之心。

> 被困矿工的女儿：爸爸！
> 被困矿工：你好啊。
> 被困矿工的女儿：你怎么样？
> 被困矿工：一切都顺利。
> 被困矿工的女儿：我爱你！
> 被困矿工：我也爱你！
> 被困矿工的女儿：爸爸我在这里等你，等你回家给你很多很多吻！
> 被困矿工：我也要给你很多吻。

在电视新闻中，同期声能够画龙点睛，应表现得干脆利落，否则繁冗啰唆，导致不咸不淡、不痛不痒的话语连篇，不但拖慢了新闻节奏，也降低了新闻的制作水平[①]，因此节目对于同期声应该有所取舍和安排。在2010年10月16日《智利大营救》这期节目中，智利总统皮涅拉同在塌方事故中失踪的矿工家属会晤。他发表声明说，智利政府将动员一切资源、采用一切可能手段，全力拯救被困矿工的生命。虽然此段提到了被困矿工的家属群体，但对他们同期声的使用却显得十分克制。总共只有两位家属的声音出现，其中

---

① 朱丽霞：《浅谈电视新闻同期声的恰当运用》，《中国传媒科技》2017年第10期，第63-64页。

一位女士哽咽着表示："我们很高兴，因为我们坚信他们依然活着。"另一位被困矿工的父亲则说："他们一定要镇静，如果他们绝望情况会更糟。"两位家属既表达了对救援的肯定，又传达了对矿工的祝福。在这之后，便是紧密的救援画面。节目没有过多的抒情，而是严控叙事节奏，安排重要内容。

画外音相较于同期声，少了一些情感色彩，更强调信息的传达和意义的解释。在 2017 年 9 月 30 日《安倍的赌注》这一期节目中，众多政界人士对安倍晋三解散众议院一事怀抱不解与质疑，其中就通过画外音列举了三位在野党代表的立场。

> 最大在野党民进党主席前原诚司说，让安倍政权继续执政是日本的不幸，不论用任何手段都必须阻止安倍政权。
>
> 日本维新会干事长马场伸幸说，国民对朝鲜情势及社会福利等问题相当不安，完全无法理解为何现在要解散国会。
>
> 自由党的参议院会长森裕子说，根本就是为了延续政权的解散。

总的来看，三位代表的言论都传达出一个清晰的观点：安倍晋三解散国会完全是为一己私利，而罔顾日本国情。但是，如果利用三位代表的同期声，便会显得信息冗余、节奏缓慢。画外音的作用就体现于此，提高叙事效率，让受众领会到重要观点即可。

（二）人物动作

由于视觉是人类对事物接触最直接的方式，视觉系统也是当代社会文化建构的核心要素[①]，而电视画面中的人物动作、神态与视觉系统直接对应，对事物认识具有冲击力和表情达意的直观性，所以在电视节目中被置于重要位置。

① 杨子航：《类型电影：视觉系统与意识形态》，《电影文学》2018 年第 12 期，第 42–44 页。

1. 人物动作展现地域文化

以 2019 年 1 月 19 日《美国中东“新思维”》这期节目为例，如果仅凭画外音讲解伊朗伊斯兰共和国的建国历史和相关革命，受众可能会因为缺乏特定文化认知和现实体验而无法建立起直观感受和准确认知。因此，节目在讲述 1979 年巴列维王朝倒台、伊朗伊斯兰共和国正式建立的历史背景时，使用视频资料补足观众体验，视频中的民众摆出了五指握拳又张开的手势，表现民众对伊斯兰革命的精神和政治领袖霍梅尼的推崇。

图 3-13　伊朗民众向霍梅尼致敬

2. 人物动作表现国际关系

2015 年 7 月伊核协议签署的新闻发布会上，时任伊朗外交部部长扎里夫站在七国代表中间，不时左顾右盼，仰天大笑，喜悦之情溢于言表。在协议中，伊朗承诺限制其核计划，国际社会解除对伊制裁。当时美国正处于调整期，也放松了对伊朗的管制，让中东各国自由发展，重新达到地区平衡。哪怕是不了解此段事件背景的受众，看到扎里夫的笑也能了解当时伊朗和各国的关系呈向好态势。

图 3-14　时任伊朗外长扎里夫大笑

（三）人物神态

人物神态是画面语言的重要组成部分，它将受众视线集中在人物面部，最能体现人物下意识的反应，对于人物动作也起到补充作用。

例如节目对美国历任总统形象的呈现。奥巴马出现在屏幕中，通常头部高抬、神情坚定，在阐释美国对中东地区的构想时，配合双手抱怀的动作。特朗普在镜头中则经常眯着眼睛，当他用较高的声调说出“成为你们的总统是我最大的荣耀”时，嘟嘴的表情非常形象。拜登则有时会微微弯曲背，时不时露出一抹微笑，用较为缓慢的语速发表言论。通过人物神态的真实、客观展现，不需要任何评论或注解，观众就能对人物形象和性格特征一览无余。

图 3–15　美国第 44 任总统奥巴马讲话

图 3–16　美国第 45 任总统特朗普讲话

图 3–17　现任美国第 46 任总统拜登讲话

第二节　被安排的事件情节

情节，指的是叙事作品中以人物为中心的事件演变过程。它由一组以上能显示人和人、人和环境之间关系的具体事件和矛盾冲突构成，一般包括开端、发展、高潮、结局等部分，有的还有序幕和尾声。[①] 但是情节结构又不能简单地看作各部分的相加，部分和部分之间存在着正反、顺逆、主次、轻重、抑扬、褒贬一类联结性或对比性的关系。[②] 结构不仅作为一个总体，而

① 邓秀军：《新媒体纪实影像叙事：文本的解构与话语的重构》，中国社会科学出版社，2017，第 103 页。

② 杨义：《中国叙事学》，商务印书馆，2019，第 55 页。

且还包含着具有本质价值的深层意义。

情节结构与故事有所不同，按时间的顺序进行叙事是故事的一个最大特点，但情节是一种更加高级的结合体，重点体现在因果关系上。对此，福斯特给出了一个经典案例，如：国王死了，然后王后也死了是故事；而国王死了，王后也伤心而死，则是情节。① 在经典叙事理论中，专注于情节结构研究的法国结构主义叙事学家格雷马斯认为，应该从故事的深层结构分析情节要素之间的逻辑关系。②

学者杨义将情节结构归纳为顺序、联结、对比几个要素，具体到实践操作层面体现为事件线索、悬念伏笔以及矛盾冲突，本章节也将从这几个方面对《深度国际》的情节建构策略进行分析。

一、增强起伏的叙事线索

线索，作为叙事作品中贯穿整个情节发展的脉络，它把作品中的各个事件联成一体，表现形式可以是人物的活动、事件的发展或某一贯穿始终的事物。人物活动的变化、命运的波折；事件的推动、停滞、反转；时空的转换都能塑造情节的起伏，从而增强叙事文本的吸引力与可读性。然而，电视新闻与电影不同，不能凭空设计人物或事件来制造起伏，只能在尊重事实的前提下，对已有素材进行创造性处理，利用多种手法营造出跌宕起伏的故事感。《深度国际》对情节的起伏处理，主要体现在变换叙事节奏和用疑问营造悬念两个方面。

（一）变换叙事节奏

节奏，对于新媒体纪实影像来说具有重要意义。苏联电影艺术家库里肖夫曾说："节奏——这是紧张与缓和、加速与放慢的正确重复的交替。"瑞典

① 福斯特:《小说面面观》，苏炳文译，花城文艺出版社，1984，第51页。

② 申丹、王丽亚:《西方叙事学经典与后经典》，北京大学出版社，2011，第48页。

电影大师伯格曼说："节奏是至关重要的，永远是至关重要的。"法国先锋派电影理论家莱昂·慕西纳克则更激进："是节奏，不然就是死亡。"[①] 节奏的作用体现在尽可能延长受众的专注时间，因此创作者必须对叙事节奏进行合理调动，才能达到更好的传播效果。

对于叙事节奏的理解，可以参考法国叙事学家热拉尔·热奈特在《叙事话语》中的观点，即小说叙事的基本节奏主要通过概要和场景的交替来确定。[②] 概要显然是两个场景之间最通常的过渡，是二者相互映衬的"背景"，因而是小说叙事的最佳结缔组织。[③] 电视新闻与小说相比的优势在于，叙事节奏的变化不仅可以通过文本实现，还可以通过视觉实现。

从文本层面来说，脚本奠定了电视新闻的叙事节奏。文学与影视剧本写作中有一套规律，即开端、设置矛盾、解决矛盾、再设置矛盾，直至结局。也称"起、承、转、合"，遵循这套规律是保证节奏的基本前提。比如：在故事的发展过程中，提炼重要信息，以达到强调、引起注意的效果；或将事件发展过程中不同寻常的部分放大，引起观众兴趣；设置悬念等。在《深度国际》中，主持人和部分画外音便承担起了起承转合的作用。

以 2019 年 3 月 23 日《波音危机》节目为例，在美国退休飞行员模拟狮航坠落时刻的场景之后，出现了一段画外音，它承接了上一个场景中飞行员们的质疑。

> 去年，曾有多名飞行员表示，"MAX 系列飞行手册的内容不完备"，并且，几乎口径一致地指向该机型的"自动驾驶系统"问题，而这正是酿成日后空难的原因所在。
>
> ……

---

① 张惠莉：《分格漫画叙事节奏控制手法的研究》，《大众文艺》2021 年第 19 期，第 47–49 页。

② 热拉尔·热奈特：《叙事话语新叙事话语》，中国社科院出版，1990，第 54 页。

③ 热拉尔·热奈特：《叙事话语新叙事话语》，中国社科院出版，1990，第 54 页。

波音公司回应称，在去年 10 月狮航空难后，波音公司已向航空运营商发通知，提示可能会出现传感器错报，触发自动俯冲的情况，并将遇到这种情况的操作流程告知飞行员。并且，许多飞行员训练时会有一个指导员，同时要求飞行员进行模拟器训练。

在此背景下，埃航空难仍然发生了，那么，究竟是波音公司的相关整改措施不力，还是飞行员的应对操作存在问题呢？

在这段画外音之后，承接了一段室内的嘉宾采访，嘉宾认为波音公司采取了应对措施，设计了一个应急软件，但软件失效之后，却没有告知飞行员。从内容上看，此段画外音起到了引出解释的作用。同时，画外音将驾驶员惊心动魄的同期声过渡到室内访谈同期声，调整了叙事节奏，引导人们对波音公司的整改措施进行思考。

从视觉层面来说，画面变化可以对叙事节奏起到调整作用，其运用的手法就是蒙太奇。“蒙太奇”一词来自法语，是指一个物体或建筑体被“组装”或“建构”起来。它较多地运用于影视动画作品，是影视独特的非线性的叙事手段。[①] 蒙太奇可以带领观众超越叙事空间与事件的限制，表现手法包括平行蒙太奇、交叉蒙太奇、颠倒蒙太奇、连续蒙太奇、抒情蒙太奇。

在疫情肆虐全球的 2020 年，《深度国际》制作了 21 期以新冠肺炎疫情为主题的节目。由于疫情涉及的国家、人物众多，节目使用大量平行蒙太奇手法，即以不同时空（或同时异地）发生的两条或两条以上的情节线并列表现，分头叙述疫情下不同国家的状态。2020 年 5 月 9 日《全球疫情新风险》这期节目聚焦 5 月 5 日这一天，先后叙述了美国、英国、俄罗斯、叙利亚在这一天发生的事件。

5 月 5 日，特朗普总统表示，随着美国进入应对疫情的第二阶段，

① 张开玮:《故事的魅力：图像小说的时空叙事探究》,《湖北美术学院学报》2020 年第 2 期，第 78–84 页。

白宫的疫情应对小组将被解散，并以“另一种形式”取代。美国政府相信，美国的疫情正在向着积极的方向发展。

5 月 5 日，英国国家统计局公布，截至 4 月 24 日，该国的英格兰和威尔士地区在死亡证明中因新冠肺炎而死的人数达 29648 人。

近一个月来俄罗斯新增新冠肺炎确诊病例数不断攀升，近一周来更是出现了大幅增长。从 5 月 3 日开始，俄罗斯连续三天单日新增确诊病例均超过 1 万例，增速为全球第二。据《俄罗斯报》消息，5 月 5 日俄罗斯国家载人航天项目总设计师叶甫根尼·米克林因感染新冠肺炎在医院病逝，享年 65 岁。

尽管新冠疫情在全球肆虐，中东地区的战火却持续不断，5 日凌晨，以色列空军出动数架战机越过戈兰高地向叙利亚境内发射多枚空地导弹，叙利亚防空部队快速反应，摧毁多枚来袭导弹。

平行蒙太奇平行列出多重线索，对比了国家之间的疫情现状以及防疫态度，营造出全球抗疫的紧张气氛。不同于其他国家对疫情的担忧，美国看起来相当自信；俄罗斯虽然不是疫情的“震中区”，但也逐渐意识到问题的严重性；叙利亚更是面临双重困境——战争与疫情。

色彩是视觉语言最外在的重要表现形式，对于调节叙事节奏也起到了关键作用。色彩的表情功能是以联想为基础的，理论家沙赫泰尔在《论色彩与感情》中认为：“人对色彩的经验和他对感情的体验之间，实际拥有类似的关系。”[①] 德国思想家歌德把色彩分为积极和消极两大类，认为积极的色彩能产生热情、阳光的心理感受，如大红、橘红、黄等；相反，消极的色彩往往表现为平静、忧伤的心理感受，如深蓝、藏青等。还有一类是属于中间色，

① 约翰内斯：《色彩艺术》，上海美术出版社，1985，第 49 页。

如绿色等和谐色调，对应了人类情绪大体上的三种类型：热情活跃，平和宁静，低沉消极。[①]

2019 年 3 月 23 日《波音危机》这期节目的后半段引用了一段波音 737 系列刚上市时的宣传广告，以及航空公司 CFRA 分析师吉姆科里多利对该系列的盛赞，画面上有橙色的阳光、蓝色的天空，还有五颜六色的飞机。随后画面立马切换至坠机发生地上插着的几朵白玫瑰，以及身着黑色衣服的遗属们抱头痛哭的场景。画面从积极色彩转换至消极色彩，拉慢了叙事节奏，让受众产生视觉和心理上的双重落差。

在 2020 年 5 月 9 日的《全球疫情新风险》这期节目中，画外音提道："在最近几周，纽约市的殡葬服务系统正面临着前所未有的压力，纽约市至少已有 14000 人死于新冠肺炎。"画面中出现的是一大片闪着微弱黄光的白蜡、从白宫顶上飞下来的群鸟和飘扬的一面美国国旗，画面颜色全部处理为黑白色。叙事节奏趋慢，给受众以悲怆、哀悼之感。

（二）用疑问营造悬念

比利时哲学家、修辞学家米歇尔·梅耶认为，修辞学通常围绕一个具体问题，从个体们之间距离的协商出发。这个距离主要存在于作者（性情方）——对象、对象——文本、文本——受众（情感方）。[②] 在电视新闻中，节目制作方不仅需要将所选取的对象通过文本的形式呈现给受众，还要打通文本与受众之间的联系。设问作为一种常见修辞手法，能够让受众了解文本的逻辑构成，同时增强情节起伏，抓住受众眼球。

设问可以理解为自问自答，先设置一个问题，然后在之后的叙述过程中解决这个问题，就相当于在叙述中加入一个小波澜，让叙事更加有节奏和吸

---

① 柳岸冉：《电影色彩中的视觉节奏与叙事功能》，《流行色》2021 年第 6 期，第 115-116 页。

② 姜常鹏：《纪录片修辞艺术研究》，博士学位论文，福建师范大学，2020，第 1 页。

引力。[①]《深度国际》的设问主要体现在节目预告里，或由演播室内的主持人负责，问题的解决则由行业专家或者画外音完成。

节目设问逐渐深入，视点逐渐聚焦。以 2012 年 6 月 29 日的《墨西哥毒品战争》这期节目为例，在节目预告里提到了三个问题：墨西哥如何沦为贩毒王国？墨西哥毒贩又为何如此猖狂？毒品在墨西哥失控的根源究竟在哪里？第一个问题是一个总领性问题，整个节目都围绕着这个问题进行讨论，而非用一两个片段来进行回答。第二个问题稍显具体，问题的主体从国家聚焦到了毒贩身上。从时空上来看，这个问题也更加靠近现在，因为需要先“沦为”才能“猖狂”。第三个问题聚焦对“本质根源”的挖掘，如果说前面两个问题的答案可以有很多个，那么最后一个问题的答案可能只有一个或者两个。

正如前文所提到，演播室内的主持人起到过渡和引入的作用。因此，在正片里，主持人负责再次提出和强调节目预告里出现的问题，并且在提问之前交代更详细的背景信息，从而顺势将问题引出，而非机械式提问。

52000 人被杀，这个数字甚至超过了伊拉克和阿富汗战争死亡人数的总和。

很难想象，一个国家会有这么多人因毒品暴力而死，其中竟然还有市长甚至部长。

墨西哥媒体更是直言不讳地说：如果墨西哥哪天没有人因毒品被杀，那才是新闻。

……

2011 年，德国海德堡大学将墨西哥从“危机国家”提升至“战争国家”级别，成为与索马里、伊拉克、阿富汗、巴基斯坦、苏丹齐名的全球最受暴力困扰的国家之一。那么，墨西哥，曾经的拉美经济发展先锋，如今怎么就成了毒品暴力的王国呢？

① 邓秀军:《新媒体纪实影像叙事：文本的解构与话语的重构》，中国社会科学出版社，2017，第 154 页。

节目设问层层递进，由多方呈现。节目解题的方式类似于“剥洋葱”，先从表面现象入手，再深入挖掘关键人物或者关键事件，对其进行分析之后找到“洋葱芯”，完成解题过程。

依旧以 2012 年 6 月 29 日的《墨西哥毒品战争》这期节目为例，开头先用大量的现场采访和跟拍，呈现了蒂华纳发生的几场绑架和凶杀事件。节目从这些凶杀案件引出墨西哥最大的贩毒团伙“锡那罗亚”的头目——乔奎因·古兹曼，并用大量篇幅交代了古兹曼的人物故事，解释了他为什么能在墨西哥拥有如此大的影响力。之后节目又从古兹曼的团伙活动中，发现了美国的影子，因此开始分析美国在墨西哥毒品战争中的作用。来到国家层面，节目介绍了时任墨西哥总统卡尔德的禁毒举措，并揭示了国家的政府、法院、警察系统都被犯罪组织渗入的残酷事实，回答了“毒品在墨西哥失控的根源究竟在哪里”这个问题。

解题人并不是单一的，既有画外音解说，也有行业专家，二者对问题从宏观和微观层面进行剖析。其中，画外音主要是对问题进行大致回答，而行业专家则解析原因细节。

例如，在解释为何卡尔德政府禁毒措施无力时，画外音的说明是“贩毒集团还努力把势力渗透到政府中，除了用金钱收买，用武力威胁，他们甚至还密谋暗杀总统卡尔德隆”。中国社会科学院拉丁美洲研究所副所长江时学对其的阐述则更加具体。

> 卡尔德隆政府打击毒品犯罪，最头疼的事情就是，毒品集团会利用手中的钱，对这个墨西哥军人、警察、司法体系、法官、政府官员，使用软硬兼施这样一种手段。他们会拿着一大笔钱跑到警察局，跑到法官那儿说：要么你跟我合作，这些钱归你；要么你不跟我合作，我明天就要你全家死光光。所以这一定程度上，政府要打击毒品集团的时候，这个警察要配合一下毒品贩子，他会透露风声，政府打击的时候，收效就不会那么显著了。

二、深化主题的矛盾冲突

黑格尔提出，情节的核心就是“矛盾冲突”。矛盾与冲突作为情节结构的重要组成部分，推动事件发展，深化叙事主题。罗伯特·麦基认为，故事的结构和背景是紧密相关的，故事的背景是时代、期限、地点和冲突组成的一个四维的空间，其中的冲突层面属于人性维度，冲突是聚焦人物内心的一个条件，“是故事在人类斗争中的等级体系中的位置”①。从宏观来看，《深度国际》通过挖掘两方的对立关系来设置矛盾冲突；从微观来看，节目又利用心理透视法，展现人物矛盾的心理活动和行为。但是，矛盾冲突的设置并不代表叙事的完成，《深度国际》还会借助人物语言点透矛盾，深化主题。

（一）挖掘两方对立关系

所谓矛盾，是指反映事物之间及其内部要素之间对立统一关系的哲学范畴。对立统一规律是唯物辩证法最根本的规律，是辩证法的实质和核心。其中的对立可以理解为矛盾的斗争性，即矛盾着的对立面之间相互排斥、互相分离的性质和趋势。文学创作中矛盾冲突的设置手法包括对比、巧合、骗局、戏弄等，《深度国际》多用对比呈现、关联巧合的方法。

1. 用对比呈现冲突

以 2009 年 9 月 30 日的《北极忧思录》这期节目为例，开头对北极地区的环境做了简单介绍：无边的冰雪、漫长的冬季、浩瀚的北冰洋常年封冻结冰，这就是北极，世界上人口最为稀少的地区之一……仅仅数年前，辽阔的北冰洋还人迹罕至，没有纷争，北极熊在千里冰封中平静而安适地生活着……但随后画风一转，画面出现了加拿大“北极熊”军演。

---

① 罗伯特·麦基:《故事——材质、结构、风格和银幕剧作的原理》，周铁东译，中国电影出版社，2001，第 80–82 页。

2009 年 8 月 6 号，位于北冰洋东部的加拿大巴芬岛上，一场代号为“北极熊”的军事演习正在如火如荼地进行着。这次军演，加拿大动用了飞机、军舰和 700 多名海、陆、空士兵，其规格之高在加拿大历史上非常罕见。

对比强烈的画面点出了本期节目的中心主旨：不仅全球气候变暖使冰雪渐渐消融，北极周边国家对这片辽阔区域的争夺也在逐渐升温。北极的冰雪融化不但没有引起人们的重视，反而成为人类攫取利益的场域。大规模的军演使用的武器和燃料，对于北极的生态环境又造成了二次伤害。节目将动物北极熊的生活场景与军事集团“北极熊”的军演场景进行对比，既表明了人与自然的冲突矛盾，也表现了当时国际政治格局的紧张对峙。

2009 年 12 月 18 日《绿茵场上的赌害》这期节目讲述了足球行业内的赌球黑幕。节目的导言里提到：“有人说，足球是我们这个星球上没有硝烟的战争。每一次绿茵场上战火燃起，便是亿万球迷的盛宴和狂欢，太多人喜欢这种象征人类竞技智慧的比赛，尤其是比赛跌宕起伏的过程和很难预测的结果。然而，当足球从最初的游戏和竞技，慢慢染上浓厚的商业色彩，甚至有利益集团依靠操纵比赛结果牟利时，再专业的球迷也会慨叹：有些比赛我们真是看不懂了。假球、赌球、黑哨，让绿茵场已不再是一片净土。”一前一后的对比点明了冲突矛盾，表明个人与集团无底线的逐利行为已经让竞技体育的环境变得污浊不堪，这与竞技体育存在的目的显然是背道而驰的。

节目注重利用细节对比来表现矛盾冲突。例如，节目播放了德国的一场有关赌球调查的新闻发布会：“历时 9 个月，波及 9 个国家，逮捕 17 人；涉及 200 多场比赛，包括 3 场欧冠联赛，涉案金额高达 1000 万欧元。欧洲警方公布的一连串数字，让人触目惊心。欧足联纪律委员会负责人彼得·谢马利惊呼，赌球集团的触角已经覆盖了半个欧洲。”在新闻发布会的桌上，摆放着一只写有“公平竞赛”字样的足球，似乎在提醒着什么。这样一个小小的细节，浓缩了赌球行为与竞赛原则的巨大矛盾，达到讽刺效果，引人深思。

2. 用巧合揭示矛盾

巧合指两种或多种事物、因素，由于某种偶然的原因恰巧碰到一起，使故事情节更加波澜起伏的一种创作方法。[①] 以2020年6月20日的《美国："不能呼吸"的痛》这期节目为例，标题一语双关，既体现了美国新冠肺炎疫情暴发的艰难，又让人联想到美国警察暴力执法的弗洛伊德案中，弗洛伊德在地上反复求救说"我不能呼吸了"。

> 2020年对于美国来说，可谓是多事之秋、难上加难。
>
> 在国内疫情还没有趋缓的节骨眼上，美国又陷入非洲裔男子乔治·弗洛伊德之死引发的抗议示威活动中。如今反对暴力执法、种族歧视的示威活动已经持续将近一个月了，抢砸店铺、区域自治、暴力镇压……一幕幕"压迫与反抗"的闹剧在美国街头接连上演，且无结束迹象。在抗议示威、新冠肺炎疫情、经济衰退等多重危机交织下，美国正面临着更加艰难的"痛苦时刻"，整个国家陷入了前所未有的危机中……

弗洛伊德案发生在美国疫情暴发的5月份，节目将两件事关联起来，共同讨论美国的种族问题与公共卫生问题，更加凸显了美国激烈的社会矛盾。两件事情的发生时间看似巧合，但实际事出有因，其背后反映的正是美国在人权问题上的冷漠与双标。

以2020年12月26日的《大选之后美日如何共舞？》为例，节目将安倍晋三辞职、美国总统大选、日美安保条约签署60周年三件同年发生的事件关联在一起，分析以及预测日美之间的关系发展。

> 2020年对美日两国而言，是不同寻常的一年。2020年9月，安倍晋

① 邓瑜瑾：《关汉卿杂剧中矛盾冲突的设置手法》，《信阳农林学院学报》2021年第3期，第62–64页。

三突然辞职，给日本政坛带来了不小的震荡；而临近年末，美国又经历了一场前所未有、非典型的总统选举。美日政权的先后更迭，引发国际社会的广泛关注，而今年又恰逢《日美安保条约》（“新安保条约”）签署60周年，那么，美日这对盟友的关系将会如何变化，又将给东亚地区的局势带来什么影响呢？

12月16日，据《日本时报》报道，日本和美国似乎不会在本财年年底前，就驻日美军军费达成新协议。日本共同社称，日本政府做出推迟军费分摊谈判决定，是对特朗普政府失去了基本的信心。

2019年11月，特朗普正式照会日本，要求每年支付80亿美元的“保护费”，且一分都不能少。按照日美2015年达成的协议，日本每年大约需要支付19亿美元的防卫费，特朗普这次的调整是原来的4倍。

消息一经传出，立即在日本上下引发强烈反响。日本防卫省表示特朗普的想法是完全不切实际的，相比于其他盟国，日本已经支付了更多的“保护费”，没有理由再增加承担比例。

节目将日本、美国的政权变化与日美同盟60周年联系在一起，并把美国调高了向日本征收的防卫费一事作为刺点，设置了一个矛盾冲突，戳破了所谓日美同盟的外壳。

（二）挖掘人物自身矛盾

根据福斯特的理论，小说中的人物形象可以根据其性格所包含的层次及维度划分为扁形人物和圆形人物。扁形人物的性格单一固定，圆形人物的性格多元复杂。在现实生活中，每个人都是圆形人物。电视新闻对人物形象和性格的呈现是有限的，因而大部分人物都属于扁形人物，例如西方大国领导人都很强势主动，而最不发达国家的领导人则大多显得弱势被动。但《深度国际》擅于捕捉人物自身的矛盾冲突，力图呈现圆形人物，并以此点明主题。

前文提到，在2016年9月30日《美菲之“结”》这期节目中，当时的新任菲律宾总统杜特尔特不断口出狂言，触碰美国底线。但在辱骂时任美国总统奥巴马之后，他道歉了。对棉兰老岛的驻菲美军下了“逐客令”之后，他反悔了。

> 面对杜特尔特貌似“前后不定、左右摇摆”的各种表态，几乎已为杜氏贴上“危险强势”“极端、反美”标签的西方舆论，又勉强恢复了镇定。满嘴脏话、信口开河、简单粗暴，以及“政治不正确”，成为西方媒体对杜特尔特下的新标注。而路透社更是将其称为“菲律宾版的特朗普”，以此影射其靠极端、民粹和反智的伎俩，哗众取宠。
>
> 然而，被外界形容为“不可预知”的杜特尔特，果真如此吗？

节目用混剪和转场效果展现了他前后不一、捉摸不定的表现，并通过设置问题的形式开始挖掘这一矛盾背后的成因。在后半部分，节目逐步分析出杜特尔特反复不定的行为是本人个性、所任官职以及美菲关系等多重因素交织的结果。节目虽然以杜特尔特为主角，呈现他身上的矛盾与冲突，但最终落脚于对美菲关系、东南亚局势，乃至国际政治格局发展变化的关注。

此外，《深度国际》还擅长利用人物的自身矛盾制造节目看点。以2011年6月3日的《贝氏不倒翁》为例，节目聚焦意大利“千面总理”贝卢斯科尼遭遇的执政危机，并且在开头的宣传片中就将他身上的矛盾全部展现，以吸引受众眼球。

> 许多人都对贝卢斯科尼的性丑闻感到难堪，
> 意大利已经成为西方世界的笑柄。
> 丑闻缠身，有着十七个女人的桃色事件，
> 但是他却三度执掌意大利！
> 这一次，贝卢斯科尼面临桃色审判，他能否过关？

75 岁的贝卢斯科尼能否继续创造他的意大利神话?

“十七个女人的桃色事件”和“三度执掌意大利”形成的强烈对冲，让受众惊掉下巴的同时也对贝卢斯科尼充满了好奇，不由得期待这一期充满了戏剧张力的内容。在节目的前半部分，节目运用混剪、动画的形式呈现了很多贝卢斯科尼的绯闻照片，以同期声和画外音的形式展现了一位很多民众眼中的放荡不羁的总理形象。

也许我偶尔会盯着漂亮姑娘的脸蛋，
但这总比当个同性恋好吧。

我已经回答了自己的两个问题，
下面有请“克鲁尼”总统，哈哈。

别再看报纸了，
他们都在骗人。

与大批名模开性爱派对，送内衣给欧洲领导人，开纳粹的笑话，骂法官神经病，意大利总理贝卢斯科尼的花边新闻在今年 2 月 9 号达到了顶点，这一天意大利米兰检察院向法院提交申请，要求立即对总理贝卢斯科尼启动快速审判，罪名是涉嫌与未成年女子性交易及滥用职权，如果罪名成立，老贝将面临长达 15 年的监禁。

在后半部分，节目邀请国际问题行业专家，以及人民日报前驻意大利记者对贝卢斯科尼的成长经历和履职历程进行介绍，向受众呈现了一位聪明、肯干、敢于冒险的商业奇才。也正是因为他在商界的出色表现，才为他踏入政界铺下了良好基石。

1969年，贝卢斯科尼用借来的3亿里拉，在米兰郊区买下了一块地建起了公寓，时逢欧洲经济的腾飞时期，意大利米兰寸土寸金，贝卢斯科尼的财富也急剧膨胀起来，当时他在米兰兴建的城市花园拥有3500个单位，环境与交通很不错，只是附近有一个机场，因为噪音太大，并不是一个有升值潜力的项目。但忽然有一天，飞机神秘地改变了航线，从此再也不从此地上空飞过，地产也因此身价暴涨。贝氏当时的“个人能量”也可见一斑。后来，贝卢斯科尼成为知名建筑商，并因此获得意大利共和国“劳动骑士”称号，这个光荣称号相当于中国的“国家级劳动模范”，那时贝卢斯科尼才30岁，堪称英雄出少年。

但是，从行贿、贪腐，到欺诈收购和偷税漏税，贝卢斯科尼扯上的官司种类之多也令人咋舌。冲突与矛盾塑造出了这样一位充满传奇色彩的人物，让受众叹服的同时，也为意大利政坛蒙上了一层迷雾。正如节目最后所说：如果贝卢斯科尼下台了，那么谁又能上台呢？这是意大利人们需要认真思考的问题。

（三）利用人物语言点透矛盾

在节目制作的过程中，影像文本真正想传递的是人与人、人与社会等各种思想冲突和价值观冲突。但是，由于其闭合文本的特性，在表现冲突时，一般较多展现表层的冲突，而对于更深层次的价值观以及思想等方面的对立，则需要以旁观者的身份引领受众去体察电视新闻片的深层意味。在《深度国际》中，旁观者可以是主持人、画外音，也可以是媒体、嘉宾。

1. 我方之口，直指矛头

在2020年11月21日的《种族痼疾：另一个美国》这期节目中，最开始便播放了美国抗议画面和种族歧视事件的混剪，铺设了大量的冲突矛盾，但展现表层冲突还不够，节目需要为受众点明更深层的思想与价值层面的冲突。因此，在演播室内，主持人对这些场面做出了如下评价：

美国“市场观察”网评论说，美国一直习惯于拿人权说教别人，然而近日反种族歧视和警察暴力的大规模街头抗议，可以说掮了自视为“全球监护人”的美国一巴掌。虽然这次美国国内骚乱的直接导火索是白人警察暴力执法，但抗议民众的火与怒，深刻揭露出美国长期存在的种族歧视、贫富分化和社会撕裂，是对美国长期宣称的所谓民主、自由、平等和人权价值“典范”的巨大讽刺。

主持人的观点不仅揭示了美国黑人白人之间的矛盾，也将这个矛盾上升到了美国价值观的层面，解构其长期宣扬的“价值典范”，体现中美两国之间的意识形态冲突。试想如果没有主持人的此番论述，很多受众可能无法理解透彻节目开头所放置的视频内容以及想表达的中心主旨。

2. 以敌制敌，针锋相对

最有力的辩驳，是用对方的逻辑驳倒对方的主张；最可信的质疑，是用对方阵营的观点对立证明对方问题之所在。《深度国际》在展现矛盾冲突时，经常借用他人言论表达本方观点，别出心裁，又铿锵有力。

2020 年 5 月 2 日的《美国的抗疫逻辑》用视频再现了一段对话。背景是美国疾控中心主任雷德菲尔德此前在接受美媒采访时表示，美国在今年秋冬时节可能会迎来第二波新冠肺炎疫情，而且形势可能会比现在更严峻。随即，据路透社报道，白宫要求雷德菲尔德参加疫情发布会，就其说法做出说明。在白宫 4 月 22 日的新冠肺炎疫情简报会上，雷德菲尔德否认自己说过第二波疫情形势会更严峻：“我认为应该重点辩护一下自己没说过的话，这很有必要——我没说过（第二波疫情）形势会更严峻，我说过疫情形势会变得更复杂，应对起来会更困难，也可能会更复杂，因为我们会同时面临流感和新冠肺炎疫情。”时任美国总统特朗普随即追问：“在我看来，疫情未来不会再像现在这样了。你说我的表述正确吗？”雷德菲尔德：“完全正确。”然而，此后随着美国疫情的不断发展，这段对话也成了对当事国的最大反讽。

同样，这一期节目中播放了 CNN 的一段访问。主持人问微软创始人、慈善家比尔 · 盖茨：“有人指责中国在疫情期间掩盖事实真相，欺骗了其他国家，因此中国应该对此负责，你怎么看？”别有用心的提问并没有让比尔·盖茨走进陷阱，他说道：“中国一开始做了很多正确的事情。像任何一个首次出现一种病毒的国家一样，他们可以回头去看，看看错过了些什么。一些国家迅速应对，并进行检测，从而避免难以置信的经济损失，但可悲的是，本以为能够做得很好的美国，结果却做得特别差。”无须自己站出来辩驳，受众自然能在这样的对话中做出判断，并体会到节目想表达的用意。

2021 年 4 月 24 日的《战争黑洞——美国制造的人权灾难》这期节目回顾了美国在科索沃的所作所为。在 1999 年的科索沃战争中，美军为摧毁南联盟的坦克和防御工事，共发射了 3.1 万颗贫铀弹。与科索沃临近的塞尔维亚弗拉涅市，是贫铀弹的重灾区。战后 20 年中，这里人口急剧下降，在被投掷贫铀弹的山脚下，建立了容纳 5000 个墓穴的新墓地……更令人揪心的是，老年人多发的肿瘤，越来越多地出现在年轻人甚至孩子身上。此处，节目适时插入外媒对塞尔维亚急救中心临床中心主任格鲁伊契奇博士的采访：“美国人和北约明白得很，留下这么多有毒的物体究竟为什么。人们都明白这就是种族灭绝。”这是质证，更是控诉，战争冲突的背后正是对军事霸权的反思以及对人类命运共同体的呼唤。

三、优化传播效果的悬念设置

“悬念”是源自心理学的一个概念，指人们由于持续的疑虑不安而产生的某种紧张期待心理。亚里士多德的《诗学》是西方的编剧理论中最早涉及悬念手法的著作，“设置悬念的时候，作者会把故事的谜底有意识地泄露给读者，只瞒着故事中的人物，我们预先知道下一步将会发生什么事，或可能会发生什么事，只是不知道他们究竟如何发生，也不能将我们了解到的危险告诉故事的主人公，只能在一旁为他深深地担忧，而这却正是悬念特有的快感，一种混杂着痛感的快感”[①]。简单地说，悬念就是“卖关子”。

① 梁鹏：《亚里士多德〈诗学〉集注》，中译出版社，2017，第 57 页。

从创作者角度来看，悬念作为一种有效的叙事手段，指“编剧或导演对剧情做悬而未决与结局难料的安排，以引起观众急欲知其结果的迫切期待心理”①。

悬念并不是事件本身所具有的内在元素，事件往往按照时间顺序线性发展，自身存在着明确的因果关系，因此需要在一定的叙述方式下对内在因果关系进行打乱。

新闻报道在最初的起源时，是为了迎合人类的好奇心理和新闻欲望的满足，人间奇闻，世上轶事，诸如奇特变异的自然现象、生理现象和社会现象，都可能会引发人们的兴趣②。因而，新闻基于其自身存在的“反常性”是十分适合设置悬念的载体，悬念的设置也已经成为新闻报道栏目的一种常用技巧。

在媒介竞争日益激烈的今天，《深度国际》作为故事化的电视新闻节目同样乐于设置悬念来推动故事的曲线与动荡发展。叙述者通常利用新闻事件的未知引发受众的好奇心、求助心、求知欲等心理，通过巧妙的营造方式，能够有效地提高节目新意和质量，使悬念成为推进节目叙事的关键，促进观众对节目的关注，提高节目的影响力与传播力。

（一）新闻标题的存疑设计

作为电视媒体，标题是新闻不可或缺的一部分。在传达新闻主题、评价新闻事实、深化新闻背景等诸多方面，标题是连接新闻全文与观众的桥梁。美国布雷恩·S. 布鲁克斯与杰克·Z. 西索斯合著的《编辑的艺术》中写道：“好标题能吸引读者对新闻的注意，如果没有这些标题，新闻则可能被忽视。如果标题未能很好地推销内容或吸引读者的注意，当日的最佳新闻也可能会影响甚微或全无影响。”③诚然，在当今信息爆炸的社会中，最先进

① 欧阳照：《电视新闻的叙事学研究》，重庆大学出版社，2010，第 47 页。

② 张小元：《回归与超越—理论新闻学新视野》，四川科学技术出版社，2003，第 66 页。

③ 布雷恩·S. 布鲁克斯、杰克·Z. 西索斯：《编辑的艺术》，刘英凯译，中国人民大学出版社，2010，第 34 页。

入人们视线的便是标题，当标题具备吸引力，便能如同磁铁一般抓住观众的心。

标题作为节目内容的“眼睛”，在《深度国际》中也是如此。在标题的设计上，节目组选择运用反常规、留未知、修辞等手法为观众展开一部分与新闻事件相关的叙述，同时又会让观众对新闻内容产生疑问，从而达到设置悬念的效果。具体的表现方式主要分为以下四类。

1. 直接设问式

纵观《深度国际》的节目标题，有大量的疑问句。从句子的基础构造与提问要求来看，疑问句有选择问、是非问、特指问三种。选择问如“中东变局？和平还是‘新风暴’”；是非问如“美式制裁能实现美国优先吗？”；特指问有明显的“谁”“何”“什么”等疑问代词作为特指标记，如“阿富汗：谁主沉浮？”问题的设置暗含了节目制作组代表观众对问题做出的选择、肯否与确指，在这样的过程中同时能够引导人们寻求答案的欲望，从而形成在节目中探知、参与解答与问题解决的过程，满足了观众的常态心理，也是节目制作过程中对心理学知识的巧妙运用。

表 3-1　部分直接设问式节目标题

播出时间	节目标题
2021 年 10 月 16 日	“岸田丸”起航，驶向何方？
2021 年 8 月 14 日	阿富汗：谁主沉浮？
2020 年 12 月 19 日	谁为疫苗狂？
2020 年 8 月 29 日	中东变局？和平还是“新风暴”
2020 年 3 月 7 日	新冠肺炎：“X 疾病”现身？
2019 年 12 月 21 日	美式制裁能实现美国优先吗？
2019 年 11 月 2 日	叙北博弈美退俄进？
2019 年 1 月 19 日	美国中东“新思维”？
2018 年 10 月 13 日	“阿拉伯版北约”能否复活？
2018 年 6 月 30 日	美国：“悔棋”“毁棋”？

2. 多重内涵式

在标题设置中直接运用比喻、拟人、双关等修辞手法加深语义，能够触及字面意义与言外之意两个方面，并以多重的内涵启发观众的记忆联想。如：

表 3-2　部分多重内涵式节目标题

播出时间	节目标题
2021 年 10 月 2 日	美英澳危险“核”作
2021 年 9 月 18 日	美国“落子”中东欧
2021 年 4 月 24 日	战争黑洞——美国制造的人权灾难
2021 年 3 月 27 日	疫苗角力场
2021 年 2 月 27 日	拜登的伊核接力棒
2020 年 10 月 17 日	纳卡，燃烧的“火药桶”
2020 年 6 月 20 日	美国“不能呼吸”的痛
2019 年 11 月 9 日	被“工具化”的巴格达迪之死
2019 年 9 月 14 日	伊核牌局对赌
2019 年 6 月 22 日	美式“谈判游戏”

标题的修辞艺术使事件的外壳与本质之间存在了一个跳跃的变化空间，能够化呆板为鲜活，化冗杂为洗练，化枯燥为生动。如“火药桶”“接力棒”“战争黑洞”等词汇的运用牵动了观众对于标题与新闻事件的联结，增强了新闻节目标题的表现力、说服力和感染力，让语言的形式与节目内容达到更和谐统一的效果。

3. 深入挖掘式

标题在点明节目故事的核心时间与主体时，运用“背后”“之后”等词汇，以暗示事件的深层发展。这样的方式能够引导观众对时间或事件的进一步挖掘，能够跟随着节目设置进行更深层次的探究。

表 3-3　部分深入挖掘式节目标题

播出时间	节目标题
2021 年 11 月 20 日	美式民主背后的 NGO
2021 年 11 月 6 日	“芯”急背后的美式霸权
2021 年 10 月 9 日	起底美国霸权隐形“黑手”
2021 年 8 月 7 日	隐藏在十字架下的罪恶
2021 年 5 月 22 日	美国，降半旗背后的控枪困境
2021 年 4 月 4 日	疫情之殇，一封公开信的背后
2020 年 10 月 10 日	印度疫情之下
2020 年 9 月 12 日	美印靠近背后的算盘
2019 年 10 月 5 日	启动弹劾总统的背后
2019 年 8 月 3 日	S-400 军售的背后

基于观众对国际新闻事件深度分析的实际需求，从底层逻辑出发组织新闻标题，体现出节目有质量、有深度、有水平的特性。对内涵的挖掘属于思维创造的过程，将事件的内核原因与社会、政治相连接，做出客观、不同角度的报道，能在一定程度上帮助节目的内容与观众的思考不仅仅流于表面。

4. 短小深远式

电视新闻转瞬即逝，对于《深度国际》这样定位“深度”的国际新闻节目来说，能让观众在最短的时间内对新闻产生收看兴趣，在保留悬念的状态下做到标题的简洁直观与提纲挈领是十分重要的。

表 3-4　部分短小深远式节目标题

播出时间	节目标题
2021 年 11 月 13 日	“断链”危机
2021 年 5 月 1 日	筑梦太空
2021 年 4 月 17 日	核废水之忧
2021 年 3 月 6 日	致命暴风雪
2020 年 7 月 4 日	“疫”乱美国
2019 年 3 月 23 日	波音危机

续表

播出时间	节目标题
2018 年 12 月 29 日	2018 大变局
2018 年 11 月 3 日	军演波罗的海
2018 年 2 月 24 日	美俄“凉战”
2016 年 9 月 30 日	美菲之“结”

每一期的栏目标题短小精悍而符合新闻的内容需要，展现了节目组精准、客观、理性的态度。在新闻传播的视野下，基于新闻的客观事实去掉多余的枝蔓，选择短小标题，实现媒体的整体真实，使节目符合现代观众的观看需求。标题的长而不冗余，短而不笔弱，能够有品有质地提升节目的传播力度与效率。

（二）叙事过程的设置手法

正如叙述学作家米克·巴尔在书中所说，“悬念可由后来才发生的某事的预告，或对所需的有关信息的暂时沉默而产生”[①]。在叙事语法限定下的新闻事实的建构方式，也就是新闻事实内部事件与事件的组接形式，使新闻的内核，体现的是叙述者的一种逻辑思维关系。

对于电视节目而言，新闻的讲述是被严格限制的，它不能像小说那样天马行空地杜撰和虚构，必须要遵循新闻的基本原则。因此在叙事过程中，节目组需要具备一定的叙述技巧，才能够将新闻事件讲得生动流畅、波澜起伏，需要通过对悬念进行倒叙与延宕，以期能够达到吸引观众眼球的目的。

1. 倒叙法悬念前置

热奈特认为，倒叙是对故事发展到现阶段之前的事件的一切事后追述。[②]简单来说，倒叙是把时间顺序打乱的一种叙述方式，是对已发生事件的追溯

① 米克·巴尔:《叙述学：叙事理论导论》，谭军强译，中国社会出版社，2003，第 191 页。

② 热拉尔·热奈特:《叙事话语新叙事话语》，王文融译，中国社会科学出版社，1990，第 17 页。

叙述，即先讲结果，后说过程。在新闻节目中运用倒叙方法设置悬念时，叙事者把新闻事件的结局提前告知观众，或者把新闻事件中某个最突出、最关键的片段放在节目的开始，然后再按照时间顺序叙述事情的发展原委，通过对叙事顺序进行调整将悬念前置，推动情节向前发展的同时，抓住观众的好奇心，激发观众的无限遐想，达到引人入胜的效果。

《深度国际》作为电视节目，能够利用更加具有感染力且生动形象的现场视听元素。[①] 例如，采用倒叙的策略将有冲击力的现场画面置于每期节目的片头，配以相应的解说词，以迅速吸引观众的注意力，再倒叙事件的相关背景以及来龙去脉。实际上，在电视新闻节目故事化方面，设置悬念是一种常用技巧，这种改变传统的自然逻辑叙述方式，对增强节目的艺术表现效果有很大帮助。

以《深度国际》2021 年 11 月 6 日播出的《"芯"急背后的美式霸权》为例，节目开始之际，主持人的解说词如下：

> 从去年下半年开始，由于全球供应链危机而导致芯片短缺的消息是一个接一个。汽车芯片告急，手机芯片急缺。就在全球芯片短缺已到达危机点的时候，美国却对三星、台积电等半导体供应链企业下达了最后通牒：45 天交出所有库存、订单、销售等机密数据。一时间，国际社会一片哗然。一个国家，何以要求其他主权国家或地区的核心企业上交机密数据呢？距离美国定下的最后期限 11 月 8 号仅剩两天时间，那些芯片巨头们真的会屈服于美国政府的霸权吗？

在全球芯片告急的背景下，将美国要求芯片供应链企业提交机密文件一事件前置，并且将事件的要点设置为节目的悬念，即美国凭什么要求？芯片巨头们会屈服吗？这样的方式使节目的开始便呈现出矛盾与焦点，激发了观众刨根问底和继续关注事件真相的欲望，在接下来的节目里再将整个事件进

① 欧阳照：《电视新闻的叙事学研究》，重庆大学出版社，2010，第 54 页。

行解剖，通过多方面的论证一步步地满足观众对真相的强烈好奇心和求知欲。

2020 年 8 月 22 日的节目《推进核震慑美欲打破核平衡？》也基于对美国打破核武器领域沉默的举动，设置了这样的解说词：

> 近年来，美国率先并不断打破在核武器领域的沉默：先是单方面退出《中导条约》、消极对待《新削减战略武器条约》，然后大力扩充核武库、降低核武器使用门槛……种种行为使得相关国家不得不做出相应的反制。而这种危险的“互动”，很可能将世界不断推向核战争的边缘。那么，美国为什么要打破现有核体系微弱的平衡？它又是如何在现有军控条约的制约下打擦边球的呢？

《深度国际》首先对于美国所做的主要事实进行了简单的介绍，使观众对整体事件有了大致了解，能够自然而然地对其后隐秘的幕后情节产生好奇，在层层深入地阐释和分析探讨后，再回到节目开头的主要事件和提出问题上，让整期节目首尾呼应。在这样的过程下，倒叙法的使用既不喧宾夺主，又能具备让观众持续观看的吸引力。

2. 叙事方式的延宕

“延宕”，又称为“抑制”和“拖延”。按照劳拉·穆尔维的定义，这是一种“影像本身被冻结或者服从于重复或返回的逻辑”①。它是指在叙事过程中，故意放慢叙述节奏，使激烈的矛盾冲突和紧张的故事情节受到抑制、拖延或干扰，延缓事件发展进程，使对立双方的冲突迟迟难以解决，错综复杂的人物关系一直难以理清，以此强化观众的期待情结，从而巧妙设置悬念的一种叙事技巧。

英国的戏剧理论家威廉·阿契尔认为，悬念预示出一种十分吸引人的事态，却不把它预叙出来。② 对于《深度国际》这样以国际重大新闻为主线的

---

① 劳拉·穆尔维:《百年电影回眸：流逝的时光与电影的晚近风格》，孙绍谊译，《当代电影》2005 年第 5 期，第 26 页。

② 威廉·阿契尔:《剧作法》，吴钧燮、聂文杞译，中国戏剧出版社，2004，第 151 页。

电视节目，往往任务众多、情节复杂，因此借助“延宕”的手法形成并加强悬念，有利于在叙事过程中不断将观众的心理效应放大化。

例如2020年8月1日的节目《疫情下的“反智”美国》，聚焦美国对中国的无端挑衅和制裁，对美国的反智主义、民粹主义进行了抨击。

7月24日，就在中国驻休斯敦总领事馆工作人员乘车离开后。领馆后门一群戴着黑胶手套的不明身份人员使用破门工具，进入领馆内。据美国有线电视新闻网报道，上述不明身份人士是美国联邦特工和当地执法人员。而此时，距离特朗普要求的撤离时间还有1小时。这一非法闯入，明显违反了《维也纳领事关系公约》（Vienna Conventionon Consular Relations）和中美领事条约。

这个行动本身就已经挑战了，包括维也纳领事关系公约以及中美之间签署的领事条约。挑战到这种国际规则和共识。我觉得这一系列的举动背后，应该说是蓄谋已久，是经过特意安排的。

以“莫须有”的罪名突然要求关闭中国驻休斯敦总领事馆的美国，其实才是窃取他国情报的集大成者。2013年，德国总理默克尔曾经致电美国时任总统奥巴马，质问美国为何监听她的手机。爱德华·斯诺登（Edward Snowden）在2014年，披露了大量机密，其中就包括美国利用自己的外交使团监视全球多国的详细信息，但没有一个美国领事馆因此遭到关闭。

伊朗驻华大使馆在官方微博上发表文章称，美方的做法，再次暴露了美国无视国际法和国际关系基本准则的霸权心态。而美方对中国驻休斯敦领事馆做出此等无礼举动的深层原因也已经是路人皆知。

俄罗斯外交部发言人扎哈罗娃：给我们的感觉是，如果一个国家通过合法途径维护自身利益，发展自己的经济，在美国司法框架下无懈可击的时候就会触发美国的一种自发机制。这包括威胁、制裁、恐吓、黑名单，甚至拘捕人员、没收房产等。要求关闭大使馆和领事馆，我们已经不是第一次看到这一幕。

在疫情下，华盛顿对中国的无端指责和无理诟病比比皆是，甚至荒谬到了哭笑不得的地步。

节目首先以 7 月 21 日美国关闭中国驻休斯敦总领馆事件开场引出议题，通过采访国际政治问题专家和时任中国驻休斯敦总领事，揭示了美国反智主义、民粹主义和身份政治的真实面目；引用美国媒体报道资料，转述美国国会参议院情报委员会成员的观点，表现出其对美国关闭中国驻休斯敦总领馆的困惑；引用伊朗、俄罗斯等权威部门的言论，反映各国对美国做法的反对和不解；进而引用中国外交部发言人对此事件的有力回应，驳斥了美国方面声称中国窃取疫苗研制技术的谣言。节目客观、真实地呈现美国一系列“退群”操作和对中国经济和技术的打压、造谣，描绘出美国政治思维的“反智”姿态。

在后期节目组的编排与剪辑过程中，通过节目的片段打断叙事，形成延宕的效果，或者以对第三方的采访来延宕叙事，并将国际政治专家、美国参议院成员、相关国家部门言论、中国外交部发言人回应等不同角度的对立观点进行交叉剪切，如此反复中将节目中的事件完成分段与区隔，从而形成了多个阶段的叙事高潮，让观众在观看节目的过程中始终处于期待状态。

第三节 被建构的叙事时空

影像是时间和空间的复合体，既表现在时间的流程中，又表现在空间的运动形态上。空间上的多角度和时间上的多层级让叙事的时间与空间在纪实影像中得到了全新的诠释。

时空的建构是电视新闻节目的重要组成部分，它分为叙事时间和叙事空间两个方面。叙事时间是相对于故事时间而言的概念，与自然规律客观运行的时间不同，叙事时间指的是叙述过程中时间的刻度与形态。其次，叙事空间是相对于现实空间而言的概念，与客观存在的场地或位置不同，叙事空间是根据叙述者需要，以现实空间为基础延伸或增设的叙事场地。

恩格斯曾指出，一切存在的基本形式是空间和时间，时间以外的存在像空间以外的存在一样，是非常荒诞的。①时间与空间作为世界存在的基本要素，是社会的坐标，人类社会也在时间的推移与空间的构建中不断被推进。

在当今中国社会的发展态势下，时空被日渐压缩。通信工具缩短时间，交通工具减少距离，这样的变化改写了人们对生活节奏、历史发展进程、空间交错等诸多方面的认知。美国印第安纳大学人类学教授威尔克关注的“全球时间工具”的跨国媒介，认为电视最巨大的影响力不在于内容，而在于媒介即时性带来的时间和距离的概念上。②

《深度国际》十二年间不断针对新时代的特点和对外传播的时代新要求调整传播艺术和技巧，不断从习近平总书记的重要思想、重要论述、重要指示中找方向、找思路、找启迪、找答案，把创新作为工作的主基调、主旋律，力图达到观众需求与节目生产的和谐共融。打造立足于中国价值观的国际观察多棱镜，全面呈现全球态势与国际局势，为推动形成同我国综合国力和国际地位相匹配的国际话语权贡献微薄的力量。

一、时间呈现的棋盘策略

时间，是电视节目编排过程中的一门艺术，正在成为继“声音”和“画面”之后的第三大节目构成元素。在新闻节目中，时间主要的具体体现为时

---

① 《马克思恩格斯选集》（第三卷），人民出版社，1995，第 392 页。

② Richard R. Wilk , *The Anthropology of Media: A Reader*, London: Wiley-Blackwell, 2002, pp.161-171.

长、时距、频率。棋盘策略则指的是从大局出发，在节目的框架与内容上对各要素进行合理地调节，以达到相辅相成的效果。

传播学者斯卡内尔认为，我们不能只专注再现等事项，应该注意广电媒体与时间之社会组织的关系，后者实在比前者更重要，因为广电时间已深刻蕴涵于现代社会的时间节奏之中[①]。时间在电视节目生产、传播和运营中的作用愈加明显，除了“经营节目”，“经营时间”也在传统电视媒体把握受众的过程中起到重要作用。

新闻事件中故事的发生时间在作为“把关人”的媒体控制下会发生很大的改变，如何处理叙事时间，将一个错综复杂的形象投射于观众眼前体现着叙述者“讲故事”的功力。当前，人们获取信息的途径逐渐变得多样化，电视等传统媒体面临着前所未有的挑战，亟须开拓创新以提升吸引力。

这样的观点启示电视节目不再仅仅关注声音和画面的再现作用，也应当对时间的存在及其作用进行重视。基于此，《深度国际》由“传者本位”思想向“受众本位”转移，以时间的呈现体现了节目的高效率生产、形式的独特、信息量的最大化以及传播策略的精巧。

（一）时长标准凸显新闻专业

时长体现在各个故事环节呈现阶段所延续的时间长短，表现在电视节目篇幅上的事件的相对比例和相对位置。作为大众传媒的电视媒体针对电视节目的时长把控需要十分严格，对于中央广播电视总台央视中文国际频道来说，一个栏目的时长也影响着整个频道节目的编排，无论是栏目、广告或者剧集都需要事先规定，某一项内容的改变都需要对整个节目进行重新编排，可谓“牵一发而动全身”。

1. 节目长度

在《深度国际》制作、播出和经营中，结合时代背景、观众需求与节目

---

① Scannell P, *Radio Times: The Temporal Arrangements of Broadcasting In Modern World*, London: British Film Institute, 1988, pp.29.

特性决定一个固定的时间长度，对节目的专业化生产、观众的收视习惯以及电视媒体的经营管理都有至关重要的作用[①]。

《深度国际》节目的创立缘于中文国际频道 CCTV4 周六 45 分钟的空档，目的是为了填补这一时段并丰富国际新闻内容。十二年来，节目的播出时间根据时代需求进行了不同变化，节目播出时长由最初的 45 分钟缩短至 30 分钟以内，节目本身也发展成为央视的品牌栏目，从新闻的广度到评论的深度，时长变得更富有节奏感和吸引力。

在新媒体背景下，由于资讯通过网络的传播十分迅速，电视媒体很难在第一时间发布新闻消息。所以，做好新闻第二落点的报道已经成为面对国际性突发事件直播的必然选择，也已成为各大新闻媒体的共识。所谓的“第二落点”指的是在无法获得第一手新闻资料或者面对新闻资源同质化时，新闻媒体以从其他途径获得的二手信息为基础，通过编辑整合，在报道新闻事实的基础上发掘新闻事件的内涵和外延，注重从新闻报道的角度、广度和深度等方面入手进行报道。关注新闻的第二落点，讲好国际背景下的人物命运故事，这是由《深度国际》作为周播的编辑类节目特性决定的。《深度国际》最初每周一期，一期 45 分钟左右，当然是无法去追求新闻的第一落点的，因此节目在一开始就聚焦于新闻的第二落点，把精力更多地放在拓展新闻事件的内涵与外延上，而不必盲目被动地去追求新度。这样的做法，既符合节目本身的规律和内在的要求，也是在同质化日益严重的国际新闻赛道中取得领先的收视法宝。

对节目时长进行分析可见，2009—2015 年节目时长保持在 45 分钟左右，2016 年节目时长有所缩短，2017 年以后节目时长缩短至 30 分钟以内。但在 2020 年出现一个峰值，即新冠肺炎疫情刚暴发之时，相关节目的平均播出时长达到 56 分钟，不仅超出了往年各期的节目时长，更达到了其他专题时长的两倍。以 2020 年 4 月 11 日《全球疫情冲击波》节目为例，新冠肺炎疫情影响范围较广、影响结果较强，节目通常需要对世界范围内的疫情形势做

① 谭天、刘海霞:《论作为时间产品的电视节目》,《现代传播》2012 年第 2 期。

一概览，然后再对一些典型国家和地区做具体分析，进而评析其疫情防控措施并预测疫情形势。

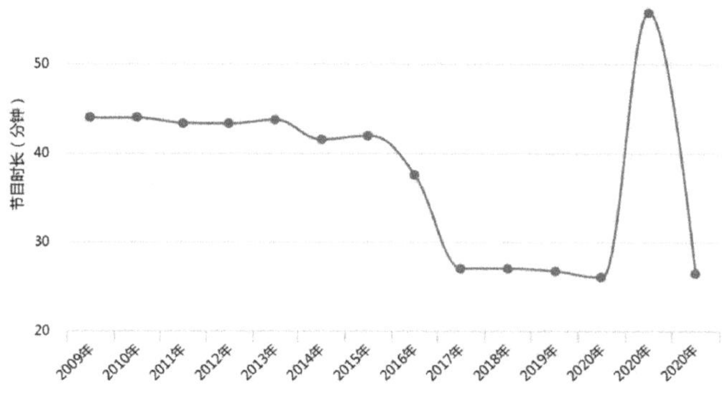

图 3-18 2009—2020 节目时长变化图

当节目聚焦于某一国家或地区的事务，或者聚焦于某一新闻事件，则所需时长较短、节目体量较小。而如果节目以宏观视角展开叙事，打破节目的固定长度，基于时代背景和观众需求对国际范围内的重大事件进行报道分析，则需要相对更长的播出时间。

2. 时长选择

时间的放大指的是叙事时长长于事件持续的时长，最常见的表现为重要瞬间的慢速回放，此外还体现在对具有新闻价值的部分进行情节密度的增加，可以进行更加深入和细致的刻画和描写，突出这一段的情节，对于表现节目的焦点具有建设性意义。时间的压缩则指的是叙事时长短于事件持续的时长，因此压缩叙事时间会使时间速度加快，这样的方法可以使节目在分析过程中更加简明扼要地突出重点和价值，保证简洁明了的节目特性。

《深度国际》对节目时长的不断探索给予了叙述者合理的叙事环境，在这样的过程中叙事时长的放大与压缩是经常存在的。

2018 年 10 月 27 日《使馆命案风云》中，对于沙特记者在沙特驻土耳其总领事馆被杀事件，节目对 10 月 2 日的 13：14 这一分钟进行了放大：已移居美国的沙特记者贾迈勒·卡舒吉，走进沙特驻伊斯坦布尔领事馆，办理结婚相关手续。领馆不允许其携带手机进入，卡舒吉把两部手机交给未婚妻，走进领馆大门，而后再也没有出来过。对于卡舒吉从领事馆门口走进大门，并拿出手机的 30 秒钟，基于对事件高潮的追溯，节目对来龙去脉的剖析事件叙述，将其延展至3分32秒。

在2011年10月7日节目《饥饿的非洲》中，针对非洲饥荒事件中一名妇女的经历，节目组则采取了时间压缩的方式进行处理：

非洲妇女凯尔特姆·穆罕默德，来自索马里的草原游牧部落家庭，家里所有的牲畜都已经在这场干旱中死掉。美联社记者找到她时，她独自坐在一个小小的土坟边上，低头沉思——这是她孩子的坟墓，这样的墓还有三个。三周前，穆罕默德还是五个孩子的母亲。穆罕默德和丈夫试图将孩子们从极度干旱的索马里南部带往首都摩加迪沙。因为那里有为数不多的几个人道主义组织在进行紧急援助。

和成千上万索马里人一样，穆罕默德一家历尽艰辛来到首都。然而，她的四个孩子却在路上死去了，死因是严重的营养不良及其并发症。大饥荒袭来后，营养不足的孩子首当其冲成为受害者。

非洲妇女凯尔特姆·穆罕默德：我知道死亡没法避免，可怕的是我突然就失去了四个孩子，不到24小时饥荒就把他们夺走了。

在2分钟的叙述里展示了三周时间以内该非洲妇女家庭的变化与目前的生活状况，通过这样的快速叙事使该妇女作为成千上万索马里人的缩影，让观众更直观地感受到了极度的饥荒与迁徙难民的悲惨状况。

该期节目对非洲饥荒事件中索马里持续近20年的动荡，同样灵活地选择了时间压缩的方式：

自1991年西亚德政权被推翻后，索马里已经在动荡中度过了近20个年头。吕建民主要拍摄的地点——博萨索，属于1998年宣布自治的索马里邦特兰自治政府管辖。除了邦特兰，1991年索马里兰宣布独立，2002年索马里西南国宣布高度自治。索马里各地被不同派系、不同部族的武装组织割据，相互之间混战不断。派别最多的时候有30多个。

成立于 2004 年的索马里过渡政府无力有效控制全国，更无法组织有效的赈灾工作。2010 年 7 月 1 日，索马里迎来第 60 个独立日。

短短一分多钟的叙述里，以画面的流转以及字幕的配合展示了二十年时间自西亚德政权被推翻后索马里面临的困境，将族群纷争、国家分裂、军阀混战的状况呈现于观众眼前。如此一来，导致饥荒的历史因素在恰当的压缩中被自然地铺展开来，节目时长作为故事的“容器”与事件内容紧密相关。

（二）编排时序蕴含叙事逻辑

“时序”是节目结构、元素等在整体时间轴上呈现出的排列顺序。在新闻叙事中，我们常说的叙事顺序一般有顺叙、倒叙、插叙和预叙四种。它包括节目在宏观上的结构编排以及微观上节日蕴含的各个元素与环节的排列组合方式。在现实世界中，时间是不可逆转的，这是我们不能改变的事实，而在电视新闻节目中，通过巧妙安排叙述顺序，能够实现叙述时间的瞬间转变。

合理科学的时序设计能够让观众完全置身于节目设定的“游戏规则”之中，当节目变换的过程环环相扣，符合观众的收视心理，才能使观众的遥控器始终停留在《深度国际》节目上，从而增强传播效果和用户黏度。从这个角度来看，一个好的形式与时序蕴含着节目表达与运营的逻辑，有塑造节目品牌的作用。

1. 宏观层面：预叙和倒叙增强戏剧效果

预叙是新闻叙事中的特别之处，因为新闻是已经发生、正在发生或者将要发生的事实，因此“预叙”是对将要发生的事件的一种有依据的、真实的、预判的叙述方式。在这样的基础上，节目组通过后期剪辑手段综合运用预叙和倒叙这两种叙事时序，以达到增加节目可看性的目的。

如 2020 年 11 月 14 日的节目《四国军演，背后在下一盘怎样的棋》，背景为美国大选进行之际，美日印澳参与的海上军演拉开帷幕。在正式对军演情况展开描述前，主持人说道：“眼下，军演的第一阶段已经结束，第二阶段即将开启。有分析认为，本次军演标志着美日印澳在军事合作上迈出实质性一步，其演习的目的也被认为是剑指中国。那么，今年的‘马拉巴尔’军演果真有这样的威力吗？”随后再展开演习事件发生的自然顺序，通过多方面的论证分析达到预叙效果的闭环。

倒叙在新闻呈现中也是一种常见的手法，在此概念的基础上，倒叙还包括根据幅度将其分成的“部分倒叙”和“完整倒叙”；根据倒叙与第一叙事之间在时间跨度和幅度上的不同，分成的“外倒叙”“内倒叙”和“混合倒叙”①。

如 2020 年 10 月 17 日的节目《纳卡燃烧的“火药桶”》，在节目开始之际，主持人的解说词为：

> 全球新冠肺炎疫情持续蔓延，欧亚大陆结合部的炮声又引发了世界各国的关注。9 月 27 日，素有“火药桶”之称的外高加索地区，爆发了亚美尼亚人和阿塞拜疆人间的激烈冲突。冲突的焦点是两国存在争议的纳戈尔诺－卡拉巴赫，简称纳卡地区。交战十余天后，双方呈现不同程度的人员、物质损失。尽管如此，亚阿两国仍没有收手的意思，战火依然在燃烧。

如此一来，《深度国际》使用倒叙手法将新闻的事件高潮或结局放置于节目开端，在信息海量与速食浏览的今天凸显出了重要意义。针对新闻的强时效性，打造了属于电视新闻节目的“倒金字塔”结构。

2. 微观层面：顺时序与逆时序并存

顺时序指的是叙事时间同故事时间保持一致，顺叙的表达方法随着节目播放的推移去细细深入事件内核、人物内心、原因分析等，如 2020 年 10 月 24 日的节目《正义之战——纪念中国人民志愿军抗美援朝出国作战 70 周年》，由 1950 年朝鲜战争爆发事件为背景开始讲述，最后提及 1953 年《朝鲜停战协定》的签订。让事件的发展能够遵循时间发展的逻辑与时间有次序

① 罗钢:《叙事学导论》，云南人民出版社，1994，第 65 页。

地逐一展开，最大程度地还原了事件的完整性，减少了节目播放的突兀感与混乱感，更好地展现了抗美援朝事件的脉络，达到节目的纪念效果。

但如果全部的事件样本都采用顺时序，观众难免会对这样的固定“套路”感到疲劳。因此《深度国际》选择利用逆时序，使叙事时间与故事时间之间存在“时间倒错”，即不按照线性时间进行叙事。如 2020 年 2 月 1 日的《回首中东爱恨情仇》，叙述者在对中东过去一年的事件回顾中，插入了一段对一战期间历史的同期声描述：

> 第一次世界大战还没有结束时，奥斯曼土耳其帝国就被协约国秘密瓜分。英国和法国当时是两大军事强国，1916 年两国制定了《赛克斯－皮科协定》，划分了彼此的势力范围。为获得地中海东出海口，法国“创造”了叙利亚和黎巴嫩；为更好地控制印度与波斯湾石油，英国“创造”了约旦、伊拉克。

像这样进行顺时序与逆时序的交叉，对事件细节与背景进行补充说明，会使叙事更加完整，也更有利于观众理解节目所希望传递的信息。

（三）叙事频率阐释节目特征

一般来说，我们认为频率是指单位时间内同一时间发生的次数，因此，在电视节目中的叙事频率是指在一篇新闻文本中，同一时间内容或关键词被叙述的次数[①]。在探究电视节目时间呈现的策略中，叙事频率是重要维度之一。

在《深度国际》的编排中，由于相同的国际事件反复出现的可能性低，因此事件往往在呈现后会产生新的特点。在电视新闻叙述频率与故事间的频率关系或“重复关系”[②]，往往表现为一系列具有相似点的事件。在风云变幻

① 何纯:《新闻叙事学》，岳麓书社，2006，第 174 页。

② 热拉尔·热奈特:《叙事话语新叙事话语》，中国社会科学出版社，1990，第 73 页。

的国际局势下，热点新闻层出不穷。作为深度报道的栏目，新闻频率是塑造节目特征的重要环节。结合国家的利益原则、新闻的标准与受众的关切，《深度国际》形成了自己的选题与表达系统。

从节目标题看，“美国”与“亚太”、“美国”与“人权”、“俄罗斯”与“北约”、“美国”与“中东”等词汇共现频率较高，可以说明国际新闻事件主要聚焦的国别 / 地区之间或国别与事件之间的关系图谱。其次，人权、博弈、军演、反恐等词频较高，反映了全球主要的国际议程和氛围基调，也揭示了国际政治经济、军事外交领域博弈的主要领域，还勾画出特定国家、民族、个体兴亡悲欢的命运逻辑与变动脉络。

从节目内容看，《深度国际》聚焦国际新闻背景下的故事，阐释重要新闻事件和国际关系，揭示政局走向和人物命运，重点关注政治、经济、文化、社会等多维度的新闻故事，聚焦对全球关系和国际议程产生重大影响、对当事国政局与社会民生发生现实改变的主题。通过图 3-19 对 2009 年至 2020 年的节目内容进行的分类和统计可以看出，节目内容主要包括国际关系、新闻事件、聚焦某国、焦点人物等几种类型。

其中，“国际关系”类占比 34.3%，新闻事件类占比 26.7%，这两类节目重在对国家之间的贸易摩擦、政权间合作和博弈等问题进行分析评

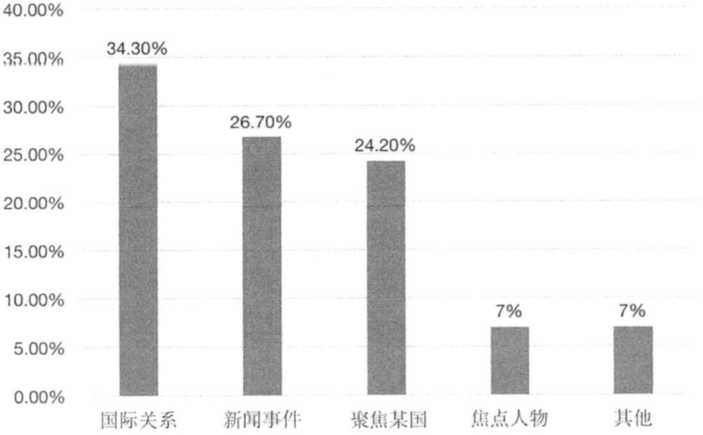

图 3-19　节目内容方面的选题类型占比

论。通过梳理新闻事件发生的时间线和节目播出的时间线，“国际关系”与“新闻事件”的两条时间线往往能够贴合，保证了节目的新鲜度和时效性。

从图 3–20 节目主题类型看，《深度国际》涉及的主题丰富多样，国家战略主题如《南海宣言与准则》，政权合作 / 博弈主题如《普京访日：“高冷”的背后》，舆论驳斥主题如《美国的“病毒追责”闹剧》，区域动荡主题如《伊朗骚乱：看不见的黑手》，金融贸易主题如《疫情下的美国“脱钩”论》，公共卫生主题如《战疫人类共同的考验》《埃博拉全球警报》，恐怖主义主题如《反恐成绩单：大逆转背后》，灾难事故主题如《日本大地震》，文体活动主题如《2010 南非世界杯：不只是足球》，科学技术主题如《“嫦娥二号”探月特别节目——梦月 · 问月》。

据统计，政权合作 / 博弈主题占比最高，达到 32.4%，其次是区域动荡和国家战略主题。在政权合作 / 博弈主题中，又包括中美关系、美俄关系、中东问题等。总体而言节目还是将中国相关新闻事件的报道和评论列为重点，并主要呈现出两种报道特征：

一是讲述中国故事，传递中国声音，向国际社会展示中国的国家战略、发展理念、治理建议。例如 2019 年 4 月 27 日的《“一带一路”从“大写意”

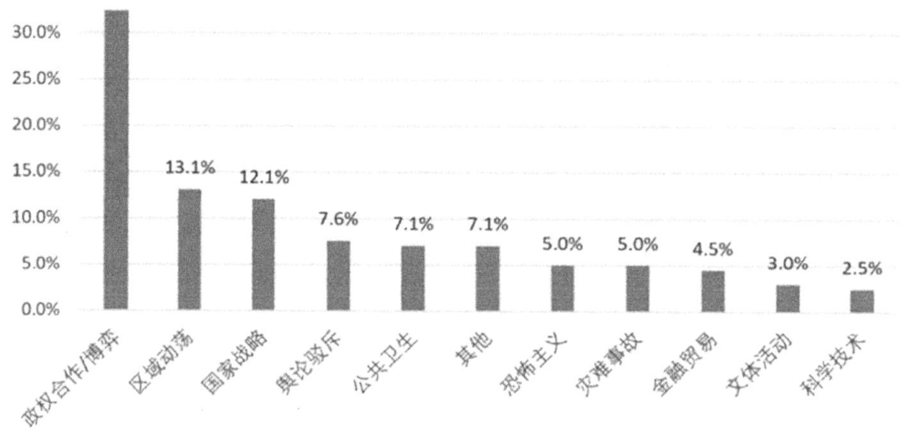

图 3–20　节目主题类型

到“工笔画”》，报道了中国在提出“一带一路”倡议的背景下，秉持的共商共建共享的原则，追求互利共赢的态度，以及不断推动构建人类命运共同体的理念。

二是有力回应，有力驳斥和回击其他国家对中国的污蔑言论和无理行径。近代中国是在屈辱中被动打开国门的。过去很长一段时间，国外媒体报道中的中国形象很多是灰暗、落后乃至愚昧的。经过新中国 70 多年的奋起直追，改革开放 40 多年的跨越式发展，中国的发展变化令世人震撼。但是，不可否认的是，“西强我弱”的舆论格局还未彻底、根本改变，外宣事业的整体水平与世界第二大经济体的地位还不相称。在以西方媒体为主导的“边缘—中心”信息传播格局下，中国故事、中国声音有时仍不能激起大的浪花，“中国威胁论”等妖魔化中国的言论仍占据着一定的舆论市场。因此，我们需要更积极、主动作为，敢于、擅于在国际舆论场中有力回应、亮明观点、表达态度，以小事件透视大时代，以小人物折射大变化，以小故事揭示大趋势，努力做到中国故事、国际表达。

例如 2016 年 7 月 22 日的《南海非法仲裁戏外戏》，在菲律宾等国无理挑衅并进行所谓“南海仲裁”的背景下，节目对南海问题进行了本质上的回应和澄清，传递了中国主权不容侵犯、不容挑衅的一贯态度和立场。

美国成为国际视角下议题最多的国家。节目对美国相关主题的报道也主要呈现出两个特征：一是揭露真实目的，二是驳斥无理行径。例如《美式霸凌从“失态”到“失道”》《美国中东“新思维”？》《美国：“悔棋”“毁棋”？》等节目，从新闻事件入手，分析美国对不同国家和地区所采取的思维和制裁手段，并结合历史事件和美国政府的相关表态，剖析其背后的真实目的，即一味奉行单边主义和贸易保护主义。再如《中国威胁论：可休矣》《面包与美式民主》《疫情下的“美式人权”危机》等节目，回击了美国“中国威胁论”的论断，通过梳理美国在中东地区的干预和影响，揭露美国在世界范围内强行施加美式民主的蛮横行径，曝光新冠肺炎疫情暴发后、惯以“人权卫士”自居的美国却难以处理其国内人权危机的尴尬。

这些节目主题既准确反映了全球迎来百年未有之大变局、世界政治经济关系深度调整、大国复杂的竞争合作关系等重大命题，也及时呈现了由主要国家政治经济、军事外交战略推动的国际事件、人物命运，把握住了国际脉动，回应了国内外观众的重大关切。

二、空间建构的社会真实

时间与空间在叙述过程中是密不可分的，空间是新闻事件中另一个占据重要地位的信息。空间对于新闻叙事正如舞台对于表演者，在舞台上表演者才能进行表演，在空间内新闻的叙事才能展开。

亨利·列斐伏尔认为空间的表现形式多样，影响机制也似乎无远弗届。在他看来，社会空间中存在三个相互作用的空间层次维度：第一层是人类进行社会实践的物质空间，是物理意义上的空间；第二层是空间的表征，它是一种概念化的想象的空间，可以理解为精神层面的空间；第三层是表征的空间，第三层次的空间具有社会意义，是被建构出来的空间，它既接近于我们生活的空间，又有很强的隐蔽性，我们生于其中，却不自觉[①]。

电视的叙事空间则是指电视节目所呈现出来的，由制作者选定或创造的，承载所要叙述的故事或事件中的人物、事物的活动场所或存在空间。媒介构筑自身的空间，同时也建构起了社会这一更大、更复杂的空间形态。空间指向人物的关系，同时具备烘托气氛，增强情感的作用。

在这样的逻辑下，《深度国际》通过文字、图片、视频等叙事方式为受众提供指向事件发生的空间信息，受众能够根据经验知识进行建构，从视觉、听觉、感知等多方面产生临场感。在全球化与流动化并存的时代语境背景下，打破了原有的实体边界，深入不同空间的相临或非相邻领域，以更为开放与发展的视野反映社会真实。

---

① 亨利·列斐伏尔:《空间与政治》(第二版)，李春译，上海人民出版社，2015，第33页。

（一）场景设置搭建沟通情境

空间场景及其可见性是社会化媒体特别关注的生产对象。马克·克雷默曾表示：“你必须要设定场景，读者才有体积、空间和维度的感觉。”[①] 电视新闻栏目中观众首先面对的场景设置则是新闻演播室。

在全媒体时代下，新闻演播室需要更为灵活多样的播报手段获取更多的新闻素材，进而满足广大受众对可视化的要求。新闻演播室是计算机技术应用于电视制作领域的标志，因此建设新闻演播室应当满足时代发展的需求，将演播厅打造成编播共存、多媒体联动形式的新型新闻演播平台，朝向国际一流水准去发展。

相较于传统的演播室，《深度国际》采取的是具备技术手段与自由创作空间的虚拟演播室。由于节目每期的国际新闻事件有着不同的内容与性质，在布景上需要与节目本身相适应，契合节目叙事的要求。虚拟场景设置的三维建立能够使节目制作更加方便快捷，营造大场景的视觉效果，由其对节目所强调内容的立体呈现，能够对节目内容进行更直观的说明与强调，更加真实、形象地还原事件的来龙去脉。如图 3–21 所示，背后的美国、棋局、街道、城市等元素，能够在为受众进行信息传达的同时，提升画面带来的视觉效果，基于抽象的语言完成专业的理论形象化的展示。观众能够在获得信息的同时享受一场美味的视觉盛宴，避免了节目持续观看导致的审美疲劳。

图 3–21 《深度国际》虚拟演播室

此外，对于传统演播室的节目而言，制作者们也在这样的背景下实现了自己精妙的创意。背景的画面与同期声保持匹配，以及主持人

① 杰克·哈特：《故事技巧——叙事性非虚构文学写作指南》，叶青、曾轶峰译，中国人民大学出版社，2012，第 97 页。

做出手势后画面飞来动态地图等节目设计，体现了集技术、内容、互动于一体的呈现方式新样态。主持人在这个三维立体空间中，结合新闻内容和新闻元素进行互动，为受众对事件的解读带来了更高的体验感，改变了新闻节目传统的说教式和单纯评论式的播报方式。

图 3-22　演播室动态效果图

节目中创新与实践的兼顾是引领未来节目品牌化、独特化的重要路径，在沟通场景上的创新实现了电视新闻与新媒体常态化的实时互动。通过增加视听元素与独特技术设计，节目组搭建了有助于新闻事件叙事的理想沟通场景，也使得《深度国际》的新闻传播方式与全球媒体发展保持一致的步调。

（二）空间转换压缩碎片信息

空间转换指的是新闻报道中画面的切换，从一个现场转换到另一个现场。由于《深度国际》节目本身受到叙事时长、表现形式、传播渠道、用户喜好等方面因素的影响，在对节目主题进行阐述时需要在复杂故事的基础上，用合理方式调控影片的叙事节奏，压缩碎片信息，使主题更加鲜明。

当叙述者采用空间转换的压缩策略时，一般出于以下两个目的：一是因为情节的需要，这一段不是主要的叙述情节；二是通过快速的叙事达到某种气势和效果。我曾在创作手记中提到：做节目时要注意，第一，现在的受众不爱听大道理，做节目也要放低视角；第二，要讲浅显的道理，让他们听得明白；第三，事件要与受众有所联系。这些都是节目对作为叙述者的自己提出的要求。

为了达到这样的目的，2019 年 11 月 16 日的《美日韩铁三角艰难同行》中对于日韩“强征劳工赔偿”判决，采取空间转换的策略，对事件现实时间与二战期间的状况进行了穿插描述：

1910 年至 1945 年，日本在朝鲜半岛施行殖民统治期间，曾强征大约 80 万名朝鲜半岛居民前往日本，分配到三菱、三井等日企做苦力，居住环境恶劣、劳动强度极大，甚至会遭受非人的待遇。

2018 年 10 月 30 日，韩国最高法院做出终审判决，裁定新日本钢铁企业“新日铁住金”应向在二战期间强征的 4 名韩国劳工赔偿每人 1 亿韩元。这是在韩国发起的战后补偿诉讼中，首次明确勒令日本企业做出赔偿。但日本认为这不是钱的问题。

1965年6月22日，日韩两国恢复邦交时曾签署《日韩请求权协定》，其中规定日本向韩国提供 5 亿美元的经济援助，日本政府据此认为，强征劳工问题在 1965 年已经得到“完全和最终解决”，日韩之间不再存在个人向政府索取赔偿的“请求权”，不接受韩国法院的判决。但是，2012 年以来韩国的法院相继做出裁定，认定因日本殖民统治时期的不法行为而产生的损失索赔权没有因《日韩请求权协定》而消失。

虽然跨越幅度较大，但对于事件回溯的指向性明确而具体，依托于内在的因果关系进行空间转换，使日韩关系的历史问题与现实问题交织呈现，观众能够更清晰地明白在美日韩的安全合作体系中，日韩关系是一块脆弱的短板。

2016 年 5 月 6 日的节目《南海问题正能量》中，针对近一年来美国使用军事手段插手南海问题的种种行为，灵活地组织信息，利用转换的方式对碎片信息进行处理：

去年 5 月，美军一架 P–8A 反潜巡逻机抵近中国南沙群岛有关岛礁进行低空侦察飞行。7 月，美军又一架 P–8A 反潜巡逻机搭载美国太平洋舰队司令斯威夫特在南海上空侦察了 7 小时。10 月，美军“拉森”号导弹驱逐舰进入南沙群岛有关岛礁邻近海域。今年 1 月，美军“威尔伯”号导弹驱逐舰驶入了西沙群岛中建岛 12 海里海域。3 月，美国“斯坦尼斯”号航母战斗群驶入南海“争议水域”。4 月 15 日，时隔半年，美国国防部长卡特再次登上美国航母，穿过南海“争议水域”。美国在南海“秀”肌肉，意图十分明显。

随着解说词的娓娓道来，画面空间进行转变，展示了近一年来美国的军事参与导致南海问题不断升温。从巡逻机、驱逐舰、航母战斗群等不同主体到南海地区不同海域，这样的快速转换，将美国在中国岛礁附近抵近侦查的挑衅行为压缩整合，使美国搅乱地区和平稳定的意图昭然若揭。

（三）空间拓展激发情感能量

我们所认知的空间，主要是指地理意义上的空间，实际上在新闻叙事过程中，空间会从多种维度进行扩展，形成更多的抽象空间。媒介环境学派创始人马歇尔·麦克卢汉认为，媒介是人身体的延伸。[①]这不仅是四肢和大脑的延伸，而且可以是精神世界的延伸，在电视媒介中便可以实现抽象空间的扩展和延伸。

新闻空间，不是单指接收进入人的头脑中的新闻本身，还有新闻于人脑人心的附加值[②]。因为新闻而产生于受众心理的情绪、情感、思考、思想等，体现了人的丰富性和主观能动性，也正是因为有这些附加值的存在而完成了新闻价值的深度实现，是人们从知道到感受、思考、观念、行为的认识规律的一种呈现方式。这关系到怎么做才能让“高高在上”的选题落地，让观众感同身受，从而发掘体现每个新闻事件背后的故事线索。

在这个层面看待问题，国际语态融合与应用是至关重要的，《深度国际》的观念与表述，既要让国内受众听得懂，又需要让国际受众感受到节目的表述方式能够与西方接轨，从而减少沟通障碍和认知偏见，真正在意见层面，以理性为标准，坦诚沟通、形成共识，努力做一些接地气的节目，走好群众路线。

2012 年 12 月 6 日《深度国际》播出的《墨西哥毒品战争》中，节目梳理了 2006 年时任总统卡尔德龙上台后动用 5 万军队打响的“反毒战争”。深入探究可以发现，美国屡禁不止的庞大的毒品市场是墨西哥毒品泛滥成灾的

① 马歇尔·麦克卢汉:《理解媒介：论人的延伸》，何道宽译，译林出版社，2019，第 56 页。
② 乌琼芳:《新闻传播与“空间”的形成》，《新闻知识》2012 年第 10 期。

主要原因。美国五角大楼一份报告指出，如果墨西哥的“毒品战争”再持续25年，墨西哥政府将不堪重负彻底崩溃。毒品市场的存在、利益的诱惑、贫穷的蔓延，还有执法不力、官僚腐败，这些难以改变的现实都在抵消着墨西哥政府反毒的力量和决心。

作为一个曾饱受毒品泛滥之苦的国家，中国秉持着坚定不移的反毒禁毒立场和“推己及人”的人道主义精神。正是在这种精神的指引下，《深度国际》能关注到墨西哥毒品问题这个非热点问题；也是受这种精神的影响，观众才能够深度共情大洋彼岸受毒品摧残的墨西哥人民的痛苦。

中国是多边主义的真正维护者。关注远方苦难，关怀个体命运，是《深度国际》履践中国理念的一种表现。对于国内广大观众来说，《深度国际》是他们观察世界的“眼睛”，是他们对接世界的窗口，是他们与全球接轨的桥梁，是他们深度思考时代的辅助。节目在空间拓展的同时引导一个个观众进行深度观察和深层思考，共塑着关注社会、关心国家、关切世界、关怀人类的时代。

三、时空交织的视角共融

正如其名，时空是时间与空间的组合，它们既是两个物理概念，也是一种抽象的概念。传播学对时空的研究已经经历了口语、文字、印刷、电子这四个阶段，各个阶段的特点也反映出了时间状态与空间范围的变化。马歇尔·麦克卢汉声称：“每一种新的传播媒介都以独特的方式操控着时空。”[①]

时间与空间的交织并不是近几年才兴起的议题，时空观认为空间是人的感性活动的社会历史展开空间，是人的价值的历史实现空间，时间是人的感性活动的持续空间，是人的价值的历史实现空间。媒介将信息向人们发射出去，人们在接收到信息的刺激后会产生相应的想法，做出相应的举动，这便

① 马歇尔·麦克卢汉：《谷登堡星汉璀璨》，杨晨光译，北京理工大学出版社，2014，第257页。

是人们在社会历史中所表现出的感性活动，而整个这一过程的持续则体现在一定的时间区间中[①]。

电视作为时空复合的艺术，电视新闻中的创造都是通过对时间和空间进行一系列有意识的排列组合来完成的。电视新闻画面的两大要素为视觉和听觉。[②]作为视觉语言的新闻画面，除了新闻本身静态的新闻叙事空间，更主要的是以时空兼备的特征反映新闻事实。作为听觉语言的声音，需要通过与画面的胶着、互补，形成视听相融的叙事空间。

（一）线性重塑时间完整性

线性的叙事结构，指的是按照时间顺序对事件的进程展开叙述的结构。线性结构在电视节目中的使用可以为受众营造出封闭的叙事链条，使各个事件“无缝连接”[③]。新闻是历史的草稿，《深度国际》希望的是多年以后，人们从节目中可以窥见时代脉动，可以重读历史风云，可以觅到一种怀抱。

十二年间，《深度国际》关注到了世界各个地区、各个国家的焦点事件，有时针对某一国家或战略进行深度剖析和解读，有时针对同一主题进行历时性的追踪观察。

纵观节目可以发现，主题内容会随着时间的推移和事态的演变对同一事件跟进与探究，进行历时的把握与解析。采取历时的视角跟进的事件有很多，其中对发生在 2010 年的朝韩延坪岛炮击事件进行的系列剖析则是其中一个比较典型的案例，本书此前也已做过详细分析。

针对节目专题，《深度国际》也贯彻了专一的原则将一个话题做深做透，尝试进行充分挖掘。除了前文的炮击事件，围绕疫情这一改变人类发展历程的“黑天鹅”，节目组用大半年的时间连续 20 期以上对其进行立体化、动态化跟进。节目重点分析了疫情防控与公共卫生治理的话题，包括对世界范围

① 葛彬超:《媒介文化与跨时空互动》,《学术研究》2011 年第 12 期。
② 黄昌林:《论电视新闻叙事的时空流畅性》,《成都大学学报》2001 年第 1 期。
③ 刘凡:《电影叙事结构探析：线与非线》,《学术研究》2011 年第 15 期。

内疫情形势的研判、对某一国家疫情防控措施的分析和疫情背后反映出的政治角力。

表 3-5　疫情话题类节目

疫情话题类节目	播出时间	内容类别
战疫人类共同的考验	2020 年 2 月 22 日	疫情形势
全球抗疫路漫漫	2020 年 3 月 28 日	疫情防控
全球抗疫“集结号”	2020 年 4 月 4 日	疫情防控
全球疫情冲击波	2020 年 4 月 11 日	疫情形势
疫情背后的政治“角力”	2020 年 4 月 18 日	政治博弈
疫情下的美国	2020 年 4 月 28 日	政治博弈

在国际局势方面，对于美俄关系、美伊关系、中东风云、南海局势等重点、焦点问题前后呼应、持续解读，引导观众对世界主要关系、对事件的根本真相进行深入了解和正确判断。

历时的线性梳理与持续跟进让节目不但具有一种历史的视野，同时也具备一种如同“电视剧连续性”一样独有的吸引力，彰显了新闻专业主义精神。

（二）非线性勾勒网状脉络

非线性结构是同线性结构相对立的一种叙事结构，它将故事的叙事顺序安排在随意跳跃的时间轴上，瓦解叙事时空的统一性，增加了叙事难度，最大的特征在于单一时间向度的打破与解除①。它不再是典型的“开头—高潮—结尾”组成的叙事结构，而是将人物和情节切割、分离成许多片段，这种非传统的叙事结构往往就是围绕一个主题展开叙述。这意味着在叙事的过程中，非线性结构不强调时间的先后顺序，而是通过画面转换来实现叙事的重构。

互联网时代下的信息传播形态是多样化的，颠覆了大众传播常规的线性顺序。由于非线性叙事结构在叙事上的灵活性，它被越来越广泛地运用到新闻节

① 游飞:《电影叙事结构：线性与逻辑》,《北京电影学院学报》2010 第 2 期。

目中，尤其是深度报道类或专题类的电视新闻节目，这种非线性、圈层的、立体的表达成为新的趋势。非线性结构的使用，体现了节目制作者对观众的尊重，将对叙事故事本身的评价和判断权利交给观众，极力调动观众思考的积极性。

非线性的共时视角是《深度国际》的常见形式，突破空间与时间的限制，去中心、无边界、多元化的视频内容也由众多的节点连接而成。以抗疫系列节目为例，2020 年，世界范围内的新冠肺炎确诊病例在两周内狂增了十几倍后，世界卫生组织（WHO）在北京时间 3 月 12 日凌晨正式宣布：新冠肺炎疫情的暴发可以描述为一次全球性“大流行”。对于人类来说，传染病流行的应对是一场残酷的考试，无论各国的政治体制、宗教信仰、经济状况、医疗卫生条件如何，大家面对的都是同一张试卷，而面对这张试卷，世界各国给出了不同的答题思路，“得分”也参差不齐。

2020 年 3 月 21 日播出的《全球抗疫在行动》对各国之间的抗疫思路与行动进行了梳理与展现。节目中分别分析了意大利、伊朗、韩国的抗疫表现，展示了三种不同的防疫模式：“堵”、“疏”、“拖”；分析了两个热点问题：一是在当时引起极大争议的英国的抗疫思路“群体免疫”，二是当时欧盟面临的最现实的挑战“口罩危机”。最后，对当时已经错过遏制新冠病毒最佳时机的美国国内疫情未来可能的走向等进行了分析。

2018 年 2 月 10 日播出的《平昌：朝韩再牵手》，通过呈现平昌冬奥会现况、梳理两国历史背景和政治关系揭示两国“再牵手”的重要意义。节目并没有局限于平昌冬奥会这一个别的新闻事件，而是整合了朝韩、美韩、美朝各方面的历史事件和政治背景，结合历年来的重要数据和领导人言论等资料，梳理新闻事件背后的国际关系，揭示了朝鲜半岛复杂的历史文化、政治军事逻辑。提前预见，快速反应，领跑全球舆论，显示了国际传播的前瞻视野和专业能力。

这种非线性思维方式使得阅读成为一种超越平面空间与时间轨道的跳跃式行动，用户穿梭在文本矩阵中，从任意一个节点进入，与任意一个节点相遇，或参与文本网络的建构在网络中插入自己的节点，随机性与偶然性成为阅读的新乐趣。

每个国际新闻都包含着历史原因、现实利益、地缘战略、文化差异、发展阶段、政治观念、意识形态、宗教冲突等，错综复杂。《深度国际》对每一期节目事件进行深度的研究，当无数原因、故事、偶然和必然错综复杂交织在一起朝着某个方向发展，如涓涓溪流汇成大海，那么哪一条河流是主干道，哪些是支流？观众看到的也许仅仅是现象，仅仅是新闻事件。然而，发掘新闻背后的内涵才是《深度国际》寻找的真正价值，也是将节目内容提供给观众的目的。

（三）时空交互再现多维主体关系

时空的交互再现要追溯到20世纪初“蒙太奇”的运用，蒙太奇源自法语Montage，意思是“织接”。中国电影出版社出版的《电影艺术词典》认为，蒙太奇论者的共识是：镜头的组合是艺术感染力之源，两个镜头的并列形成新特质，产生新涵义①。

新闻报道的叙事是一种全媒体化的叙事，通过具体新闻专题的整合，可以不受时间限制，使不同时空进行交互，从而让新闻文本汇聚在一起。由于新闻具有监测环境的功能，而监测环境的目的还是要回到让人们适应和改造环境上来。对事的关注，归根结底是对人的关注；对局势的把握，归根结底是对人的遭遇的预判；对罪恶的批判，归根结底是对人的命运的同情。

因此，《深度国际》在不断的尝试中，逐渐摸索出“国际新闻＋专家观点＋音视频素材＋国际新闻背景下人物命运故事”这样的编创模式。重在两个聚焦点：一是关注新闻的第二落点，讲好国际背景下的人物命运故事；二是呈现多方观点，传递中国声音。

栏目开播之初的《日本大选盛夏亮剑》，就在专家评述的环节平衡了国内国外双重视角。在即将于2009年8月30日上演的，被日本自民党称为日本“建党历史上最凶险的选举”的众议院选举政治对决之前，节目对这场对决前景进行了深刻剖析。对决的双方是时任首相麻生太郎和最大在野党——

① 许南明、富澜、崔君衍：《电影艺术词典》，中国电影出版社，1986，第143页。

民主党党首鸠山由纪夫，这次大选终结了自民党长达半个世纪的执政。这期节目在众议院选举前分析了日本政坛当时的基本态势，介绍了隐藏在日本选举政治背后的自二战以来一直延续的世袭制。在介绍世袭制时，《深度国际》既采访了日本东洋大学法学部教授楠元纯一郎，指出了日本世袭制度的三个特点："一是地盘，就是指要当上议员必须有地盘，才能保证选票。二是知名度，像议员、演艺界人士知名度大，这点很重要。还有就是'钱袋子'——资金的保证。所以一般人、普通百姓很难达到这些，也就没有出人头地的机会，这也是日本现在一些年轻人没有干劲的原因。"同时，节目组也采访了国内的中国社会科学院日本研究所副所长高洪，请他解释了为何日本政坛的世袭制沉疴难愈："现在在野党方面也提出取消世袭，但是这个怎么取消，能不能制定一个法律说政治家子弟就不能从政，这个也不公平，也是违反宪法的。真正要连根拔掉（世袭政治），不管是法律程序上，还是作为一个根深蒂固的政治文化现象都不是一朝一夕就能解决的问题。"双重视角背后是双重洞察，能更好地保证对日本政治世袭制做全面、深刻的解析与阐释。

2021 年 2 月 20 日播出的《黑人之死：另一个美国》，事件背景为白人警察德里克·肖万等人对涉嫌使用 20 美元假钞的非洲裔男子乔治·弗洛伊德实施抓捕的执法过程中，以膝盖压住弗洛伊德脖子导致弗洛伊德死亡。节目通过对美国专家、美国民众与中国专家对同一新闻事件的多方感受与解读，呈现了一种基于言论平衡、主体多元的客观表达方式。

新闻报道通过这种超链接式的交融，将专家评论、各国视角、群众等多方主体进行有机结合，使新闻报道能在时空交织中进行穿梭，将过去的报道、资料相连，甚至延展到未来，塑造了多样化的节目叙事节奏。这改变了传统媒体中单一、孤立、线性的特点，使得不同角度的意见成为叙事的一部分，使新闻的内容更加丰满、立体化。多方面、多时空的讲述，有利于视频真实感和交流感的强化，带来更为生动和真实的体验感与对事件的感悟。

电视新闻节目之所以不同于个人认识，能够作为媒体的代表，引导舆论走向，就在于它凝聚集体智慧，并且利用资源优势、媒介手段、传播经验做到多维主体融合，从而引导人们从表象的、当下的事件之中看到事物发展的脉络和演化的逻辑。从片面的、孤立的意见之中跳脱出来，看到更宏大的世界、更系统的思考、更客观的认识、更有效的表达。

本章小结

本章从故事层面入手，分析了《深度国际》在叙事层面对人物、情节、时空三个因素的设计与安排，并从中提炼出节目致力于传播的以“人类命运共同体”为主的中国价值观，有灵有肉，层次丰富。

第一节主要分析了《深度国际》对于事件人物的建构策略，从人物类型、人物关系、人物行为三个层面分别论述。可以看到，《深度国际》关注世界各国领袖执政理念和行事风格；关注普通百姓，呼应底层人民诉求，将“以人为本”的价值理念贯穿于叙事过程。作为一个聚焦深度报道的国际政治专题节目，节目花费了大量精力邀请、采访各领域的专家学者，并对专家学者的衣着、表情、受访空间进行专业安排，既保证了真实性和专业度，也拉近了受众与节目的距离。人物关系是大国关系的缩影，人物之间的主次之分、对抗与协作，映射的正是波谲云诡的国际政坛。《深度国际》抓住意识形态这个中心，呈现不同阵营、不同阶层的人物之间的碰撞与合作，从而上升到国家与国家之间的关系流变。《深度国际》对于人物行为的建构则从语言、动作、神态三个方面展开，刻画出生动典型的电视新闻人物，借助图像模态传递叙事意义。

第二节主要分析了《深度国际》对于事件情节的建构策略，结合中国叙事学大家杨义的理论，从事件线索、悬念伏笔以及矛盾冲突这三个方面进行分析。在情节的起伏中，受众能够看到更多的事实与细节，听到更多人物主体的声音。为了增加情节起伏，《深度国际》在画面上运用蒙太奇手法，在文本上设置起承转合，变化叙事节奏。同时，节目大量使用设问手法，用自问自答的形式，拉近受众与文本之间的距离。在矛盾冲突的设置上，《深度国际》挖掘人与人、人与环境、国家与国家之间的关系，并运用对比、巧合等手法展现宏观矛盾。微观层面上，节目挖掘人物自身存在的矛盾，并将个人矛盾置于国际背景下进行讨论，深析矛盾形成的原因与带来的影响。对于表层矛盾下暗含的深层思想观点，节目借助人物语言直接点出，帮助受众准确理解文本意义。对于节目的悬念设置部分，《深度国际》在新闻标题的设置上以直接设问式、多重内涵式、深入挖掘式、短小深远式提升节目传播的吸引力；叙述过程中的设置方法则包括倒叙法使悬念前置，延宕手法巧妙地将观众的心理效应放大化，形成了多个阶段的叙事高潮。

第三节主要分析了《深度国际》对于时空建构的策略，从时间、空间、时空交织三个维度进行拆解。可以发现，节目的时长与编排体现出了新闻专业的属性与中国故事的深层逻辑，标题与主题的叙事频率与国际脉动紧密相连；虚拟场景技术的运用集技术、内容、互动为一体，空间转换基于简洁明晰的节目定位合理调控了叙事节奏，空间的拓展则使事件情感触达观众，达到精神世界的延伸；节目的叙事既包含了重塑事件过程的线性结构，也利用非线性结构从多个角度出发厘清国际局势的网状脉络，使共时、历时视角交汇共融。

在分众传播时代，观众的注意力很容易被众多媒体分散，如何发挥时间与空间的效用变得愈加重要。作为中国故事的叙述者，基于复杂的国际关系，面对国际舆论尚未根本转变的“西强我弱”的局面，需要更加准确、有效地传播主张、传递声音。因此，《深度国际》力求在中国的语境下使中外的叙事视角融合，恰当地运用时间与空间要素，使其相互交错和变化。如此一来，节目不仅容纳了国际热点事件的脉络与多维主体的思想，也勾勒出了一幅穿越时空、视角交融的世界图景。真实感、历史感、人性化让《深度国际》具有一种独特而动人的史诗感。

第四章 媒体外交：立足于国家立场的话语表达

随着中国国力增长，国际地位上升，某些国家巨大的“心理落差”演化为外界对中国的“战略疑虑”。中国公共外交的倡导者和践行者吴建民认为，“中国的和平发展必将走过一条荆棘丛生的道路。面对日益升腾的战略疑虑，我们既需要官方的政策宣示，同样需要借助公共外交，从战略层面解疑释惑。”1985 年，时任中国常驻联合国代表团参赞的吴建民第一次在海外走上讲台。“几次演讲下来，我从听众依旧疑惑的眼光中发现，光讲政策不行，一定要讲故事，以理服人，以情动人。”在“国家故事”的讲坛，中国无疑是个刚发力的后来者，需要走出一条符合自身特色和发展现状的道路。①

对外传播长期面临两大难题：一是受制于西方主导的传统外交模式与国际传播体系，中西外交关系呈现出信息传播不对称、话语权力不对等的现象；二是中国对外传播观念与技术相对滞后，导致外交媒体影响力与公信力同国家整体实力不匹配，难以抢占国际舆论制高点。显然，国家对大力提升外交形象和全球领导力的美好期盼，同当前对外传播战线在传播观念、渠道和技巧上不平衡、不充分发展之间仍存在一定的矛盾。②

要增强我国的国际传播能力，增强我国在外交场上的引领力、传播力、影响力，加快构建海外传播新格局，推动形成同我国综合国力和国际地位相

① 佚名：《公共外交 2010：讲述“中国故事”背后的故事》，中华人民共和国中央人民政府网，2010 年 12 月 26 日，http://www.gov.cn/jrzg/2010-12/26/content_1773175.htm。

② 杨明星、周安祺：《新中国 70 年来外交传播体系的历史演进与发展方位》，《国际观察》2020 年第 5 期，第 108 页。

匹配的国际话语权，更好地在国际事务中表达中国立场，这些都离不开对国际信息的精准研判，对中国国家形象的立体塑造，以及对中国国际话语权的有效建构。在媒体技术迅速发展、全球民众深度参与媒介生活的新时代，实现这些目标离不开作为公共外交不可或缺的一部分——媒体外交的途径。那么，何为媒体外交？

随着技术革命的发展和大众对政治参与程度的加深，媒体与外交之间的互动关系发生了巨大的变化，逐渐发展成为一种新的外交形式，即媒体外交。相比传统的外交方式，媒体外交具有三个基本特点：第一，承担任务的低烈度性。媒体外交所承担的外交任务是有利于解决一些国家之间的协商和谈判的问题，国家之间存在的分歧并非根本的冲突或者深刻的矛盾。第二，解决问题的短期性。媒体外交通常所针对的问题都是一些具体的事件，而且广受关注，颇具新闻效应，强调及时性、突发性。第三，解决问题方式的激化性。媒体外交在短时期内是一种集中释放能量、激化矛盾的外交行为。①

由于外交信息具有极强的政治敏感性，外交传播主体作为外交政策传递的信息源，其举行的信息发布会直接影响一国外交政策的实施效果。因此，外交传播要求传播主体对即将进入传播渠道的信息务必进行更为全面、慎重的考量，在信息编码阶段必须进行“政审”和严格把关，既要使信息与国家总体外交方针政策相一致，又要对其可能造成的国际影响有所预判，这些“严苛”要求在很大程度上对外交传播主体构成了约束和限定。②

深化媒体外交是我国媒体和外交事业共同发展的要求。中央广播电视总台要求进一步深化“媒体外交”，加强“好感传播”，着力提升总台在全球媒体格局中的份额。③《深度国际》作为总台的一档国际新闻节目，更应以此为

---

① 赵可金：《媒体外交及其运作机制》，《世界经济与政治》2004 年第 4 期，第 21 页。

② 杨明星、周安祺：《新中国 70 年来外交传播体系的历史演进与发展方位》，《国际观察》2020 年第 5 期，第 108 页。

③ 总台之声：《总台党组理论学习中心组集体学习研讨党的十九届六中全会精神》，中央广播电视总台微信公众号，2021 年 12 月 04 日，https://mp.weixin.qq.com/s/qW3Iy5a173iXSppw_98HGw。

己任，这也是我们肩负的使命与担当。

第一节　基于国际信息研判的媒体外交

媒体外交是指媒体日益介入政府与公众间有关国际政治传播进程的现象。随着传播技术的发展，媒体介入外交政策的制定和执行，以及公众了解国际事务具有重要意义和广泛影响。①那些以政府为主导力量、运用大众传媒力量，在特定的领域向其他国家的民众释放信息、影响舆论、塑造行为，希望在其他国家的民众中间建立信任、获得支持以及增强联系，进而间接影响他国政府行为的活动，都属于媒体外交。②

新中国成立之后，中国政府持续发挥媒体在外交中的作用，不仅邀请外国记者前来报道中国，以提升中国的国际形象，也派出自己的记者走出去报道世界，以广泛收集信息为外交决策提供参考。毛泽东同志也多次对包括新华社在内的媒体在外交事务中如何发挥作用作出指示，即是当时的中国政府着力发挥媒体在外交事务中作用的表现。③

过去很长一段时间，我国外交政策和活动的对外传播是政府主导和实施的。官方的中央媒体一直是对外传播历程中的领航人，把控着对外传播的大方向，在许多重要的国际事件和活动上充分策划全球传播。同时，由于其主导地位较为明显，政治化程度相对较高，我国外交活动对外传播也面临着外播主体单一、方式不够灵活、受众覆盖面不够广泛、话语接受度

---

① 陆佳怡:《媒体外交：一种传播学视角的解读》,《国际新闻界》2015 年第 4 期，第 94 页。

② 赵可金:《媒体外交及其运作机制》,《世界经济与政治》2004 年第 4 期，第 22 页。

③ Wang, H. , Lee, F. ,and Wang, B. “Foreign News as a Marketable Power Display: Foreign Disasters Reporting by the Chinese Local media, ” *International Journal of Communication*.2013(7), p.887.

低等问题。[①] 在企业、社会团体和个人参与程度有限的情况下，媒体外交如何加强受众接受程度，扩大媒体外交的传播范围，都具有极大的挑战性。数字新媒体的崛起为非官方对外传播注入了巨大活力，我国对外传播逐渐转变为从官方包办到多元协作，政府企业、社会组织、公民等多元化的协作机制。

媒体外交也是《深度国际》多年来的重要努力方向之一。如何运用电视媒体的力量，清晰传达中国外交的声音，积极构建中国负责任的大国形象，与其他国家的民众建立信任，掌握话语权，我们很多媒体也一直在探索。作为一档历时十余载的国际新闻节目，《深度国际》面对的是早已成熟发达的西方媒体霸权和尚在快速发展中的中国电视媒体。怎样才能让世界听到一个日渐崛起的国家客观的声音？怎样才能让这个国家拥有能够和自身发展成正比的音量？

在这个时代，信息就是力量。置身于日新月异的国际社会里，锚定一档国际新闻的栏目定位，对各类信息有专业且精准的收集判断是必需的。而面对国际社会上的信息，无论是对国际形势变化的直接展现，还是间接反馈，都离不开栏目组对信息迅速收集分析的强大能力。在海量信息中准确提取出节目策划的重点，需要在国际新闻领域的持续深耕和对国际形势变化的高度敏感。《深度国际》站在中国的立场选取信息，分析信息，及时准确地发布信息，从栏目角度履行着自己的媒体外交责任。

一、全球信息的集纳分析

2021 年 12 月 30 日，国务委员兼外交部长王毅就 2021 年国际形势和外交工作接受新华社和中央广播电视总台联合采访时表示：“2021 年，无论对世界还是中国来说，都是注定载入史册的一年。对世界而言，在世纪疫情作用

---

① 胡开宝、张晨夏:《中国当代外交话语核心概念对外传播的现状、问题与策略》，《浙江大学学报》2021 年第 51 卷第 5 期，第 104 页。

下，百年变局加速演变，“占领国会山”、“喀布尔时刻”、“疫苗民族主义”、冷战阴影回潮等一幕幕乱象纷纷呈现，世界加快进入动荡变革期。”周边是中国安身立命之所、发展繁荣之基。维护地区和平稳定，实现共同和可持续发展是中国和周边国家的共同课题。然而，在亚太地区：朝鲜半岛围绕着“有核”和“无核”的前景局势持续动荡；中日关系曾因2012年日本政府对钓鱼岛的“国有化”而跌入过建交以来的最低谷；南海领土争端也时有紧张加剧的倾向。太平洋另一侧的超级大国美国一直没有放弃对中国全方位的围堵，对华制裁蔓延，试图抵消中国崛起的能量，确保美国在亚太地区的传统优势。

亚太国际关系的动荡和围绕中国影响力的争议，反映了两个结构性的变化：改革开放以来，中国自身的伟大觉醒和各国对华政策的重要调整。这两个宏大的双转型互为因果。过程之所以复杂艰巨，就在于对双方来讲，转型不仅是物质上的，更是心理上的。行动的调整源于观念的转变，而后者往往是最难的。目前的诸多矛盾也正是这两大转型碰撞交锋的结果。①

当前，“西强我弱”的舆论格局还未根本改变，面对国外媒体对中国的一些不客观报道、污蔑乃至捏造和攻击，在承认中西方话语权仍存在着差距的基础上，在报道上为自己争取有利地位，需要和既有的媒体霸权主义做出区分，更要能有针对性地了解各国对华的政策，以及政策背后的心态。

这种区分一方面是对相同国际情势的不同分析；另一方面更是打破西方媒体固有的报道模式，发现更客观的真相，发出负责任大国的声音。

（一）公共议题的主动参与

环境问题是当今全球面临的共同难题。世界森林衰退问题严重，据绿色和平组织估计，近100年来，全世界的原始森林有80%遭到破坏；土壤退化问题不容乐观，土壤退化导致世界人均耕地面积减少，据联合国统计，1975年至2000年世界人均耕地面积大约减少了一半；水资源问题日趋严峻。水资源短缺和水污染，已成为当代世界最严重和最重大的资源环境问题之一，

① 孙晶:《双转型中的中国外交》,《人民论坛》2013年第1期，第39页。

也是未来人类将面临的最为严峻的挑战之一。联合国在发布 2015 年《世界水资源开发报告》时指出，从目前的走势来看，到了 2030 年，世界各地面对的“全球水亏缺”，即对水的需求和补水之间的差距，可能高达 40%。[①]

多年来，以美国为首的发达国家与发展中国家在环境问题上的差异比较突出，甚至不时向中国等发展中国家发难。实际上，许多发达国家领导人在格拉斯哥发表的声明与他们实际奉行的气候策略以及他们在其他场合的言论自相矛盾。例如，美国总统拜登 2021 年 11 月 2 日在格拉斯哥发表讲话时说：“在我们看到当前能源价格波动的同时，不要把它当作我们在实现清洁能源目标上打退堂鼓的理由，必须将它视为对我们发出的采取行动的召唤。”然而，仅三天过后，拜登政府声称，“OPEC+”不增加石油产量的做法正在危及全球经济复苏。他甚至警告，美国准备动用必要的“一切手段”来降低燃料价格。[②]

不同国家处在不同的发展阶段，一味地谴责发展中国家不重视环保，是发达国家对既得经济发展成果来自早年巨大环境破坏的遗忘，是对发展中国家处在经济发展客观困境中的熟视无睹。2019 年 8 月 19 日下午，巴西最大城市圣保罗，滚滚浓烟突然侵袭而来，城市仿佛从白天进入了黑夜，白昼现象持续了 1 个多小时。而这里距离雨林远达 3000 公里。根据巴西环球电视台 9 月 3 日的报道，从 2019 年初到 9 月 2 日，在亚马孙地区共记录了 48339 处火情，而去年同期为 24467 起。

2019 年 9 月 7 日，《深度国际》面对南半球另一个发展中国家发生的重大自然灾害，推出《亚马孙大火后真相与较量》，分析巴西亚马孙热带雨林大火背后的政治和经济原因，展现了对全球生态的极大关切，展示了中国在环境保护这个全球公共议题上的观点和实践。在亚马孙雨林发生火灾的同时，当地时间 8 月 24 日至 26 日，G7 领导人峰会在法国举办。针对 2019 年

---

① 林杉：《当今世界面临的主要全球性问题》，新华网，2015 年 9 月 27 日，http://www.xinhuanet.com/world/2015-09/27/c_128271386.htm。

② 张颖：《美国学者：西方国家是气候问题的“伪君子”》，澎湃新闻，2021 年 11 月 19 日，https://www.thepaper.cn/newsDetail_forward_15454455。

G7 峰会上东道主法国总统马克龙“亚马孙的主权是开放的”等将环境问题上升到外交问题高度上的言论，节目也表达了不同的见解。

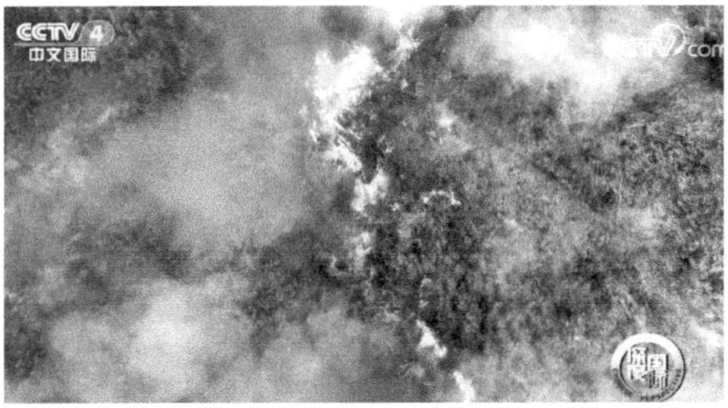

图 4–1　亚马孙大火灾情

《深度国际》首先分析了 2019 年亚马孙热带雨林火灾的客观原因，如当地农民的滥砍滥伐、毁林烧林等行为。接下来，将分析的重点放在了为什么长达十年的时间里，亚马孙雨林都在不同程度地遭到人为破坏，而在 2019 年这一情况却受到了密切关注，并引起了全球热议。

因为现在这个气候变化，的确成为全世界的一个共同关注的问题。第二个是同时呢，气候变化谈判，我们看到现在其实是出现了很大的困境或者难点，很多国家，在履行巴黎气候协定方面，有很多犹豫，甚至像以特朗普为代表的一些反气候变化的国家，还要退出。另外一个，巴西这个新总统上台以后，也提出了一些追随特朗普，在气候变化后退的举措，所以对欧盟，西欧国家，尤其对世界环保组织来讲，这是一个难得的机遇，来凸显，来强调，这个气候变化对人类，对巴西的这样一个重要性。所以加上现在这种新媒体的发达，网络上的这种传播能力的快捷速度，所以很容易把一个小小的问题，或者这样一个自然问题，迅速扩大成一个国际舆论焦点。

一个值得关注的环保问题被有心之人利用和放大，用来给以巴西为例的发展中国家施加压力，面对这样的情况，有过类似境况的很多发展中国家的观点和国际上发达国家一片指责的声音不同。比如我们，看待环境问题更为辩证，考虑问题的角度和前提也纳入了经济发展和社会民生的现状和需求。在全面分析了巴西雨林治理的困境后，节目在最后的总结部分提出了不一样的看法。

> 青山绿水就是金山银山，相信巴西也明白这个道理。巴西有着自己独特的国情，一些发达国家一味指责巴西的环保问题其实并不公平，或许这些国家更应该做的是，承担起自己的责任，理解并帮助发展中国家，在发展的同时尽可能减少对环境的破坏，让亚马孙这个“地球之肺”真正健康、自由地呼吸。

《深度国际》从巴西国情出发，结合实际情况，发出保护环境的倡议，体现出中国媒体对同为发展中国家的理解，和作为负责任大国媒体关心全球事务的姿态。对全球公共话题发声，不是简单地对其他大国应声附和，而是以诚恳负责的态度沟通参与。

（二）多元信息的整合梳理

《深度国际》善于整合来自不同背景的信源，对不同信源提供的信息进行梳理和分析，使得栏目最终呈现的效果更趋近真实和客观。

印度尼西亚狮航（Lion Air）一架编号 JT610 的波音 737MAX8 客机，于 2018 年 10 月 29 日清晨起飞 13 分钟后便坠毁于爪哇岛外海，飞机上 189 人全数罹难。由于该机型为全新飞机，2017 年才出厂，外界不解为何会坠海，据台湾“联合新闻网”10 月 30 日引述英国广播公司的报道表示，专家分析认为，人为技术问题可能为事故主因，但细节仍有待进一步调查厘清。

据英国广播公司报道，波音 737MAX8 型号 2017 年才开始用于商业载客用途，2018 年 7 月狮航宣布订购 218 架波音 737MAX8 机型，现在共有 11 架同型号机型营运中，而失事的班机在 8 月 15 日才第一次营运，仅有 800 小时的飞行时数。[①]

---

① 刘艳君:《全新的波音 737MAX8 客机为何会失事？专家分析原因》，环球网，2018 年 10 月 30 日，https://world.huanqiu.com/article/9CaKrnKeduv。

当地时间2019年3月10日上午，埃塞俄比亚航空一架载157人的737MAX8型航班坠毁，机上人员全部遇难。据航班跟踪网站Flightradar24称，埃航客机起飞后“垂直速度不稳定”，再次引发人们对客机系统安全的关注。据悉，这是继狮航空难后，第二起波音737MAX型飞机发生事故。[①]

当地时间2020年9月16日，美国国会众议院发布了有关波音737MAX系列飞机的调查报告，认定此前737MAX系列飞机的两起致命空难是由于波音公司及美国联邦航空局“犯下了一系列严重错误”共同导致的。

报告称，2018年10月新加坡狮航客机失事和2019年3月埃塞俄比亚航空公司航班失事这两起事故，“并不是由单一的机械故障、技术失误或者管理不当引起的”，而是“波音公司的工程师错误的技术假设、波音公司管理缺乏透明度以及美国联邦航空局监管严重不足共同引起的”。

该委员会在长达246页报告中表示，他们发现FAA在批准新型客机的过程中存在诸多瑕疵。报告中写道，这型符合规定的飞机在5个月内发生两起致命坠机空难，显然证明当前的监管体制存在基本瑕疵，必须加以修正。事发后，中国民航局和欧洲航空安全局反应迅速，宣布暂停所有使用波音737MAX8和737MAX9机型的航班运营，在此背景下，美国政府依然坚持为波音公司背书。

《深度国际》于2019年3月23日推出《波音危机》，深入解析波音飞机频发空难后美国缘何不禁飞的真相。在介绍关于事发飞机设计方面存在问题后，《深度国际》援引各方观点，交叉解读波音公司与美国政府之间的关系。

“至少有一个人不怕坐波音同款失事飞机737MAX—美国交通部部长赵小兰。”——美国知名政治媒体Politico。在停飞潮愈演愈烈的时候，为了帮助波音化解危机，3月12日下午，美国交通部长赵小兰，亲自

① 孟湘君：《埃航客机投入使用仅4个多月为第二架失事737MAX客机》，中国新闻网，2019年3月10日，https://www.chinanews.com.cn/gj/2019/03-10/8776452.shtml。

坐上一架 737MAX8 客机，从德克萨斯州飞回华盛顿。交通部长冒着“生命危险”，亲自为波音出马公关。

引用美国国内媒体的时评来解释美国政府不禁飞该机型的表面原因，反映了美国国内存在的真实质疑。为了阐明美国政府对波音公司极力维护的原因，节目进一步援引《时代》周刊的报道，展现了波音公司与美国政治以及美国大选之间的关系。

据《时代》周刊报道，2008 年以来，波音至少雇佣了 19 名退休将军，他们分别来自空军、海军、海军陆战队等军方核心部门。2017 年，就职波音公司近三十年的沙纳汉，被提名为美国国防部副部长。据美国媒体爆料，沙纳汉曾多次在五角大楼会议上高度赞扬波音生产的战斗机，对波音公司的 F-15X 战斗机项目大加赞赏，并建议美国空军采购一定数量的此战斗机作为补充。而就在埃航事故前两周，美国前常驻联合国代表黑莉刚被提名加入波音公司的董事会。

波音公司和美国政府之间的人员流动关系是根本原因的第一层，接下来进一步引用美国联邦的数据来证明美国政府对波音公司偏袒的第二层原因，除了美联邦的数据外，波音公司同样还是美国经济的重要组成部分。

美国联邦记录显示，2018 年波音在游说上的花费超过了 1510 万美元。并且，面对美国分裂的“两党制”，波音并没有“站队”而是选择两边押注。另一方面，波音对美国经济也有着不小的贡献。飞机制造是美国经济的重要支柱行业，而波音则是飞机生产的领军企业，也是最大出口商，波音为美国提供了数以万计的就业岗位。波音公司还被特朗普视作振兴美国制造业的重要标志之一。

通过对不同信息来源的梳理和整合，节目层次分明地展现了美国政府为什么不在灾难发生第一时间禁止 737MAX 飞行的内在原因。波音公司内部与美国政府的人事变动直接勾连，公司对美国大选的大量资金投入对美国的两党政治有着深刻影响，波音公司创造的经济效益对特朗普政府领导下的美国经济也有着重要意义。节目通过层层引用多元信息，穿透新闻事件浅层，直达美国政府晚于世界禁飞 737MAX 实有多重顾虑的本质。

二、国际关系的能动构建

媒体外交的功能之一是辅助外交政策制定和执行，其中包含对国际关系的主动建构，传达中国政府的外交政策，在国际关系中起到促进和调节的积极作用。

随着中国日益走近世界舞台的中央，中国与世界的关系发生了历史性变化。一个持续快速发展并拥有超过 14 亿人口的大国，将在全球事务中发挥什么作用，对外奉行什么政策，对世界产生什么影响？近年来，随着国力迅速崛起和国际化程度不断加深，中国日益成为一个具有全球影响力的新兴大国。相应地，中国与其他大国的关系出现了一些变化。一方面，在全球化推动下，中国与各大国之间的利益共同点迅速增加，相互依存度逐渐加深，在多边、双边和区域性议题上越来越呈现出你中有我、我中有你的复合体状态，大国关系的模式和理念正在酝酿重大变化。①

新型国际关系的基础是中国坚持和平发展道路，致力于为推动新型大国关系贡献更多智慧，奉行具有中国特色的大国外交；其核心是合作共赢，即通过合作实现共赢，打造人类命运共同体，共同为一个更美好的世界而努力；其本质是顺应世界潮流，摈弃零和博弈思维，避免单边霸权行为，以开放包容的建设性路径促进国家目标的实现，以协调合作的建设性方式促进国

① 赵可金、史艳:《构建新型国际关系的理论与实践》,《美国研究》2018 年第 32（03）期，第 34 页。

际关系的优化。合作是新型国际关系的核心路径。[①]

以朝韩问题为例。朝韩问题是一个涉及多方，有着历史渊源的国际问题。朝鲜半岛的分裂是东西方冷战、两大阵营对峙的产物。自 1948 年半岛南北分别建立大韩民国和朝鲜民主主义人民共和国后，南北双方寻求统一的努力一直未曾中断。[②]

朝韩关系的转变已对半岛局势产生影响。主要特征如下：第一，随着朝鲜的战略调整以及韩国内部政治格局的变化，朝韩之间的战略互补关系在今后相当长的时期内将保持稳定状态。第二，围绕无核化问题，形成美朝韩三方博弈格局。第三，形成中朝俄战略合作态势。半岛是否能够完全摆脱冷和平，实现软着陆，关键还要看美国以及有关各方能否充分拿出诚意，相向而行，建立信任。[③]

朝韩双方长期缺少有力的对话平台，矛盾始终未得到妥善解决，时常面临冲突并影响东亚局势的和平与稳定。实现朝鲜半岛无核化、构筑半岛和平机制，已成为国际社会普遍共识，半岛的和平稳定符合国际社会的期待。[④]

在此领域，中国政府始终积极推动持续对话。有关各方良性互动，共同推动半岛迎来走向无核、和平、繁荣新时期的历史性机遇。时任外交部发言人耿爽表示，中方始终认为，半岛问题最终要靠对话谈判解决，希望朝韩双方能一步步推开双方政治对话的大门。[⑤]

---

① 门洪华:《构建新型国际关系：中国的责任与担当》,《世界经济与政治》2016 年第 3 期，第 7 页。

② 虞少华:《朝鲜半岛自主和平统一：基础与路径》,《国际问题研究》2015 年第 2 期，第 60–61 页。

③ 朴东勋:《朝韩关系进展对朝鲜半岛局势的影响及中国战略考量》,《延边大学学报（社会科学版）》2019 年第 52（01）期，第 16–17 页。

④ 班威:《述评：在变局中期待破局——朝鲜半岛的 2018》，新华网，2018 年 12 月 23 日，http://www.xinhuanet.com/world/2018-12/23/c_1210022290.htm。

⑤ 闫子敏:《外交部：对朝鲜半岛局势出现积极发展势头表示欢迎和肯定》，新华网，2018 年 2 月 13 日，http://www.xinhuanet.com/world/2018-02/13/c_1122415262.htm。

（一）搭建对话平台

朝鲜半岛问题是个复杂的进程，牵一发而动全身。并且能对事件进程产生影响的除了朝鲜半岛南北对话进程外，还有来自外部的力量，重点是美国、中国和俄罗斯。这几个国家不仅密切关注本国战略考量，还对朝韩关系产生影响。因此，若要解决朝鲜半岛统一问题和大规模杀伤性武器扩散问题，仅靠美国和中国这两个客观上最强大的国家施加影响，近期来看成功可能性微乎其微。①

对于实现朝鲜半岛无核化的路径和解决方案，中国基于一贯立场，推动各方在六方会谈中，既注重解决核问题本身，也注重解决产生朝鲜核问题的外部重要根源，即朝鲜面临的险恶的外部安全环境。通过六方会谈，中国希望按照“9·19共同声明”确立的目标和原则，推动各方达成一个一揽子的综合解决方案，在实现朝鲜半岛无核武器化的进程中，同步解决朝鲜同有关国家的关系正常化，并谈判建立起朝鲜半岛永久和平体制，取代1953年的《临时停战协定》。中国还希望通过六方会谈的合作，建立起东北亚安全合作机制，朝鲜同其他各国一样，都是这个合作机制中的平等一员。②

推动促进朝韩问题，不能只有制裁没有对话，只有施压没有谈判，而是要将制裁的压力及时转化为谈判的动力。③《深度国际》多年来持续关注朝韩问题，在节目涉及国家占比情况中，朝鲜和韩国分别仅次于美国、日本、俄罗斯和伊朗。

---

① 谢梅多夫·谢梅茨·阿巴卡耶维奇、潘旻:《21世纪的朝鲜半岛地缘政治问题》,《当代韩国》2018年第3期，第25页。

② 杨希雨:《中美关系中的朝核问题》,《国际问题研究》2015年第3期，第25页。

③ 闫子敏:《外交部：对朝鲜半岛局势出现积极发展势头表示欢迎和肯定》，新华网，2018年2月13日，http://www.xinhuanet.com/world/2018-02/13/c_1122415262.htm。

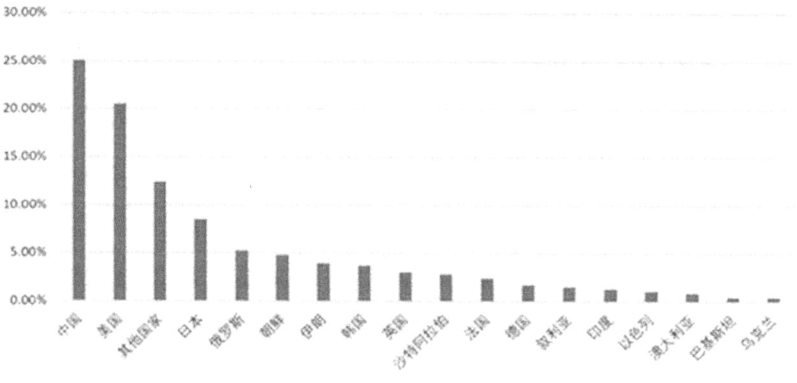

图 4-2　节目涉及国家占比情况

2014 年 2 月 28 日播出的《金正恩新政》介绍了当时韩美联合军演，朝鲜一反常态表现得较为平静，其背后是金正恩实施新政及更多原因。节目在讨论了朝鲜自金正恩实施新政后的一系列外交政策的变化后，还是将话题转回了朝美之间不可调和的核问题。

前美国空军情报分析官、美国国安局训练副主任　塞德里克·雷顿：美国要制定出策略应对朝鲜问题，还存在一些困难。因为他们还不完全了解，我们还不完全了解，在目前的情况下，平壤正在发生什么事情。我想，即将会有一些重大的提议被提出来，而美国和中国之间已经开始有了一些眉目。基本上，美国还是要依赖中国帮助她处理朝鲜问题。对于许多国家来说，尤其是像美国和中国这样的大国来说，这是一个联合起来对朝鲜目前的局势施加影响、施加外部的影响的机会。

面对美国方面提出的对中国在朝鲜核问题上的期望，时任美国国务卿克里表示，中国可以（在朝鲜核问题上）发挥独特而关键的作用，因为没有任何一个国家比中国更有可能影响朝鲜的行为。对此，中国政府依然认为推进半岛无核化的重点在平等对话。

时任中国外交部长王毅：中方坚持以对话谈判和平解决问题，决不允许半岛生战生乱。希望有关各方采取实际步骤为推动重启六方会谈创造有利条件。将朝核问题重新纳入可持续、不可逆、有实效的对话解决轨道。

时过境迁，朝韩关系依然在起起落落中发展，自金正恩新政实施后，朝鲜的外交局势又迎来新变化。当地时间2019年4月25日下午2点05分，朝鲜最高领导人金正恩和俄罗斯总统普京在俄罗斯远东联邦大学正式会晤。

首次“金普会”持续了三个半小时，其中有两个小时是金正恩同普京的单独会晤。普京在会后对媒体说，和金正恩进行了“非常彻底”的交谈，“对会谈的结果感到满意”。他说：“金正恩委员长是一个相当开放的人，（我们）对所有议程上的问题都进行了自由讨论。”在会晤开始前，克里姆林宫助理尤里·乌沙科夫就表示，普京和金正恩不打算签署任何协议，也不打算发表联合声明。[①]

2019年5月4日栏目组推出的《金普会助力半岛》，介绍了此次两国元首会见的情况，全面解读了此次会见虽然没有取得实质性进展，但是对半岛局势以及朝鲜核问题发挥的积极作用。

> 对于此次的金普会，一些外媒总是强调“象征意义大于实际意义”，不过在俄罗斯议员科萨切夫看来，多方正在朝核问题上采取同步行动，这很重要。尤其是在当前美朝关于无核化立场的分歧给半岛局势带来阴云之际，半岛问题各方保持对话的积极态度更突显重要价值。正如中国外交部发言人表示，俄罗斯和朝鲜都是中国的友好邻邦，中方乐见俄朝加强高层往来，深化双边合作，相信这有助于增进双边关系的发展，也有利于地区的和平与稳定。

在这期节目的尾声，《深度国际》依然强调解决半岛问题，要靠积极的对话，构建良好的交流氛围，这离不开对话平台的搭建。朝鲜半岛局势始终处于变化中，而节目对对话的大力呼吁却始终没有变化。

① 李静：《三个半小时！金正恩和普京谈得“非常彻底”》，中国新闻周刊，2019年4月26日，http://www.inewsweek.cn/world/2019-04-26/5646.shtml。

（二）化解争议话题

朝鲜半岛在过去十年间也曾有过惊心动魄的时刻。2010 年 11 月 22 日，韩美军队的 7 万余人，在靠近朝鲜半岛的西海（黄海）海域开始了大规模的军事演习。早在演习开始之前，朝鲜就指责这是韩美两国“为入侵朝鲜做准备”。23 日上午，朝方警告韩方称，如果韩国军队向“朝方领海”进行射击，朝方决不会坐视不理。然而，韩方未加理会，不久就动用火炮向一片海域发射了数十枚炮弹。

当地时间 23 日下午 2 时 34 分，朝鲜军队进行“还击”，分两次向韩方延坪岛区域集中发射了 170 多枚炮弹。造成 17 名韩国军人受伤，其中 5 人伤势严重。此外，岛上还有 2 名平民在这次事件中死亡，3 人受伤。随后，韩军使用自行火炮，向朝鲜海岸炮基地附近发射了 80 余枚炮弹予以还击。①

2010 年 11 月 26 日，栏目组推出《朝韩炮战冲击波》，介绍了本次朝韩交火的具体情况和交火后的半岛局势。为何自 1953 年朝韩双方签订《停战协议》以来，朝鲜会首次主动对韩国陆地目标进行攻击？节目组邀请到了著名军事理论家对这次争议事件进行解读。

> 为什么在这个时候要发生这样的事情？我估计一个原因就是说，青年大将金正恩要展示一下他的执政风格。再一个就是说，朝鲜想通过这样的行动来提高自己在今后六方会谈当中的筹码，进两步、退一步，结果还是有进步，就是这么一个事情。

解释朝方行动的背后原因，对争议事件的开端和半岛未来走向进行预判，这是将争议尽量最小化的方式之一。而对于争议事件的另一方参与者，则有着不同的判断。

① 詹德斌:《延坪岛成为朝韩领土争议引爆点》，新浪新闻，2010 年 12 月 10 日，https://news.sina.com.cn/w/sd/2010-12-10/171721617618_2.shtml。

> 朝鲜问题，美国感觉比较棘手。一个就是说，它心灵深处有深深的隐忧，因为60年前那场战争让他感觉很不光彩，在错误的时间、错误的地点，和错误的敌人打了一场错误的战争，它不想第二次再卷入这样的战争，这是一个历史的隐忧。

本期节目对涉及争议主要各国（如美国、韩国和朝鲜）的动机进行了深入的分析，涉及了各国在朝鲜半岛问题上所面临的局势和压力。面对影响东亚局势稳定和国际社会和平的争议事件，除了揭开迷雾，缓解争议，更多的是站在期待朝鲜半岛无核化的立场上，呼唤对话与和平。节目的结尾也提到，重启六方会谈是解决争议的最好途径。

> 目前，炮击事件余波未平，朝鲜半岛局势也是云遮雾罩，不过可以肯定的是，由于朝核问题的无解以及北方警戒线的存在，朝鲜半岛局势会在将来面临更多的不确定性。国务院总理温家宝24日在莫斯科与俄罗斯总统梅德韦杰夫举行会晤，在谈到朝鲜半岛局势时，温家宝说，中方一贯致力于维护朝鲜半岛和平稳定，反对任何军事挑衅行为。当前面对严峻复杂形势，有关各方应保持最大限度克制，国际社会也应多做有利于缓和紧张局势的工作。重启六方会谈是维护朝鲜半岛稳定、实现半岛无核化的根本途径。

朝韩在延坪岛交火后的六年，又一重大争议事件再次发生。2016年，韩国政府在7月13日宣布将“萨德”系统的部署地选择在庆尚北道的星州郡。时任韩国总统朴槿惠在8月2日召开的国务会议上表示“会坚定推进萨德部署”①。

再度面对涉及中国战略安全利益的重大争议事件，2016年8月12日，栏

① 李雪峰:《“萨德”入韩始末：破坏地区平衡损人不利己》，人民网，2016年08月12日，http://world.people.com.cn/n1/2016/0812/c1002-28632776.html。

目组推出节目《“萨德”：危险的代价》，在此争议话题上进行解读和表明立场。

在这期节目中，首先介绍了韩国国内对“萨德”系统部署的怨声载道，在此基础上展示了被涉及的各国立场，如中国、俄罗斯和朝鲜，进一步分析了如果韩国要将不利于任何一方，并且实际军事效益并不大的“萨德”系统部署下去，其可能面临的严重后果和给地区和平带来的巨大威胁。节目将近结束的部分，也对韩国的一意孤行释放出了预警的信号。

> 韩国前外长宋旻淳近日发表题为《需寻求“萨德”的替代方案》一文，文章指出，“萨德”部署起来容易，但它是一条险路，不要去试着过一座有可能有去无回的桥。因为一旦对话让位于施压，合作让位于竞争，信任让位于猜忌，新冷战的局面也许就会隐隐浮现。对于美国来说，应该认识到，当今世界，和平与发展仍是世界潮流，冷战思维早已没有市场。历史无数次证明，对抗和战争没有前途，和平、合作、发展，才是促进人类进步的唯一正途。

尽管如此，面对如此巨大的地区争议事件，《深度国际》依然追求着将争议事件尽量化小的可能。这就是一个国家电视台国际新闻栏目敢于发声、擅于发声，为时代记录、为真相坚守，发出正义、公正、客观声音所肩负的使命和践行的担当。

三、外交立场的媒体表达

改革开放以来，中国经济总量持续增长，现已成为世界第二大经济体，综合国力也不断提升。党的十八大以来，在以习近平同志为核心的党中央坚强领导下，我国外交工作继往开来、开拓奋进，中国特色大国外交昂首迈进了新时代，助力我国对外合作实现历史性跨越，推动我国国际地位实现历史性提升，我国的外交理念、影响力也得到历史性增强。在这一历史进程中，党的领导是中国外交的灵魂，独立自主是中国外交的基石，天下为公是中国外交的胸怀，公平正义是中国外交的坚守，互利共赢是中国外交的追求，外交为民是中国外交的宗旨①。在倡导构建人类命运共同体、促进全球治理体系变革的过程中，我国国际影响力、感召力、塑造力进一步提高，为世界和平与发展作出了新的重大贡献。媒体外交、民间外交等在外交工作中的作用也越来越重要。它们勇于担当、积极作为，自觉服务国家总体外交，充分发挥灵活多样，渠道多、覆盖广等优势，与官方外交互为补充，在中国人民与世界人民之间搭建起患难与共、守望相助的友谊之桥。

中国特色外交思想具有划时代的意义，与世界上现存的主流外交思想有一定的区别，是对现行外交思想的重要改进，更符合中国自身发展以及世界和平与发展。但不可否认的是，民粹主义和极端民族主义的影响也在世界范围不断上升，形成了主流和非主流相互竞争和影响的新态势。

福柯认为话语即权力，话语不但能够生产知识、真理和权力，而且还建构话语主体、知识对象乃至社会现实和社会关系，而新闻报道通常就是话语权争夺最激烈和最重要的场所。②

对于媒体外交而言，它是一国软实力的展示，其作用发挥既体现在工具和技术手段层面，也体现在社会组织层面，其社会性功能明显。媒体外交就是通过传播一国的文化和价值观念，来争取特定国家和区域的民众对该国外交政策和行为的认可、理解、支持。这其中就包括表达政府的外交立场。③

以南海问题为例。南海问题是中国与越南、菲律宾等部分东南亚国家间历史遗留的局部争议问题，其本源焦点是围绕南沙群岛及其附近海域的主权和权益之争。

---

① 《谱写中国特色大国外交的时代华章》，《人民日报》2019年9月23日7版。

② 刘荣霞、张莹：《论新闻编译中的叙事重构与外交立场——以〈环球时报〉〈参考消息〉对“南海问题”外媒报道的英汉新闻编译为例》，《东方翻译》2018年第6期，第24页。

③ 任海、徐庆超：《媒体外交：一种软权力的传播与扩散》，《当代世界与社会主义》2011年第4期，第120页。

美国小布什执政期间，在阿富汗战争和伊拉克战争中投入了大量精力，对东南亚地区的关注相对不够，影响也就越来越弱，而中国在此期间对东南亚的影响却越来越大，随着阿富汗战争和伊拉克战争进入尾声，由于担心中国的日益强大对地缘政治格局的改变，奥巴马政府对全球战略布局的重心也逐渐由中东和中亚向东南亚倾斜，而“南海问题”则成为美国重新介入东南亚地区事务，遏制中国的“外交工具”。

2010 年 7 月 23 日，时任美国国务卿希拉里在出席东盟外长论坛时，就南海问题发表讲话称，南海主权争议关系到“美国国家利益”，美国不支持任何一方对该地区拥有主权，反对使用“胁迫”手段解决争端。希拉里同时表示，南海争端妨碍了海上航行自由，也违背了《联合国海洋法公约》，这一问题应该通过“国际机制”解决。希拉里的这一发言，促使时任外交部长杨洁篪代表中国政府发出坚决反对的声音，认为希拉里“貌似公允”的讲话实际上是在攻击中国，“给国际社会造成一种南海局势十分堪忧的谜象”。而希拉里和杨洁篪这一次关于南海问题的言语交锋，也彰显了美国全球战略的改变。①

南海问题也渐成为关于中美关系的最重要话题之一，双方在外交和舆论场不断相互喊话，军事上也出现紧张气氛甚至摩擦。对于当时的局势，中美看法全然不同。在中国，人们普遍认为，正是由于美国推进“亚太再平衡”战略，在南海问题上拉偏架，甚至直接走向前台插手干预，使问题复杂化，让南海议题愈来愈热。而美国方面的声音则认为，中国“不遵守国际法”，在南海搞武力胁迫，意图排挤美国力量，用“切香肠”的渐进模式控制整个南海，让南海变成中国的内湖。②

基于现实和历史的基础，《深度国际》多年来对南海问题的报道不仅跟

① 甘莅豪：《媒介话语分析的认知途径：中美报道南海问题的隐喻建构》，《国际新闻界》2011 年第 33 卷第 8 期，第 84—85 页。

② 傅莹、吴士存：《南海局势及南沙群岛争议：历史回顾与现实思考》，新华网，2016 年 5 月 12 日，http://www.xinhuanet.com/world/2016-05/12/c_128977813.htm。

进迅速，而且持续整合和传达来自不同信源的信息，就有关南海问题阐明态度、释放信号。

（一）外交政策的准确解读

2014年2月5日，时任美国助理国务卿拉塞尔在国会听证会上要求中国就南海九段线做出明确说明，并指出中国划设防空识别区是向错误方向迈出的严重一步。另外，拉塞尔向议员表示，美国政府针对南海以及中国制定了充分的机密战略。[①]对此，时任中国外交部新闻发言人洪磊指出，划设东海防空识别区是中国作为主权国家的正当权利，完全符合国际法和国际惯例。有关中国计划设立南海防空识别区是日本右翼势力散布的谣言。美国在未核实情况下，仅凭谣言就对中方无端指责，是一种“极不负责任的行为”。

洪磊表示，中国在南海的海洋权益是历史形成的，并受到国际法的保护。中国主张并始终致力于通过与有关国家的双边直接谈判和友好协商，以和平方式妥善解决南海争议和分歧，也希望美方以理性、公允的态度，为本地区的和平稳定和繁荣发展发挥建设性的作用，而不是相反。[②]

面对原本平静，又被挑起事端的南海局势，2014年2月14日，《深度国际》推出了《南海话题“升温”背后》，在介绍了美国和日本为何频频在南海问题上做文章后，对中国政府在南海的公开外交政策进行了深入解读，重申了在南海问题上的一贯立场态度。

时任中国外交部长王毅：我们提出打造丝绸之路经济带和海上丝绸之路，中印缅孟经济走廊、中国－东盟自贸区升级版，中国与东盟

① 王冰汝:《美方要求中国明确说明划设南海九段线的意义》，凤凰网，2014年2月6日，https://news.ifeng.com/c/7fdiXfZzeT2。

② 刘平:《美国在亚太海上主权争议中玩危险游戏》，中国青年报，2014年2月10日，http://zqb.cyol.com/html/2014-02/10/nw.D110000zgqnb_20140210_1-08.htm。

"2+7"合作，以及亚洲基础设施投资银行等一系列新的重要倡议。从今年开始，随着这些倡议的逐步落实和推进，必将为本地区国家的经济发展不断注入强劲动力。

专家分析：中国领导人倡议建设"21世纪海上丝绸之路"，打造中国－东盟自贸区升级版，奠定了中国与东盟合作、解决南海问题的政策基础。菲律宾拉东盟卷入南海争端、与中国对立的策略基本被瓦解了，越南的态度也渐与菲律宾拉开距离，菲律宾挑衅中国既未得到领土上的便宜，在舆论上也没掀起多大的风浪。日菲在领土问题上实行舆论及外交结盟，但它的实际效果要远小于以中韩为主的对日历史问题"统一战线"。

专家王翰灵：自从2007年中国对东盟国家，包括对南海周边国家的经济援助和投资已经远远超过美国，我们与东盟国家的关系不是策略性的，而是战略性的，它们跟我们一样都是发展中国家。在经济上需要发展，在联合国等各种国际的场合有很多共同的利益。我们需要合作。

中国对南海的外交政策一直侧重于推动地域内的各方面合作，通过对话和沟通解决问题，外交部发言人赵立坚表示，中国与南海当事国通过对话磋商有效管控矛盾分歧，不断推进务实合作。美国等域外国家应尊重地区国家维护南海和平稳定的努力。中方敦促美国停止滥用国际法，停止使用武力或以武力相威胁，停止在南海挑衅滋事，遵守以《联合国宪章》为核心的国际法，尊重中方在南海的主权和权益，不要在错误道路上越走越远。①

《深度国际》从经济合作的角度来解读中国公开、鲜明的相关外交政策，

① 潘洁:《中方对美方涉南海错误行径表示坚决反对》，新华网，2021年7月21日，http://www.xinhuanet.com/world/2021-07/12/c_1127647897.htm。

向美国等域外国家再次重申了国家立场，直面争议。

（二）官方声音的清晰发布

作为媒体外交的窗口之一，《深度国际》在重大时刻要扮演话筒角色，将官方的声音清晰地传递给世界。在南海问题面临挑战和冲突时，《深度国际》曾多次准确传递了中国声音。

2014 年 5 月 2 日，中国企业所属“981”钻井平台在中国西沙群岛毗连区内开展钻探活动，旨在勘探油气资源。前后作业海域距离中国西沙群岛中建岛和西沙群岛领海基线均 17 海里，距离越南大陆海岸约 133 至 156 海里。中国企业一直在有关海域进行勘探活动，包括地震勘探及井场调查作业等。此次“981”平台钻探作业是勘探进程的例行延续，完全在中国主权和管辖权范围内。

中方作业开始后，越南方面即出动包括武装船只在内的大批船只，非法强力干扰中方作业，冲撞在现场执行护航安全保卫任务的中国政府公务船，还向该海域派出“蛙人”等水下特工，大量布放渔网、漂浮物等障碍物。截至 6 月 7 日 17 时，越方现场船只最多时达 63 艘，冲闯中方警戒区及冲撞中方公务船累计达 1416 艘次。①

于 2014 年 6 月 20 日播出的《南海中国的立场与主张》，就发生在“981”钻井平台作业事件后。这期节目以很小的篇幅客观陈述了事发前的情况，之后，就将主要叙事篇幅放在了立场的表达上。

> 专家张九桓：中国在南海问题上的立场和主张概括起来说就是：第一，中国对南海诸岛及其附近海域拥有不可争辩的主权和权益，这有充分的历史和法理依据的。第二在南沙群岛中国和一些国家存有争议，中国主张通过协商、谈判，以和平的方式加以解决。第三在问题没有解决

① 郭永国:《“981”钻井平台作业：越南的挑衅和中国的立场》，中国政府网，2014 年 6 月 9 日，http://www.gov.cn/xinwen/2014-06/09/content_2696703.htm。

以前，中国也主张和一些有争议的国家协商共同开发。第四，各方都采取克制的态度，不采取使问题复杂化的程度，共同的维护这个地区的和平和稳定。

开宗明义，先陈述中国在南海问题上公开、鲜明的一贯立场和主张，再直接引用外交部网站公布的有关南海主权问题的历史证据。

今年 6 月 8 日，中国外交部网站公布越南民主共和国当年承认南海属于中国主权的证据。内容包括，1958 年 9 月 4 日，中国政府发表声明，宣布中国的领海宽度为 12 海里，明确指出："这项规定适用于包括西沙群岛……在内的中华人民共和国的一切领土。" 9 月 6 日，越南劳动党中央机关报《人民报》在第一版全文刊登中国政府领海声明。1958 年 9 月 14 日，越南政府总理范文同照会中国国务院总理周恩来，郑重表示："越南民主共和国政府承认和赞同中华人民共和国政府 1958 年 9 月 4 日关于领海决定的声明"，"越南民主共和国政府尊重这项决定"。

1972 年 5 月越南总理府测量和绘图局印制的《世界地图集》，用中国名称标注西沙群岛。1974 年越南教育出版社出版的普通学校九年级《地理》教科书，在《中华人民共和国》一课中写道："从南沙、西沙各岛到海南岛、台湾岛、澎湖列岛、舟山群岛，……这些岛呈弓形状，构成了保卫中国大陆的一座'长城'。"

这期节目的结尾，在通过摆事实和讲道理之后，更为直接地表明了态度。

南海看似风急浪高，但中国自有主心骨——以和平理性的方式，光明磊落地维护自身正当权益，维护地区稳定繁荣。和平发展不动摇、亲诚惠容不动摇、维护主权不动摇。

“981”钻井平台作业事件并不是一个孤立事件。2013年南海仲裁案也是域内国家对中国主权的挑衅，而这个闹剧长达三年，直至2016年7月12日，南海仲裁案仲裁庭不顾中方强烈反对以及国际社会的强烈质疑，发布了所谓的最终裁决。对此，2016年7月8日播出的《中国为何对南海仲裁说不？》介绍了南海仲裁案的发展过程，分析了来自菲律宾和背后主导的美国的深层次因素。

《联合国海洋法公约》中明确规定，领土主权问题不属于《公约》所调整的范围，有关争端涉及海域划界、历史性海湾或所有权、军事和执法活动等，缔约国有权声明不接受强制仲裁。上述被一国排除的争端，其他国家不得提起，仲裁庭也无权管辖。中国早在2006年，就根据《公约》第298条有关规定，将海洋划界争议排除适用强制争端解决程序。

在节目的最后，一再表明态度，强调寻求对话与合作才是解决争议的最好方式。一句“未来形势如何发展取决于各方的认识和选择”，则显得颇有深意。一个屡次寻求和平解决方案的国家，被频繁挑衅后会作出怎样的回应？会不会用自己的方式作出反制和“最后通牒”？相信会引发受众深层次的思考。

兵来将挡，水来土掩，中国并非对南海仲裁案以及相关方接下来的动作没有对策。但是，俗话说“家和万事兴”，南海周边诸国也像一个大家庭中的一分子，只有睦邻友好，国家发展才符合本国的根本利益。因此，中国始终还是希望通过友好协商和谈判的方式解决南海争议。未来形势如何发展取决于各方的认识和选择，如果选择合作，可能是多赢；如果选择对抗，则可能是僵局甚至冲突，任何一方都难以从中完全获益。

第二节　基于多个落点定位的国家形象

国家形象是一个国家的性质、实力、地位和影响的总体外在呈现，是一个国家的历史底蕴、现实行为和政策主张在国内外民众心里所产生的总体性评价和综合性印象。

国家行为及国家本身是否完善，是国家形象的客观基础和基本内涵，但国家形象的塑造离不开大众传播，通过大众传播影响公众舆论，传播的过程就是在公众心目中“投影”国家形象的过程。在全球化发展日渐深入的今天，国家形象的塑造是国际事务的重要环节，也是各国外交制胜的有效策略，因为良好的国家形象能直接影响到该国在国际社会中的地位和信誉，既是国家软实力的重要体现，也是一个国家在国际上的无形资产。良好的国家形象有助于特定国家在国际关系中拥有“道德”优势，从而在国际交往和国际竞争中占据主动。

过去很长一段时间，中国国家形象的塑造很大程度上受西方媒体既有话语优势的控制。一些西方媒体通过传播带有明显偏向的话语，控制国际舆论走向，给中国国家形象带来负面影响，甚至对中国的发展形成了某种“软遏制”。其中，美国凭借其强大的经济、政治、军事、科技等实力，塑造出一系列中国的“丑陋”形象，从 19 世纪的“黄祸论”“睡狮论”，到 20 世纪 90 年代开始的“中国威胁论”“中国崩溃论”等，时至今日，中国的国际影响力、感召力、塑造力进一步提高，但在国际话语体系中仍处于相对弱势地位。他们仍从外因来看，或认知错位，以“西方中心论”固化中国“贫穷、落后”形象；或心态错位，倾力防范中国，继续制造“中国威胁论”“中国崩溃论”等；或话语错位，以西方主导的话语体系随意解读中国；或价值错位，以所谓“普世价值”裁量中国实践。从内因上看，我们的发展优势和综合实力还有待进一步转化为话语优势。

明确国家形象的自我定位，塑造好中国国家形象，才能扭转我国在国际舆论场上西强我弱的不利局势，才能在输出价值观时占据主动地位。强势传播一般有严格的组织领导、明确的目标和传播规则要求，传播主体往往拥有技术手段优势和信息垄断优势，用一种主动出击的姿态着力传播主体国家的主流文化，以图不断扩大自身的传播版图和文化版图；柔性传播的主体多由非政府和民间组织主导，倡导从柔性特质的角度着手，注重挖掘隐藏在文化下的某些特质的传播内容，充分考虑对象国文化特征和受众接受方式，采取更为本土化的方式处理与对象国和异质文化的关系，以柔性、渐进的方式进行传播，达到“浸润式”的传播效果。

如此看来，《深度国际》首先具备强势传播的条件、特征和目的。但同时，我们也采用了不少柔性传播的手法，例如着重挖掘隐藏在不同文明、文化下的特质，追溯重大事件背后的历史渊源等。对大多媒体而言，只有通过“刚柔并济”的传播策略，才能潜移默化地实现中国观点的输出，只有通过多种传播手段，才能多维度、多视角塑造丰富立体多维的中国形象。

一、责任担当的外交形象

一个国家的形象很大程度上取决于该国在国际舞台上的贡献和责任。当今世界正处于百年未有之大变局，人类面临许多共同的挑战，而中国则敢于在变局中开新局，不做观望者，从人类共同的利益出发，勇做行动派，塑造出了负责任的外交大国形象。《深度国际》通过聚焦“一带一路”倡议和“人类命运共同体”理念，也在栏目中向世界展现了国家战略和全球治理智慧。中国政府的责任担当，以华夏大地为主体，辐射全球。

（一）“一带一路”倡议勇担大国责任

2013 年，习近平主席访问中亚及东南亚地区，首次提出共建“丝绸之路经济带”和“21 世纪海上丝绸之路”的重大倡议，得到国际社会高度关注。“一带一路”战略不是一个新的机制，而是合作发展的理念和倡议，旨在依靠中国与有关国家既有的双多边机制，陆续推出基建、交通的互联互通及贸易投资的便利化等措施[①]。“一带一路”倡议植根于历史，但面向未来；源自中国，但属于世界。自该战略首次提出以来，《深度国际》先后进行四次专题报道，历时、共时解析并举，紧跟时代发展脉络，向世界展现中国“和平合作、开放包容、互学互鉴、互利共赢”的新丝路精神。

1. 稳步启航，和平崛起

在 2014 年 11 月 28 日播出的首期“一带一路”相关节目中，《深度国际》以“启航”为题，借由中国筹办亚洲基础设施投资银行，成立丝路基金之机，结合战略提出的时代背景、经济环境和政治动向，深度展示了中国构建自主贸易机制，搭建多边合作平台的和平崛起之路。

随着“一带一路”进入务实合作阶段，当时的西方某些媒体利用话语权优势，将我国自由贸易倡议解读成新一轮“马歇尔计划”，认为中国假借经济战略，实则目的是输出本国意识形态和巩固政治霸权。对此，节目找准“一带一路”倡议的第一落点，及时呈现倡议启航的具体细节，同时开发第二落点，补足了什么是“马歇尔计划”、该计划带来了怎样的国际影响等背景关联信息。

图 4–3　节目中“马歇尔计划”影像资料

信息关联的目的是满足受众对更多信息量的需求。然而，“更多”是一种模糊的认识，也是一种低效的传播，要把受众的需求细化为一系列具体的问题，把“更多”转化为“是什么”“为什么”“怎么了”“怎么办”的问题思维

① 齐薇：《“一带一路”的提出背景及具体思路》，国务院新闻办公室网站，2015 年 4 月 14 日，http://www.scio.gov.cn/ztk/wh/slxy/31200/Document/1415297/1415297.htm。

和叙事逻辑。在《“一带一路”启航》中，节目针对西方媒体将“一带一路”解读成“马歇尔计划”的恶意构陷，开发第二落点，首先回答了什么是“马歇尔计划”，其次追溯计划背后的历史缘起和当年的国际政治环境，解答了美国政府为什么推行计划的内在实质和现实考量，揭露了马歇尔计划背后的真实政治意图。

> 美国通过实施马歇尔计划，一方面将西欧国家收在旗下，成为其抗衡苏联的小兄弟，另一方面逐步确立了超级大国地位。而中国倡导的“一带一路”以发展为目标，弘扬的是“和平合作、开放包容、互学互鉴、互利共赢”的新丝路精神，对合作不附加任何政治条件。二者秉持的理念并不同。

面对一些西方媒体的不实言论，必须通过明确的观点表达，才能对其进行有力的回应，才能摆脱任由评说的被动境地，才能掌握国际舆论的主动权。节目在拓展第二落点的同时，又能及时回归第一落点，明确表示中国“一带一路”倡议是在平等互惠的基础上进行的，遵循自由市场的基本运作规律。

> 但是其他的方面我们要看到，“马歇尔计划”很大程度上它体现的是美国金融资本的意志，而中国的这个“一路一带”体现的是整个的亚洲地区发展基础设施的共同需求……

经济学者叶海林提供的解读进一步阐明了中国开放性、包容性的区域贸易合作理念，同时也表明了中国与合作国是同等获利的关系，甚至更多关注的是发展中国家的生存权利。至此，《深度国际》及时回应了国际舆论场里某些针对中国周边发展阴谋论化的解读，通过市场规律和贸易合作细节的客观呈现，展现出了中国跨越不同的民族、种族和宗教领域实现互利合作、和平崛起的国际形象。这进一步表明，新闻传播不是机械地传播信息，也不是被动地满足需求，新闻传播的过程也是推进信息理解、生成观点、推动舆论、形成共识、协调社会行动的过程。在国际传播领域，时刻进行着舆论的战争，处处是信息的陷阱、言论的枪弹、舆论的阴谋，需要及时识破，预先防御，善加引导，干预舆论的走向，用智慧勘破迷雾，用真理战胜谬误。

2. 首届峰会，共系纽带

时间来到 2017 年，第一届“一带一路”国际合作高峰论坛在京召开之际，栏目再次将镜头转向丝绸之路的合作发展。从文明冲突到共享发展，从两千多年前出使西域的第一批商队到如今从义乌出发横跨欧亚大陆的“中欧班列”，《深度国际》为观众带来了一场资料翔实、立体生动的“一带一路”深度报道。

共时解析是节目的常见形式，而历时视角则巩固了节目的历史纵深感，《深度国际》将历时和共时结合起来的报道方式，既体现了“一带一路”倡议中深厚的人文底蕴，也建立了中国与周边国家的历史联结感，增强了彼此共享的价值共性，有利于在国际舆论场上传播延续千年的华夏民族精神。

> 2000 多年前，在古丝绸之路上，驼队串联起东西方的贸易，如今，中国陆续有 27 座城市开通了触达欧洲 11 个国家、28 座城市、已经运行 51 条线路的“中欧班列”。这些奔行在新丝绸之路上的列车，为沿线各国企业带来了商机。

前中国驻外大使，外交部公共外交咨询委员会委员华黎明等学者专家通过梳理中华文化发展脉络，有效构建了国际民间话语空间中的文化伦理共同体，摆脱了西方二元对立价值观所引发的意识形态冲突，倡导以中华民族“天下大同”的理念包容不同地域的文化。

> 历史发展到 21 世纪，我觉得人类到了要反思过去上千年的这个历史的经过。就是说各种宗教能不能各自取长补短，互相融合？各种民族的利益，能够通过合作，达到一种共赢的局面。你想中国的这个玄奘，不远万

里，到印度去取经，把印度的文化传播到中国来，然后成为中华文化的一个组成部分，又把中华的这个汉文化，又提高了一个水平。我想如果我们的古人能够做到这样的话，今天的世界上的人为什么不能这样呢？

美国著名的《文明的冲突》一书作者亨廷顿认为，不同文明之间的冲突难以调和；《大国的悲剧》的作者认为新兴大国与守成大国之间的战争必然会发生；《世界秩序》的作者，美国著名战略家基辛格对未来世界秩序也没有找到答案。而中国提出的“开放包容，互学互鉴，共享共赢”的“一带一路”倡议，正是一场共同构建“人类命运共同体”的伟大实践。

习近平总书记强调：“文明因交流而多彩，文明因互鉴而丰富。文明交流互鉴，是推动人类文明进步和世界和平发展的重要动力。”中西方文明的两种形态应相互补充、彼此调和，而并非水火不容。[①] 因此，我们应当避免对不同意识形态进行对抗性的解读，而是融会贯通，将中西方不同的文明价值观涵盖进人类命运共同体的伟大实践中。

3. 硕果累累，精耕细作

2019 年，第二届“一带一路”高峰论坛在京召开，150 多个国家和 90 多个国际组织的近 5000 名外宾齐聚在燕山脚下、雁栖湖边，其规模远超 2017 年 5 月举行的首届“一带一路”国际合作高峰论坛。彼时，已经有 126 个国家和 29 个国际组织同中方签署了“一带一路”合作协议，朋友圈不断扩大，“一带一路”建设从谋篇布局的“大写意”变为精耕细作的“工笔画”，进入高质量发展阶段。

论坛召开之际，《深度国际》及时跟进，把握时机，分别于 3 月 30 日及 4 月 27 日论坛开幕当天两次进行深度报道，通过精准前馈判断保持播出

① 陈先红、宋发枝：《“讲好中国故事”国家立场、话语策略与传播战略》，《现代传播》2020 年第 42 卷第 1 期，第 43 页。

时距，依托重大事件举办时机，展现了中国“开放包容，兼容并蓄”的国际格局。

传播学者陈先红、宋发枝指出，讲好中国故事，在内容维度上要聚焦于大叙事—中叙事—小叙事三个叙述层次，形成多元并存的叙事内容体系。[①]《深度国际》点面结合，以小见大，多个维度描绘了“一带一路”的发展历程和面临的新机遇。首先，节目从国家命运、民族前途、政治博弈、社会变迁等角度出发展现了“一带一路”倡议带来的福祉。

过去六年，贸易往来不断扩大。据商务部数据，2013—2018 年，中国与“一带一路”沿线国家货物贸易总额超过 6 万亿美元，年均增长 4%，高于同期中国对外贸易增速，占中国货物贸易总额的比重达到 27.4%。

过去六年，投资合作持续深化。据商务部数据，2013—2018 年，中国企业对沿线国家直接投资超过 900 亿美元，年均增长 5.2%。在沿线国家新签对外承包工程合同额超过 6000 亿美元，年均增长 11.9%。截至目前，中国企业同“一带一路”沿线国家共同建设了 82 个境外经贸合作区，累计投资超过 300 亿美元，带动东道国就业近 30 万人。

同时，也不忘着眼于一些具体的、多样性的、日常生活化的微观叙事，从人伦、亲情、离愁、性格、人性角度出发，讲述个体对“一带一路”的独有收获。

来自西班牙的商人胡安·拉斐尔，已经来义乌生活了 10 年，对于“义新欧”中欧班列带来的便利，他深有体会。

西班牙采购商胡安·拉斐尔：过去，我们运输这些货品，主要依靠

① 陈先红、宋发枝：《“讲好中国故事”国家立场、话语策略与传播战略》，《现代传播》2020 年第 42 卷第 1 期，第 42 页。

图 4-4　缅甸村民吴坤梭布接受采访

船运，大约要一个多月，开通了中欧班列之后，只需要十几天。

缅甸孟邦直通市加般村村民吴坤梭布：中国企业他们对我们都很好，我们村离他们最近，我们的村民在这里获得了工作机会。之前我们这里一天工钱只有 4000—5000 缅币（约合 15—20 元人民币），他们来了以后增加到了 1 万缅币左右（约合 40—50 元人民币）。

节目通过采访西班牙商人胡安、缅甸村民吴坤梭布，用个体经验取代宏观数据，展现了“一带一路”倡议为中国周边国家人民带来的切实福祉。只有将报道角度从宏观细化到中观、微观，从政府具体到组织、个体，从精英下沉到草根，形成多元并存的叙事格局，才能向世界讲述全面、立体、真实的中国故事，塑造真实可信、有血有肉的中国形象。

《深度国际》通过三期节目，详述了“一带一路”倡议的发展理念和项目进程内容。面对国际社会对于“一带一路”的猜疑，西方某些媒体对于我国经济发展政策的恶意构陷，节目通过寻找第一、第二落点及时驳斥，同时，节目还从文明差异、文化交流、个体经历等多个视角出发，向观众展现了该贸易机制的深厚历史底蕴，以及实施以来为各国民众带来的切实利益。

（二）“人类命运共同体”理念彰显全球情怀

随着全球化影响日益深远，其所带来的网络化、广泛化和集约化特征加深了不确定性和流动性，深刻改变了权力结构和国际治理格局。在全球治理的舆论场上，中国应当做出怎样的回应，这一问题十分重要。正如研究中国问题的专家费正清教授指出的，“中国太弱了，它不能征服世界，但是它又太大了，世界不能吃掉它，所以中国在世界的最后地位，特别是美国和中国的关系，在人类生存的议事日程中就显得非常重要"[①]。在日益两极化的世界格局中，中国不但要关注自身的存在价值，如何建立民族自信心，如何寻找民族文化的本原性、独特性、差异性，而且还要努力为全球治理提出中国方案，贡献中国智慧，从而更好地展现负责任大国形象。

2013 年习近平总书记关于"构建人类命运共同体"的重要论述，成为新时代中国特色社会主义思想的重要组成部分，向世界表达了中国"以和邦国""天下为公""天下大同"等独具特色的"天下观"。构建人类命运共同体思想回答了"建设一个什么样的世界，如何建设这个世界"这一时代之问，契合了世界历史发展的要求，体现了中国如何看自身主体存在以及世界客观现实的国家立场，为全球治理提供了中国智慧和中国方案。

个体的人在本质上是各种社会关系的总和，因此整体的人类命运息息相关，互为牵绊。以构建人类命运共同体为核心的全球中国观，是与中国古代"天下主义"观、现代的改革开放精神，以及当前的"一带一路"倡议一脉相承的，既是对传统天下观的创新传承，也是对现代中国改革开放精神的发扬光大，更是对"一带一路"全球倡议的责任担当。构建人类命运共同体思想，深刻回答了关于"人类从哪里来，要到哪里去，如何到那里去"的哲学命题。面对全球经济一体化、地球气候变暖、人工智能超人类等一系列严峻挑战，共建人类命运共同体是"人类在这个星球上的唯一未来"[②]。从人类命运共同体的伟大构想出发，中国在国际治理方面，积极扮演着世界和平建设者、全球发展贡献者和国际秩序维护者、公共产品提供者的角色。

1. 做世界和平的建设者

"中国人民热爱和平，深知和平安宁的珍贵，始终奉行独立自主的和平外交政策，主持公道，伸张正义，坚决反对霸权主义和强权政治。"2021 年 10 月 25

---

① 何飞、郭文亮:《历史 · 范式与意义：战后美国中国学研究省思》,《暨南学报（哲学社会科学版）》2018 年第 11 期，第 126 页。

② 伍岳:《必须不断推动构建人类命运共同体——"以史为鉴、开创未来"系列述评之六》，中华人民共和国中央人民政府网，2021 年 8 月 2 日，http://www.gov.cn/xinwen/2021-08/02/content_5628897.htm。

日，中国国家主席习近平在中华人民共和国恢复联合国合法席位 50 周年纪念会议上发表讲话，强调中国将坚持走和平发展之路，始终做世界和平的建设者。

放眼当下，世界正经历百年未有之大变局。绝对贫困、难民问题、单边主义、冷战思维……面对世界上纷繁复杂的不安定因素，《深度国际》一向致力于在重大国际问题和时间节点上发出声音，一方面，积极报道中国政府在阿富汗、缅甸、朝鲜半岛核弹、巴以冲突、伊朗核弹等问题上积极斡旋、主持正义的国际形象；另一方面，充分利用全球高度与视野审视国际新闻事件，呈现当事人、当事国、利益方的真实处境、内在动机和合法权利。

1945 年美国在日本所投下的两颗原子弹，瞬间将广岛和长崎两座城市夷为平地，至少 23 万生命灰飞烟灭。此后，核弹成为全世界的战争阴影，而核威慑也变成各国彼此牵制挟持的关键。

早在 2010 年 5 月 7 日播出的《无核进行时，世界准备好了吗？》，《深度国际》就已经开始关注世界核武器问题。当期节目以美俄签署削减战略武器新条约为切入点，盘点世界受到核威胁的历史时刻，深度分析世界态势，预测全球核武器发展的未来走向。此后，《深度国际》涉及了世界多个地域的核武器问题，从多个视角，多点方位报道核武器动态：从 2012 年《伊朗核刺杀》到 2014 年《日本核武冲动》；从 2015 年《美俄：反导再博弈》到 2017 年《朝核问题根源何在》，再到 2020 年的《推进核威慑，美欲打破核平衡？》……十二年来，节目组遵循客观表达原则，坚持国内国际两个视角相互平衡，以公正态度审视世界核武器事件的时局动态。在 2010 年的《无核进行时，世界准备好了吗？》中，节目援引了美国广播公司（ABC）在时任美国总统奥巴马签署协议后对他的一次专访：

美国广播公司记者 George Stephanopolous：现在美国参议院已经知道与俄罗斯签署的一些敏感却很成功的协议。

为了获得条约的批准你不担心要面临八位共和党议员的质疑吗？

（Some tough but successful negotiations with the Russians, now comes the Senate. You have no doubt you are going to get the eight Republicans you need to ratify this treat?）

图 4–5　奥巴马接受 ABC 采访

美国总统 奥巴马：你知道我当总统已经足够长的时间了，

如果我说我不在乎这肯定是傻话。

但是如果他们真的要评判这个条约的话，

我只能这样说，这份条约是完全符合美国利益的。

（Well, you know, listen, I've now been in Washington for long enough that for me to say I have no doubt about how the Senate operates would be foolish. When they have had the opportunity to fully evaluate this treaty, will come to the conclusion, that this is in the best interest of the United States.）

节目通过奥巴马采访中的发言客观描述了美国签署《削减战略武器谅解协议》的立场，体现了其减少使用战略武器的现实考量。同时，节目还邀请了国内军事专家尹卓解析核局势和中国对核武器的一以贯之的、公开的官方态度。

> 我们中国政府从第一次 1964 年爆炸原子弹我们就做出庄严承诺。
> 两个“绝不”：在任何情况下绝不首先使用核武器；
> 在任何情况下绝不对无核国家使用核武器或者威胁使用核武器。

如此一来，节目通过国内国外两个视角的转换，实现了对美俄无核化问题的立场，以及中国一贯立场的客观呈现。中国两个“绝不”原则在某些国家对于核武器所持的暧昧摇摆态度的映衬之下显得尤为坚定。

时间来到 2020 年，十年间，美国并未如同奥巴马政府所承诺的那样，削减核武器的使用，而是不断试探挑拨该领域本该有的宁静：先是单方面退出《中导条约》、消极对待《新削减战略武器条约》，然后大力扩充核武库、降低核武器使用门槛……对此，《深度国际》于 2020 年 8 月 22 日再次推出美俄核武器博弈的深度报道，以《推进核威慑美欲打破核平衡？》为题，结合新的时代语境，预测美俄关系走向，从专家角度为构建新型的国际秩序建言献策。节目尾声，主持人以有利于"世界和平"的立场，提出了看法。

> 由于美方首先退出《中导条约》和《开放天空协议》，并且研制低当量核武器，意图将其投入常规战争中等举动，导致俄罗斯不得不跟随美国的举动，以对等遏制美国。因此世界核平衡的打破首要责任在于美国，这将导致美俄之间的核军备竞赛进入一个更加激烈的阶段。20 世纪的古巴导弹危机，一度令世界处于核大战边缘。前尘往事并不遥远，美国政府应该审时度势，在接下来《新削减战略武器条约》的谈判中，做出有利于世界和平的选择。

《深度国际》做到了及时发声，积极表达了对无核化问题的关注。节目明确指出打破世界核平衡的始作俑者在于美国，并向美方发出恳切提醒，告诫其应当审时度势，谨慎行动，而非继续遵循"美国优先"原则，缺乏基本的契约精神，否则终将扰乱世界秩序，危害全球公共安全。

作为联合国创始会员国和安理会常任理事国，中国始终倡导以和平方式解决争端，坚决反对在国际事务中动辄使用或威胁使用武力。同时，中国对和平的维护从来不是空话，而是身体力行：积极参与国际军控与裁军进程，加入《不扩散核武器条约》等 20 多个国际军控条约和机制……这表明，国家形象的塑造离不开现实的行为实践，无论国家希望塑造怎样的形象，构成这个形象的素材还是来源于现实中的国家[①]。

① 韩源:《全球化背景下的中国国家形象战略框架》,《当代世界与社会主义》2006 年第 1 期，第 101 页。

2. 全球发展的贡献者

放眼全球，新冠肺炎疫情起伏反复，病毒频繁变异，防控形势依然严峻，世界经济复苏仍显脆弱。面对前所未有的发展挑战，中国应当提供怎样的解决方案？越是考验严峻，越要握紧合作共赢之手。《深度国际》栏目把握历史机遇，在多期节目中高度彰显了中国政府致力于加强抗疫国际合作、坚持可持续发展的家国情怀，立体展现了中国以自身发展为世界提供机遇，携手全球抗疫、共克时艰的负责任大国的国际形象。

“世界那么大，问题那么多，国际社会期待听到中国声音、看到中国方案，中国不能缺席。”这是习近平总书记在 2016 年新年贺词中的一句话。确实，世界发展进程里中国从未缺席。

2008 年 11 月 15 日，二十国集团（G20）首次领导人峰会在美国首都华盛顿举行，8 年时间推移，G20 于 2016 年落地中国杭州。作为全球经济治理机制的 G20，在成立之初确实为各国应对危机作出了贡献，但随着“后金融危机”时代的来临，G20 的局限性也逐渐显露出来。杭州 G20 峰会的召开，让全世界比以往多了一份期待与对未来的美好愿景。中国乐于同全世界分享自己的智慧和方案。同时，中国探讨的议题不仅限定在金融货币领域，也涵盖了解决不平等与贫困等发展问题。可以说中国给 G20 带来的是一个更广阔的眼光，把全球经济利益置于国家集团利益之上。中国提出的“包容增长之路”，为全球治理提供了新的思路。中国努力承担大国责任，为世界经济的发展提供持续稳定的动力，并把自己在经济建设中取得的经验分享给需要的国家。《深度国际》把握关键时机，于 2016 年 9 月播出节目《G20：全球治理的中国智慧》，深入阐释全球经济治理的中国智慧与中国方案，及时把中国的大国担当和全新理念传达到全世界。

2020 年新冠肺炎疫情暴发以来，全球公共卫生系统受到重大冲击。然而，新冠肺炎疫情不仅是一场国家卫生治理的考验，也在国际舆论场上掀起惊涛巨浪，给中国国际形象传播带来了前所未有的冲击。长期存在的意识形态偏见和价值观念差异被别有用心的西方国家政客和媒体大肆渲染，客观上也加剧了一些不明真相的民众对中国国家形象的负面感知。

2020 年 10 月，美国皮尤研究中心（Pew Research Center）发布的一项针对美英德澳日韩等 14 个发达国家的调查显示，民众对中国国家形象的正面评价创下了历史新低（24%）。这份来自国外机构的调查数据虽然不能做到公正、客观，但也能看出，疫情是导致各国民众对中国认知下滑的重要因素。受访者认为中国在应对疫情方面处理不力的中位数为 61%，仅好于美国（84%）。①

针对西方某些媒体的抹黑和歪曲事实的报道，《深度国际》从 2020 年 2 月 22 日起不间断推出了 20 余期疫情相关主题节目，并不断呼应和深化这一主题。《深度国际》“疫情系列”节目从对人类安全的关注、呼吁全球抗疫合作，到呈现和解析围绕疫情发生的混乱局面、毁谤言论、阴谋构陷，为惶恐不安的世界提供了权威与真实的信息。

3. 做国际秩序的维护者

“人类面临的所有全球性问题，任何一国想单打独斗都无法解决，必须开展全球行动、全球应对、全球合作。”2021 年伊始，习近平主席在世界经济论坛“达沃斯议程”对话会上明确指出，世界上的问题错综复杂，解决问题的出路是维护和践行多边主义，推动构建人类命运共同体。

针对国际传播工作，习近平总书记在主持十九届中央政治局第三十次集体学习时强调：“要依托我国发展的生动实践，立足五千多年中华文明，全面阐述我国的发展观、文明观、安全观、人权观、生态观、国际秩序观和全球治理观。要倡导多边主义，反对单边主义、霸权主义，引导国际社会共同塑造更加公正合理的国际新秩序，建设新型国际关系。”②

《深度国际》12 年的国际新闻实践，就是对这一要求的生动履践。我们不但在观点上立场坚定、旗帜鲜明，在叙事上也巧妙使用对比、驳论等方

① Silver, L., Devlin, K., and Huang, C. “Unfavorable Views of China Reach Historic Highs in Many Countries, ”accessed october 6, 2020, https://www.pewresearch.org/global/2020/10/06/.

②《习近平主持中共中央政治局第三十次集体学习并讲话》，新华社，网址：http://www.xinhuanet.com/politics/leaders/2021-06/01/c_1127517461.htm，2021 年 6 月 1 日。

法，常常通过当事国遭遇的历时比较、处理某一国际问题的国别比较，让事实说话，不证自明；我们也常常在揭露真相、批判丑恶中，自然而然地树立起正确的文明观、发展观，有破有立。

中国是多边主义的真正维护者。关注远方苦难，关怀个体命运，也是《深度国际》在栏目实践中履践中国人道主义和和谐发展观的一种表现。2012 年 12 月 6 日《深度国际》播出的《墨西哥毒品战争》中，梳理了墨西哥 2006 年前任总统卡尔德龙上台后动用 5 万军队打响的“反毒战争”。然而，经过 6 年的较量，政府并没有消灭贩毒势力，相反涉毒暴力事件有增无减。深入探究可以发现，美国屡禁不止的庞大的毒品市场是墨西哥毒品泛滥成灾的主要原因。美国五角大楼一份报告指出，如果墨西哥的“毒品战争”再持续 25 年，墨西哥政府将不堪重负彻底崩溃。毒品市场的存在、利益的诱惑、贫穷的蔓延，还有执法不力、官僚腐败，这些难以改变的现实都在抵消着墨西哥政府反毒的力量和决心。作为一个曾饱受毒品泛滥之苦的国家，中国秉持着坚定不移的反毒禁毒立场和“推己及人”的人道主义精神。正是在这种精神的指导下,《深度国际》能关注到墨西哥毒品问题这个非热点问题；也是受这种精神的影响，我们的观众才能够深度共情大洋彼岸受毒品摧残的墨西哥人民的痛苦。

“文化领导权”，又称文化霸权（hegemony），是安东尼・葛兰西在《狱中札记》中提出的概念。他认为，国家并不一定要通过军事强制力量来保持霸权地位，而可以通过对文化生产和分配进行意识形态上的控制。国际传播中的霸权理论所关注的，正是以美国为代表的发达国家所进行的文化霸权行为。这些发达国家通过其发达的国际传媒网络，宣传自己的文化意识形态，并将其强加于人的霸权、强权行为，正是霸权延伸到传播领域的新表现。美国多年来在舆论场上极力倾销的“人权至上”价值观，便是其构建“霸权”的一个响亮口号。实际上，绝对人权在美国社会实践中并不存在，其不断标榜的人权自由终究还是为资本政治服务的。

2021 年 4 月,《深度国际》两度推出美国人权问题深度报道。其中,《战争黑洞——美国制造的人权灾难》从纷繁复杂的国际形势中，以敏锐的嗅觉，注意到高举人权旗帜的美国的虚伪与言行不一，同时通过对海量资料的搜集、整理，以绝妙的叙事结构将美国的荒谬与残忍揭露得淋漓尽致，取得了如潮好评和充分关注。

在中国逐渐融入全球经济大背景和移动互联网、社会化媒体迅猛发展的背景下，针对当前国际社会重新认识中国、了解中国的强烈兴趣与需求，针对西强我弱的国际舆论“话语权逆差”以及当前中国文化软实力与国家硬实力之间的“实力逆差”，节目以共建人类命运共同体为落点，立体多维地展现了中国责任担当的政府形象。节目紧跟时局动态，关注大国之间的博弈和关系走向，通过他国核武器问题动向展现本国立场；结合疫情的时代背景，推出 20 多期疫情主题节目，澄清谣言，理清了疫情初期全球卫生治理的混乱局面；关注遭受霸权压迫、战争蚕食的国家，客观呈现国际社会对中国能够继续作为坚定支持国际合作、联合国以及多边主义重要力量的期待。《深度国际》多角度、多层面地展现了中国在人类命运共同体理念之下所担当的世界和平的建设者、全球发展的贡献者和国际秩序维护者的角色。

二、友好礼让的民族气质

立足于世界的中国国家形象建构，应当着重展示中华民族的民族品格、民族精神。[①] 毛泽东同志在《中国革命和中国共产党》一文中强调：“在中华民族的开化史上，有素称发达的农业和手工业，有许多伟大思想家、科学家、发明家、政治家、军事家、文学家和艺术家，有丰富的文化典籍。”[②] 中华民族的优秀品格与精神内涵，赋予了国家形象以深厚的文化内涵。

---

① 陈金龙：《新中国 70 年国家形象的建构》，人民网，2019 年 9 月 6 日，http://theory.people.com.cn/n1/2019/0906/c40531-31339676.html。

② 陈先达：《筑牢文化自信的理论和现实基础》，求是网，2019 年 4 月 15 日，网址：http://www.qstheory.cn/culture/2019-04/15/c_1124373830.htm。

学者王希在《有关中国国际形象的思考》一文中提到，我们在塑造21世纪中国形象时，应当格外注意民族性的特点。一个鲜活的国际形象离不开生动鲜活的民族精神的支撑，它包含着中国和中华民族特定的历史情感、历史使命和历史追求。世界虽然逐渐往“一体化”方向发展，但民族国家仍然将是国际政治的基本单位，民族文化仍然会在构建世界秩序中起到关键作用。中国的改革开放是以保护和发展民族利益为根本目标的，而中国的发展也是以中华民族伟大复兴为出发点的。因此，民族性应该是中国国际形象的核心内容。在现阶段，超越民族性，简单地追求“国际化”，只会制造出一种脱离根本、不伦不类的国际形象。此外，明确民族形象有助于中国明确自身的立场问题。尽管中华民族的历史文化博大精深、丰富多彩，中国人的历史经历充满了曲折和起伏，但近年来在国内和国际传播中，中国历史和中国人的民族性有一些却被扁平化处理了。而正面积极的中国国际形象应该充分展现中国人丰富的历史感，建立自己民族的话语模式。要做到这一点，我们必须诚实地重新审视我们民族的历史和传统。①

（一）政治博弈中的坚定立场

政治文化对国家战略和国际关系具有直接的重要影响。在世界舞台上，每个国家都有自己独特、持久的政治风格、方式和实体形式，这些都离不开政治文化的影响。随着中国改革开放的进程不断加快，我国与世界各国之间的联系逐渐加强，构建良好政治形象逐渐成为我国处理国际事务的重要环节。而某些西方媒体却将中国的崛起建构成多方面的“中国威胁论”，此类形象的话语不但在西方发达国家方兴未艾，而且在一些发展中国家如个别东南亚以及拉丁美洲国家还出现了变异。有些国家甚至将中国的资本输出和经济援助视为中国在走殖民主义老路，进而严重影响到我国与发展中国家的友好关系，对我国在第三世界中的国家形象产生了不良影响。

“政治威胁论”是诸多“中国威胁论”中的重要观点。关于中国“政

① 王希:《有关中国国际形象的思考》,《国际新闻界》2000年第1期，第6页。

治威胁论”的主要观点包括中国损害大国利益，中国威胁现有国际政治秩序，中国谋求地区霸权等等。例如，美国担心中国威胁其在太平洋的霸主地位，韩国担心中国威胁美日韩同盟，协助朝鲜入侵；印度、东南亚对于中国称霸印度洋的忧虑……中国的发展被描述成一种蚕食他国利益的“恶龙”。

其中，南海问题就是中美地缘政治博弈的典型事件之一。2016 年 7 月 8 日节目《中国为何对南海仲裁说不》播出之际，正值“中菲南海争议仲裁庭”在菲律宾、美国等国家主导之下要对中国进行“最终仲裁”之时。

7 月 12 日，海牙国际仲裁法庭对南海仲裁案做出“最终裁决”，判菲律宾“胜诉”。《深度国际》根据事态发展进度，预判“闹剧”结果，在关键时刻，引用重要资料和论据，用客观事实说话，揭露某些国家滥用国际法，试图以国际法为工具侵犯中国主权、在中国南海海域制造不稳定态势、破坏中国和平发展环境的险恶用心。节目通过采访国际法律专家，指明所谓的“南海仲裁”让人诟病的硬伤；通过阐释《联合国海洋法公约》，表明所谓的黄岩岛争端实际上是主权之争，并不适用公约范围，且缔约国有权声明不接受强制仲裁；通过梳理菲方的诉求和做法，表现其为了使国际仲裁法庭受理案件而做的精心“包装”。该期节目播出四天后，“南海仲裁案”宣布了最终裁决。而《深度国际》恰恰在此之前就完成了一次有理有据、论证有力的驳斥，通过公正、客观的语言呈现了这场美国主导的地缘政治闹剧。

图 4–6　主持人表达对于南海仲裁案的立场

在国际传播中，把握契机是事物发展变化的关键，甚至是起到决定性作用的环节。[①]《深度国际》在国际舆论场风云变幻之时及时出击，对于南海仲裁事件契机的把握，一方面意味着抓住新闻事件发展的节点，推动相关事件向积极的方向发展；另一方面意味着抓住舆论形成或变化的节点，影响舆论的走向。

（二）贸易往来中的平等原则

1978 年，中国开启了改革开放的历史进程。改革开放是中国人民用双手书写的国家和民族发展的壮丽史诗，是中国和世界共同发展进步的伟大历程，不仅深刻改变了中国，也深刻影响了世界。40 余年来，中国坚持对外开放基本国策，打开国门搞建设，逐步形成了全方位多层次宽领域的对外开放格局，极大促进了中国与外部世界的交流交融，为人类和平与发展的崇高事业作出了重要贡献[②]。

2001 年中国加入世界贸易组织，是中国深度参与经济全球化的里程碑，标志着中国改革开放进入历史新阶段。加入世贸组织以来，中国积极践行自由贸易理念，全面履行加入承诺，大幅开放市场，实现更大范围的互利共赢，在对外开放中展现了大国担当。

2008 年，自 20 世纪 30 年代经济大萧条以来最严重的国际金融危机从美国华尔街向全球蔓延，溢出至国际社会中的各个领域。金融危机进一步推动了国际战略力量对比的变化，新兴大国呈现群体崛起态势，多极化趋势进一步彰显。这一场震撼全球的危机，暴露了原有的以发达国家为主导的全球经济治理体系的巨大问题，而在金融危机中异军突起的 G20 与“金砖四国”等合作机制则强烈冲击了原有的全球经济治理体制，新兴大国成为牵动全球消费和经济增长、恢复市场信心的重要引擎。

凭借着制度的优越性，中国有效应对了国际金融风暴带来的巨大冲击，

---

① 李舒、陈菁瑶:《新闻评论与国家形象传播》,《新闻大学》2013 年第 4 期，第 48 页。

② 《中国与世界贸易组织白皮书》，新华社，2018 年 6 月 28 日，http://www.gov.cn/zhengce/2018-06/28/content_5301884.htm。

以负责任的态度，积极参与了缓解金融危机及其他全球性、区域性问题的国际合作，在国际舞台上的角色日益耀眼。2009 年 9 月，时任国家主席胡锦涛出席二十国集团匹兹堡峰会与首次金砖国家会议时发表讲话，反对金融危机后出现的贸易保护主义，并针对金融危机暴露的国际金融监管漏洞督促国际金融机构改革，推动全球经济复苏。

十二年来，《深度国际》多次深入中国参与国际贸易体系建构的第一现场，展现了中国支持多边贸易体制、推动建设开放型世界经济的积极形象。2014 年 11 月，《深度国际》推出《亚太雄心规则的博弈》，镜头聚焦亚太经合组织（APEC）第二十二次领导人非正式会议，重点关注新兴国家与老牌发达国家的合作与博弈；2016 年 9 月播出的《G20 全球治理的中国智慧》，巧借 G20 峰会在杭州召开之际，向世界宣介中国的全球治理方案；2017 年 9 月金砖国家领导人第九次会晤在华举办期间，播出节目《金砖：合作与挑战》，彰显东方智慧如何点亮金砖之光……

图 4-7　节目聚焦 APEC 领导人会议

新冠肺炎疫情暴发以来，美国新冠肺炎确诊人数和死亡人数一直稳居全球第一，其经济遭受沉重打击。2020 年 5 月 14 日，特朗普接受采访，称与中国断绝所有关系，可节省 5000 亿美元。8 月 23 日福克斯发布采访特朗普的预告视频，视频中“中美可以脱钩，不和中国做生意”的言论引起广泛关注。[①] 美国一些政客企图挑拨中美关系，孤立中国政府，妄图将中国从西方市场挤压出去，形成新冷战隔绝，竭力破坏中美合作大局。对此，《深度国

① 李庆四:《中美经济“脱钩”不现实》，光明网，2020 年 9 月 16 日，https://theory.gmw.cn/2020-09/16/content_34193194.htm。

际》审时度势，及时于 2020 年 5 月 30 日推出《疫情下的美国“脱钩”论》，解析美国“脱钩”论甚嚣尘上背后的经济动因和政治考量，并借此展现中国对维持现存经济秩序的倡议和顾全世界大局的国家立场。

图 4–8　特朗普接受福克斯电视台采访

节目的开篇就引用特朗普接受福克斯电视台的采访画面，突出了其宣扬“脱钩”论的荒唐无理。在采用这个视频资料时，节目没有匹配画外音加以阐释、介绍或评析，而是保留视频资料原声，让观众通过特朗普发言时的姿态、动作、语气来感受人物鲜明的性格特征，从中体会其立场、态度、意图。此外，节目还援引不同新闻报道，铺陈客观事实，充分展现出美国自疫情以来愈发明显的单边主义和贸易保护主义倾向。

节目紧接着通过专家崔洪建的解读，拨开美国推出“脱钩”论的重重迷雾，解析特朗普大肆宣扬与中国“断绝往来”的真实动机。

近几年国际社会上炒作比较多的一个词就是“脱钩”。如果从美国的政策变化入手去看的话，“脱钩”有好几个层面。首先，对特朗普来说，是一种策略，是一种施压的手段。他无非是以脱钩为威胁，想达到一种对利益格局的调整和重新安排。第二个层面，比如说我们看到这些年美国不断地用贸易制裁，用一些其他的手段在要求其他国家服从他，一旦国家经济体有不同的意见，美国会紧接着做出威胁，要求你中断或者暂停，或者减弱部分联系。这个也被我们称为“脱钩”，可能和我们（中国）的关系更直接，或者更大一些。

从专家解说可以看出，“脱钩”论并不意味着两国贸易往来将完全切断，而是一种美国向中方施压的策略，逼迫中国在经贸领域服从美国优先准则。而且，中美关系暗流涌动时，世界上其他国家也在遭受着美国单边主义的威胁。

中美之间的“脱钩”只是美国掀起的“脱钩潮”的一部分。

5月15日，特朗普又做出了让盟友震惊的表态，他说，准备让其他盟国制造的F-35战斗机的部件，全部都回流到美国本土进行制造。

5月18日，特朗普在推特上发表公开信威胁，如果世卫组织“不能承诺在未来30天内做出重大实质性改善，那么自己将永久冻结美国向世卫组织提供的资金，并重新考虑美国在该组织的成员身份”。

当全球都笼罩在新冠肺炎疫情的阴霾之中，急需国际合作时，美国却在切断与各方的联系，拒绝国际合作，逆势独行，既违背了全球自由市场的逻辑，也有损本国的基本利益。对此，节目立足全球视角，从世界最大的两个经济体角色出发，阐释了中美贸易往来的重大意义。

中美“脱钩”已经成为全球有识之士的共同担忧，今年1月初，美国智库欧亚集团预测2020年世界面临的主要风险时，就把中美“脱钩”排在了第二位。

中美建交已有41年，这41年来，两国关系历经风雨，取得了历史性发展，为两国人民带来了巨大利益，也为世界和平、稳定、繁荣作出了重要贡献。如今双边贸易额超过5800亿美元，每年双方人员往来超过530万人次。中美关系好不容易达到今天的高度，轻易说“脱钩”，这是一种负责任的态度吗?

专家崔洪建：这种说法和做法恰恰是违背了全球化成功的一些逻辑，想要开出另外一条所谓只服务于美国利益的东西。如果这个市场，如果这个利益格局只服务于美国的话，越来越多的国家会失去和美国合作的意愿而且无疑是竭泽而渔，不仅会破坏整个世界的经济和科技生态，最终也会伤害到美国本身的持续创造财富，持续发展经济的问题。

专家苏晓辉：每个国家它和外部的联系，都是千丝万缕的。所以并不是因为一个正谬或者是某种思潮，甚至是一种反扑就能够人为的切断的，而且切得干干净净，这是不可能出现的一种前景。“脱钩”这样的一种说法本身就是一个不可能完成的任务。

专家指出，美国所采取的保护主义不但会对两国 40 多年来的建交造成沉重打击，还将有损美国的国际形象，使更多国家失去同美国的合作意愿，从而破坏整个世界的经济生态。

美国对华为的新一轮施压正是本次“脱钩”潮的具体体现之一。这次美国政府将大棒压向华为在全球的供应商，逼迫企业停止向华为供应半导体软件和技术产品。

耶鲁大学高级研究员、摩根士丹利亚洲区前主席斯蒂芬·罗奇：
我们都会从保护主义中受损。
华为是一个全球性企业，
拥有复杂的体系性和产品，
反映的是在全世界范围内进行的，
进口零部件生产科技开发等行为。
如果我们对一个全球性企业，
利用供应链的联系进行封锁，
所造成的冲击也是全球范围的。

《深度国际》援引海外学者观点，客观体现出美国无视全球经济一体化的市场规律，凭借大国优势打压民营企业，一意孤行贯彻保护主义实属自私。

至此，节目通过直接援引当事人发言、海内外专家解读、主持人发声，明确展现了对于美国“脱钩”论的坚决反对，表现出对于疫情后国际经济秩序恢复重建的深厚关切，以及对于自由、开放、平等的世界经济结构的殷切倡导。

当今世界正面临百年未有之大变局，国际形势复杂多变，全球发展深层次矛盾突出，霸权主义、强权政治依然存在。逆全球化、保护主义、单边主义不断抬头，而中华民族却能够历经种种磨难依旧屹立不倒，正源于一股坚韧不拔的民族精神支撑着国家和人民面对困难的勇气。《深度国际》结合国际时事，将镜头聚焦国际政治博弈和中外经济贸易往来，通过及时回应国际政治危机事件、准确报道国内外经济发展状况，展现出了中华民族“以天下为己任”的包容胸怀。

三、博大精深的文化底蕴

文化形象是国家形象的重要组成部分。新中国成立初期，毛泽东同志就确立了将我国“建设成为一个工业化的具有高度现代文化程度的伟大的国家”的发展目标①，通过发展民族的、科学的、大众的文化，改变中国文化落后的面貌。改革开放初期，邓小平同志就要求，“提高全民族的科学文化水平，发展高尚的丰富多彩的文化生活，建设高度的社会主义精神文明”。党的十八大在确立全面建成小康社会目标的同时，提出了建设社会主义文化强国的发展目标。习近平总书记将“文化自信”纳入“四个自信”的范畴，对国家文化形象构建提出更高的要求和更丰富的内涵。②

作为有着悠久历史的东方大国，中国不仅有着讲仁爱、重民本、守诚信、崇正义、尚和合、求大同的文化基因，更有着美人之美、美美与共的文

---

① 佚名:《新中国70年国家形象的建构》，中青在线，2019年9月6日，网址：http://news.cyol.com/app/2019-09/06/content_18146620.htm。

② 陈金龙:《新中国70年国家形象的建构》，人民网，2019年9月6日，http://theory.people.com.cn/n1/2019/0906/c40531-31339676.html。

化传统。尽管人类发展的不稳定性、不确定性因素增多，但我们一直胸怀世界发展大局、顺应世界发展大势，在文明交流互鉴中坚持和而不同、兼收并蓄的格局。尽管当今世界各国存在不同程度的分歧和矛盾，甚至免不了磕磕碰碰，我们始终秉持“天下一家”的理念，主张求同存异，维护人类共同利益，坚持在历史发展中引领方向、塑造未来。

要提升我国文化软实力，媒体的作用必不可少。媒体不但是文化传播的介质和载体，它本身还是文化的有机组成部分，可以说，媒体的影响力直接耦合了国家软实力[①]。《深度国际》在多年来的报道中，一直不忘以中华民族深厚的人文底蕴为积淀，从包容文化格局、和谐生态理念等方面，向世界展现了基于文明传承和文化传播的文明大国形象。

（一）开放包容的文化格局

延续千年的中国传统文化，是一种多元融合型的文化。这是由其内在的“和而不同”精神所决定的。[②]西周时期思想家即提出“和实生物，同则不继”的深刻思想，孔子主张“和而不同”，反对“同而不和”，《中庸》提倡“万物并育而不相害，道并行而不相悖”。中国文化具有与生俱来的包容精神，尊重差异性和多样性，海纳百川以成其大。正是因为这种精神，中国文化才得以延续至今、薪火相传。中国政府正是秉承着多元融合的文化理念，提出了“一带一路”倡议和构建人类命运共同体的伟大实践。

“一带一路”倡议不但促进了中国和沿线国家的经济贸易合作，更增强了中国这个古老文明大国与世界的文化交流。我们再回到2017年5月播出的《一带一路：人类命运共同体的纽带》，节目围绕“一带一路”倡议，展开了关于文明冲突的深刻讨论。节目首先进行纵向梳理，向观众描绘了在西

① 程曼丽:《论我国软实力提升中的大众传播策略》,《对外大传播》2006年第10期，第33页。

② 关健英:《中国传统文化的独特气质》，求是网，2018年11月11日，http://www.qstheory.cn/dukan/hqwg/2019-11/11/c_1125217538.htm。

方殖民主义主导下海洋文明曾称霸世界的历史图景。

在郑和下西洋100年以后，西方列强掀起了海洋扩张的高潮。到鸦片战争后，中国沦为西方列强的半殖民地，海上丝绸之路一蹶不振。西方殖民者用坚船利炮抢占土地，掠夺资源。至20世纪初，殖民国家及殖民地已占世界陆地面积的85%。西方的文化也传播到全世界。

直到今天，这种世界，就是我们大家都看到的这个利益格局，基本上还是以西方发达国家为核心的，而且这个游戏规则，基本上也是工业革命以后，这些发达国家制定的这个游戏规则。

以暴力为手段的文化输出必然适得其反。前中国驻外大使，外交部公共外交咨询委员会委员华黎明指出，当美国试图通过战争将自己的文化理念推行到中东国家时，反而使其陷入战乱动荡，甚至滋生了恐怖主义，酿成震惊全美的“9·11”惨案。

图4–9 前中国驻外大使，外交部公共外交咨询委员会委员华黎明讲述中东战争源起

它都是想用枪杆子，来把美国的价值观念，推到中东去，可是中东这块土地，它有它土生土长的自己的文化，伊斯兰教的文化，显然，就是说人类社会，不能用某一种文化和价值观念，去强加于其他的民族。

战争的手段并没有建立起美国式的民主制度，反而使整个中东地区陷入了战乱和动荡，加深了文化对立，恐怖主义借机滋生蔓延。

西方以个人主义为核心的文化理念，往往将不同文明的碰撞和大国博弈解读成零和游戏，认为来自不同地域、拥有不同历史的民族国家必将迎来流血冲突。

反观中国的古丝绸之路，历史跨度长达 2000 多年，期间既有朝代更迭，也有大国兴衰，而丝绸之路却能够生生不息，并且不同制度、宗教、文明的国家均能够参与其中，这是古丝绸之路留给当今国际秩序的重要启示。

历史发展到 21 世纪的今天，随着新冠肺炎疫情令世界滑向逆全球化深渊，国际社区急需一个能够将不同国家、民族凝聚在一起，攻克难关的价值体系。而开放包容的文化格局正是符合这种精神，又带有深厚中华文明历史底蕴的价值观。新丝路精神和人类命运共同体理念，能够让各种宗教、不同文化各自取长补短，互相融合，实现各种民族利益共赢。

（二）“天人合一”的生态理念

在中国的传统文化中，“天人合一”的观念占据着重要地位。“天人合一”作为一个命题，是宋代理学家张载首先提出的。所谓“天人合一”，说的是人与宇宙自然之间的关系，认为二者相通而不相隔，相合而不相分，相谐而不相胜，强调人与宇宙自然和谐统一，反对违背自然规律、主观任性干预自然的行为。虽然其核心理念是宋代才提出，但中华民族与自然和谐共生的信仰却由来已久，老子提倡“道法自然”；庄子主张“无以人灭天”，批评违反自然导致“浑沌之死”的行为；孔子则曰“钓而不纲，弋不射宿”。古代中国这些伟大的哲学家，都在强调人类应当与自然和谐共处，反对人类对自然的索取无度和竭泽而渔式地破坏。

“生态兴则文明兴，生态衰则文明衰。”[①]党的十八大以来，以习近平同志为核心的党中央对生态文明建设高度重视，对贯彻绿色发展理念决心坚定。生态环境问题是当代中国面临的突出问题，也是世界各国面临的严峻问题，是一个全球性的共同问题。习近平总书记指出，人类只有一个地球，各国共

① 赵超、董峻：《习近平：生态兴则文明兴》，人民网，2018 年 5 月 21 日，网址：http://env.people.com.cn/n1/2018/0521/c1010-30002135.html。

图 4-10　走进亚马孙

处一个世界。推进生态文明建设，既要立足中国，又要放眼世界；既要坚持中国立场，又要树立全球视野；既要凝聚中国智慧和中国力量，又要融入开放理念和世界眼光[①]。

2019 年，“地球之肺”亚马孙雨林大火持续燃烧，一时间引起了世界范围关注。《深度国际》抱持深厚人文关怀，以《亚马孙雨林大火烧出了什么》为题，带领观众走进坐落在南半球世界最大的热带雨林，挖掘这场迟迟不灭大火背后的利益纠纷和大国博弈。

节目中，专家孙岩峰指出，亚马孙的大火，既有人为因素影响也是自然规律的结果。当地政府重经济利益而舍弃环境保护的政策导向则进一步恶化了火情。

> 基本上，大家都认为是既有天灾，也有人祸，天灾是因为现在八月到十月，正好是亚马孙最干旱的时候，降雨量稀少，所以这个时候，以前也经常发生这个自然的山火，但是某种程度上，也是人祸的原因。一个是去年以来，国际这种大豆啊，肉类啊，这种价格的上涨，刺激了这个牧民，加大了这种扩林啊，烧林啊，毁林啊，来扩大农田和畜牧业的这样一个冲动，所以从今年来看，他的这个扩大林地的速度比以前要多得多；另外一个方面呢，从博索纳罗政府的这种政策取向来看，他上台以后也提出了经济发展比环保更重要这样一个理念，所以他在某种程度上，也是鼓励农民，继续扩大生产，而且在环保方面，其实也放松了这

① 王传发：《中国生态文明建设的世界意义》，云南理论网，2021 年 8 月 26 日，http://llw.yunnan.cn/system/2021/08/26/031632756.shtml。

种监管。所以这是一个综合原因，共同造成的一个结果。

农民对自然的索取无度造成了生态系统的失衡，从而使得大火失去控制，对人类社会造成了反噬。发生在地球另一半的熊熊大火，恰好验证了中华民族千百年前就得出的生态智慧——“天人合一”，其核心便在于协调人类与自然的共生关系。

保持发展和维护生态平衡，这两者之间一定是零和游戏么？不尽然，节目通过孙岩峰的发言，提出了治理发展中国家环境问题的方案：

很多发展中国家目前正处于一个经济的上升期。在这个过程中，很多时候，可能会跟这个环保出现一些矛盾，我个人认为，其实这个问题，是可以得到一个良好平衡的，比如说我们知道阿根廷南部有两个水电站，中国企业承建的这两个水电站，就是把这个环境保护，和解决当地这种能源需求，良好地结合吸收。一方面利用当地的水能，提供这种干净的可再生资源；另外一方面，注重当地的这种姿态，和当地的水土保护，其实是应当，被认为是一个比较良好的发展模式。

中国企业在阿根廷承建的水电站既解决了当地的能源需求，还做到了水土保护，这样的发展模式体现出了中国顺应自然的环境智慧，值得其他发展中国家学习借鉴。

节目也在最后发出倡议，呼吁世界各国考虑发展中国家的实际情况，而不是一味指责其发展过程中遇到的环境问题。同时，节目也展现了中国所提倡的生态理念：“绿水青山就是金山银山”，以和谐生态的理念共建地球家园。

绿水青山就是金山银山，相信巴西也明白这个道理。巴西有着自己的独特的国情，一些发达国家一味指责巴西的环保问题其实并不公平，或许这些国家更应该做的是，承担起自己的责任，理解并帮助发展中国家，在发展的同时尽可能减少对环境的破坏，让亚马孙这个“地球之肺”真正健康、自由地呼吸。

亚马孙虽然隶属于巴西管辖，但其一呼一吸却关系着全人类的生存。人类只有一个地球，全球生态环境危机是人类命运共同体面临的首要挑战，任何一个国家、地区或者组织都无法单独引领如此大型的全球生态环境治理行动，生态环境危机需要以人类命运共同体为组织载体来解决。从 2009 年播出的《北极忧思录》《逐鹿北冰洋》，到 2011 年播出的《福岛问号》，再到 2014 年的《油价谋杀北极熊？》，十二年间，《深度国际》始终关注着地球环境治理议题。人类只有一个地球。随着全球气候变暖问题愈发严重，发达国家与发展中国家间的资源争夺日渐激烈，而《深度国际》通过关注世界各地的生态危机，剖析其背后的政治经济利益斗争，展示了中国“天人合一”“以和为贵”的绿色生态理念，以及为全球生态治理提出的中国智慧。

经过上述梳理，我们可以看出，《深度国际》开播十二年来，精耕细作，笔耕不辍，始终致力于塑造立足于多个落点的国家形象。节目结合国际热点问题，人类共通情怀和中华民族传统文化，立体展现了责任担当的外交大国、友好礼让的民族国家和博大精深的文化古国形象。

然而，目前我们所探讨的内容仍是一种“自塑”的国家形象建构方式，也就是本国媒体塑造本国形象，“是一种带有自我感情和围绕自我意志的构建方法”①。我们应当了解，中国国际形象一方面被中国话语所构建，另一方面也被国际舆论所塑造。因此，提升国际话语权是完成国家形象建构的关键环节和必要路径。学者邢丽菊和赵婧解释了这两者之间的关系②：

话语为塑造和认识国家形象构建出由信息造就的拟态环境，这个环境可能与客观环境相符，也可能不相一致甚至完全背离；话语权则可以

① 刘小燕：《关于传媒塑造国家形象的思考》，《国际新闻界》2002 年第 2 期，第 64 页。
② 邢丽菊、赵婧：《国际话语权视域下的中国国家形象建设：挑战与对策》，《东北亚论坛》2021 年第 30 卷第 3 期，第 119 页。

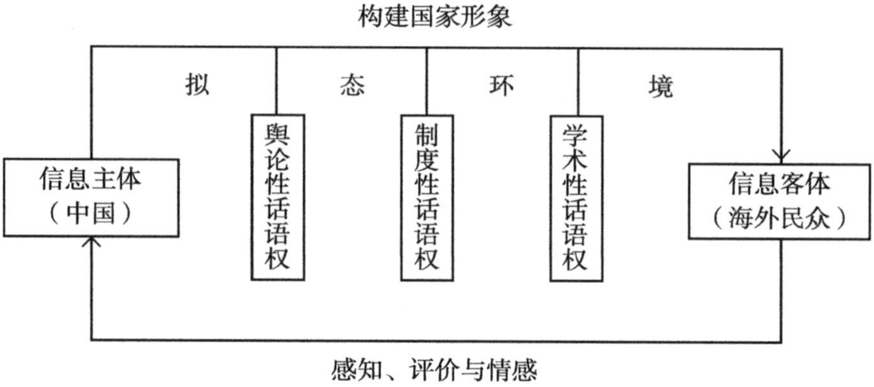

图 4-11　国际话语权与国家形象的关系

建构或解构国家形象，它是一种能力及相伴而来的路径和手段。

由此可以得出，提升和运用国际话语权是塑造国家形象的重要路径。在由信息构成的拟态环境中，主权国家通过舆论性话语权、制度性话语权和学术性话语权维护并改善国家形象，使国际社会对本国的感知、评价与情感更接近客观和真实的国家形象。在下一节中，我们将继续整理分析《深度国际》如何通过自身传播优势和议程设置等方式，践行知情权、表达权、参与权，提升话语权，从而在国际舆论场上实现国家形象的话语输出。

第三节　三重权利赋予的国际话语权建构

随着全球化的发展，中国凭借举世瞩目的经济发展成就走近世界舞台的中心，“经济大国”的形象日渐深入人心。与此同时，中国积极参与各类国际组织和相关的国际活动，在国际场合发出中国声音，主动地塑造和维护国家形象。近些年来，主场外交更是在展示国家形象方面发挥了重要作用，包括“一带一路”国际合作高峰论坛、G20领导人杭州峰会和上海合作组织青岛峰会等。中国的国家形象不再局限于只是经济大国，其外交形象和文化形象也进入了国际社会关注和讨论的视野。可以看出，这既是中国国家形象在跨文化沟通中被塑造、传播和认知的过程，也是中国国际话语权在全球化语境中从失语到多维构建的过程。

然而，新冠肺炎疫情暴发以来，中国再度置身于国际舆论的不利地位。虽然中国在抗疫过程中取得了显著成就，及时遏制了疫情的扩散，但由于中西方意识形态的鸿沟，以及某些西方媒体虚假信息的误导和恶意引导，涉华议题和中国国家形象又再次面临负面评价。这表明，国际社会还一直存在对中国国家形象的主观解读，其背后隐含着复杂的利益关系和偏见。其次，意识形态差异造成的西方二元对立思维蔓延至了经济文化和公共健康等各个领域。这也进一步体现了维护中国国家形象和提升中国国际话语权的重要性和紧迫性。

话语在塑造国家形象方面的作用不可取代，话语竞争是大国战略竞争的常态，因此，国际话语权也就成为主权国家竞逐的重要对象。话语（discourse）这一词原本来自语言学，而不同学派对其的定义各有侧重：结构主义注重其内部的规则体系，功能主义强调语言对外部产生的影响和效用。[①]20世纪80年代以来，国际关系学科发生语言转向。1989年，尼古拉斯·奥努夫（Nicholas Onuf）出版《我们建构的世界：社会理论与国际关系中的规则与统治》，这是国际关系话语研究第一波高潮的代表作。自此以后，在借鉴语言学、社会学和心理学等学科理论和方法的基础上，国际关系学也产生了一系列围绕话语展开的研究成果。

国际话语权（International Discourse Power），顾名思义，离不开话语主体的权力。更具体来说，国际话语权是主权国家通过各类渠道在国际社会中发表意见观点、参与规则制定以及发挥国际影响力的权利和能力，主要涉及

① 邢丽菊、赵婧：《国际话语权视域下的中国国家形象建设：挑战与对策》，《东北亚论坛》2021年第30卷第3期，第120页。

话语施行者、话语内容、话语对象、话语平台和话语反馈等问题[①]。国际话语权的弱势意味着国家在国际社会中处于话语结构的边缘地带，不仅缺乏渠道来完善国家形象，在面对污名化等扭曲本国国家形象的行为时，更是落于被恶意脸谱化和无力正名的境地。

近年来，国际社会对中国的关注越来越多。近些年一些国际重要论坛，几乎在每个议题的讨论中都会提到中国，很多评价都是正面的积极的，期待中国能在国际事务中发挥更大作用，但也有一些负面看法，甚至是歪曲中国形象的声音。这表明，我们在加强和改进国际传播方面既面临难得的机遇，也面临不少挑战。

《深度国际》勇于走在最前线，逐渐摸清西方传播的套路，积累了足够的经验，探索出了有效的传播策略，团结了相当规模的国际受众，建立了畅通的对外传播和交流渠道。在展现多维立体的中国国际形象基础之上，通过深刻践行公众知情权、媒体表达权和外交参与权，采用建构、交流、消解三种路径，为有效夯实中国国际话语权，完成中国国际形象的输出贡献了自己的力量。

一、知情权：建构具有中国特色的新闻叙事话语体系

新中国成立以来，中国国际话语权的发展经历了重构、处于弱势、逐步提升、目前显著提升的曲折过程。改革开放后，特别是在冷战结束后，中国寻求全面融入国际体系，曾在各个领域大量引进和使用西方话语。这既是出于吸收借鉴西方先进科学技术和思想文化成果的自觉，也是迫于西方主导话语施加的软性压力而采取的临时性应对之举。然而，我们在大量引进西方话语时，缺乏自主创新意识，“极少输出自己原创而富有影响力的概念和话

① 梁凯音:《论中国拓展国际话语权的新思路》,《国际论坛》2009 年第 11 卷第 3 期，第 111 页。

语"[①]，会导致我们在表达立场观点时，常处于被动境地。现在的世界，正处于大发展、大变革、大调整时期，我们已站到世界舞台的聚光灯下，国际传播内容的丰富前所未有，发展前景无比广阔，因此，我们必须尽快建构具有中国特色的新闻话语体系，才能摆脱西方话语霸权的掣肘，向外输出中国价值，让中国理念成功为世界共识。

2021 年中央政治局第三十次集体学习中，习近平总书记强调："要加快构建中国话语和中国叙事体系，用中国理论阐释中国实践，用中国实践升华中国理论，打造融通中外的新概念、新范畴、新表述，更加充分、更加鲜明地展现中国故事及其背后的思想力量和精神力量。以文载道、以文传声、以文化人，向世界阐释推介更多具有中国特色、体现中国精神、蕴藏中国智慧的优秀文化，努力塑造可信、可爱、可敬的中国形象。"[②]

《深度国际》从 2009 年 8 月 7 日开播至今，12 年时间里，始终冲在国际传播的第一线。我们不是为了讲故事而讲故事，而是通过讲故事向世界宣传、阐述中华优秀传统文化、中国改革开放成就和中国坚持为发展中国家发声、与各国携手打造命运共同体的大国担当等。我们牢记媒体外交的使命与要求，牢牢坚持正确舆论导向，着力把自己打造成为传播中国观点，反映人民心声，讲好中国故事，引领国际舆论的国际传播"轻骑兵"。

（一）建立全新的话语体系

目前，有些对外新闻报道、国际宣传和文艺作品在表达表现的内容、形式上仍然存在着"自说自话""自娱自乐"的缺陷，以及风格、语境、范式不接地气的问题。[③]要加快构建中国话语和中国叙事体系，就要用中国理论阐释中国实践，用中国实践升华中国理论；加强国际传播的理论研究，掌握

① 张志洲:《中国国际话语权的困局与出路》,《绿叶》2009 年第 5 期，第 110 页。

② 田鹏颖:《加快构建中国话语和中国叙事体系》，求是网，2021 年 6 月 7 日，网址：http://www.qstheory.cn/qshyjx/2021-06/07/c_1127537757.htm。

③ 胡宗山:《中国国际话语权刍议：现实挑战与能力提升》,《社会主义研究》2014 年第 5 期，第 129 页。

国际传播的规律，构建对外话语体系，提高传播艺术。当前，随着我国国力的增强，对外传播也展现出更为积极主动的姿态，但整体水平与世界第二大经济体的地位还不相称，传播规模、渠道范围、话语体系的构建还有较大提升空间。以前，我们经常会用西方的理论与话语体系衡量自身价值，而现在，我们清晰地认识到，只有通过我们自己的讲述，才能让世界认识发展变化的中国，了解中国道路、中国理论、中国制度、中国文化，才能了解中国对世界的认知和作出的贡献。然而，不可否认的是，以美国为首的西方国家涉华舆情依然延续了东方主义话语体系的内涵，将中国建构为专制主义的、人权问题突出的、充满挑衅的形象，这样的话语体系严重阻碍了我国国际传播效果的实现。我们深刻认识到，面向世界，面向未来，中国媒体的职责和使命就是让国际舆论关注中国故事，让国际社会倾听中国声音，这也应该是《深度国际》的职责和使命。十二年来，我们立足于国际视野，经过多年累积的国际传播经验，以专业缜密的思维构建逻辑性叙事话语，打造出了既有本国特色又有国际性特点的话语体系。

《深度国际》一直坚持用中国理论解释中国实践。在报道中国“一带一路”合作等多个中国国际合作议题中，构建了中华传统特色的话语体系。早在 2014 年《“一带一路”启航》中，节目就立足于中华传统中的“和而不同”的文化精神，建立了超越不同种族、宗教、文化的“命运共同体”话语体系。

在亚太几十个国家中，宗教信仰、种族、文化、社会体制和经济程度有很大差别。发达国家主导的全球化和贸易规则使一些穷国享受不到现代化发展的成果。

而“一带一路”“互联互通”“共建亚洲发展和命运共同体”，习近平主席把包容称为一种美德，对多样性则更加重视，承诺中国将会全面开放，同时强调“同其他国家互利合作”的理念，特别是在不同的民族、种族和宗教领域。

话语需要以实践作为支撑，实践离不开话语的叙事和宣传。《深度国际》从“一带一路”经贸合作的实践出发，向世界阐发了中国将包容并蓄融合进发展经济的美德。同时，节目还通过专家吴大辉之口，借西方寓言故事进行中国价值观的话语转换，使得在西方文化背景下的受众能够不抵触，能够听得懂，最终达到价值输出的目的。

> 西方有这样的一个故事，一个农民种玉米，这个玉米产量很高，但是他发现他玉米的产量越来越低，后来发现是怎么一回事儿呢？周边的人种的玉米这个产量都不如他高，这个蜜蜂传播花粉的时候，将不良玉米的花粉传播到了他这高质量的玉米上，结果也影响了他的产量，后来他就将自己优质玉米的种子分发给周边的人，所有周边这个农户的玉米的产量都上去了，他的产量也稳定了，这是一个西方的故事。它恰恰能够说明中国目前所实施的这一系列经济发展构想，一定是成片地崛起，成片地发展，这样才能为中国的发展，带来更多的机遇。

在这个故事中，种玉米的农民通过将自己的优质玉米种分享给周边农民，实现了共同发展。这表明，国家博弈不是此消彼长的零和游戏，而是可以实现合作共赢的。节目通过简单的故事举例和专家解读，构建了中国包容发展、和平崛起的经济话语，消解了西方二元对立的价值观。

《深度国际》在关注国际热点事件的同时，也不忘从国内视角出发，研究中国逻辑，解决中国问题。问题是理论创新之源，我们既要研究西方的问题，更要注重研究当代中国发展的现实逻辑、中国问题和中国道路。2020年10月25日，恰逢中国人民志愿军抗美援朝出国作战70周年纪念日，《深度国际》推出《正义之战纪念中国人民志愿军抗美援朝出国作战70周年》特别节目，通过回顾朝鲜战争各路军事力量博弈、国际局势的梳理，明确指出了美国参与朝鲜战争的霸权主义。朝鲜战争不但是中国的历史，朝鲜半岛和美国的历史，同时也是世界战争史上重要的一页。节目通过徐焰等学者的阐述，指出了朝鲜战争的重大历史意义，彰显了中国人民反对霸权主义的决心。

朝鲜战争的开始，是在 1950 年 10 月，至今过去了整整 70 年，现在讲起来真是萧瑟秋风今又是，但是已经换了人间。今天的世界，今天的远东与当年完全不一样。但是呢，当年的影响还在，美国武装干涉朝鲜内政，至今还在韩国驻军，美国还在干预中国内政。因此呢，我们今天回顾朝鲜战争，就要更清楚地看到，美国的霸权政策带有一贯性。因此呢，中国要崛起，就要反对任何霸权主义。中国人民对霸权主义斗争的决心和勇气，是任何人不能小觑的，70 年前，美国错看中国人民出兵抗美援朝的决心。今天的美国当权者，实际上应该吸收这个教训，知道中国人民保家卫国的决心是始终不变的。

70 年过去了，回顾当年血与火的历史，我们看到了抗美援朝战争往后延绵几十年的影响，这场为了正义与和平的战争，不仅打出了中国的国际声誉和地位，也为中国创造了几十年和平建设的环境，同时，它也沉重打击了以美国为首的世界霸权主义的行径，稳定了朝鲜半岛乃至东北亚的和平与稳定。它再次印证了一个道理：和平是美好的，它需要正义来维护。我们热爱和平，但我们同样不惧战争。无论过去还是将来，中国的态度都是，“朋友来了有好酒，豺狼来了有猎枪”。

节目最后通过总结性的语句，展现出了中国拥护和平、反对霸权战争的立场。《深度国际》以古鉴今，在话语范畴上，突出了中华民族热爱和平，推进各国自由全面发展的价值体系，同时立足于中国的战争历史，消解了美国对于朝鲜战争的话语霸权，明确指出了这场战役实质上是一场干扰他国内政的、非正义的战争。

通过以上两个节目的梳理我们可以看出，建立全新的话语体系并非自说自话，对空言说，而是要结合中国实践，坚持科学方法。习近平总书记指出，“构建中国特色哲学社会科学要不忘本来、吸收外来、面向未来”。这为提升话语体系的科学化水平指明了方向。《深度国际》通过报道世界热点政治事件、民族冲突、经济合作等议题，从中国视角出发，将社会主义核心价值观所倡导的爱国、敬业、诚信、友善等理念与国际舆论场上的中国实践相结合，构建了具有中国特色的栏目新闻话语体系。①

（二）输出原创性的国际话语

话语转换是提升国际话语权，增进中国话语影响力的关键。②中国政治制度独特、历史文化悠久、话语体系具有自身特色，国际受众对于中国的话语体系中特有的语言、语境、文本、话语内涵、表述风格并不能够完全了解、理解。例如我们常说的“两个一百年”“小康社会”“战略机遇期”等话语，外国人就很难明白其真正的内涵，这就需要在中外话语体系之间实施话语转换。传播平台是使中国话语让国际受众“听得到”，原创的中国话语作品是让他们“听什么”，话语转换则是怎样让国际受众“听得懂”。“听得懂”就是如何科学设计我们的对外话语体系，使之适合我们的听众、观众的语境，使他们易于理解、接受，引起共鸣，最终达到我们的外宣目的。

《深度国际》一直都重视国际受众能够“愿意听”并“听得懂”。要输出原创性的国际话语，既要确保话语内容的国际性，也要保证传播平台的精准触达，话语价值的互通。在这个层面，《深度国际》坚持专业叙事、客观表达，以专业缜密的思维构建逻辑性叙事话语，以开放包容的格局采纳国际价值体系。例如，2020 年 5 月 25 日，非洲裔男子乔治·弗洛伊德被白人警察压住脖子长达 8 分 46 秒，最后窒息致死。一时间，该事件激化了疫情期间本就积压已久的民怨，美国国内反种族歧视声浪此起彼伏。《深度国际》推出《种族痼疾：另一个美国》，深度聚焦留存已久的美国少数族裔问题。节目编导李玲在她的创作手记中提道：

---

① 韩庆祥、陈远章：《建构当代中国话语体系的核心要义》，中青在线，2017 年 5 月 6 日，网址：http://theory.cyol.com/content/2017-05/16/content_16075658.htm。

② 胡宗山：《中国国际话语权刍议：现实挑战与能力提升》，《社会主义研究》2014 年第 5 期，第 132 页。

在创作《种族痼疾：另一个美国》节目的前夕，也就是 2020 年下半年，美国国内反种族歧视抗议活动已经持续很长一段时间了，从“无法呼吸”的乔治·弗洛伊德，到被白人警察枪击致瘫的雅各布·布莱克，再到遭当街射杀的华莱士，种族冲突不断。不仅仅是非裔，还有拉丁裔、亚裔，他们的处境是怎样的？为何美国种族问题变得越来越棘手？为何美国解决不了？

节目所要报道的虽然是美国社会系统内部的问题，却也能折射出其已经分崩离析的民主以及自诩人权卫士的道貌岸然。揭批如此“表里不一”的美国，在其国内情况一团糟的情况下，却多次对其他国家的种族问题指手画脚，甚至不惜利用媒体捏造事实对其他国家的种族问题进行“污名化”的传播，其行径其实是可笑甚至可悲的。节目在尖锐指出美国多年难以化解的种族问题时，并没有一味以居高临下的姿态审视，而是客观分析，从美国国内经济、政治、社会等多方面去剖析。正如李玲在手记中提道：

当我把多个元素的内容平摊开放在眼前时，我发现似乎可以把它看作一个数学里的包含关系。生存、政治、人性……这些都是共通的，这就是贯穿整个故事的元素。所以当我再次静下心来，把整个采访和背景故事深入地理解后，我的笔尖好像没有那么犹豫了。在这一期视频创作过程中，我们遵循领导指示，坚持事实优先的原则，在报道中尽量还原事件本身的真相，把“热点”“痛点”直接展现给观众。在一些故事处理上，选择了更多的留白，给观众留有思考的空间。专家解读与事件结合，整体节奏明快，而且很多画面是独家和首次披露，极具画面冲击感。

国际新闻深度报道应当非常注意把握事实呈现和观点表达的平衡，否则很容易受到民族主义的影响，使得报道的内容带有主观情绪，失却政治大局意识。因此，在本期节目中，报道的呈现方式是以事实优先为原则，在事件重现的处理上留白，将价值判断的空间留给了观众。

在话语的建构层面，为了与国际话语相接轨，节目在维护本国的国家利益和世界的和平与发展的前提下，采纳了一些发源于西方、现已成为人类社会的共同诉求和全人类文明进步的话语，如“民主”“自由”“平等”“人权”“主权”“法治”等。我们在构建国际话语体系时，不仅不应排斥，而且需要对某些理念主动进行吸收，并用马克思主义理论赋予这些抽象话语以具体的观念，进而在这些旧话语新观念中进行议程设置，并在国际上争取对这些基本话语的定义权、创设权、议题设置权，为在整体上赢得中国国际话语权打下基础①。

同样是针对美国社会内部社会问题的报道，《深度国际》2021 年 8 月 28 日播出的《自由女神脚下罪恶的交易》，关注非法人口贩卖，揭露美国自我标榜的“人权灯塔”下，实则隐藏着黑暗暴力的强制劳动和非法性交易。编导王锴在他的创作手记中指出，美国每年至少 15 万名儿童被逼性交易，其中 80% 通过色情网站完成交易。同时，美国的强迫劳动问题主要集中在家政、农业、工业、色情业等，而美国法律很少要求或者不要求对这些领域的工作条件进行监管。以农场工人为例，他们往往在没有医疗保险、病假、养老金或工作保障的情况下工作。节目对于美国历史由来已久的人口贩卖罪行进行列举，既要让观众看到美国“道德标兵”的虚伪，同时，也对一直以来被美国主导定义的“人权”做出客观、公正的诠释。

> 人口贩卖是一个严重侵犯人权的行为，它同时给社会造成很大的危害，给国际社会的安全和发展造成了重大的威胁。所以说联合国禁止贩运人口的协定书，它的宗旨之一就是要促进国际合作、加强伙伴关系，来联合国际社会共同预防和打击人口贩运。然而美国把人口贩运作为抹

① 陈以定:《当代中国外交中意识形态建设与国际话语权建构——基于中国外交话语分析视角》,《学术界》2012 年第 7 期，第 85 页。

黑其他国家的工具，为自己谋求政治利益，维护自己的霸权，而不是促进国际合作，它实际上就是违反了《联合国禁止贩运人口协定书》促进国际合作的宗旨。

上述专家对美国贩卖人口猖獗之势的评价，表明了其侵犯人权、危害国际社会的不良影响，同时也指出了其打着“人权”口号巩固自己地缘霸权的荒唐行径。

输出原创性国际话语，并不代表我们要依附于现存的西方话语体系，而是西体中用，用中国特色理论去化解西方霸权话语，去疏导西方话语对中国发展的重重围堵、压制和攻击。《深度国际》在构建原创性国际话语的过程中，一方面通过关注“一带一路”倡议、人类命运共同体理念等中国特色实践，向世界传达中国理念；另一方面，通过他塑的国家形象建构方式，关注世界其他各国的社会政治经济问题，从墨西哥毒品问题，到美国非法贩卖人口交易，再到阿富汗战争里个体遭遇的苦难。节目在盘点梳理他国热点问题的同时，结合国际社会通行的价值理念，阐发了既有中国特色，又与国际价值体系接轨的和平观、文明观和人权观。

二、参与权：在互动交流中呈现中国的对外交往价值观

胸怀千秋伟业，恰是百年风华。2021 年是中国共产党成立 100 周年，也是“十四五”规划开局之年。随着新时代中国进入新发展阶段，中国特色大国外交踏上新征程。中国特色大国外交正经历由“发展中大国”向“发展中强国”、由“边缘”向“中心”、由弱向强、由地区性强国向有全球性影响的大国的转变，正经历由量到质的转变。大国特色蔚然成形。中国特色大国外交的形成与中华民族伟大复兴密切相关，而中国复兴的成败在相当程度上也

取决于中国特色大国外交能否有效推进[1]。当我国在外交场上稳步前行，国际话语权提升的迫切性愈发显著。

国际话语权有广义和狭义之分，而狭义的国际话语权是广义的国际话语权的一个重要组成部分，并以其为基础。狭义的国际话语权指的就是国家间政治博弈和外交斗争的直接体现，是国家之间意识形态竞争的外在表现，是一个国家文化软实力和意识形态影响力、控制力的最核心、最敏感的部分，处于最顶层的位置。因此，要提升我国国际话语权，就要时刻关注我国的外交事务，通过报道我国对外交往事件，表达中国理念，传达中国观点。

《深度国际》节目在呈现中国外交实践时，始终致力于寻找中国与世界各国的价值共同处和文化交汇点。只有既能从国家层面描绘重大国际合作项目的宏伟蓝图，也能从个体层面真切关注普通人的命运，运用生动感人的事例；既要从中国实际出发，挖掘精彩故事，提炼中国话题，引导国际舆论，又要努力把握国际社会的研究兴趣点、利益交汇点和情感共鸣点，才能通过主动设置议题引发舆论共鸣，推动我国同各国的人文交流和民心相通。

（一）以和平姿态与世界各国交流

2015 年 5 月 14 日，中国十三朝古都西安用一场盛大仪式迎来了前来访华的印度总理莫迪。《深度国际》以“龙”和“象”为题，巧妙展现出两个东方古老文明大国的历史底蕴。

> 中国用一场不多见的盛唐入城仪式，迎接一位外国领导人——印度总理莫迪的到来。习近平主席陪同莫迪总理共同观看体现两大文明交相辉映的文艺演出《梦长安》。此前两位领导人还同游大慈恩寺——唐代玄奘法师从天竺归国后翻译佛经的地方。

---

① 王帆:《中国特色大国外交：缘起、成就与发展》，人民网，2017 年 7 月 20 日，http://world.people.com.cn/n1/2017/0720/c1002-29418347.html#:~:text=%20。

两国的交往有深厚的历史背景，曾经的盛唐恰好见证了这两个古老文明的交流。

专家叶海林：中印两国政府都希望这次访问，强调两个古老的东方民族之间这种悠久的文化交流。尤其是长安在中国古代是我们的文化中心，而且也是我们和印度进行文化交流的一个中心，所以我们看到这一次莫迪总理的访问专门有仪式和活动是安排在大连海举行的，以这个古代的相互影响的文明来作为莫迪此访的一个起点，双方都是在强调中印之间的共同点和这种互相交流的历史。

专家指出，莫迪总理的首站设在西安，展现了中方的友好态度，中方希望通过曾经的文明互通来进一步增进两国认同，为将来的国际合作打下良好基础。而莫迪总理接下来的行程也有着深层次的含义。

专家李莉：在行程安排上面我们看到三位一体。西安代表着文化，北京代表着政治，上海代表着经济，实际上这就说明中印关系实际上一个全方位的一个发展的局面。莫迪实际上用一句话概括是为发展而来，实际上我的理解他是通过这次来访，来进一步深化发展与中国的友好关系，特别是这种经贸合作，来助力印度的发展，因为我们知道莫迪上台他的主要精力是推动印度国内的发展，他把主要精力都放在国内发展，他要发展的话就要吸引外资啊，在这方面实际上中国有很多地方是可以对他有所帮助的。

专家解读了莫迪拜访中国三个城市的深刻意味，象征着中印交往的全面发展。同时专家也引出莫迪来华的主要目的——促进中印经贸合作、助力印度国内的经济改革。

专家叶海林：首先中印经贸合作是个双赢的结局，中国企业能够在印度市场上进行更大范围的投资，获得更多的回报。而印度的市场，那么在中国企业的参与下也会变得更完善，应该说规模更大、水平更高，这同样是有利于印度经济发展的。所以我想这方面在中国看来，应该说深化和印度的经贸合作没有任何问题，我们是有诚意的。

中印互为重要邻国，两国人口总和占世界三分之一。中国领导人邓小平说过，“真正的‘亚洲世纪’，是要等到中国、印度和其他一些邻国发展起来，才算到来。”印度圣雄甘地也说过：“中国和印度是同舟共济、患难与共的同路人。”跨越喜马拉雅山，中印两个巨人的再度握手，不仅能造福25亿人，而且能带动周边国家的团结合作，深刻影响亚洲的未来。

专家叶海林的发言表明了中方对于两国经贸合作的美好愿景，同时也展现了中国协同发展中国家增强国际话语权的诉求。中印两国，既是亚洲的两大文明古国，也是发展中国家的中坚力量，只有双方同舟共济、实现合作共赢，才能带动周边国家以及世界其他发展中国家，为国际社会进步贡献自己的力量。

整体而言，《深度国际》在节目中始终倡导和平发展的理念。中华民族向往和平的精神由来已久，中国古代先哲们认为，和合是宇宙万物生存的原因与方式。《礼记·中庸》说：“中也者天下之大本也；和也者天下之达道也。致中和天地位焉，万物育焉。”“中”“和”成为中国人理解自然、消融社会矛盾，实现人类与自然、人与人之间和谐的基本价值取向。孔子提出了“和为贵”的思想，并把它当作“为政之道”和“为人之道”的一个基本原则。中国践行大国外交的过程中，就把“和”从人与宇宙的相处模式，转化为国与国之间的交往法则。“和”的思维作为中华文化的重要思想资源，有利于协调国际社会单个国家的个体主义与国家集团的地区主义、全球主义之间的矛盾，有利于协调彼此间的利益、权利和义务。在全球化时代，我们在对外战略中倡导“和”的思维是符合时代发展方向的选择。[①]《深度国际》从2014年的《解码中韩走进》《金砖逆袭》，再到2016年《中国为何对南海仲裁说不》，再到2021年聚焦中欧关系的《中欧携手破局》，特别是近年来愈发焦灼的中美关系主题系列节目，都站在了世界和平发展的大局下，秉持独立自主、公平正义的原则，对世界发出了客观、公正、真实的正义之声。

（二）以诚恳姿态增进各国互信

当前，国际安全形势深刻复杂变化，主要大国之间战略互信与合作不足，全球战略平衡与稳定受到冲击。对于有助于增进大国战略互信、遏制霸权主义、冷战思维和零和博弈观念蔓延的危险趋势、凝聚各国合作应对国际安全挑战的共识、加强各方管控分歧，以及改善国际安全环境加强协调合作的行动和外交政策，中方一贯秉持支持的积极态度，采取有力的行动。[②]

面对大国关系中最为不稳定和尖锐的关系之一的美俄问题，其背后的历史渊源和现实状况复杂而交错，情势发展也起起伏伏。自克林顿政府执政后，美俄之间短暂的蜜月期很快便宣告结束，美国以经济援助推动俄罗斯国内政治变革的努力遭受挫折，北约东扩进一步破坏了双方的战略互信。为缓解俄罗斯的忧虑，北约与俄罗斯建立了“和平伙伴关系计划”。克林顿还邀请俄罗斯加入了七国集团。布什政府上台后奉行单边主义外交政策，在执政初期就与俄在间谍案和车臣问题上陷入矛盾。此后，双方在反导问题、北约东扩和俄罗斯及苏联国家的民主化等问题上的分歧也不断加剧。“9·11”事件的突然发生更是推动了美对俄政策的暂时调整。

① 谈谭:《试论中国对外战略文化的核心价值观》,《江汉大学学报（社会科学版）》2007年第1期，第110页。

② 赵立坚:《五核国巴黎会议取得成功释放三大积极信号》，新浪，2021年12月6日，https://mil.news.sina.com.cn/2021-12-06/doc-ikyakumx2374443.shtml。

奥巴马上台之时正值美国遭遇金融危机，希望通过接触和对话与俄罗斯共同处理相关国际事务。美国“以在独联体内部暂停推进民主化、北约东扩及东欧反导系统部署计划，换取俄罗斯参与制裁伊朗和达成削减战略核武器条约”，双边关系由此得以“重启”。从奥巴马第二任期开始，美俄关系逐渐走向下坡路。双方在俄人权状况、叙利亚和反导等问题上的矛盾再次浮现。2014 年乌克兰危机爆发，彻底终结了美俄关系“重启”进程。

目前，双方都在更新各自的核武库，发展先进的常规和网络武器。双方在制裁战、欧洲东部的对峙战以及全球热点问题上的博弈仍在持续。双方精英阶层也各自秉持大国心态，严重缺乏战略互信。①

《深度国际》对美俄关系一直高度关注。以 2016 年 4 月 15 日节目《叙利亚：美俄角斗场？》为例。据 CNN 当地时间 2016 年 9 月 18 日报道，继周六的政府军营地被炸之后，阿勒颇东部的叙利亚反对派据点于周日多次遭到战斗机空袭。叙利亚人权观察组织表示，周日的袭击是自停火协议 12 日开始执行后阿勒颇首次遭到空袭。根据为期 7 天的停火协议，政府军要暂停对所有反对派占领区的空袭行动，反对派也要停止在政府控制区附近的攻击。但停火协议并不包括“伊斯兰国”（ISIS）等恐怖组织。自停火协议执行以来，不断有报道显示在部分地区出现了违反停火协议的情况。但周六的空袭让本就脆弱的停火协议更加岌岌可危。②

在此次空袭事件发生后的 10 月 15 日，《深度国际》播出了《叙利亚：美俄角斗场？》，以叙利亚遭空袭为契机，对美俄关系展开讨论，比如，美俄频繁的动作和叙利亚上空紧张空气的背后到底是由什么造成的，愈发激烈的摩擦是否代表着美俄关系进一步走向恶化，而叙利亚问题究竟要去向何方？

---

① 李莹莹：《美俄关系的现状、特征及趋势分析，中国国际问题研究院》，2020 年 4 月 23 日，https://www.ciis.org.cn/yjcg/xslw/202007/t20200710_1020.html。

② 安晶：《美军“误炸”事件升级：叙利亚表示不相信美俄联合国会议上对骂》，界面新闻，2016 年 9 月 19 日，https://www.jiemian.com/article/858584.html。

9 月到 10 月，一个月的时间，叙利亚的局势风云变幻。继今年 2 月达成协议致使叙冲突各方短暂实现停火之后，上个月 10 日，经过马拉松式的谈判，美俄两国终于就叙利亚问题达成新的停火协议。同时美俄这两个明显缺乏互信的大国第一次表示，要对叙利亚的恐怖势力联手进行打击。美俄似乎真的开始推动结束持续了 5 年多的叙利亚战乱。

在专家介绍了俄罗斯在叙利亚问题上政策的变化发展，分析美俄双方都是意图在叙利亚扩大己方的既得利益，从而进一步激化了矛盾后，节目指出双方缺乏互信和诚意，使得叙利亚局势有了超出政治解决途径的趋势。

谁都想在叙利亚未来政权的归属问题上获得最大的利益，无论是叙利亚政府还是反政府武装，无论是美国还是俄罗斯，切身利益都是针锋相对的。缺乏政治互信基础的合作根本难以为继。

战争能解决问题么？还是会使地区局势陷入更深的混乱？对话和谈判能增强互信从而解决问题么？节目在最后以中外三位专家的观点，直接预测美俄双方下一步的解决方案只能是走向政治对话。

冲突升级的叙利亚局势能否重归政治解决之道？莫斯科卡内基研究中心专家科扎诺夫认为，由于叙利亚和平具有战略利益，俄美双方迟早要回到谈判桌上，只是需要一定时间去平复情绪、克服各类障碍。

专家李绍先：现在不能说美国和俄罗斯彻底决裂了，或者说美国抛弃俄罗斯，双方不合作了，并没有如此，10 月 3 日，美国宣布和俄罗斯中止在打击（极端组织）这个方面的合作，或者谋求这方面的合作中止，但是美俄之间在叙利亚对打击（极端组织）上的军事的协调并没有中断，所以不能看作是美俄之间彻底的决裂。

专家金灿荣：那么最终怎么解决，现在还不好说，怕以后美国更大的政策调整，你比如说美国的选举就可能有影响。最终政府军事手段解决不了，因为这是两个大国在那儿，不可能打服对方，这个军事手段解决不了，最终要解决，还是靠政治谈判，不管喜欢也好，不喜欢也好，就靠政府谈判。

三、表达权：用多元意识形态表达消解西方话语霸权

话语是国家实力的体现。现代主义认为，语言的传播、衰落以及好几种语言对主导权的争夺，都与国家实力有着千丝万缕的联系。从某种意义上讲，话语是权力的表现形式，话语不仅是施展权力的工具，也是掌握权力的关键。而且，就话语表达来说，由于有诸多条件、手段等因素的影响，就有是否能表达，以及表达的程度的问题。话语是一种权力，也是一种力量。①

福柯认为所谓的“真理”是知识凭借权力进入话语后形成的，正是权力决定了什么话语可以畅行无阻，什么话语被禁止。从话语与权力相结合的角度出发，人们注意到在国际社会中也存在所谓的“真理”——霸权话语，它们由掌握话语霸权的国家制造并在国际社会广为传播，而其他国家的话语则受到霸权话语的排斥和压制。②

过去很长一段时间，西方大国借助经济、军事、科技、信息等硬实力和软实力，极力强化“话语霸权”。在此背景下，国际话语权斗争日趋激烈。话语权在传播国家的价值观念、表达国家的利益诉求、实现国家的根本利益上担负重要使命。国际话语权表现为对外发言权与评判权等，是为国家对外战略服务的重要工具。③

---

① 吴一敏:《解读西方发达国家的话语霸权》,《南京政治学院学报》2005 年第 3 期，第 112 页。

② 王啸:《国际话语权与中国国际形象的塑造》,《国际关系学院学报》2010 年第 6 期，第 59 页。

③ 杨鲜兰:《构建当代中国话语体系的难点与对策》,《马克思主义研究》2015 年第 2 期，第 60 页。

媒体本身与意识形态话语权关系紧密，意识形态是传媒的本质属性之一：媒体属于上层建筑的精神领域，其内容受特定经济关系（利益关系、阶级关系）决定；媒体作为传播工具，本身也是意识形态的载体；传媒生产受到特定经济关系的制约，是具有意识形态性的精神生产。“现代社会中的意识形态分析，必须把大众传播的性质与影响放在核心位置，虽然大众传播不是意识形态运作的唯一场所。”弗拉基米尔·阿尔乔莫福曾指出：“信息是一种有力的意识形态和政治的武器，它可用来颠覆政权。”现代数字网络科技的发展，使得通过对传媒技术的控制就能够影响意识形态，美国学者 J. 希利斯·米勒据此认为“媒介就是意识形态”。

新中国成立后，特别是改革开放 40 多年来，中国通过自己坚持不懈的努力和奋斗进取，已发展成为一支重要的世界战略性力量，并在国际舞台上有了自己的话语权。但这种话语权更多地是来自中国硬实力的发展壮大，当前为国际社会所激烈争夺的文化和制度等软实力的世界影响力，与中国在经济等硬实力方面所取得的举世瞩目的成就相比还不够相称，存在一定的落差。国内层面，中国的文化中仍充斥着西方的话语。国际上，在国际文化交流格局中，中国尚不具备与其经济大国地位相匹配的文化话语权，与中国经贸的巨大顺差相比，中国的文化贸易仍存在一定程度的“文化赤字”。[①]

如何结合国际局势和中国国情，增强中国的话语权，通过呈现出不同于西方“话语霸权”的多元意识形态，来争取自己的表达权，扩大中国的国际影响力，是中国对外传播工作一直努力的方向，也是《深度国际》多年来努力的方向。在这个方向上，《深度国际》在具体节目的制作过程中，对政治经济代表的硬实力和文化外交代表的软实力，分别有着不同的侧重点和发力点，来实现传播效果的最大化。

① 张殿军:《硬实力、软实力与中国话语权的建构》,《中共福建省委党校学报》2011 年第 7 期，第 64–65 页。

（一）用政治经济的硬实力增强意识形态的说服力

图 4-12　首推创新　将如何助力 G20

2016 年 9 月 4—5 日，中国首次以主席国身份在杭州主办 G20 峰会。G20 杭州峰会围绕会议主题和重点议题进行了讨论，就加强政策协调、创新增长方式、全球经济金融治理、国际贸易和投资、包容和联动式发展等议题，以及影响世界经济的其他突出问题进行了深入探讨，达成了许多重要共识，成为“促进世界经济增长、加强国际经济合作、推动 G20 发展”的历史性会议。

本次会议以“构建创新、活力、联动、包容的世界经济”为主题，将“创新增长方式”“更高效的全球经济金融治理”“强劲的国际贸易和投资”和“包容和联动的发展模式”作为四大核心议题。其中，全球贸易与投资合作首次成为在 G20 历史上引人注目的议题。在 2016 年 7 月于中国上海举行的 G20 贸易部长级会议上取得的一系列令人振奋的先期成果，为峰会取得丰硕而务实的成果奠定了坚实基础。它们充分体现了本次峰会所强调的发展、可持续和包容性的基本理念，为构建开放型世界经济注入了“中国智慧”。①

2016 年 9 月 2 日抢先于 G20 杭州峰会举办前播出的《G20 的中国主张》，就从多角度出发，由中国改革开放以来在政治治理和经济发展上取得的成就开篇，分析中国为全球经济发展的顶层设计出谋划策，贡献中国方案的合理性和可行性。

作为此次会议的前期宣传和预热，该期节目首先介绍了 G20 杭州峰会的具体背景，尤其是中国为此次峰会做出的准备和努力，呈现了此次峰会是在全球

① 盛斌:《G20 杭州峰会：开启全球贸易投资合作新时代》,《国际贸易》2016 年第 9 期，第 43 页。

经济面临着什么样的挑战的背景下举办的。在交代了以上这些必要的背景信息后，节目将主要的篇幅和精力放在了中国具体为 G20 提出了怎么样的方案，为什么中国要提出这样的方案，提出这样方案的中国是从何处吸取的经验来回馈给全球经济的顶层设计。

华夏新供给经济学研究院院长贾康：我们首推制度创新，供给侧创新有效，改革制度下必须要解决，怎么完成制度安排方面的转轨，技术创新可以带来管理创新，这种潜力空间可以发掘出来。

创新为中国的经济带来活力，科技创新和产业创新在中国兴起，“互联网 +”和智能制造等新产业创造巨大商机和需求。不断尝试的制度创新，也让中国经济受益良多。而这一切，都是中国希望在此次杭州 G20 峰会上，与世界分享的议题。

专家黄薇：我们知道中国在过去三十多年一直持续有一个非常高速的发展经历，但这个经历的背后是跟中国长期的这种改革，我们经济政策上的各种努力尝试不可分割的，所以在这方面中国其实是比较适应于经常去进行一些制度上的创新。最近这几年，比如我们出现了上海自贸区，还有比如说浅海的金融自贸区，这些其实都是一些好的经验。

中国在制度创新、科技创新和产业创新等方面取得的成就在全世界有目共睹，同时，进一步打破西方国家主导的“话语霸权”需要来自另一种意识形态的声音。在 G20 杭州峰会为世界提供中国方案的基础上，《深度国际》为中国方案的可行性做出了进一步的梳理，这些都是西方媒体代表的“话语霸权”所没有呈现和提及的。我们希望从中国视角，用中国语言，展现中国在创新上取得的成就，从而与对中国经济发展成就不客观、不友善的话语产生冲击。

节目接下来继续深入介绍中国在 G20 杭州峰会上对世界经济发展做

出的具体努力，尤其是在经济目标，促进全球普惠上。这些努力体现了中国作为大国的责任心，彰显了中国发展的“制度优势”和中国制度的优越性。

为了实现消除贫困、保证平等和公正等发展目标，2015年9月，联合国发展峰会通过了《2030年可持续发展议程》，内容涵盖17项可持续发展目标和169项具体目标。

专家王文：这么一个如此宏大的一个目标，怎么去实现，总要有一些相对富有的国家，相对经济实力强的国家，去推动它，那么G20国家这20个国家的GDP相当于全球GDP综合的80%到85%，也就是说如果这20个国家能够团结在一块儿，共同为全球的发展去努力，去推动，那么联合国的目标不就可以更好地实现了吗？所以今年中国G20峰会正式把发展议题视为他们首要议程，而且要让发展普惠到一般的老百姓。也就是让过去我们G20层面更多地讨论GDP的增长，现在我们把GDP的增长更多地转化为全球的发展，让G20真正能够为实现联合国层面上的2030年的那个伟大的全球目标而起到牵引作用，牵头作用，主导作用。

长期以来，以美国为首的西方国家对中国发展进行的：夸大中国实力，煽动“中国威胁论”；放大中国问题，宣扬“中国崩溃论”；高举所谓的人权大旗，鼓吹“中国人权倒退论”[①]等一系列话语上的抹黑与攻击，在这些实例和论述面前不攻自破。我们致力于在节目中为国际社会长期以来论述中国经济发展单一的论调加入了新的观点，也为不够强大的其他发展中国家对中国经济发展的赞许提供了最真实有力的援引。

① 李群山:《中国国家形象塑造的困境及其应对之策》,《吉首大学学报（社会科学版）》2018第39卷第44期，第93页。

（二）用文化外交的软实力提升意识形态的亲和力

自古以来，中华文化始终在曲折发展中不断升华，呈现多路径交叉、一体化并进的总体演化态势，具有鲜明的多样均衡、兼容并包、和合共生的文化基因特征。亲仁善邻、协和万邦是中华文明一贯的处世之道，惠民利民、安民富民是中华文明鲜明的价值导向，革故鼎新、与时俱进是中华文明永恒的精神气质，道法自然、天人合一是中华文明内在的生存理念。作为中华民族认知世界和改造世界的智慧结晶，这些具有鲜明东方特色的中华文化理念积淀着中华民族最深沉的精神追求，是中华民族生生不息、发展壮大的丰厚滋养，对于推动全球良政善治、打造全球公共产品、实现共同发展繁荣也有着十分重要的现实借鉴意义。[①]

建设“一带一路”是以习近平同志为核心的党中央提出的重大战略构想，是实现“两个百年”奋斗目标和中华民族伟大复兴中国梦、协调推进“四个全面”战略布局的重要举措。文化传播与交流合作是实现“一带一路”沿线国家“民心相通”的基础，是与政策沟通、设施联通、贸易畅通、资金融通“四通”相辅相成的重要“软实力”。习近平总书记在 2013 年 10 月召开的周边外交工作座谈会上强调，为“巩固和扩大我国同周边国家关系长远发展的社会和民意基础……要全方位推进人文交流”。[②]

2017 年 5 月 14 日，“一带一路”国际合作高峰论坛在北京召开。自 2013 年首次提出倡议以来，“一带一路”建设从无到有、由点及面，受到越来越多国家和地区认同和欢迎，然而也有不同的声音一直持有质疑和困惑。“一带一路”是看上去很美的“空架子”，是中国转移“过剩产能”，是中国

① 张耀军:《对新时代中华文化走出去的几点浅见——兼论中华文化“一带一路”传播的可及性》,《江淮论坛》2020 年第 1 期，第 141 页。

② 隗斌贤:《“一带一路”背景下文化传播与交流合作战略及其对策》,《浙江学刊》2016 年第 2 期，第 214 页。

版“马歇尔计划”，是中国“烧钱装大方”。[①] 面对质疑和恶意抹黑，时任外交部副部长乐玉成曾就“一带一路”是不是中国版的“马歇尔计划”做出回应，他表示：“我觉得两者之间可以说有一点相似，比如在推动基础设施建设方面，或者都是和平时期的倡议或计划。但是二者本质上完全不同。”[②]

图 4-13　前中国驻外大使，外交部公共外交咨询委员会委员华黎明接受采访

面对这些质疑声音，2017 年 5 月 13 日，先于论坛一天播出的《“一带一路”，人类命运共同体的纽带》，从多方面化解质疑，释放中国友善亲和的信号，尤其注重从兼容并蓄、包罗万象的中华文化特点入手，加强意识形态的友善度和亲切感。节目首先分析了某些国家对“一带一路”产生合理疑惑的原因，分析了对“一带一路”表示反对的国家持此态度背后具体的历史因素，并由此解释了“一带一路”的出发点并不是像个别国家所误解的那样。从中国的文化传统来看，“一带一路”是为人类社会发展走出的新道路，这是符合中国过去千年的实践路径的，而这就是中华文化的一部分。

节目展现了“一带一路”倡议背后深刻的历史渊源，也展现了中国对“一带一路”的友善初衷和美好蓝图，让本来冷冰冰的只限于国际贸易的“一带一路”倡议，拥有了来自厚重历史的祝福，从而让“一带一路”更加

① 岳小乔：《“一带一路”是空架子？中国当冤大头？用这些事实怼回去》，华声在线，2017 年 5 月 8 日，http://news.voc.com.cn/article/201705/201705080848357435.html。

② 外交部：《“一带一路”和马歇尔计划本质上完全不同》，搜狐，2018 年 9 月 26 日，https://www.sohu.com/a/256239212_313745。

易于接受和被广泛吸纳，使得背后的意识形态也变得可亲可爱起来。在节目的最后，更是用形象的比喻，和实际存在于中华文化中的现象，来强调“一带一路”是符合人类命运共同体的举措，不仅展现了中国历史的多样与悠久，更以此提升了“一带一路”走出去的亲和力。

> 曾经有人提出过这样的一个概念，有一群人需要建造一座房屋，如果每个人都有自己的方案，这叫多元化。大家通过充分协商，形成最大共同点，求同存异，这叫包容互鉴。这样房子就能建起来了。但如果某个人要求大家只许用自己的方案，这就叫一元化；互相决不让步，叫零和游戏。最后，房子是没办法建成的。在今天地球村的时代里，中国提出构建人类命运共同体的倡议，这也是一种哲学的智慧。

本章小结

本章从表达国家立场的视角出发，从媒体外交、国家形象和国际话语权三个层面，对《深度国际》话语表达的背景、动机、效果和主动构建话语进行了全面的分析。

国际信息是《深度国际》作为一档国际新闻节目的出发点。媒体对于国际信息的把握首先来自对全球信息中与中国立场密切相关的部分做出准确分析，在分析后做出符合中国利益的判断，才能主动参与媒体外交，在国际关系中发挥重要作用。而面对复杂涌动的国际信息，应该有自己的判断力和整合梳理能力，这也是《深度国际》自节目诞生起就一直在追求和成长的方向。

国际关系是外交场上重要的一环。面对复杂凶险的外部环境，构建一个平等有力的对话平台，推动争议话题及时化解，是节目的主动尝试。节目致力于从媒体角度推动以对话途径解决问题。比如，作为一个负责任的大国，同样也是一个在国际事务中有着复杂利益关系的国际关系主体，中国在朝韩问题等敏感关键上总是能发挥自己的独特作用，这一点在节目中也有着体现。

作为媒体外交的重要领地，在国家面对外交危机、利益遭到侵犯、主权受到挑战时，对外交政策的准确解读，为官方传达声音就成了每一个媒体工作者义不容辞的工作。以南海问题为例，美国在南海问题上频繁“小动作”，菲律宾等国家屡次越界，面对这样的情况，《深度国际》在节目中适时发出警告的声音，起到了一定的警示作用。

塑造良好的中国国家形象，是媒体外交工作的一部分，只有在交往和互动中，一个事物的形象才能得到立体、客观的塑造，而《深度国际》在塑造中国国家形象上的任务，就是要努力塑造可信、可爱、可敬的中国形象，让世界看到一个真实、立体、全面的中国。我们要积极主动发声，将真实信息、真实故事源源不断地注入国际信息库，让外部世界了解、接受我们希望别人了解、接受的声音，让正确的声音响亮起来。

中国形象在《深度国际》的塑造下是怎样的呢？首先中国是一个负责任、有担当的大国。“一带一路”倡议是习近平总书记提出的重要倡议，在世界范围内受到了前所未有的关注，有关注自然有抹黑和恶意攻击。我们通过节目释放出中国的和平意图，阐述中国的崛起对世界来说不是威胁，而是机遇。在“一带一路”举行了首次峰会后，中国与各国建立了更紧密的关系，取得了丰富的成就，客观真实地呈现这些“一带一路”所取得的成就，有利于构建负责任的中国国家形象也是对一些西方媒体缺失报道的有力回应。

在中国政府的身后，是中国人民。诚然，随着全球一体化，中国人民与世界人民的交往越来越多，中国人民形象的提高和变化有目共睹，但也仍存在着偏颇和刻板印象。节目重点体现了中国友好礼让的民族气质，从政治冲突和经济贸易两个层面中遇到的问题切入，以美国首先挑起的“中美贸易争端”为例，从多角度展现了中国是世界和平的建设者、全球发展的贡献者以及国际秩序的维护者。

除此之外，中国还有着深厚的历史文化底蕴，这些是中国国家形象塑造中不可忽视的优点和魅力。节目从开放包容的文化格局、天人合一的生态理念切入，与全球共同面对的文明冲突、环境问题相结合，展现了中华文明为世界顶层设计注入的古老而富有生机的力量。

在媒体外交中，如何争取国际话语权是一个重要的议题。自新中国成立以来，由于历史和现实的各种原因，有很长一段时间我们在国际领域处于话语权相对弱势的情况，为了改善这种情况，争取与自身国力相符合的国际话语权，需要在知情权、表达权和参与权三个方面做出努力。

首先是知情权，为了构建具有中国特色的新闻叙事话语体系，需要建立与西方媒体所惯常使用的话语不同的全新话语体系，才能更好地讲好中国故事，在此基础上，输出原创性的国际话语，为不平衡的国际话语体系注入中国力量，都是在为国际上长期为西方媒体所蒙蔽的国家和人民提供知情权。

表达权也是国际话语权中的一个重要方面，要想在互动交流中呈现中国的对外交往价值观，需要用中国自己的声音和话语与世界交流。以和平姿态和各国交流，以诚恳态度增进世界各国的互相信任，这是出于中国这个负责任大国的立场的表达，加强这些话语和内容的表达，有利于提升中国国际话语权。

增强国际话语权中的参与权，需要在单一固化的西方意识形态中增加来自中国的多元意识形态。随着中国的发展，综合国力的增强，政治经济硬实力的增强可以加强中国意识形态的说服力，成为强有力的例证，而文化外交固有的亲和友善，则能够提升意识形态的亲和力，让在国际外交中有时显得“单枪匹马”的中国话语免遭于西方话语的“异化”和排斥。

《深度国际》为中国在国际事务中的立场表达做出了相当多新颖的尝试和有明确方向的努力，用媒体外交的力量为中国的外交事业助力。以传播效果为导向，探索语态迭代、艺术升华、技术升级新路径，坚持“一国一策”、探索“一群一策”，巧妙设置议题角度，多讲故事、讲好故事，做到有的放矢、生动鲜活，让国际社会更加深刻地感悟新时代中国的可信、可爱、可敬。①

① 总台之声:《总台党组专题传达学习习近平总书记致中国人民对外广播事业创建 80 周年的贺信》，中央广播电视总台微信公众号，2021 年 12 月 4 日，https://mp.weixin.qq.com/s/GzNuCaxhUDBeyx30A3Y-cQ。

第五章
结语：打造国际传播“轻骑兵”

党的十八大以来，我国大力推动国际传播守正创新，理顺内宣外宣体制，打造具有国际影响力的媒体集群，积极推动中华文化走出去，有效开展国际舆论引导和舆论斗争，初步构建起多主体、立体式的大外宣格局，国际话语权和影响力显著提升。①

2021 年 5 月 31 日，习近平总书记在以“国际传播能力建设”为主题的中共中央政治局第三十次集体学习专门会议上发表重要讲话，对加强和改进国际传播工作提出了任务要求。从对谁传、传什么、怎么传三个方面，对我国对外传播工作做出了新部署，提出了新方略、新要求，强调“讲好中国故事，传播好中国声音，展示真实、立体、全面的中国，是加强我国国际传播能力建设的重要任务”，为做好新时代的国际传播工作指明了前进方向、提供了根本遵循。②

随着国际传播工作越来越受到高度重视，不少国内媒体纷纷开始布局国际传播，而在疫情背景下的特殊年份，民众对主流媒体的呼唤使得主流媒体作用凸显。作为中国主流媒体节目之一，在国际传播中一直走在前列的《深度国际》，取得了一定的成就，积攒了丰富的经验，也面临着前所未有的发展机遇。以下从成就与经验、调整与机遇、策略与进路等几个维度总结归纳本书的研究成果。

---

① 袁勃、牛镛:《加强我国国际传播能力建设 习近平再作部署》，人民网，2021 年 6 月 2 日，http://politics.people.com.cn/n1/2021/0602/c1001-32120815.html。

② 崔明伍:《构建战略传播体系 有效传播中国声音》，光明网，2021 年 6 月 11 日，https://theory.gmw.cn/2021-06/11/content_34916422.htm。

第一节 成就与经验

作为一档中央广播电视总台在中文国际频道开办的，面对全球华语受众的国际新闻专题节目，传媒基因决定《深度国际》的媒体定位就是用具有国际视野的题材选择和选题设计，来讲述发自本土视角的中国故事，进而传播基于国家和民族利益诉求的中国声音。

一、国际视野：深度剖析全球热点事件

《深度国际》从国际上所发生最新的热度较高的国际新闻事件中，选取有价值和国际影响力的新闻事件进行策划和制作，深度剖析全球热点事件，让观众更好地了解国际上重要事件发生的始末以及背后的种种因素。《深度国际》不仅是中国人看世界、了解世界新闻，追随世界发展潮流的窗口，同时也是海外受众了解中国的一个窗口，通过新闻节目能够帮助海外受众客观、理性、全面地认识和了解中国，对海外受众起到舆论导向作用，从而在参与国际事务探讨与评论分析中有效传播中国声音。[①]

（一）深耕国际传播舞台，打造“六度”节目

《深度国际》于 2009 年开播，已累计推出 600 余期节目，通过各方共同努力，从开播前期的不温不火发展为如今国内国际知名度较高的栏目。《深度国际》在当今世界格局深刻变化之中努力打造“六度”节目，深耕国际传播大舞台，向全世界解读中国实践、讲好中国故事，传递中国声音、深挖社会热点，让“国际范儿”和“中国味儿”相结合，让中国形象润物无声，直

① 王雨、赵凤华:《〈深度国际〉：中国国际话语权建构》,《当代电视》2019 年第 12 期，第 104–106 页。

抵人心。

1. 新度

对于新闻时政专题类节目，时效性和新颖性比其他类型节目更加重要。时效性强能够使节目更具有流动性，更有针对性。迅速地响应国内外社会热点事件，选题、策划、采访、拍摄、剪辑各流程需要流程清晰、权责明确才能保证时效性。而挖掘社会事件背后所蕴含的内容，促进社会事件能够在较短时间内传播给观众，充分发挥新闻传播的价值，可以帮助受众在最快的时间内获取相关有价值的新闻消息。

随着社会信息化进程的不断加快，新闻传播渠道越来越丰富，传统媒体和新媒体之间的竞争越来越激烈，在这种背景之下，传统媒体就需要通过内容来获取流量赢得更多受众。一档电视新闻节目的制作和播出，关系到选题、策划、采访、编辑、制作、审查多个环节，其中任何一个环节出现疏漏，就会影响整个节目的进度。选题作为电视新闻节目的重要环节和前提基础，是决定节目内容好坏的前提和基础。《深度国际》自成立以来播出的共600余期节目，每期节目在选题策划上可谓下足了功夫。选题组在整个栏目组结构构成中起着关键作用，成员构成不仅需要有新闻敏感性，还需要有扎实的知识积累；不仅要聚焦全球范围内发生的热点事件，民众热议且具有重要影响的国内新闻事件也要关注。

疫情当下，《深度国际》密切关切全球疫情变化，发挥节目定位功能，以周更方式记录全球疫情发展轨迹，及时更新疫情最新进展，并深度挖掘疫情背后一些国家采取政策的背景，个别国家在面对疫情时的无能为力，既注重时效性，又不是简单的新闻速递，节目做得更有立体感、层次感，栏目收视率也因此获得了显著提升。

2. 广度

电视新闻类节目作为电视各种新闻性内容和新闻报道形式的总称，是电视台节目的骨干主体。信息技术时代电视媒介的发展，已融入日常生活之中，电视作为视觉媒介，在人际传播中具有不可替代的优势。[①] 放到全球背景之下，电视新闻类节目对全球观众了解某个新闻事件的作用更加凸显。

《深度国际》节目在选题内容和报道国别上注重广性。节目内容主要涉及国际关系、新闻事件、聚焦国别、焦点人物四大类型，在时效性上关注国内外社会热点事件，在选题上注重覆盖多个社会事件，放眼世界各个国家和地区，有欧美等发达国家，也有非洲等发展中国家，既考虑事件本身，也会聚焦重点人物。节目关注朝鲜美国和谈等新闻事件、中美关系、俄欧关系等关系类报道，也关注双边关系发展变化的历史语境和时代触因，结合当下复杂多变的国际关系分析实质，预判动向。

3. 深度

从45分钟到30分钟，时长的缩短意味着要有更明确、清晰的节目定位，更有层次感的结构设计，更为简洁精炼的表述。内容上精确的、点到为止的评论对节目制作组和专家都带来了极大的挑战。节目组力争在时长缩短的背景下，坚持深挖节目本身，提高新闻专业性和评论逻辑性，使话语和画面的每一帧都做到精炼、有效、精准。事实证明确实如此，在节目改版之后，节目的质量依然不减，收视率也没有因为时长缩短而减少，依旧深挖各个选题，足以证明节目的质量和深度。

如前面章节叙述，《深度国际》中东系列节目中《中东变局：和平还是"新风暴"？》聚焦阿联酋牵手以色列，分析了阿联酋与以色列关系逐渐走向亲密的过程以及双方建交的原因，关注了巴以问题以及以色列与阿拉伯国家的关系，更深层次将目光放在了伊朗身上，对未来中东形势的发展做出了深入的理解和剖析。有责任感、报道全面，是《深度国际》节目有"深度"的一大体现。同时，美俄关系作为世界上重要的大国双边关系，也是《深度国际》关注的重点。在各种关系中，美俄关系类内容占比 14.8%，正如美俄关系本身的特征和走向，从历期关于美俄关系节目的标题也可以看出，节目在

① 李青、张耕宇：《浅谈怎样做好电视新闻》，《赤峰学院学报（汉文哲学社会科学版）》2011 年第 32 期，第 94–95 页。

美俄关系上也主要关注了其中的对抗、竞争与博弈。

与新媒体节目相比，传统节目尤其是传统新闻类节目在内容深度上一定要下功夫。《深度国际》在考虑社会热点时事新闻、追求节目时效性和热度的同时，也注重新闻事件的前因后果，并对未来发展趋势做出预判，且避免生硬的说教，为此，节目组本身需要在选题策划时对选题有全面、细致的了解，邀请节目选题领域的专家作为“舆论领袖”，将新闻做深做透，让节目具有更强的核心竞争力。

4. 精度

目前，我国电视栏目有上万个，可以说是当之无愧的电视大国。然而，一般而言，普通观众喜欢的电视频道和电视栏目是相对固定且不会超过20个的，这说明了只有少数电视栏目能做到精耕细作，能提供给观众真正有意义、有价值的节目。《深度国际》作为央视的国际新闻节目，以“深度”和“国际”为主要定位，如若没有专业化和精细化的运作，就等于失去了节目的灵魂。

《深度国际》节目通过这种超链接式的交融，将专家评论、各国视角、群众等多方主体进行有机结合，使新闻报道能在时空交织中进行穿梭，将过去的报道、资料相连，甚至延展到未来，塑造了多样化的节目叙事节奏。这改变了传统媒体中单一、孤立、线性的特点，使新闻的内容更加丰满、立体。节目历时的线性梳理与持续跟进，多方面、多时空的讲述，有利于视频真实感和交流感的强化，带来更为生动和真实的体验感与对事件的感悟。

节目的精度还体现在节目分工和节目流程精细化上。制作节目采取“三岗”制度，从一岗对节目的核心把握，到二岗对节目采访稿件制作，画面编辑把关，再到三岗辅助性工作，确保节目正常播出。岗责清晰，流程顺畅，无疑是维持一个节目正常有序运转的关键。如此前介绍，在节目流程上，《深度国际》栏目由制片人负责全面领导，副制片人具体实施业务管理。栏目组下设各编辑组独立完成具体节目制作，栏目服务策划组完成组内日常信息服务工作。节目编导担任节目制作各项具体工作，职责包括把握政治思想、舆论导向和国家利益等原则，追求业务创新，保证节目质量。他们要认真核实消息来源，辨别事实真相，准确把握新闻事实，正确反映新闻本质，保证内容真实、客观、公正，安全优质地完成节目制作任务。从节目背后的团队分工再到节目制作流程的明确，层层把关才确保了节目的播出水准。

在受众群体上节目也体现了精准性，如前文所说，《深度国际》的受众群中不乏海外华人华侨。《深度国际》通过栏目的构建，勾连起了散落在世界各地的中华儿女，成为他们在日常生活中为自己建构的仪式，通过群体间的关注与互动形成与认知符号相关联的成员身份感，进而获得情感能量，更加自信和热情地向世界介绍中国。

5. 效度

尽管在全媒体时代移动客户端、网络和社交媒体等对节目观众有一定程度的分流，但是作为电视节目，收视率仍然是衡量电视节目传播效果的重要影响因子，《深度国际》在疫情期间以其权威性、公信力和渗透率成为国内国外观众了解疫情关键信息的重要窗口之一。

自节目开播以来，年均收视率一直保持在较高水平。2020 年 3 月份以来，《深度国际》收视率超过 1%。疫情相关节目从周六 22:00 移至 19:30 播出，每期节目 60 分钟时长，连续制作的《新冠肺炎：全球危急时刻》等多期国际疫情相关节目，3 月以来收视率涨幅高达 81%。[①]

疫情带来了媒体格局的新变化，传统主流媒体价值凸显，央视新闻的权威报道仍然是观众的第一选择。权威报道要考虑的是如何提高传播效果，发挥电视节目优势。传播效果作为大众传播的核心问题，放到电视节目中来看，传播效果也是电视节目的核心。《深度国际》建立多渠道传播格局，提高新闻传播的质量，打造良好的媒介生态环境，做到量与质的统一，实现传播效果最大化。

---

① 央视广告经营管理中心:《总台新闻收视持续走强，CCTV-4〈深度国际〉涨幅达 81%》，央视网，2020 年 3 月 23 日，http://1118.cctv.com/2020/03/23/ARTICGiyhRA4cBM4E8klBXUU200323.shtml。

6. 高度

1978 年改革开放以来，中国经济高速发展，与世界的关系发生了历史性的转变。党的十九大以来，习近平总书记多次指出，“当今世界正经历百年未有之大变局”，世界多极化加速发展，国际格局日趋均衡，国际潮流大势不可逆转。随着中国近年来的快速发展，中国的国家形象在西方媒体和民众眼中也在发生变化。他们观察中国的视角更加多元，中国形象趋向立体，增添了一些理性的元素。但是，西方很多媒体对中国形象的报道仍带着深刻的意识形态偏见，我们在国际上有时仍存在有理说不出，说了也传不开的现象，存在着信息流进流出的“逆差”、中国形象和西方主观印象的反差，对国际形象和国际舆论环境塑造仍有不利影响。必须要发展文化软实力，掌握国际话语权，加强对外传播能力建设，使之形成与我国经济社会发展水平和国际地位相适应的对外舆论力量。

电视作为最有影响力的一种传统媒体，也是国际传播的主要媒介渠道，创办一档《深度国际》这样的电视栏目，满足了对外传播的需求，也符合国际传播的规律。《深度国际》作为对外传播的主要媒介渠道之一，既关注国内重大新闻事件，也关注国际热点事件，紧密联系全球化的现实，适应当今世界传媒产业结构不断调整升级的大趋势，适应当今世界信息传媒技术发展的新潮流，可以说是真正具有“中国视角、亚洲元素、全球视野”的文化产品。

（二）聚焦全球热点，贴近受众需求

作为一档国际节目，就要精准定位，针对受众人群推出不同节目，既要节目内容突出，也要受众明确。早在 20 世纪 80 年代，对外传播就明确提出了针对性原则。

> 对外宣传必须十分注意针对性，从内容到形式、风格都要适合宣传对象的特点。照搬国内一套，不能解答外国人的问题；内容单调刻板，调子太高，人家看不懂，不感兴趣。这仍是我们对外宣传的最大弱点，

> 必须坚决纠正……要充分了解不同国家、不同阶层、不同党派、不同职业、不同性别、不同年龄的人们的不同兴趣和要求。有的放矢，要讲究策略、时机和方式方法。宣传的题材应当非常广泛丰富，形式应当多种多样，不能光谈政治，要使外国人真正了解我国，就要善于通过社会生活的各个领域、各个侧面，从不同角度，以大量事实，生动活泼地进行宣传，切忌说教、浮夸、片面和强加于人。[①]

按照优先周边国际关系重大事件，关注国际性大事件，考虑全球关注的国内事件的重点议题顺序，《深度国际》从开播以来节目涵盖七大洲。其中国际关系变局作为无论是国内还是国际观众都关注的点也有所侧重，既包括了中美关系变局，也涵盖了周边东南亚国家，中美关系、中日关系、俄美关系、朝韩关系以及中东问题报道占比超 60%，在放眼全球的同时，关注重点事件，贴近国内国外受众需求。

（三）深度叙事范式，做好舆论引导

在新的时代背景下，中国在世界政治、经济格局中的地位不断提高，但由于国际社会对中国的“他塑”与误读长期存在，“西强我弱”的国际舆论格局并非一朝一夕之间就能彻底扭转，推进国际传播能力建设已成为当代中国发展的重要命题之一。

新冠肺炎疫情暴发以来，部分西方媒体以疫情溯源点诋毁中国形象，在未查明真相之时给中国扣上莫须有的罪名。《深度国际》从疫情暴发开始持续关注全球疫情的发展变化，以中国视角讲好全球重大突发事件。为了努力扭转“他塑”局面，我们在节目制作中以世界坐标的高度为标准，考察本土经验，我国的抗疫经验实践让世界各国人民感受到了一个负责任大国和强国的担当。

《深度国际》作为我国对外传播的重要窗口之一，在国家提升国际舆论

---

① 何国平：《中国对外报道思想研究》，中国传媒大学出版社，2009，第 228 页。

引导力路径的指引下，节目在实践层面进行内容、渠道、技术与战术策略创新，做到坚守有道、叙事有法、运营有术。基于世界眼光和全球叙事、站在文化交流和文明对话的高度展开自塑国际传播，提升国际舆论引导力。增强中国特色和中国理论自塑，为提升中央广播电视总台央视作为我国主流电视媒体的国际传播力与引导力贡献一份力量。

二、中国故事：中国价值观的世界表达

国际传播工作强调以我为主、双边互动，而全球传播则立足全球体系和全球治理，倾向于多边交互、一体包容的价值观。从国际传播到全球传播这一转向主要包含三个维度：现实政治——观念政治维度，利益交换——精神交往维度，力量博弈——道义感召维度。[①] 在新形势下，从国际传播走向全球传播，讲好真正的中国故事，急需中国价值观的世界表达。

（一）立足本土情境化叙事，讲好中国故事

过去，对外传播内容经常以宣传口吻播出一些宏观正面内容，用宏大叙事的方式向国际社会讲成就、讲发展，现在则更着重从普通人角度出发，以“润物细无声”的方式超越民族、国家和意识形态，用人类共同价值观塑造有生命力的传播内容。从《深度国际》开播12年以来的电视节目走向来看，除了内容更加丰富之外，选取角度越发细致，从一种受众愿意接受的角度出发，立足本土视角、深化本土体验，能把本土叙事作为文化本源与节目特色来打造，坚持“以人为本”的叙事策略，用普通人的故事，引述到民生经济、文化、政治等领域，创造出有受众黏性的传播内容，使节目具有“仁爱”底色，关注人物命运，如2010年9月3日播出的《谁赢了伊拉克战争》一期节目，选取了伊拉克难民家庭故事加上两个美国士兵的采访，因时而变，因地制宜，准确把握东西方之间区域文化的不同，以小见大，让观众在

① 李成：《“讲好中国故事”需要四个转向》，《中国记者》2016年第5期。

了解伊拉克战争的同时，也无形地传递了一种“仁者爱人”的中国传统价值观。

基于国家主体不同和政治制度、文化制度不同，必须把节目对象的这些差异考虑进去。在《你好，查韦斯》一期节目中，查韦斯作为委内瑞拉前总统的特殊政治身份给节目组带来较大困难，节目组从多方搜集资料，制片人还积极联系委内瑞拉驻华大使馆寻求帮助，机缘巧合得到了此前未在国内报道过的珍贵影像资料，加上节目中背景音乐和插入视频素材都体现了一种特有的异国色彩，获得了很好的传播效果。如果不是对主题本身有深刻的了解，那么很难做出一期贴近受众的节目，因此，必须立足对象本土化叙事，在本土与非本土的交流融通之中实现开放式、融合式的传播。

（二）转变传播路径，发挥媒介融合作用

媒介融合时代的到来和新媒体的快速崛起，使传统电视媒体在一定程度上受到了冲击。媒介融合已成为不可逆转的趋势，在国际传播中媒介融合更是必不可少。虽然从节目观众人均收视时长来看，观众对节目的收视忠实度相对稳定，没有显示出明显的受挫，但作为传统电视媒体，尽管节目质量比前些年提升不少，整体上仍然表现出向缓的发展态势。《深度国际》在此背景下，一直在努力寻求融合发展之路。

CSM 调查数据显示，73.2% 的用户因电视节目短视频对该节目产生兴趣，其中 46.1% 的用户会主动搜索电视节目信息；52.8% 的短视频用户会主动搜索观看热播电视节目的短视频，其中六成左右的 20—39 岁用户更倾向于主动搜索观看；28.1% 的用户会在短视频平台的推荐下观看热播节目短视频。[①] 可见，在 5G 时代到来的今天，短视频已经形成不可逆转之势。

《深度国际》节目组将传统电视的大屏和新媒体移动客户端小屏结合，在大屏节目播出后，制作不同形式的新媒体小屏产品，通过央视频、央视新

① 袁媛:《浅析大小屏联动视域下媒体融合的新动能》,《新闻传播》2021 年第 5 期，第 13-16 页。

闻、百家号、微博、今日头条等多平台进行立体推广，形成一个相对多元的新媒体宣传矩阵。突破了此前仅靠电视平台受众互动性受限的限制，在注入新鲜内容的同时极大程度上提高了媒体受众的参与度，观众可以在“小屏”媒体上观看节目内容的同时进行互动、评论，从而达到记录者、分享者与观察者同频共振的目标。

（三）借“船”出海，加快战略转型

Web 技术时代的到来，加上全球社交媒体等网络传播平台的发展，为我国对外传播提供了良机，借助平台优势增强观众互动，拓宽分发渠道能吸引更多观众，“借船出海”是真正符合外宣的良策。在数字化智媒平台日渐普及的当下，中国媒体“走出去”的目标很难仅通过将主流媒体机构推向海外的单一策略来实现，需要通过“借船出海”的形式实现内容的有效输出。[①]《深度国际》也跟随着总台步伐加快战略转型，在走出去的道路上越走越远。

20 世纪 90 年代，中国对外传播事业基本走向世界，初步实现大面积对外传播。1992 年 10 月 1 日，中央电视台第一个国际卫星电视频道，即第四套节目正式创办并对外开播，[②] 我国对外传播走进电视时代。目前 CCTV4 中文国际频道以亚洲版、欧洲版和美洲版向全球播放；纪录频道采用中文国内版和英文国际版双频道播出；随着尼加拉瓜首都马那瓜设立海外记者站，总台海外记者站站点数量已达 190 个，其中包括数个海外分台、区域中心站，数量在全球电视媒体中位居首位，基本形成了全球化的传播格局。总台央视网紧跟时代潮流，在 Facebook（脸书，现已改为 Meta）、YouTube（俗称“油管”）、Twitter（推特）、Instagram（照片墙）等海外主流社交平台开设了多个官方账号，涵盖中文、英语、阿拉伯语、西班牙语、法语、俄语、韩国语等主要语种，覆盖 200 余个国家和地区。英语、泰语、缅甸语、日语、越南语

① 史安斌、王沛楠：《数字公共外交兴起与广电国际传播能力提升——基于“偶像”模式的分析》，《电视研究》2020 年第 1 期，第 6–9 页。

② 钟馨：《1976—2001 年中国对外传播史研究》，武汉大学 2010 博士论文。

等多种语言的境外社交媒体账号粉丝数超过百万。新媒体网络覆盖东南亚、欧洲、北美多个国家和地区。这些有利条件也极大程度上促进了《深度国际》节目走出去，在国际传播中努力缩小与发达国家一些媒体栏目的“数字鸿沟”差距。

三、国际话语：应景式、应急式媒体外交

“全球化、全民化、全媒化”的当下，我国对外传播正在从传统的民族—国家为基本单位开展的国际传播向着更为广泛、多元的全球传播转变。[①] 中山大学中东研究中心陈杰教授谈道，媒体外交在国家对外战略实施方面能发挥独特作用，在后疫情时代，中国媒体外交发挥塑造功能尤显重要。不仅要发挥媒体外交的信息传递功能，也需要发挥舆论塑造、形象塑造、价值塑造功能，因时、因地、因势使用常态式媒体外交、应景式媒体外交和应急式媒体外交，发出中国声音，讲好中国故事，坚决防止在中国实现“自我表达”前出现“被定性”“被建构”和“被表达”的窘境。[②]《深度国际》在我国国际传播向着全球传播转变的时代背景之下，实践着媒体外交叙事表达的栏目化方案。

（一）扎根形象塑造、舆论塑造和价值塑造

习近平总书记在党的十九大报告中指出，要“坚持正确舆论导向，高度重视传播手段建设和创新，提高新闻舆论传播力、引导力、影响力、公信力”。新闻舆论的“四力”事关党和国家意识形态工作领导权，是新时代新闻舆论工作抓重点、补短板、强弱项、寻突破的关键所在。[③]

---

① 李成:《“讲好中国故事”需要四个转向》,《中国记者》2016 年第 5 期。

② 陈杰:《面向国家战略需要的中国媒体外交：角色、功能与情境》,《公共外交季刊》2020 年第 4 期。

③ 陈寅、刘军锋:《遵循新时代要求，提新闻舆论“四力”》，人民网，2018 年 9 月 12 日，http://media.people.com.cn/n1/2018/0912/c420762-30288420.html。

总台发展至今，作为世界上最大的综合性传媒集团之一，始终坚持以习近平新时代中国特色社会主义思想统领一切工作，增强“四个意识”，坚定“四个自信”，做到“两个维护”，自觉承担“举旗帜、聚民心、育新人、兴文化、展形象”使命任务。聚焦聚力服务党和国家工作大局，有力有效履行主流媒体职责使命，在守正创新中不断巩固壮大主流思想舆论阵地。旗帜鲜明讲政治，忠诚履行党的意识形态重镇职责使命，牢牢把握正确政治方向、舆论导向，把讲政治、讲导向贯穿节目创作全过程、覆盖到全媒体多终端。《深度国际》作为央视一档国际新闻深度报道节目，从各个方面落实“四力”建设，作为我国对外传播的一支“轻骑兵”，坚持党性原则，扎根国家形象塑造，为向世界展现出真实全面立体的大国形象，发挥了一档国际新闻节目在对外传播媒体集群中应有的、独特的作用。

《深度国际》在新冠肺炎疫情发生后第一时间与其他主流媒体节目联动，运用媒体渠道功能，报道疫情真相，播出了不少具有深度的与疫情相关的节目，如2020年4月印度新冠感染者人数达30万人之际，栏目组在2020年5月播出《印度疫情至暗时刻》，通过影像纪实展现印度疫情现状，并对之进行分析，探讨疫情背后的地缘政治和对世界经济影响；之后又连续推出《亚洲疫情防“异”战》，面对东南亚、西亚国家日益严峻的形势，探索疫情暴发的原因，紧急阐明危机真相，强化议程设置功能，同时发挥专家意见领袖作用，通过“先声夺人”“纲举目张”以及包括“议程设置”“框架设置”在内的策略开展媒体外交。[①] 在全球疫情治理中贡献更多的中国方案和中国智慧，在突发事件报道中做到主动引领局面，扎根形象塑造、舆论塑造和价值塑造。

节目舆论塑造也体现在“把关人”和意见领袖上，前文细致讲述过“把关人”理论。《深度国际》能够为观众提供的，就是在信息爆炸、鱼龙混杂的当今世界中，通过专业媒体的素养与多年实践经验，利用最新技术与最前沿的研究成果，以通俗易懂的方式呈现复杂的国际事件。

---

① 陈杰:《面向国家战略需要的中国媒体外交：角色、功能与情境》,《公共外交季刊》2020年第4期。

（二）创新叙事表达，讲好“一带一路”故事

“讲好中国故事是坚持马克思主义新闻观的必然要求，是建立现代传播体系的内在需要，是实现‘一带一路’倡议的现实需要。”① 在庆祝中国共产党成立 100 周年大会上，习近平总书记强调：“推动构建新型国家关系，推动构建人类命运共同体，推动共建‘一带一路’高质量发展，以中国的新发展为世界提供新机遇。”② 对于广电传媒行业来说，讲好“一带一路”故事，传播“一带一路”的声音，为推动构建人类命运共同体营造良好舆论氛围是责任所在。

《深度国际》节目深耕传播主题内容，针对每期节目找准对象话语共同点、受众情感共鸣点和利益交汇点。讲好能够“展现中国时代风貌、凝聚中国精神、传递中国声音、展现时代主题”的故事，讲述真实发生的故事，设置议程叙事框架，讲述“一带一路”国家的真实而极具感染力的故事。

在全球疫情不断蔓延，“一带一路”沿线国家特别是东南亚国家每日新冠肺炎确诊病例新增数量不断增长的背景下，《深度国际》从加强公共卫生合作角度出发，发挥媒体的力量，制作了《印度：疫情之下》《新冠变异病毒冲击波》《战疫：人类共同的考验》等疫情相关的节目，从疫情数字入手，深入挖掘疫情背后的全球变局，关注新冠病毒变异带来的危机，为着力打造人类卫生健康共同体，统筹推进疫情防控，以及为各国经济复苏提供了舆论参考。

（三）提升广电国际传播能力：破界、融合、创新

全球范围内新冠肺炎疫情的发展使得国与国之间的联系越来越密切，对国际舆论场产生了不容忽视的影响，全球各国都在共同关注着其他国家的疫情进展、防疫举措和应对模式。对广大媒体而言，深刻把握国际传播的发展

① 周文韬:《“一带一路”报道中如何讲好中国故事——以〈新闻联播〉“一带一路·合作共赢”系列报道为例》,《传媒观察》2018 年第 1 期。

② 《习近平：在庆祝中国共产党成立一百周年大会上的讲话》，新华网，2021 年 7 月 1 日，网址：http://www.xinhuanet.com/2021-07/01/c_1127613765.htm。

规律和国际舆论的态势走向，探求破界、融合与创新之路，积极布局海外社交平台，是《深度国际》在广电传媒圈里“出圈”的秘诀。

1. 破界

学者朱剑飞谈道：“广电传媒在文化产业的竞争中独具三大优势：其一为丰富的传媒资源及内容的原创能力；其二为数字技术领域前沿的优先位次；其三为对资本吸附能力及无形资产的快速增值。”① 作为总台品牌栏目之一的《深度国际》，在发挥广电传媒优势的基础上，借助总台大平台，不断突破媒介、行业甚至是区域的壁垒，以其强大的运营能力，使节目覆盖到我国几乎所有地区和国际上多数国家。新冠肺炎疫情暴发以来，全世界猛然按下“暂停键”。2020 年 2 月下旬起，《深度国际》播出时间由每周六 22：00 更改为每周六 20：00，在疫情期间大胆地做出了调整，节目跻身周末黄金时段。《深度国际》能顺应时势做出变革，在地理空间上破界，在节目内容和形式、播放时间段方面也不断寻求新变革，真正传递了大国声音。

2. 融合

作为传统电视媒体，在媒介变革时代没有故步自封，《深度国际》也在不断探索融合发展之路，节目在电视“大屏”播出的同时，也会结合新媒体制作一些“小屏”视频，打造一个大小屏同屏共振、立体化的传播矩阵。节目在常规的制作流程之外，视频中的素材选用也是应时而变的，在常规采访之外，会重视选取动画、H5 交互素材，丰富视频内容形式。

以往人们对国际新闻评论节目的看法都是专注于报道国际大事，很少会考虑国际民生事件，但是《深度国际》一改人们对新闻评论节目的刻板印象，报道国际热点、重点事件的同时，选取一些当下发生的牵动人心的事件，让人们真正体会到一个深度新闻节目不仅关注国际政治局势，也时刻关注民生发展。为海外华人华侨观众了解中国发展现状，提供了一扇窗。

---

① 朱剑飞：《城市广电如何破解发展难题》，《视听界》2012 年第 6 期。

第二节　问题与挑战

《深度国际》从一个默默无闻的栏目，到如今成为央视的品牌节目，一直致力于在当今国际形势发生翻天覆地的变化格局之下，借助影像画面和声音，形象地对重大的国际新闻事件、对未来世界格局有影响的事件、涉及中国或与中国关联的国际事件，做有背景介绍、有分析解释、有归纳预测的报道，传达中国立场、传递中国声音。特别是在疫情当下，我国与美国关系日益复杂化的背景之下，制作播出了多期高质量、有深度的新闻节目，站在国际传播的最前沿，发挥了媒体外交的重要作用。

传统媒体在信息传播当中确实起到重要作用，但是电视节目自身还存在着传播方式简单、传播路径单一、信息结构闭合、信息种类稀少、服务对象固定等问题。[①] 随着信息化深入发展，传统媒体的垄断地位逐渐被瓦解，尽管不少电视节目顺应潮流探索媒介融合之路，然而媒介融合战略提出已久，能取得实际效果、表现突出的新闻节目却在日渐减少。

电视新闻节目作为电视台的立台之本，同时也是整个电视界改革创新的中流砥柱，在国际传播电视节目改革之中更是重中之重。《深度国际》当下不仅面临着国内传统媒体普遍面临的转型升级融合带来的一系列问题，还面临着国际传播方式与形式转变的挑战。如何积极应对这些变化，抓住时代发展潮流转型升级，从节目形式、内容、宣传推广、受众互动和品牌营销等多方面进行创新，扩大节目国际影响力，实现更加长远的发展，还有很长一段路要走。

① 田依宜:《关于新媒体时代下的传统媒体面临的挑战与对策》，中国高校人文社会科学信息网，2018 年 3 月 6 日，https://www.sinoss,net/c/2018-03-06/558385,shtml。

一、“电视已死”：传统电视媒体问题凸显

伴随着互联网时代的到来，各类新媒体不断兴起，全民自媒体时代已经到来，传统媒体的边界不断被淡化。尽管传统媒体在信息传播中仍起着重要作用，但不可能否认的是，新媒体的发展和快消时代的到来使得传统媒体生存空间不断被挤压，也出现了各种“电视将死”的预言。在这样的媒介生态中，《深度国际》栏目也面临着相应的问题。

（一）节目收视人群呈现固定化、老龄化趋势

光明日报记者张玉玲说道：“这是一个残酷的现实，不管你愿不愿意接受，冲击已经来临；这是一个不可阻挡的趋势，不管你相不相信，改变已悄然而至。”电视等传统媒体渐成老年人的“专利”，各行各业已经聚焦关注“银发经济”，中国互联网络信息中心用户 2013 年调查数据就显示，高学历、高收入以及年轻人群体中网络视频的渗透率正不断上升，这些群体本身的高价值及其导向性将会带动网络视频向其他群体渗透和扩张[①]。8 年后的今天，网络视频在这些群体中的渗透率和覆盖度早已显而易见，对于“互联网原住民”的 Z 世代（1995—2009 年出生的一代人）群体来说，传统电视已经成了一种历史文化印记，成为上一辈人的“怀旧之谈”。能仍然坚守看《深度国际》节目的人群，也逐渐固定化。

传统电视时代的内容生产与传播机制是在“固定时间、确定地点与稳定人群”的静态需求维度中构建而成的。为了更加有效满足大众差异化的“静态需求”，电视台的类型化、系列化节目成了主要手段。[②]近十年来，由于受到新兴媒体和人们娱乐方式多元化冲击等诸多因素的影响，世界范围内的电

① 张玉玲：《视听新媒体时代：变化刚刚开始》，《光明日报》，2013 年 6 月 13 日。

② 吕欣：《用移动互联网“转基因”重构电视产业格局——一场正在进行的电视媒介生态变革》，《传媒》2015 年第 4 期。

视收视市场呈现出逐年下降的趋势。相关研究统计，2019 年约有 19% 的美国家庭不再收看传统电视节目，到 2022 年这一数字将接近 25%。[①]《深度国际》的忠实受众多为 40—50 岁的对国际关系感兴趣的人群，以及海外关心国家发展变化、关心国际大事的华人华侨，受众相对固定。随着老龄化时代的到来，节目受众也趋向于老龄化。

移动互联网时代的到来，不仅需要考虑留住那一部分正在变老的“忠实”观众，也需要吸引新阶层的电视受众，电视节目才能在时代发展潮流中不被冲刷掉。

（二）节目形式单一，新闻生产流程模式化

媒介融合背景下，手机和移动互联网的普及使得受众获取信息的渠道增多，受众不再是以往的被动接受信息，而是会主动在网上搜索感兴趣或者想要得到的信息，与此同时还能通过点赞、评论、转发“一键三连”的形式与之进行互动。而传统媒体本身就存在着传播方式简单、传播媒介形式单调、传播对象单一等问题。对于传统电视节目来说，相对传统保守的节目采编制作方式使得节目信息发布时效性滞后，难以适应当下的节奏。这不仅表现在收视率方面，也体现在广告收入方面，越来越多的广告商会选择通过新媒体平台投放广告，这种方式的传播效果和速度都是显而易见的。近年来，香港亚视、旅游卫视、上海星尚频道、哈哈少儿频道等电视台的相继停播，给传统电视媒体敲响了警钟。[②]

节目编排需要根据受众需求进行。考虑受众需求，需要深入分析受众流失的真正原因，人民大众想要看的、都能接受的才是真正的好节目。不能走进观众心中的节目也必然会被时代抛弃。以近年来不断遭遇瓶颈窘态的新闻节目《新闻公开课》为例，其作为新闻评论类节目在开播时确实受到广

---

① 郑煦杨:《人口老龄化与电视行业的机会——日本电视行业对中国同行的启发》,《视听纵横》2020 年第 1 期。

② 罗星丹:《媒介融合背景下电视数字化转型的困境与对策》,《传媒论坛》2020 第 3 期。

泛关注，博得新闻业界和学界好评，也取得了较为不错的收视成绩，但是节目最终却仍然是以停播遗憾收尾，其中原因包含了节目本身以及定位和导向问题，同时也折射出了电视新闻评论节目想要寻求创新却仍陷入困境的局面。

对于《深度国际》这样一档在我国国际传播工作实践中起着重要作用的新闻专题栏目而言，更需要进一步丰富选题内容，创新节目形式，建立多渠道内容分发机制，并根据时势变化发展及时做出策略调整。

（三）节目体制机制逐渐僵化，精英人才流失

早在 1983 年，第十一次全国广播电视工作会议就提出了要以新闻改革为突破口，带动整个广播电视宣传改革，并提出实行中央、省、有条件的地（市）和县“四级办广播、四级办电视、四级混合覆盖”等一系列重大方针政策，对我国广播电视发展产生了深远的影响，使得我国广播电视行业取得了可喜的成就。数据统计显示，在这一时期，我国广播电台、电视台以年均 122%、134.7% 的增长速度发展[①]。但不可否认的是，在政策实施与发展的过程中其弊端也日益暴露。一方面由于“四级”电视台大都是事业单位，存在着体制僵化的现象，在一定程度上阻碍了人才流动，形成了人才危机。[②]另一方面，随着时代的发展变革，媒介化社会和互联网时代的到来，早先的“四级办电视”方针造成的产业发展危机和人员危机长期存在，且难以适应新的社会发展带来的变革，使得电视行业弊端凸显。

我国传统的电视台是事业化的属性与企业化的管理模式相结合的双轨制传媒业态，与“产权清晰、权责明确、政企分开、管理科学”的现代企业制度相比存在明显差异，也使得传统传媒行业内部缺乏创造力，且危机意识淡

① 哈艳秋:《广播电视业 40 年风起云涌》,《中国新闻出版广电报》2018 年第 5 期。

② 费雪映:《媒介融合时代电视媒体的发展困境及破局之思——基于“电视之死”假说的思考》,《传媒论坛》2021 年第 21 期。

薄，面对瞬息万变的市场竞争难以做出快速准确的判断。[①] 体制内本不乏优秀人才，但是部分优秀人才由于看不到传统电视媒体的机遇，加上传统媒体和新兴的互联网企业以及其他传媒行业的福利待遇差异，往往选择去发展前景更好、薪资待遇更高的新媒体行业，传统媒体人才不断外流。《深度国际》栏目组也不乏这样的现象，很多新人干了一两年就跳槽，坚持 8 年以上的“老深度人”已经屈指可数。无论是新媒体“伸出橄榄枝”的主动延揽，还是高端人才“弃暗投明”的明智“加盟”，近几年来，传统电视媒体的大腕级人物“弃电触网”进军新媒体并华丽转身的不在少数。[②]

抛开节目本身内容不谈，从制作团队来说。什么样的团队就会制作出什么样的内容，没有凝聚力、意见不一、内部涣散的团队是出不来一个好节目的。《深度国际》栏目组制作团队也曾遇到过团队发展危机。新闻行业招新人上手不是短时间就能实现的，因此栏目组出现巨大的人员缺口，对内部来说不仅使得人心惶惶、军心动摇，外部看来甚至会关联到节目本身。外界的舆论和内部的压力很有可能会使得节目就此整改甚至面临停播危机。尽管最终度过了危机，但这也给栏目组留下了深深的烙印。

综上可以看出，在原有体制机制下，寻求更好的改革发展，留住人才，发挥和培养团队凝聚力，是节目保持核心竞争力的主要因素之一。

二、“全民皆媒”：融媒体后真相时代带来挑战

“互联网技术迭代，新媒体崛起，实现了传播渠道的裂变式分配。以社交媒体为代表的新型平台在低门槛、高互动、海量资讯、自由联网等优势的助推下，实现了用户量指数级增长。”[③]CNNIC 第 48 次《中国互联网络发展状

① 梁杰:《融媒体时代电视媒体面临的挑战与对策分析》,《新闻爱好者》2017 年第 4 期。

② 沈正赋:《新媒体时代电视面临的生存挑战与发展机遇》,《现代传播（中国传媒大学学报）》2014 年第 10 期。

③ 刘敏:《挑战与转型：后真相时代的建设性新闻》,《新闻研究导刊》2021 年第 17 期。

况统计报告》显示，截至 2021 年 6 月，我国网民总数达到 10.11 亿，手机网民达 10.07 亿，离开手机就意味着与世界失去联系。[①] 甚至于新生的 Z 世代群体从一出生开始就是“互联网原住民”，而在世界范围内，尤其是发展中国家网民数量激增，从互联网获取新闻和资讯的需求也在增长。

而在“全民皆媒”的后真相时代，对新闻真实性和权威性的渴望也在增长。正如学者张爱军所说：

> 信息传播主体的多元化、信息市场竞争环境的激烈化以及新闻把关意识的缺失导致新闻事实与真实之间的界限变得模糊。后真相时代新闻业面临着一种困境，新闻的真实性原则以及主流媒体的话语权被一定程度地消解，新闻生产者与新闻接收者之间的信任关系变得薄弱，新闻业与主流媒体陷入“塔西佗陷阱”。新闻业公信力的重塑有赖于主流媒体的引导，主流媒体如何在后真相时代书写新闻以增强主流媒体的权威话语权、构建媒体公信力、增益信息传播环境是学界与业界共同关注的问题。[②]

在信息乱象的后真相时代，“信息传播者对立场的强调超过事实、对情绪的重视盖过理性、对共识的包容让位偏见，导致信息传播出现了严重的不对称现象”。如何处理这些问题和现象，是所有“媒体人”面临的难题。

（一）传统电视媒体原有市场被新媒体挤占

一档新闻评论节目做得好不好，很大程度上可以反映出一个电视台的整体实力。近年来，新媒体的发展给传统电视媒体带来的挑战对新闻评论节目

① 《第 48 次中国互联网络发展状况统计报告》，中国互联网络信息中心，2021 年 8 月，http://www.cnnic.cn/gywm/xwzx/rdxw/20172017_7084/202109/t20210923_71551.htm。

② 张爱军、王首航：《后真相时代的自我救赎：真相的再归与主流媒体话语权的重塑》，《河南社会科学》2021 年第 6 期。

提出了更高的要求，无论是节目的定位、形式还是节目的时效都需要做出适时的变革，强化节目的创新性思维，才能使得节目不至于在新媒体浪潮之下奄奄一息。

纵观当下的电视新闻评论节目，大多采用的仍然是传统的节目录制方式，流程模式相对固定，观众较少能参与其中。尽管《深度国际》顺应时代的发展潮流，利用“大小屏”扩展了内容分发渠道，但从实际效果来看，抖音平台与《深度国际》相关的视频存在数量较少，观看、点赞、分享量较低，截至 2021 年 11 月 29 日，只有 15 个视频，视频观看量均低于 1000，给节目带来的效果几乎可以忽略不计。CCTV4 中文国际频道抖音号只有 11 月 28 日的视频分享点赞过万，由此可以看出，虽然在融媒体时代传统媒体做出了相应的改变，但是重心仍然在电视大屏之上，这样的改变带来的影响与其他主流媒体栏目如新闻联播相比相差甚远，甚至不及自媒体平台带来的效果。

从微博平台来看，有着 25.9 万粉丝量的《深度国际》微博平台已于 2020 年 11 月 10 日停止更新，出发点基于平台整合的考虑来说有一定的作用，但是微博作为受众获取新闻资讯的重要渠道，可以较好地与受众互动，了解受众需求。一档节目微博的停更，意味着受众获取节目信息的渠道减少，节目影响力也不免受到影响。在这一平台上的资深用户获取国内外深度资讯的偏好也会随之改变，进而被其他相近的 OGC 账号挤占。

微信平台方面，目前《深度国际》并没有自己的公众号，微信公众号作为目前我国大多人群获取信息的重要来源，也不应该被忽视。从微信搜索栏搜索有关《深度国际》栏目的有关内容，大多出现一些个人作为主体账号的相关报道以及其他一些不相关的内容。在几个我国公民获取信息的主流渠道上，栏目组并没有自己的账号，没有形成一个宣传矩阵，仅仅依靠 CCTV4 中文国际频道一个矩阵，《深度国际》在众多栏目中打造自己的特色就显得力不从心了。

（二）电视新闻短视频化，深度难以体现

深度新闻报道类型节目，是指汇集解释、分析、预测三者于一体的新闻

报道，节目需要对主题事件进行准确、全面的解释，同时需要对新闻发展进行核实，并以新闻事实为基准，从中挖掘出可以深度解说的点，结合社会发展的背景进行更深一度的分析，最后再对新闻的发酵程度或事件的未来发展走向进行合理、权威的预测。深度节目就是这样步步推进，在有限的时间内体现新闻的价值，将事实的真相呈现在观众面前，同时发挥新闻节目的舆论引导功能。随着新媒体时代的到来，短视频媒介占据了人们生活中的大部分时间。电视新闻节目为适应新媒体社会的发展，加入了短视频大军，这一变革确实给新闻节目多样化发展和融合转型带来了新的机遇，却也给特殊的深度报道类节目留下了难题。

以《深度国际》栏目为例，节目从最开始的45分钟缩短到30分钟，但是节目要呈现的内容和环节却一个也不能少，若是少了其中的任何一个，都难以体现节目的深度性，也就相当于失去了节目的精髓。时长的变化对节目产生的影响不仅仅是那缩短的15分钟，背后涉及各个环节的转变，需要策划更加详细凝练，剪辑更加精细化，在不丢失细节的基础上不拖泥带水，编导和制片人在节目整体把关上需要更加认真地思考整个节目的逻辑性。节目确实是变短了，但是制作的成本和花费的时间却更多了。

（三）疫情当下，突发公共事件国际报道难度加大

2020年上半年,《深度国际》共播出9期新冠肺炎疫情相关节目，以“人类命运共同体”为开端，“团结合作、携手共进”的倡议贯彻始终。关注全球战“疫”行动中的焦点、困境、合作、得失，针对关键问题郑重发声，塑造了负责任、开放、理性、温情的中国形象，为全球战“疫”的大国态度树立正面典范。[①] 然而疫情形势复杂，不仅给人们的生产生活带来了影响，而且对经济交流、政治秩序、文化交流都产生了深刻的影响。也许在未来很长一段时间内全世界人民都会继续生活在疫情背景之下，疫情的常态化也为广

① 赵莹:《总台央视〈深度国际〉: 立足共同命运　传递大国声音》,《中国新闻出版广电报》2020年4月22日第5版。

播电视发展带来了新的机遇和前所未有的挑战。

首先是疫情防控时间的加长使得群众心理更加焦虑，作为主流媒体，帮助社会公众厘清混乱信息，稳定民情人心，就显得越发重要。然而节目定位并非传递第一手新闻，而是在新闻的基础上做深度报道，这对专注于做国际热点事件的栏目组来说，又是一个需要攻克的难关。其次是疫情的发展使得节目制作难度加大，由于需要采访专家，而疫情期间的限制跨地区流动对现场采访造成了阻碍，线上采访难以达到节目效果。再次是报道素材多以二手新闻为主，在疫情期间对于疫情信息的获取方式多为地方台、网络视频平台等其他渠道，这在一定程度上没法保证新闻的准确性。最后是由于疫情的全球性，从 2021 年 1 月 21 日以来的一段时间内，据统计，平均每天有 77 个国家和地区的 1284 家境外电视频道采用总台疫情防控新闻，日均播出 2 万余次。[①] 如何在众多疫情节目中脱颖而出，做出符合节目本身的特色专题，以及规范和应对未来类似的全球范围内突发公共卫生事件报道机制等都值得深入思考。

在全球突发重大公共卫生事件的关键时刻，《深度国际》以时代重任为己任，必须用专业和事实化解争议猜疑，才能彰显真正的中国力量。越是危机时刻，越要迅速地生产出优质、有效的内容，要兼具作为官方系列节目的主体性、权威性、整体性、连续性和时效性。《深度国际》在一度极为纷乱的舆论环境中保持专业定力，不忘初心，呈现着优质和深度的内容。

三、“文化折扣”：形成出口壁垒

有学者曾经指出，“文化折扣”[②] 现象是制约提升中国广播电视国际传播

---

① 胡智锋、王昕:《中央广播电视总台：疫情下的主流媒体内容生产》,《电视指南》2020 年 Z 期。

② 文化折扣（Cultural Discount），亦称“文化贴现”，指因文化背景差异，国际市场中的文化产品不被其他地区受众认同或理解而导致其价值的降低。

影响力的主要因素之一。由于地理空间、文化以及制度的差异，加上历史的积淀使得我国与西方国家之间存在着一种壁垒，也使得我国对外传播工作受到一定的阻力。

从全球传播网络来看，我国视听媒体在对内传播时有“四级办”新闻网络对整个社会流体结构的覆盖，使得电视新闻节目能够层层传递到中国各个地方，覆盖城市和农村，发达地区和偏远山区；在对外传播中，由于中国在世界上的形象“他塑”效果远远大于“自塑”效果，直接导致了我国新闻电视节目在对外传播时面临着“有理说不出，说了也传不开”的困境，这与西方发达国家长期把持国际话语权而产生的强势地位有着紧密关联。①

（一）语言空间距离

中文是使用人口最多的语言，按理来说以中文作为主要报道语言的《深度国际》等电视节目在获得受众上更有优势，但事实并非如此。在国际主流媒体中，占据主导地位的仍然是西方国家媒体，如 CNN、BBC，可见英文为主的媒体在国际传播中仍占据着主导地位。正如学者陈虹刘于 2009 年所分析，“世界范围内以英语作为母语的人口数约为 10 亿，而在整个主流媒体中，英语的话语空间占文字流通量 80%。而以汉语为母语的人口数将近 14 亿，但是我们的话语空间却不到 10%，甚至有人说我们的话语空间、文字流通量才 5% 以下。”② 十余年后的今天，这一状态仍未发生根本性的变化。对于同样以中文报道为主的《深度国际》节目来说，由于在海外平台上的视频仍然是以中文为主，并没有进一步的翻译，难以吸引不懂中文的观众。海外平台面对的受众多是以英文为主要语言，即使是海外华人华侨也是如此。节目在“走出去”道路上付诸了实际行动，但从播放量和互动量来看，效果并不十分明显。

在华语传媒界中有一个值得关注的媒体，即来自香港却在内地市场发

① 郑言:《社会黏性视阈下构建中国特色传播矩阵》,《重庆社会科学》2019 年第 10 期。

② 陈虹刘:《全球化时代华语主持人的影响力和话语权》,《新闻记者》2009 年第 8 期。

展的凤凰传媒。被誉为“中国的 CNN”的凤凰卫视起初就将自己的受众定位为全球华人。经过多年的努力，凤凰卫视目前已进入亚太、欧洲、北美等七十五个国家和地区，覆盖了世界华人主要聚居区，拥有近 5000 万收视户[①]。探究其背后成功的原因，除了长期运行过程中形成的整体性的优势之外，还有着特殊的地理距离因素。

（二）制度距离

学者胡红蕾谈道：“在中国，电视节目创新长期面临着诸多困扰，既存在旧体制束缚下观念的突破，还要面对整个电视节目生产流程必须适应新形势下市场经济规律的全方位革新。”[②]要想在竞争激烈的国际电视市场脱颖而出，需要的不是一个电视节目做出变革，而是整个电视市场的深度变革，摆脱旧体制下的观念束缚，适应全球经济快速变化发展的市场规律。

我国电视行业起步比西方发达国家以及亚洲的发达国家和地区晚，有学者判断中国电视人的节目创新意识在 20 世纪末 21 世纪初，在国内电视收视市场的竞争局面逐步形成之后才得以被激发出来，而那时的国际电视市场早已历经其必然的运行规律，进入了一个完全成熟的阶段[③]。我国电视媒体要想赶超其他国家，必然意味着付出更多的努力和实践。

在国际观众乃至外国政府眼中，官方新闻媒体很有可能代表着中国政府的立场态度，节目传达的观点和态度，很有可能会被认为是国家的政治立场和价值观念，因此，节目也应当体现国家的政治立场与价值观念，正因为此，为了避免外方一些不必要的误解，也为了防止个别外方恶意的挑衅，杜绝节目播出后产生不良后果的可能性，节目制作必须提高政治站位和政治敏感度。

---

① 胡颖:《由凤凰卫视谈传媒核心竞争力》,《新闻传播》2006 年第 12 期。

② 胡红蕾:《放眼全球，拓展电视节目创新的视野和境界》,《南方电视学刊》2013 年第 1 期。

③ 胡红蕾:《放眼全球，拓展电视节目创新的视野和境界》,《南方电视学刊》2013 年第 1 期。

（三）文化距离

有学者谈道，我国国际传播效果与国际传播理念和国际传播体制有关。其中一种观点认为，中西方国家政治、经济体制的根本不同，决定了西方主流媒体出于自己的立场、观点，有意无意地不采用我们的新闻报道[①]。有学者对上述观点进行进一步的阐释和分析，认为中国对外报道有时会直接呈现出官方思考和官方观点，即使有民间声音或观点，也是以支持官方观点的立场出现，使国际受众认为中国媒体报道等于政府表态，妨碍媒体树立国际公信力[②]。我国近些年来努力克服这些固有的差距，在国际传播方面也在积极探索转变覆盖率和影响力不足的局面，但是这种长期形成的困境并不是一时半会儿就能解决的，需要更深层面的改革发展。学者张小娅认为，除了上述政治背景和差异之外，做好国际传播还需要对话和倾听，倾听作为对话的基础和起点在国与国交流之间起着重要作用，但这在一方面也意味着需要新闻机构和记者为“在场性”花费大量人力和物力。鉴于经费等客观原因，国际新闻的报道者有时对报道对象没有直接深入的了解，很大程度上影响了他们观察和理解事件的能力，对驻外记者来说也是如此。张小娅说道：“当新闻的基础不是倾听和观察，而是记者的主观体验和带有前提假设的推断，受众容易从中看到无知、肤浅、偏见，以及居高临下的姿态。”[③]对专注于做国际深度报道的《深度国际》来说，节目中的视频资料大部分都是引用其他主流媒体的新闻报道，在这些新闻报道的基础上进行整合和分析，很少会有独家的资料，“炒冷饭”的模式对节目质量的把握要求更高，如果做得不好，这些资料就会显得像是堆砌，观众在其他地方已经看过了，大部分人是不会再回头来看第二遍的，深度分析节目能抓住观众味蕾的，往往是一些独特的、

① 明安香：《传媒全球化与中国崛起》，社会科学文献出版社，2008，第 101 页。

② 何国平：《中国对外报道思想研究》，中国传媒大学出版社，2009，第 296 页。

③ 张小娅：《对话的重要性：国际传播中的理解与接受》，《清华大学学报（哲学社会科学版）》2015 年第 1 期。

不可替代的、权威性的见解。

第三节　策略与进路

习近平总书记强调："讲好中国故事，传播好中国声音，展示真实、立体、全面的中国，是加强我国国际传播能力建设的重要任务。"[①] 讲好中国故事，发挥主流媒体的舆论引导力，传递真正的中国声音，对《深度国际》来说尤为重要。

在当前媒介融合的时代背景下，如果不能改变自身固有的单向传播、缺少互动和创新等缺点、弥补自身短板，无疑会被受众抛弃，从而成为时代的弃子。面对不断涌现的新媒体的挑战，电视新闻评论类节目如何才能克服自身缺点、蓬勃发展，而不至于被互联网抛弃，已经成为当今电视新闻节目制作者必须思考的问题。针对信息化时代人们对于深层次、高质量信息的追求与渴望，官方主流媒体被寄予厚望，国际报道的深度与深刻，则是适应国际话语的日趋多样化与多层次化的时代趋势的变革，也是对国际新闻深度报道提出新的时代性要求[②]。

随着互联网传播技术的高速发展以及移动互联网的不断普及，新的媒介传播形式大量涌现，媒介融合速度加快，电视新闻节目为提高自身的收视率和关注度，占据更高的市场份额，必须顺应时代的发展，找准自己的定位，与传统媒介寻求合作的同时找准自己节目的定位点，同时抓住机遇发挥媒介融合的功能。《深度国际》唯有在坚守深度的基础之上顺流而上，寻求一种新型合作模式，积极探求媒介融合转型之路，才能在时代发展中站稳脚跟。

---

① 《习近平主持中共中央政治局第三十次集体学习并讲话》，中国政府网，2021 年 6 月 1 日，http：// www.gov.cn/xinwen/2021-06/01/content_5614684.htm。

② 王雨、赵凤华:《〈深度国际〉：中国国际话语权建构》,《当代电视》2019 年第 12 期。

作为一档国际新闻栏目，也意味着需要付出更大的努力，要明白竞争者不再是国内节目而是更多其他国家的媒体。

一、顺流而上：传统媒体与新兴媒体融合发展

媒介融合大背景下，新媒体视听应用层出不穷，媒介融合已成为不可逆转之势。随着时间的推移，不少学者从传统媒介与新兴媒介的融合发展角度进行探究，媒介融合已经成为学术界研究的重要学术命题，也成了各个国家传播工作迫切的政策实践。

我国对于媒介融合的政策实践进程始于 2014 年的中央全面深化改革领导小组第四次会议，会议审议通过《关于推动传统媒体和新兴媒体融合发展的指导意见》，习近平总书记强调：“推动传统媒体和新兴媒体融合发展，要遵循新闻传播规律和新兴媒体发展规律，强化互联网思维，坚持传统媒体和新兴媒体优势互补、一体发展，坚持先进技术为支撑、内容建设为根本，推动传统媒体和新兴媒体在内容、渠道、平台、经营、管理等方面的深度融合，着力打造一批形态多样、手段先进、具有竞争力的新型主流媒体，建成几家拥有强大实力和传播力、公信力、影响力的新型媒体集团，形成立体多样、融合发展的现代传播体系。”[①] 随后的 2018 年全国宣传思想工作会议上，中央也对媒介融合做出了部署，可见对媒介融合的重视。

在政策支持和资金扶持力度加大的情况下，我国媒介融合近年来也取得了不小的进展，体现在“自建渠道”和“借船出海”两方面。在自建渠道方面。传统媒体在媒体融合中坚持“移动优先”的原则，纷纷搭建自身的移动新闻客户端。中央媒体层面，《人民日报》推出了新闻客户端，新华社推出了新华社客户端，《中国日报》推出了海外版移动 App。在“借船出海”方面，多家传统媒体积极利用先进的互联网平台拓宽宣传渠道，如在微信、抖音、

---

① 郭全中：《我国媒体融合实践进展研究》，《行政管理改革》，2019 年第 7 期。

微博、B 站、快手等平台开设了媒体号，吸引了众多粉丝。[①] 多家主流媒体在平台整合基础上，也注意内容整合，央视《新闻联播》节目推出了衍生节目《主播说联播》，最开始借助抖音与快手两大平台围绕当日新闻联播焦点事件进行二次创作，内容短小精炼，话语清晰有力，在与网友互动过程中让观众能够参与其中，《新闻联播》的大屏和《主播说联播》的小屏结合，最大限度地满足了不同受众群体的需求，拓宽了受众获取新闻的渠道，摆脱了以往准时蹲守在电视机前等候，为了一个关注点不得不看完全程的情形。可谓是一个传统媒体与新兴媒体融合的典范。

（一）双向传播：拓宽节目内容国内国际分发渠道

《深度国际》的受众多元，有关注国际重大事件的国内观众，也有海外华人华侨和对中国角度报道感兴趣的外国观众。在做好节目的同时，也需要结合不同受众需求，做到一档节目，多渠道双向传播。

1. 国内

搭建双向互动平台，在手机、数字电视、互联网等终端上搭建双向互动平台，如央视客户端、学习强国客户端、腾讯视频、爱奇艺视频入驻，及时同步更新新闻节目，及时与观众互动，并根据各个平台上观众的真实反馈，及时调整节目的内容和形式。采用订阅、点赞互动、智能推荐同系列节目、头条推荐等方式对节目进行加工推广。利用微信公众号、微博官方账号等，在同步节目的同时，增发其他信息，设置与节目相关的话题，增加网友互动，增加节目热度。在扩大节目受众范围的同时，提升节目的知名度。

2. 国际

一档节目要想在国际上站稳脚跟，绝对不能靠单打独斗，需要深化国际合作，同时也要强化本土运作。《深度国际》可以采用内容、渠道、资本等合作方式，通过组织开展“云对话”“云探讨”等线上交流活动，举办国际性、区域相关的论坛和研讨会，借助外方平台资源传播我国观点、立场、主

① 郭全中：《我国媒体融合实践进展研究》，《行政管理改革》，2019 年第 7 期。

张，提高影响力。同时加强与国际知名机构、公关公司、智库机构及相关国际组织的合作，打造与新华社参考消息的参考智库类似的、有特色的智库。在国际上把节目的影响力提升上来。同时也要抓重点合作对象，锚定重点宣传国家，强化靶向进行合作。①

节目在做一个选题之前必须做好调研。对对象国语言文化、生活习惯、宗教信仰、意识形态等把握牢靠，制定有针对性的传播方案和工作指南，同时加强舆情研判，充分发挥各个高校和科研机构的作用，建立重点国家和地区的舆论收集和监控机制，联合发布相关国际舆情、国际传播学术报告，为本节目以及国际传播类节目提供理论支持和学科研究支撑。拥有自己的专家人才智库和学术资源智库，做好积累，做到突发事件发生时不至于手忙脚乱，重大选题有值得深挖的点。

做好国际传播工作也离不开先进技术的支撑，借助先进技术，创新传播渠道。应充分利用5G、大数据、云计算、人工智能、AR/VR、流媒体、超高清等技术，打造多位一体、互补互动的传播体系，推出全息化、可视化以及沉浸式、交互式出版产品，丰富国际传播形态、传播样式。②运用Twitter（推特）、YouTube（俗称“油管”）、Facebook（脸书，现已改为Meta）等境外社交媒体，结合近年来不断发展成为全球化短视频社交媒体的Tiktok（抖音）以及其他出海社交媒体如WeChat（微信）等，提前做好布局，建立多渠道内容分发渠道，不断增强国际传播的竞争力和影响力。

（二）互利共赢：加强我国传统媒体间的跨界合作

在世界媒介的发展过程中，电视传媒起到了浓墨重彩的作用，并且仍具有关键作用。放眼全球，对于一些经济相对落后的发展中国家来说，电视

① 范军：《百年变局与世纪疫情交织背景下推动我国国际传播高质量发展》，《国际出版周报》2021年第8期。

② 范军：《百年变局与世纪疫情交织背景下推动我国国际传播高质量发展》，《国际出版周报》2021年第8期。

媒介仍然是他们获取外部信息的主要渠道。电视节目反而可以利用这样的优势，扩大节目的受众范围。在当今世界大变局的背景之下，抓住关键，重视电视传媒的基础性、关键性作用，通过电视节目向世界各地传递中国声音和中国立场。正如学者费雪映所言：

> 以往我们提到的“媒介融合”，更多的是传统媒体与新媒体间的融合，加强与新媒体的融合、在节目中引入新技术固然重要，但其实传统媒体间也是存在着强强联合、互利共赢的可能的。即使是在新媒体层出不穷的今天，各传统媒体依旧拥有着各自的独特优势。电视媒体可以拓宽思路，在把握自身优势的基础上，加强与其他传统媒体的合作，打破行业壁垒，整合传播渠道，进行资源共享、优势互补，是能够实现双赢的。例如北京电视台与江苏凤凰科学技术出版社联合推出的《养生堂》健康系列图书，充分满足了对于互联网新技术接受缓慢的中老年群体随时查找健康保健知识的需求，不仅销售量非常理想，取得了可观的经济效益，还在电视栏目观众和读者中赢得了良好口碑，可谓双丰收，是一次广播电 视行业与图书出版行业的成功合作案例。①

（三）用户思维：更贴近受众，加强双向互动

国家广播电视总局“中国视听大数据”（CVB）系统统计，2020 年全年电视收视用户每日户均收视时长 5.85 小时（同比上涨 12.9%），其中收看新闻类节目的用户在所有类型节目中占比最多，每日回看用户数占全天收视新闻类节目全年覆盖占比 86.021%。可见，尽管新媒体时代到来，用户对新闻类大屏节目的需求没有减少，反而更加需要主流媒体的权威报道。但是不能忽视的是，电视媒体的传统优势受到了冲击，人们更多的是通过移动客户端进行观看。移动端比起电视端有着能够与受众进行实时互动，可以随时随地

① 费雪映:《媒介融合时代电视媒体的发展困境及破局之思——基于“电视之死”假说的思考》,《传媒论坛》2021 年第 21 期。

观看的优点，这就意味着传统电视媒体需要审视自己的优势，以一种用户思维去生产节目，了解受众的需求。“从单方面的‘意见呈现’向兼顾多元化的‘呈现意见’转变。”[①] 可以对用户进行深入访谈，也可以通过开通节目官方账号，给观众提供建言献策的渠道，同时利用开通的全媒体账号，及时迅速地与粉丝互动，提升观众的参与感。

另外，随着银发经济时代的到来，电视新闻媒体不应该忽视中老年群体的作用。明确节目的受众是谁，才能有针对性地去做一些符合观众胃口的节目。《深度国际》不是一个全民性的节目，而是一个有深度的节目，那么节目的受众就是那些对国际社会发生的大事件、国际关系发展变化密切关注的群体，以及国外一些想要了解我国国策、媒体报道的声音和专家的观点看法并进行研究的人，以及身处海外而想要了解我国国内新闻和国内发展变化的华人华侨。那么节目就应该针对这些显著的受众进行贴近性的传播，同时发掘潜在用户。

二、坚守深度：做有态度、有力量的节目

电视新闻媒体未来依旧应当严格把握新闻的生产过程，确保新闻的准确性，同时也可以借助新媒体的优势，选取有价值的新闻展开追踪报道，进行深度挖掘，以真实性和深度性持续地强化电视媒体在广大受众心中的公信力。[②]

（一）依托硬实力，打造深度电视报道独有价值点

融媒体时代到来使得媒体生产内容的重要性有所下降，一些媒体也顺应转型的需要，从“内容为王”向“渠道为王”“产品为王”转变。但事实上，

① 周小普、刘斌：《从受众选择偏好谈电视新闻节目制播》，《电视研究》2012 年第 2 期。

② 费雪映：《媒介融合时代电视媒体的发展困境及破局之思——基于“电视之死”假说的思考》，《传媒论坛》2021 年第 21 期。

无论媒体技术、载体如何改变，观众对于新闻节目的关注点依然不会变，内容的质量仍然是节目成功与否的关键[①]。在日新月异，各种消息纷至沓来、真假难分的时代，观众越发呼唤主流媒体的声音。这个时候对节目本身的内容考验就在于是否能够以优质的内容引起广大受众深层次的共鸣上。这样的内容才是无法被其他同质类型节目，无法被自媒体复制照搬的具有自身个性的内容。

《深度国际》在 2021 年 4 月份播出的一期名为《战争黑洞——美国制造的人权灾难》的节目就是一个很好的示范，这部专题片通过大量触目惊心的数据以及令人震撼的案例，深刻地揭批了美国打着"人权"旗号发动侵略战争、酿成国际人道主义灾难的残酷现实，撕下了美国"人权教师爷"的画皮。该专题以翔实的影视资料和事实呈现，加上军事领域专家尹卓、加拿大魁北克大学渥太华分校教授唐纳德·古齐奥莱塔的独到且一针见血的分析，赢得了观众广泛好评。侠客岛公众号曾评价这部专题片是"一部让美国人想禁掉的片子"，这期专题片也被其他媒体转载学习，可见，做出一期高质量有代表性的节目，拥有自己独有的报道价值点是多么重要。

因此，在未来的发展中，应该在总结之前成功经验的基础之上继续发挥节目优势，挖掘更有价值的报道点。发挥主流媒体的功能，强化深度国际报道节目的不可替代性，在引发观众共鸣的同时也能在一定程度上做好舆论引导。

（二）树立权威性：发挥各领域专家意见领袖作用

专家意见领袖在新闻节目传播和受众之间起到"中间人"作用，中间人选得好，传播效果自然会事半功倍。"意见领袖作为'强话语阶层'，他们一旦接受了某种电视节目内容或者形式，就会在公众领域中对其进行广泛传播，从而产生更大范围的权威影响力。"[②] 回顾《深度国际》节目邀请过的专

---

① 孙婷婷:《党报深度报道的守正与创新——以南阳日报社的探索为例》,《新闻战线》2021 年第 15 期。

② 庞华:《早间新闻节目的传播影响力透析——以央视〈朝闻天下〉为例》,《新闻爱好者》2010 第 9 期。

家，多为学术界的权威专家，在学术界的声誉没得说，有不少专家已经成为节目的常客，多期节目中都能看到专家的身影，这一方面可以看出专家研究领域与节目的内容契合度较高，具有一致性；但是专家的观点并不能完全代表政府或者媒体的观点。

新闻节目除了专家作为意见领袖之外，主持人作为常驻节目的一个重要的意见领袖，其作用是不可忽视的。先前已经有很多学者讨论过关于主持人意见领袖的塑造，罗杰斯在《创新与普及》中谈道，意见领袖应该与被影响者处于一种平等关系，作为意见领袖的主持人，应该与节目受众站在统一阵线上。对于新闻节目而言，作为舆论引导者的主持人不仅要口才好、形象气质突出，而且需要有良好的组织能力、管理能力和沟通能力，同时具备丰富的学识，能够随机应变也是非常关键的。《深度国际》的主持人栗忠民凭借资深的新闻主持经验以及深厚扎实的学识在节目中起到了重要的作用。在每一期节目中，主持人需要凭借自身对新闻事件的感受和分析，来引导受众更深层次地去理解新闻。资深节目主持人具备一定的难以替代性，一个成功的国际新闻深度报道节目的主持人，更是需要时间和多年的新闻一线采访报道从业经历来塑造的。

（三）创新报道点：突破固有模式，在国际舞台“出圈”

时代的发展变化对主流媒体提出了新的挑战，疫情的发展变化对整个广电传媒行业都产生了不小的影响。如若一直固守原有的模式，不从各个方面寻求变革，就难以真正发挥自己的作用。回首疫情期间我国的主流媒体，一方面对内主流媒体在疫情变局下也打出了自己的特色牌，我国中央和地方广播电视媒体也呈现出花样翻新的融合面貌。比如在疫情当中运用慢直播、云采编、全息影像、AI、AR 等各种新技术，央视频在火神山医院、雷神山医院施工建设期间推出的现场直播，使无数网友线上见证了医院的诞生，不少网友还感叹这是惊人的中国速度，以及现在直播的便捷；总台推出了网红主持人王冰冰等，这些网红主持人在哔哩哔哩（B 站）等社交媒体平台上为总台带来了可喜的流量，不少地方电视台也在努力打造具有地方特色的“网红”IP。另一方面，《中国日报》（*China Daily*）也抓住疫情节点，推出不少优秀的图文作品。花样百出的媒体，在疫情期间打出了各自的特色牌。从我国国内广电的“出圈”经验来看，广电节目需要找到自己的创新报道点。

1. 打造“四全”媒体外交

清华大学新闻与传播学院史安斌、王沛楠等提到，基于社交媒体和数字平台的跨国信息流动，社会组织和普通民众都可以参与到覆盖全球的国家形象塑造中。各国政府也逐渐意识到，数字技术和社交平台的普及彻底改变了公共外交的规则和形式，以“全程、全息、全员、全效”为核心理念的融媒体国际传播成为新的时代潮流。[①] 广电海外传播需要整合资源和信息渠道，针对目标受众进行沉浸式传播，建设一种数字媒体外交模式，与新兴的流媒体和全球化社交媒体进行跨界合作，如五洲传播中心与美国探索频道、国家地理频道等国际知名电视机构联合推出《习近平治国方略：中国这五年》纪录片就是一个很好的国际合作传播新尝试。

2. 拓宽海外市场

广电传媒的对外发展需要借助互联网领域的“新十亿”阶层挖掘新的市场，不仅拓展长期面向的西方主流国家受众群体，也不应该忽视亚非拉等国家，以及“一带一路”沿线国家的受众，针对不同国别进行针对性的在地化传播，拓宽节目分发机制。如在用英文播发的同时，对节目进行不同语言的翻译和配音，特别是除了日、俄、西、法之外的非通用语种在传播中的使用。分众传播和分国别传播，才能做到精准定位，以高质量的发展带动多领域全链条再造，注入新的活力，挖掘新的机遇，在加快全球范围内数字化转型升级的同时加速实现“弯道超车”。

---

① 史安斌、王沛楠：《数字公共外交兴起与广电国际传播能力提升——基于“偶像”模式的分析》，《电视研究》2020 年第 1 期。

三、媒介融合：全面转型与深度融合

近年来，有关媒介融合的政策性文件陆续印发，从中央到地方广播电视媒体陆续落实媒介融合与传统媒体转型战略。中央广播电视总台也逐步布局完善顶层设计方案，发挥作为中央媒体的示范和导向作用，与国家深化广电传媒朝着纵深发展战略实现对接。在疫情变局和全球化进程加快的时代背景之下，国际传播广电媒体媒介融合需要给出一份与本土广电媒体融合相区别的，对接国际化的针对性方案。

（一）与时俱进，加快数字化转型之路

数字化时代的到来，意味着与时俱进的技术在各行各业的应用更加广泛，利用技术优势，升级优化基础平台，深度挖掘报道内容，实现技术转型、平台转型和内容转型是当下《深度国际》急需跟进和付诸实际行动的三个指向。

1. 技术转型

2021 年 6 月 30 日，总台发出了加快推进媒体深度融合发展的指示，这一指示早在 2015 年其实已经提出过一次。再一次的强调无疑证明了媒体深度融合、数字化转型的迫切性。以国内 App 为例，在媒介技术快速发展的时代，抖音、快手、B 站、火山小视频等短视频 App 的流行都让人们的传播环境更加依赖算法逻辑、大数据技术。

传统媒体不寻求创新，就意味着危机即将来临，而以什么样的方式和路径创新才能有更好的效果，则需要做出深刻的思考。现如今，以科技创新为主的媒介社会变革已经引发了传媒业态市场变革，大数据、人工智能、5G、量子计算、区块链等新技术推动媒介形态进入新一轮的发展，《深度国际》需要对这些技术方式进行深入的了解，同时选取适合节目的技术，运用到节目生产流程的各个方面，寻求一种创新的发展方式，而不是拘泥于传统的单一的生产方式。

学者罗星丹提出，电视始终应以满足受众需求为动力，以数字技术发展为契机，实现内容生产和传播的数据化、智能化以及移动化。融媒体时代需要传统媒体和新媒体在内容、渠道、平台、经营、管理等方面优势互补，让媒介之间的边界由清晰变得模糊，为受众提供更优质的内容和体验。① 同样也可以借鉴国内外在媒介融合方面做的比较好的电视媒体的经验，结合自身情况改革发展，在稳中求进。如新华社、中国网等外宣主流媒体“以智能技术赋能、以内容建设为王”，使用用户个性化定制、AR 新闻、H5、手绘、视频直播、Vlog、动漫等多种融媒体形式，大大提升了对外话语的创造力与感召力。②

2. 平台转型

我国传统媒体的传播方式通常是内容发布者通过电视媒介直接向内容接受者传递信息。也就是媒体输出什么，观众就接受什么，是一种单向传播的模式，互联网社会的发展更多强调的是内容生产者和受众之间的双向互动，观众的反馈和评价是节目制作的导向发展来源之一。当下新媒体技术的发展拓宽了反馈渠道，作为新的内容传递者“平台”作用凸显，取代了传统的“渠道”在新闻生产实践中的地位和作用，因此传统广播电视媒体平台转型显得十分有必要。

传统媒体平台转型需要利用客户端、微信、微博等新媒体客户端，加上新兴的短视频平台抖音，构建一个“两微一端一抖”的平台生态模型，对受众进行有效的传播。对《深度国际》这样面向国内、国际的新闻节目来说，除了在国内新媒体社交应用上布局之外，也需要把眼光放到国外主流社交媒体平台。目前《深度国际》只在 YouTube 平台上进行中文视频播放，第一是没有进行针对性的分众传播，而是泛化粗略地把国内平台的内容机械地搬运到国外平台上，第二是仅仅依靠一个视频平台难以构建一个全面的对外传播生态环境，除

① 罗星丹:《媒介融合背景下电视数字化转型的困境与对策》,《传媒论坛》2020 年第 23 期。

② 马缘园:《国际传播视域下外宣主流媒体提升国际舆论引导力路径与策略研究》,《新闻爱好者》2021 年第 10 期。

了 YouTube 之外，还应该考虑到 Meta、Tiktok 等泛娱乐社交媒体。

3. 内容转型

《新闻联播》节目就时政新闻栏目内容灵活运用主播说、划重点、小编提炼、局部放大、主播走出演播室与新闻事件和人物互动等方式对节目进行生动、立体的解读和推广，值得《深度国际》借鉴。而在节目内容叙事中适度有效增加节目内容和任务塑造的“网感”成分，也会成为《深度国际》收获观众人心的加分项，如塑造节目采访嘉宾、采访记者、节目主持人、节目邀请专家等的多元人设，利用这些人设自带的 IP 增加节目的看点。同时除了节目本身内容之外，也可以以此作为基础材料进行二次创作。如结合不同媒体传播渠道、人群、情境以及人们关注的时间节点以不同的方式剪辑、重组同一系列视频中的重点，不同时间同一事件报道的转向，提炼节目精华内容，并对这些二次创作的内容进行精准化的分发传播。①

因此，新闻节目要想实现真正的变革，摆脱原有的窠臼，就一定要以技术为支撑，推动平台转型，同时创新内容，增加受众覆盖面，才能不被新媒体浪潮冲走。

（二）引进新技术，探索媒介融合新模式

孔朝蓬教授在《媒介融合时代突发事件报道传播立体化转向——CNN 波士顿爆炸案报道的启示》中论述了 CNN 构建的三点多面的立体化信息传播平台在波士顿爆炸案的突发新闻报道中起到的重要作用：首先是 CNN 的报道组在下午事发当时就在波士顿进行了及时的电视现场报道，抢占了时效性的先机；随后 CNN 各栏目及主持人充分利用社交平台等媒介发动全球民众参与到事件的报道和评论中来；同时其线下服务系统也将报道及时传递到手机用户客户端。CNN 不仅以双向传播的互动模式提高了受众的参与

① 刘俊：《改版十年：电视时政新闻融媒创新的制作与传播艺术——基于中央电视台〈新闻联播〉的探讨》，《现代传播（中国传媒大学学报）》2021 年第 10 期。

度，还使得后续的新闻追踪报道更加具有全面性和广泛性。[①]学者费雪映则认为：

> 近年来，我国的虚拟现实技术、增强现实技术、人工智能等科学技术蓬勃发展，也推动着电视节目制作技术的革新，这对电视媒体来说无疑是良好的发展机遇。电视媒体应善于利用现代化的科学技术创新节目制作手段，加强节目技术优势，带给受众更丰富、优质的视听体验，为节目注入源源不断的新鲜感。技术是永远在不断进步的，或许十年后，现在的新媒体也变成了传视媒体。需要始终保持着对于新技术以及新的传播生态的敏感性，才能真正做到与时俱进。[②]

我国技术的发展正在朝着西方国家靠齐，媒体应该借着这些技术便利，搭上顺风车，实现“弯道超车”。《深度国际》可以引进一些互联网技术人才和前沿的科技，如虚拟现实技术、人工智能等，掌握技术优势。国外受众除了关心节目本身内容之外，更多的是想通过节目看到中国社会的变迁和发展，只有软实力和硬实力都具备，才能在国际新闻传播舞台中“出圈”。

（三）引进媒体精英人才，注入新活力

中央全面深化改革委员会第十四次会议强调，推动媒体融合向纵深发展，要深化体制机制改革，加大全媒体人才培养力度，打造一批具有强大影响力和竞争力的新型主流媒体，加快构建网上网下一体、内宣外宣联动的主流舆论格局，建立以内容建设为根本、先进技术为支撑、创新管理为保障的全媒体传播体系，牢牢占据舆论引导、思想引领、文化传承、服务人民的传

---

① 孔朝蓬:《媒介融合时代突发事件报道传播立体化转向——CNN 波士顿爆炸案报道的启示》,《华夏文化论坛》2013 年第 10 期。

② 费雪映:《媒介融合时代电视媒体的发展困境及破局之思——基于“电视之死”假说的思考》,《传媒论坛》2021 年第 21 期。

播制高点。[①] 对外传播，实力是基础，人才是关键。

要想在传统媒体中脱颖而出，不断适应时代发展变革，需要牢牢把握人才这个核心优势。全媒体时代的到来，给我国新闻传播事业尤其是对外传播事业带来巨大变革，同时要求培养新形势下全媒体格局之下的多媒体＋复合型国际新闻人才。“传统的新闻人才培养模式已经不能满足新时代的要求，媒介融合的全媒体时代对国际新闻传播人才的培养提出了新的挑战。在未来的国际新闻传播人才培养中，必须不断探究具有中国特色的创新新闻人才培养路径，构建出适应时代发展和中国国情的创新新闻人才培养模式。”[②] 对于《深度国际》这样一档品牌节目，更需要培养和引进优秀的全媒体国际传播人才。

1. 增加媒体复合型人才选用

目前栏目组的人员构成为有丰富行业经验的老新闻人带领新加入的行业“萌新”，主体仍以资深新闻从业人员为主，这在节目把关层面必不可少，新选用的人员仍然是与新闻专业匹配度较高的，节目组内部人员各司其职。但从整体来看仍然不可忽略全媒体复合型人才的引用，这是保持节目生命活力和竞争力的关键，有利于达成建设一支融媒体队伍的目标。基于节目定位，急需引用跨学科＋新闻复合型人才，如国际关系＋新闻传播、国际政治＋新闻传播、外语＋新闻传播、经济＋新闻传播等人才，这对节目后期发展和拓宽传播渠道，针对不同国家进行多语种分众传播，扩大节目受众起着重要作用。

2. 建立专家人才资源库

充分考虑节目的资源配置，除了节目制作需要新闻专业人才之外，对专家采访的选取也是保证节目深度和高度的决定性因素之一。但这并不意味着

---

① 《人民网专访胡正荣：谈媒体融合、内容传播、人才培养》，人民网，2020 年 9 月 8 日，http://www.huzhengrong.net，。

② 代芳芳：《论全媒体时代国际新闻传播人才的创新培养》，《新闻爱好者》2018 年第 6 期。

每期节目采访的专家都相同或者是某几个专家成为节目常客。针对世界范围内不同区域和国家中的不同热点话题的报道，应充分考虑选题本身的需要，邀请在该话题领域具备一定权威性和影响力的专家。针对同一话题领域，也需要参考该领域内不同专家的观点，从而保证节目的客观性。节目对于采访过的专家建立了专家人才资源库，对专家进行分类，以便于不断地梳理、整合、丰富、对接专家资源。在节目采访制作过程中，注意积极听取专家的意见和建议，使专家成为节目话题的把关人之一。

3. 引进人才，校企合作

推动媒体融合向纵深发展，就必须引进融媒体人才，创新人才引进机制，在引进高素质人才的同时，注重引进选题策划多学科背景、新媒体内容生产创作、数据分析挖掘、大数据算法、网络安全等关键领域人才，契合大数据时代新闻生产内容。同时也需要制定更加切合节目的人才引进机制，建立开放、积极、高效的人才招聘机制。做到有人才的同时也能留住人才。

由于跨学科复合型新闻人才、融合媒体人才、大数据信息技术领域新闻人才的紧缺，这些人才已经成为传统媒体之间的未来核心竞争优势，也出现了岗位空缺但是人才空位的不对称现象。人才的培养是一个长期的机制，不仅需要学校作用，而且需要企业行业共力。搭建校企合作模式，与新闻类院校、国际关系院校、外语类院校建立合作关系，搭建实习基地，让学生在学习专业知识、抓牢专业基础的同时，能够与社会接轨，增强实践经验，能够更好地从学校到社会无缝接轨，形成新闻院校和主流媒体联手办学的模式，为主流媒体输送更多人才。

参考文献

[1] 陈皓．福柯：权力与自由 [N]. 人民法院报，2019（2）.

[2] 陈虹刘．全球化时代华语主持人的影响力和话语权 [N]. 新闻记者，2009（8）.

[3] 陈建山．中美印“战略三角”新变化及趋势分析 [J]. 学术探索，2020（2）.

[4] 陈杰．面向国家战略需要的中国媒体外交：角色、功能与情境 [J]. 公共外交季刊，2020（4）.

[5] 陈权．互动仪式链理论在传播研究中的应用 [J]. 新闻世界，2012（10）.

[6] 陈帅．论当代青年的圈层认同感的话语建构 [J]. 中国青年研究，2020（11）.

[7] 陈先红，宋发枝．“讲好中国故事”国家立场、话语策略与传播战略 [J]. 现代传播，2020，42（1）.

[8] 陈以定．当代中国外交中意识形态建设与国际话语权建构——基于中国外交话语分析视角 [J]. 学术界，2012（7）.

[9] 程曼丽．大众传播与国家形象塑造 [J]. 国际新闻界，2007（3）.

[10] 程曼丽．论我国软实力提升中的大众传播策略 [J]. 对外大传播，2006（10）.

[11] 丑则静．百年变局下的国际格局演化与中美战略竞争新态势 [J]. 新视野，2021（3）.

[12] 代芳芳．论全媒体时代国际新闻传播人才的创新培养 [J]. 新闻爱好者，2018（6）.

[13] 邓瑜瑾．关汉卿杂剧中矛盾冲突的设置手法 [J]. 信阳农林学院学报，2021（3）.

[14] 丁工．中东地区形势突起新因素与地缘格局之变 [J]. 新疆社会科学，2019（3）.

[15] 杜冰．巴基斯坦“拯救之路”反恐行动及其前景 [J]. 国际资料信息，2009（11）.

[16] 范军．百年变局与世纪疫情交织背景下推动我国国际传播高质量发展 [J]. 国际出版周报，2021（8）.

[17] 费雪映．媒介融合时代电视媒体的发展困境及破局之思——基于“电视之死”假说的思考 [J]. 传媒论坛，2021（21）.

[18] 冯绍雷．从全球转型看中美俄关系与欧亚秩序构建 [J]. 当代世界，2021（9）.

[19] 冯玉军，尚月．美俄关系新发展与中国的政策选择 [J]. 国际问题研究，2018（4）.

[20] 富育红．巴基斯坦塔利班发展现状及演变趋势 [J]. 南亚研究季刊，2014（1）.

[21] 甘莅豪．媒介话语分析的认知途径．中美报道南海问题的隐喻建构 [J]. 国际新闻界，2011，33（8）.

[22] 高科．东北亚地区安全形势与我国面临的安全挑战 [J]. 江南社会学院学报，2013（2）.

[23] 葛彬超．媒介文化与跨时空互动 [J]. 学术研究，2011（12）.

[24] 葛静深，翟莉．以多模态话语传播中国故事 [J]. 中国社会科学报，2021（3）.

[25] 郭全中．我国媒体融合实践进展研究 [J]. 行政管理改革，2019（7）.

[26] 哈艳秋．广播电视业 40 年风起云涌 [J]. 中国新闻出版广电报，2018（5）.

[27] 韩璐，刘飞涛．大变局下中美俄大国关系互动探析 [J]. 和平与发展，2021（4）.

[28] 韩源．全球化背景下的中国国家形象战略框架 [J]. 当代世界与社会主义，2006（1）.

[29] 何飞，郭文亮．历史・范式与意义：战后美国中国学研究省思 [J]. 暨南学报（哲学社会科学版），2018（11）.

[30] 胡红蕾．放眼全球，拓展电视节目创新的视野和境界 [J]. 南方电视学刊，2013（1）.

[31] 胡开宝，张晨夏．中国当代外交话语核心概念对外传播的现状、问题与策略 [J]. 浙江大学学报，2021，51（5）.

[32] 胡颖．由凤凰卫视谈传媒核心竞争力 [J]. 新闻传播，2006（12）.

[33] 胡智锋，王昕．中央广播电视总台：疫情下的主流媒体内容生产 [J]. 电视指南，2020（Z1）.

[34] 胡宗山．中国国际话语权刍议：现实挑战与能力提升 [J]. 社会主义研究，2014（5）.

[35] 黄昌林．论电视新闻叙事的时空流畅性 [J]. 成都大学学报，2001（1）.

[36] 黄大慧．对中日关系重回正轨的若干思考 [J]. 现代国际关系，2019（12）.

[37] 黄大慧．中日关系与命运共同体构建 [J]. 东亚评论，2018（1）.

[38] 黄河．“选择性遏制”与美国“重返亚太”——兼论对中国在亚太地区重要海外安全利益的影响 [J]. 江南社会学院学报，2015（2）.

[39] 孔朝蓬．媒介融合时代突发事件报道传播立体化转向—— CNN 波士顿爆炸案报道的启示 [J]. 华夏文化论坛，2013（10）.

[40] 孔令华，张敏．费斯克的生产性受众观——一种受众研究的新思路 [J]. 南京航空航天大学学报（社会科学版），2005（1）.

[41] 兰江．试析巴军“拯救之路”军事行动 [J]. 黑龙江史志，2010（9）.

[42] 李成．“讲好中国故事”需要四个转向 [J]. 中国记者，2016（5）.

[43] 李青，张耕宇．浅谈怎样做好电视新闻 [J]. 赤峰学院学报（汉文哲学社会科学版），2011（32）.

[44] 李群山．中国国家形象塑造的困境及其应对之策 [J]. 吉首大学学报（社

会科学版)，2018，39 (44) .

[45] 李舒，陈菁瑶 . 新闻评论与国家形象传播 [J]. 新闻大学，2013 (4) .

[46] 李伟建 . 中阿战略伙伴关系：基础、现状与趋势 [J]. 西亚非洲，2018 (4) .

[47] 李文 . 从着眼和平稳定到立足合作共赢：理念的变化 [J]. 世界知识，2020 (3) .

[48] 李鑫磊，李雯 . 规训权力之下媒介与受众之间的博弈 [J]. 科技传播，2019 (11) .

[49] 李兴 . 从博弈论视角看欧亚大陆与俄美关系 [J]. 俄罗斯中亚东欧研究，2004 (5) .

[50] 李正国 . 国家形象构建：政治传播及传媒影响力 [J]. 现代传播，2006 (1) .

[51] 梁杰 . 融媒体时代电视媒体面临的挑战与对策分析 [J]. 新闻爱好者，2017 (4) .

[52] 梁凯音 . 论中国拓展国际话语权的新思路 [J]. 国际论坛，2009，11(3).

[53] 刘凡 . 电影叙事结构探析：线与非线 [J]. 学术研究，2011 (15) .

[54] 刘丰 . 中国周边战略的目标、手段及其匹配 [J]. 当代亚太，2013 (5) .

[55] 刘红超 . 对巴基斯坦塔利班的解读 [J]. 新疆师范大学学报 (哲学社会科学版)，2011 (5) .

[56] 刘晶，潘南君 . 算法推荐下的公共议题传播 [J]. 福建论坛 (人文社会科学版)，2021 (6) .

[57] 刘俊 . 改版十年：电视时政新闻融媒创新的制作与传播艺术——基于中央电视台《新闻联播》的探讨 [J]. 现代传播 (中国传媒大学学报)，2021(10).

[58] 刘敏 . 挑战与转型：后真相时代的建设性新闻 [J]. 新闻研究导刊，2021 (17) .

[59] 刘荣霞，张莹 . 论新闻编译中的叙事重构与外交立场——以《环球时报》《参考消息》对“南海问题”外媒报道的英汉新闻编译为例 [J]. 东方翻译，2018 (6) .

[60] 刘瑞生，王井．“讲好中国故事”的国家叙事范式和语境 [J]. 甘肃社会科学，2019（2）.

[61] 刘小燕．关于传媒塑造国家形象的思考 [J]. 国际新闻界，2002（2）.

[62] 刘兴华．朝鲜政局与中国的东北亚战略 [J]. 现代国际关系，2012（1）.

[63] 刘莹．美俄关系“重启”的困境分析 [J]. 俄罗斯东欧中亚研究，2021（3）.

[64] 柳岸冉．电影色彩中的视觉节奏与叙事功能 [J]. 流行色，2021（6）.

[65] 柳丰华．俄美关系的走向及其影响 [J]. 国际问题研究，2021（3）.

[66] 柳丰华．中美俄在亚太：政策演变与博弈趋势 [J]. 俄罗斯研究，2020(6).

[67] 鲁哲．意义的生产和流通———费斯克《电视文化》述评 [J]. 新闻与传播研究，1998（4）.

[68] 陆佳怡．媒体外交：一种传播学视角的解读 [J]. 国际新闻界，2015(4).

[69] 罗建波．构建中国崛起的对外文化战略 [J]. 现代国际关系，2006（3）.

[70] 罗星丹．媒介融合背景下电视数字化转型的困境与对策 [J]. 传媒论坛，2020（3）.

[71] 吕欣．用移动互联网“转基因”重构电视产业格局——一场正在进行的电视媒介生态变革 [J]. 传媒，2015（4）.

[72] 马缘园．国际传播视域下外宣主流媒体提升国际舆论引导力路径与策略研究 [J]. 新闻爱好者，2021（10）.

[73] 门洪华．构建新型国际关系：中国的责任与担当 [J]. 世界经济与政治，2016（3）.

[74] 牛福长，胡志丁，王学文．中国和印度对周边国家的地缘经济权力时空演化 [J]. 经济地理，2021（6）.

[75] 牛新春．想像与真相：中国的中东政策 [J]. 西亚非洲，2021（4）.

[76] 派尼·科瑞斯普，朱利安·格瑞恩，辛本健．阿富汗：恐怖主义的摇篮 [J]. 国外社会科学文摘，2001（12）.

[77] 潘忠党．架构分析：一个亟需理论澄清的领域 [J]. 传播与社会学刊，2006（1）.

[78] 庞华 . 早间新闻节目的传播影响力透析——以央视《朝闻天下》为例 [J]. 新闻爱好者，2010（9）.

[79] 彭兰 . 网络的圈子化：关系、文化、技术维度下的类聚与群分 [J]. 编辑之友，2019（11）.

[80] 朴东勋 . 朝韩关系进展对朝鲜半岛局势的影响及中国战略考量 [J]. 延边大学学报（社会科学版），2019，52（1）.

[81] 邱昌情 . 中国在国际人权领域话语权：现实困境与应对策略 [J]. 人权，2018（3）.

[82] 任海，徐庆超 . 媒体外交：一种软权力的传播与扩散 [J]. 当代世界与社会主义，2011（4）.

[83] 阮建平 . 深植中华文化根基的周边外交理念 [J]. 人民论坛，2019（30）.

[84] 沈正赋 . 新媒体时代电视面临的生存挑战与发展机遇 [J]. 现代传播（中国传媒大学学报），2014（10）.

[85] 盛斌 . G20 杭州峰会：开启全球贸易投资合作新时代 [J]. 国际贸易，2016（9）.

[86] 时殷弘 . 中国的东北亚难题：中日、中韩和中朝关系的战略安全形势 [J]. 日本学刊，2019（1）.

[87] 史安斌，王沛楠 . 数字公共外交兴起与广电国际传播能力提升——基于“偶像”模式的分析 [J]. 电视研究，2020（1）.

[88] 史安斌，张耀钟 . 新中国形象的再建构：70 年对外传播理论和实践的创新路径 [J]. 全球传媒学刊，2019（6）.

[89] 宋德星 . 大国权势：印度外交战略的不改初心 [J]. 人民论坛·学术前沿，2018（1）.

[90] 孙晶 . 双转型中的中国外交 [J]. 人民论坛，2013（1）.

[91] 孙婷婷 . 党报深度报道的守正与创新——以南阳日报社的探索为例 [J]. 新闻战线，2021（15）.

[92] 孙兴杰 . 后帝国空间与国家构建：反思现代国际关系的原点与限度 [J]. 国际政治研究，2021（5）.

[93] 孙有中 . 国家形象的内涵及其功能 [J]. 国际论坛，2002（3）.

[94] 谈谭 . 试论中国对外战略文化的核心价值观 [J]. 江汉大学学报（社会科学版），2007（1）.

[95] 谭天，刘海霞 . 论作为时间产品的电视节目 [J]. 现代传播，2012（2）.

[96] 陶东风 . 超越精英主义与悲观主义——论费斯克的大众文化理论 [J]. 学术交流，1998（6）.

[97] 陶文钊 . 后冷战时期美俄关系的三个循环 [J]. 和平与发展，2020（4）.

[98] 托马斯•格雷厄姆，胡冰 . 新时代的俄美关系 [J]. 俄罗斯东欧中亚研究，2018（5）.

[99] 托马斯 • 格雷厄姆，胡冰 . 中美俄关系与“战略三角”[J]. 俄罗斯东欧中亚研究，2020（6）.

[100] 王陈平 .《关于难民地位的公约》及其议定书：难民权利保障的法律框架 [J]. 人权，2017（4）.

[101] 王郦久 . 论俄美关系本质及普京连任后双边关系走向 [J]. 和平与发展，2018（2）.

[102] 王灵桂 . 深化友谊 共促发展 推动中国与中东合作迈上更高水平 [J]. 西亚非洲，2021（5）.

[103] 王清，彭飞 . 全媒体时代的纸媒深度报道探析 [J]. 新闻前哨，2021（10）.

[104] 王涛，曹峰毓 . 南亚地区一体化困境的历史溯源 [J]. 东南亚南亚研究，2018（2）.

[105] 王希 . 有关中国国际形象的思考 [J]. 国际新闻界，2000（1）.

[106] 王晓文 . 中印在印度洋上的战略冲突与合作潜质——基于中美印“战略三角”格局的视角 [J]. 世界经济与政治论坛，2017（1）.

[107] 王啸 . 国际话语权与中国国际形象的塑造 [J]. 国际关系学院学报，2010（6）.

[108] 王雨，赵凤华 .《深度国际》：中国国际话语权建构 [J]. 当代电视，2019（12）.

[109] 隗斌贤 ."一带一路" 背景下文化传播与交流合作战略及其对策 [J]. 浙江学刊，2016（2）.

[110] 魏秀堂 . 对外传播理论研究的初步成果 [J]. 传媒产业化发展与传媒理论创新高峰论坛 .

[111] 文富德 . 2015 年印度经济增长率超过中国的原因 [J]. 亚太经济，2016（4）.

[112] 乌琼芳 . 新闻传播与"空间"的形成 [J]. 新闻知识，2012（10）.

[113] 吴孟克 . 南亚次大陆的历史记忆（上）[J]. 世界知识，2017（18）.

[114] 吴一敏 . 解读西方发达国家的话语霸权 [J]. 南京政治学院学报，2005（3）.

[115] 吴一敏 . 中国国家形象及其定位研究综述 [J]. 经济师，2012（5）.

[116] 吴友富 . 战略视域下的中国国家形象传播 [J]. 国际观察，2012（4）.

[117] 肖建明，宗蔚 ."利剑行动"与巴基斯坦塔利班的命运 [J]. 印度洋经济体研究，2015（2）.

[118] 谢梅多夫・谢梅茨・阿巴卡耶维奇，潘旻 . 21 世纪的朝鲜半岛地缘政治问题 [J]. 当代韩国，2018（3）.

[119] 邢丽菊，赵婧 . 国际话语权视域下的中国国家形象建设：挑战与对策 [J]. 东北亚论坛，2021，30（3）.

[120] 徐步 . 构建新型国际关系的理论内涵及时代意义 [J]. 国际问题研究，2021（3）.

[121] 闫伟 . 美俄博弈下的叙利亚问题及其前景 [J]. 国际论坛，2020（4）.

[122] 杨明星，潘柳叶 ."讲好中国故事" 的外交叙事学原理与话语权生成研究 [J]. 新疆社会科学，2021（5）.

[123] 杨明星，周安祺 . 新中国 70 年来外交传播体系的历史演进与发展方位 [J]. 国际观察，2020（5）.

[124] 杨希雨 . 中美关系中的朝核问题 [J]. 国际问题研究，2015（3）.

[125] 杨鲜兰 . 构建当代中国话语体系的难点与对策 [J]. 马克思主义研究，2015（2）.

[126] 杨永志．中东缘何成为国际恐怖主义的温床 [J]. 太平洋学报，2004（7）．

[127] 杨子航．类型电影：视觉系统与意识形态 [J]. 电影文学，2018（12）．

[128] 游飞．电影叙事结构：线性与逻辑 [J]. 北京电影学院学报，2010(2)．

[129] 于金超．电视新闻节目转场短视频遇到的挑战与优势 [J]. 新闻传播，2021（18）．

[130] 俞正樑．试论全球性议题与全球政治的新发展 [J]. 国际观察，2009（2）．

[131] 虞少华．朝鲜半岛自主和平统一：基础与路径 [J]. 国际问题研究，2015（2）．

[132] 袁媛．浅析大小屏联动视域下媒体融合的新动能 [J]. 新闻传播，2021（5）．

[133] 詹世亮．中东问题的历史与现状 [J]. 外交学院学报，2003（1）．

[134] 张爱军，王首航．后真相时代的自我救赎：真相的再归与主流媒体话语权的重塑 [J]. 河南社会科学，2021（6）．

[135] 张殿军．硬实力、软实力与中国话语权的建构 [J]. 中共福建省委党校学报，2011（7）．

[136] 张恒军．当代中国价值观的跨文化阐释与传播：理论路径与实践维度 [J]. 对外传播，2021（6）．

[137] 张洪忠．大众传播学的议程设置理论与框架理论关系探讨 [J]. 西南民族学院学报（哲学社会科学版），2001（10）．

[138] 张惠莉．分格漫画叙事节奏控制手法的研究 [J]. 大众文艺，2021(19).

[139] 张开玮．故事的魅力：图像小说的时空叙事探究 [J]. 湖北美术学院学报，2020（2）．

[140] 张卫良，谢耄宜．中国共产党成立 100 周年与中国国际地位梯级上升 [J]. 湖南大学学报（社会科学版），2021（3）．

[141] 张小娅．对话的重要性：国际传播中的理解与接受 [J]. 清华大学学报（哲学社会科学版），2015（1）．

[142] 张耀军．对新时代中华文化走出去的几点浅见——兼论中华文化“一

带一路”传播的可及性 [J]. 江淮论坛，2020（1）.

[143] 张玉玲 . 视听新媒体时代：变化刚刚开始 [J]. 光明日报，2013（6）.

[144] 张蕴岭 . 新形势下推动构建中国与周边国家命运共同体 [J]. 当代世界，2021（7）.

[145] 张志洲 . 中国国际话语权的困局与出路 [J]. 绿叶，2009（5）.

[146] 赵崇印 . 叙事学与电视新闻的关系探讨 [J]. 今传媒，2021（10）.

[147] 赵可金，史艳 . 构建新型国际关系的理论与实践 [J]. 美国研究，2018，32（3）.

[148] 赵可金 . 媒体外交及其运作机制 [J]. 世界经济与政治，2004（4）.

[149] 赵隆 . 议题设定和全球治理——危机中的价值观碰撞 [J]. 国际论坛，2011（13）.

[150] 赵萌 . 印度有可能成为全球疫情的新“震中”[J]. 世界知识，2020(8).

[151] 赵衍 . 印度疫情失控：民众在为失职的政府买单 [J]. 廉政瞭望，2020（19）.

[152] 赵莹 . 总台央视《深度国际》：立足共同命运 传递大国声音 [J]. 中国新闻出版广电报，2020，4（5）.

[153] 郑东超 . 我们应当怎样看中东 [J]. 前线，2019（7）.

[154] 郑海琦 .“印太战略”视阈下印度的战略角色转变与关系定位 [J]. 印度洋经济体研究，2021（5）.

[155] 郑琳，叶之宁 . 舆论热点圈层化传播的引导机制 [J]. 青年记者，2020(27).

[156] 郑煦杨 . 人口老龄化与电视行业的机会——日本电视行业对中国同行的启发 [J]. 视听纵横，2020（1）.

[157] 郑言 . 社会黏性视阈下构建中国特色传播矩阵 [J]. 重庆社会科学，2019（10）.

[158] 钟亚平 . 中日交往的“两千年”和“五十年”[J]. 东北亚学刊，2014(1).

[159] 周干茜 . 面向命运共同体时代：“讲好中国故事”的路径探索 [J]. 上海广播电视研究，2021（4）.

[160] 周文韬 .“一带一路”报道中如何讲好中国故事——以《新闻联播》“一

带一路·合作共赢”系列报道为例 [J]. 传媒观察，2018（1）.

[161] 周小普，刘斌 . 从受众选择偏好谈电视新闻节目制播 [J]. 电视研究，2012（2）.

[162] 朱剑飞 . 城市广电如何破解发展难题 [J]. 视听界，2012（6）.

[163] 朱丽霞 . 浅谈电视新闻同期声的恰当运用 [J]. 中国传媒科技，2017（10）.

[164]《学术前沿》编者 . 印度的大国抱负 [J]. 人民论坛·学术前沿，2018（1）.

[165] 劳拉·穆尔维 . 百年电影回眸：流逝的时光与电影的晚近风格 [J]. 孙绍谊，译 . 当代电影，2005（5）.

[166] 生田正辉 . 国际传播研究 [J]. 信息通信协会会刊，1985（4）.

[167] 陈冠合 . 讲好中国故事的叙事策略研究——以《人民日报海外版》中国故事版面为例 [D/OL]. 南京：南京大学，2020. https://kns.cnki.net/KCMS/detail/detail.aspx?dbname=CMFD202101&filename=1021500547.nh.

[168] 陈玮 . 美英主流媒体呈现的西藏形象研究 [D/OL]. 上海：上海交通大学，2017. https://kns.cnki.net/KCMS/detail/detail.aspx?dbname=CDFDLAST2019&filename=1019611062.nh.

[169] 贺程 . 全球化传播语境下的文化混杂性问题研究 [D/OL]. 武汉：武汉大学，2013. https://kns.cnki.net/KCMS/detail/detail.aspx?dbname=CDFDLAST2015&filename=1013210889.nh.

[170] 姜常鹏 . 纪录片修辞艺术研究 [D/OL]. 福建：福建师范大学，2020. https://kns.cnki.net/KCMS/detail/detail.aspx?dbname=CDFDTEMP&filename=1021743218.nh.

[171] 郑雅楠 . 新媒体与我国国家领导人形象传播 [D/OL]. 北京：中国青年政治学院，2015. https://kns.cnki.net/KCMS/detail/detail.aspx?dbname=CMFD201601&filename=1015659212.nh.

[172] 蔡拓 . 全球问题与当代国际关系 [M]. 天津：天津人民出版社，2002.

[173] 邓秀军 . 纪录片叙述者的主体性研究 [M]. 武汉：华中科技大学出版社，2013.

[174] 邓秀军 . 新媒体纪实影像叙事：文本的解构与话语的重构 [M]. 北京：中国社会科学出版社，2017.

[175] 段鹏 . 传播学基础：历史、框架与外延（第 2 版）[M]. 北京：中国传媒大学出版社，2013.

[176] 甘惜分，钱辛波，成一，洪一龙 . 新闻学大辞典 [M]. 郑州：河南人民出版社，1993.

[177] 郭庆光 . 传播学教程（第 2 版）[M]. 北京：中国人民大学出版社，2011.

[178] 何纯 . 新闻叙事学 [M]. 长沙：岳麓书社，2006.

[179] 何国平 . 中国对外报道思想研究 [M]. 北京：中国传媒大学出版社，2009.

[180] 李彬 . 大众传播学 [M]. 北京：中央广播电视大学出版社，2000.

[181] 梁鹏 . 亚里士多德《诗学》集注 [M]. 北京：中译出版社，2017.

[182] 刘继南 . 国际传播与国家形象——国际关系的新视角 [M]. 北京：北京广播学院出版社，2002.

[183] 刘朋 . 国家形象的概念：构成、分歧与区隔 [M]. 2008 第六届亚洲传媒论坛——国家形象传播论文集，2008 年 .

[184] 罗钢 . 叙事学导论 [M]. 昆明：云南人民出版社，1994.

[185] 明安香 . 传媒全球化与中国崛起 [M]. 北京：社会科学文献出版社，2008.

[186] 聂运麟，余维海 . 国际共产主义运动年鉴 [M]. 武汉：华中师范大学出版社，2019.

[187] 欧阳照 . 电视新闻的叙事学研究 [M]. 重庆：重庆大学出版社，2010.

[188] 日本防卫省 . 令和元年版防卫白书 [M]. 2019.

[189] 申丹，王丽亚 . 西方叙事学经典与后经典 [M]. 北京：北京大学出版社，2011.

[190] 汪民安 . 文化研究关键词（修订版）[M]. 南京：江苏人民出版社，2020.

[191] 吴立斌 . 中国媒体的国际传播及影响力研究 [M]. 北京：中共中央党校，2011.

[192] 吴士余 . 大众文化研究 [M]. 上海：上海三联书店，2001.

[193] 吴友富 . 中国国家形象的塑造和传播 [M]. 上海：复旦大学出版社，2009.

[194] 吴郁 . 当代广播电视播音主持 [M]. 上海：复旦大学出版社，2007.

[195] 习近平 . 习近平谈治国理政（第 2 卷）[M]. 北京：外文出版社，2017.

[196] 许南明，富澜，崔君衍 . 电影艺术词典 [M]. 北京：中国电影出版社，1986.

[197] 杨义 . 中国叙事学 [M]. 北京：北京商务印书馆，2019.

[198] 张小元 . 回归与超越——理论新闻学新视野 [M]. 成都：四川科学技术出版社，2003.

[199] 周明伟 . 国家形象传播研究论丛 [M]. 北京：外文出版社，2008.

[200] 弗里德里希•恩格斯，卡尔•马克思 . 马克思恩格斯选集（第 3 卷）[M]. 北京：人民出版社，1995.

[201] 亨利・列斐伏尔 . 空间与政治（第 2 版）[M]. 李春，译 . 上海：上海人民出版社，2015.

[202] 米歇尔・福柯 . 性经验史 [M]. 佘碧平，译 . 上海：世纪出版集团，2011.

[203] 热拉尔・热奈特 . 叙事话语新叙事话语 [M]. 王文融，译 . 北京：中国社会科学出版社，1990.

[204] 米克・巴尔 . 叙述学：叙事理论导论 [M]. 谭军强，译 . 北京：中国社会出版社，2003.

[205] 约翰内斯・伊顿 . 色彩艺术 [M]. 上海：上海美术出版社，1985.

[206] 马歇尔・麦克卢汉 . 谷登堡星汉璀璨 [M]. 杨晨光，译 . 北京：北京理工大学出版社，2014.

[207] 马歇尔・麦克卢汉 . 理解媒介：论人的延伸 [M]. 何道宽，译 . 江苏：译林出版社，2019.

[208] 埃姆・格里芬 . 初识传播学：在信息社会里正确认识自我、他人及世界 [M]. 展江，译 . 北京联合出版公司，2016.

[209] 布雷恩•S. 布鲁克斯，杰克•Z. 西索斯 . 编辑的艺术 [M]. 刘英凯，译 . 北京：中国人民大学出版社，2010.

[210] 赫伯特・席勒 . 大众传播与美利坚帝国 [M]. 刘晓红，译 . 上海：上海世纪出版集团，2006.

[211] 杰克・哈特 . 故事技巧——叙事性非虚构文学写作指南 [M]. 叶青，曾

铁峰，译 . 北京：中国人民大学出版社，2012.

[212] 兰德尔・柯林斯 . 互动仪式链 [M]. 北京：商务印书馆，2004.

[213] 罗伯特・麦基 . 故事——材质、结构、风格和银幕剧作的原理 [M]. 周铁东，译 . 北京：中国电影出版社，2001.

[214] 托德・吉特林 . 新左派运动的媒介镜像 [M]. 张锐，译 . 北京：华夏出版社，2007.

[215] 休梅克 . 大众传媒把关：中文注释版 [M]. 张咏华，注释 . 上海：上海交通大学出版社，2007.

[216] 约翰・费斯克 . 理解大众文化 [M]. 北京：中央编译出版社，2001.

[217] 约翰・费斯克，约翰・哈特利 . 解读电视 [M]. 郑明椿，译 . 台湾：台湾远流出版公司，1993.

[218] 阿兰・谢里登 . 求真意志 [M]. 尚志英，许林，译 . 上海：上海人民出版社，1997.

[219] 福斯特 . 小说面面观 [M]. 苏炳文，译 . 广州：花城出版社，1984.

[220] 威廉・阿契尔 . 剧作法 [M]. 吴钧燮，聂文杞，译 . 北京：中国戏剧出版社，2004.

[221] 安晶 . 美军“误炸”事件升级：叙利亚表示不相信美俄联合国会议上对骂 [EB/OL].[2016 -9-19]. https://www.jiemian.com/article/858584.html.

[222] 班威 . 述评：在变局中等待破局——朝鲜半岛的 2018[EB/OL].[2018-12-23]. http://www.xinhuanet.com/world/2018-12/23/c_1210022290.htm.

[223] 北海居 . 中国和印度历年军费支出比较（1960-2018）[EB/OL].[2019-12-11]. https://xueqiu.com/5296061618/137147947.

[224] 荼客 . 一书读懂南海（代序）[EB/OL].[2020 - 5 -13]. https://www.meipian.cn/2xumakje.

[225] 陈金龙 . 新中国 70 年国家形象的建构 [EB/OL].[2019-9-6]. http://theory.people.com.cn/n1/2019/0906/c40531-31339676.html.

[226] 陈寅，刘军锋 . 遵循新时代要求，提新闻舆论“四力”[EB/OL].[2018-9-12]. http://media.people.com.cn/n1/2018/0912/c420762-30288420.html.

[227] 程亚惠 . 起底：种族歧视、枪击不断、暴力镇压……这就是“美式人权”？ [EB/OL].[2020-6-18]. https://content-static.cctvnews.cctv.com/snow-book/index.html?item_id=14954077421813076846&toc_style_id=feeds_default&share_to=wechat&track_id=3da1b176-ac0b-4746-9081-c29e9e516e4a.

[228] 重北 . 专家：贸易、投资、技术 印度样样都离不开中国 [EB/OL].[2020-7-7]. https://baijiahao.baidu.com/s?id=1671545984563492950&wfr=spider&for=pc.

[229] 储信艳 . 习近平接受邀请 将于今年 9 月访美 [EB/OL].[2015-2-12]. http://www.xinhuanet.com/mil/2015-02/12/c_127488080.htm.

[230] 崔明伍 . 构建战略传播体系 有效传播中国声音 [EB/OL].[2021-6-11]. https://theory.gmw.cn/2021-06/11/content_34916422.htm.

[231] 刀剑笑 . 日本政局突变！新首相会是谁？对中国更强硬？ [EB/OL].[2021-9-3]. https://baijiahao.baidu.com/s?id=1709871769969684477&wfr=spider&for=pc.

[232] 第十二届全国人民代表大会常务委员会 . 中华人民共和国反恐怖主义法 [EB/OL].[2015-12-27]. hhttp://www.gov.cn/zhengce/2015-12/28/content_5029899.htm.

[233] 傅莹，吴士存 . 南海局势及南沙群岛争议：历史回顾与现实思考 [EB/OL].[2016-5-12]. http://www.xinhuanet.com/world/2016-05/12/c_128977813.htm.

[234] 关健英 . 中国传统文化的独特气质 [EB/OL].[2018-11-11]. http://www.qstheory.cn/dukan/hqwg/2019-11/11/c_1125217538.htm.

[235] 郭永国 .“981”钻井平台作业：越南的挑衅和中国的立场 [EB/OL].[2014-6-9]. http://www.gov.cn/xinwen/2014-06/09/content_2696703.htm.

[236] 郭泽涵 . 普京：中俄关系处在历史最高水平 [EB/OL].[2021-6-15]. http://www.china.com.cn/opinion2020/2021-06/15/content_77569573.shtml.

[237] 鉴艺雯 . 美国插手俄乌争端，无疑是火上浇油逼迫普京动武！ [EB/

OL].[2018-1-15]. https://baijiahao.baidu.com/s?id=1589624240975223264&wfr=spider&for=pc.

[238] 军武吐槽君 . 2020 年军费排行榜深度解析，中国稳居第二，印度意外挺进前三 [EB/OL].[2021-2-28]. https://view.inews.qq.com/a/20210228A06BLK00.

[239] 孔铉佑 . 习近平外交思想和中国周边外交理论与实践创新 [EB/OL].[2019-4-16]. http://www.qstheory.cn/dukan/qs/2019-04/16/c_1124364176.htm.

[240] 旷思思 . 今年以来中美元首 3 次会晤、通话，习近平这样谈双边关系 [EB/OL].[2021-11-18]. http://www.qstheory.cn/zhuanqu/2021-11/18/c_1128074979.htm?ivk_sa=1023197a.

[241] 李季 . 专家谈近年日本政局特点：政党林立十年九相 [EB/OL].[2012-12-18]. https://www.chinanews.com.cn/gj/2012/12-18/4417783.shtml.

[242] 李静 . 三个半小时！金正恩和普京谈得“非常彻底”[EB/OL].[2019-4-26]. http://www.inewsweek.cn/world/2019-04-26/5646.shtml.

[243] 李庆四 . 中美经济“脱钩”不现实 [EB/OL].[2020-9-16]. https://theory.gmw.cn/2020-09/16/content_34193194.htm.

[244] 李雪峰 .“萨德”入韩始末：破坏地区平衡损人不利己 [EB/OL].[2016-8-12]. http://world.people.com.cn/n1/2016/0812/c1002-28632776.html.

[245] 李莹莹 . 美俄关系的现状、特征及趋势分析 [EB/OL].[2020-4-23]. https://www.ciis.org.cn/yjcg/xslw/202007/t20200710_1020.html.

[246] 李志伟 . 美国各界呼吁美方加强与中国合作 [EB/OL].[2021-11-12]. https://baijiahao.baidu.com/s?id=1716213134293190110&wfr=spider&for=pc.

[247] 林杉 . 当今世界面临的主要全球性问题 [EB/OL].[2015-9-27]. http://www.xinhuanet.com/world/2015-09/27/c_128271386.htm.

[248] 刘平 . 美国在亚太海上主权争议中玩危险游戏 [EB/OL].[2014-2 -10]. http://zqb.cyol.com/html/2014-02/10/nw.D110000zgqnb_20140210_1-08.htm.

[249] 刘晓朋 . 习近平在巴基斯坦媒体发表署名文章 [EB/OL].[2015-4-19].

http://www.xinhuanet.com/world/2015-04/19/c_1115016670.htm.

[250] 刘晓琰．拜登最新辩词：阿富汗撤军是为了中国 [EB/OL].[2021-9-11]. https://mp.weixin.qq.com/s/sPOaWEYwrIXvHUL4zbWWgg.

[251] 刘艳君．全新的波音 737 MAX 8 客机为何会失事？专家分析原因 [EB/OL].[2018-10-30]. https://world.huanqiu.com/article/9CaKrnKeduv.

[252] 莽九晨，霍文，曲翔宇，刘仲华，王伟．除了“金特会”，看看朝鲜外交有多广 [EB/OL].[2018-6-7]. https://baijiahao.baidu.com/s?id=1602562492653146004&wfr=spider&for=pc.

[253] 陆睿，耿学鹏．新闻背景：朝核问题的由来 [EB/OL].[2018-6-11]. https://baijiahao.baidu.com/s?id=1602970902097348562&wfr=spider&for=pc.

[254] 孟湘君．埃航客机投入使用仅 4 个多月　为第二架失事 737max 客机 [EB/OL].[2019-3-10]. https://www.chinanews.com.cn/gj/2019/03-10/8776452.shtml.

[255] 牛弹琴．中美贸易战进入全新阶段，中美都有三个没想到！ [EB/OL].[2018-9-24]. https://baijiahao.baidu.com/s?id=1612478732288518565&wfr=spider&for=pc.

[256] 欧阳开宇．习近平访美看点：习式外交的新型大国关系样本 [EB/OL].[2015-9-8].https://www.chinanews.com.cn/gn/2015/09-08/7512390.shtml.

[257] 潘基文．人权应是指引 2015 年后发展议程的核心原则之一 [EB/OL].[2013- 3-1]. http://www.un.org/chinese/News/story.asp?NewsID=19366.

[258] 潘洁．中方对美方涉南海错误行径表示坚决反对 [EB/OL].[2021-7-21]. http://www.xinhuanet.com/world/2021-07/12/c_1127647897.htm.

[259] 齐薇．“一带一路”的提出背景及具体思路 [EB/OL].[2015-4-14]. http://www.scio.gov.cn/ztk/wh/slxy/31200/Document/1415297/1415297.htm.

[260] 人民网舆情频道．人民网专访胡正荣：谈媒体融合、内容传播、人才培养 [EB/OL].[2020-9-8]. http://www.huzhengrong.net.

[261] 孙萍．环球深壹度：阿富汗风云突变，对周边国家有何影响 [EB/OL].[2021-8-18]. https://baijiahao.baidu.com/s?id=1708398502266039270&wfr=s

pider&for=pc.

[262] 孙晓彤 . 2020 年印度居全球 GDP 总量排名第六 [EB/OL].[2021-3-7]. http://www.ccpit.org/Contents/Channel_4299/2021/0307/1329996/content_1329996.htm.

[263] 外交部 ."一带一路"和马歇尔计划本质上完全不同 [EB/OL].[2018-9-26].https://www.sohu.com/a/256239212_313745.

[264] 外交部 . 中国同日本的关系 [EB/OL].[2020-5]. https://www.fmprc.gov.cn/web/gjhdq_676201/gj_676203/yz_676205/1206_676836/sbgx_676840/.

[265] 王冰汝 . 美方要求中国明确说明划设南海九段线的意义 [EB/OL].[2014-2-6]. https://news.ifeng.com/c/7fdiXfZzeT2.

[266] 王传发 . 中国生态文明建设的世界意义 [EB/OL].[2021-8-26]. http://llw.yunnan.cn/system/2021/08/26/031632756.shtml.

[267] 王帆 . 中国特色大国外交：缘起、成就与发展 [EB/OL].[2017-7-20]. http://world.people.com.cn /n1/2017/0720/c1002-29418347.html#:~:text=%20.

[268] 乌元春 . 美国务卿首次记者会：中美关系是未来世界上最重要关系！[EB/OL].[2021-1-28]. https://view.inews.qq.com/a/20210128A07BUQ00.

[269] 吴建民 . 2015 年的中美关系 [EB/OL].[2016-1-14]. http://www.chinatoday.com.cn/zw2018/zgysj/201601/t20160114_800046762.html.

[270] 吴士存 . 南海问题的起源、发展及演变 [EB/OL].[2018-9-28]. http://www.nanhai.org.cn/paper_c/310.html.

[271] 伍岳 . 必须不断推动构建人类命运共同体——"以史为鉴、开创未来"系列述评之六 [EB/OL].[2021-8-2]. http://www.gov.cn/xinwen/2021-08/02/content_5628897.htm.

[272] 新华社 . 中国与世界贸易组织白皮书 [EB/OL].[2018-6-28]. http://www.gov.cn/zhengce/2018-06/28/content_5301884.htm.

[273] 徐德智 . 安理会：一切恐怖主义都是对国际和平与安全的最严重威胁 [EB/OL].[2021-12-4]. https://content-static.cctvnews.cctv.com/snow-

book/index.html?item_id=3054494801258533242&toc_style_id=feeds_default&share_to=wechat&track_id=fdf7917d-afc6-4f4a-84b4-74dea02b8da2.

[274] 徐吉军．龙不可轻侮！美国兵败中亚中东，霸权梦碎印太战略！[EB/OL].[2021-10-17]. http://www.wyzxwk.com/e/mp/content.php?classid=16&id=443451.

[275] 闫珺岩．涨知识：关于中东你该知道的那些事儿 [EB/OL].[2016-1-19]. http://www.xinhuanet.com/world/2016-01/19/c_128644173.htm.

[276] 闫子敏．外交部：对朝鲜半岛局势出现积极发展势头表示欢迎和肯　定 [EB/OL].[2018-2-13]. http://www.xinhuanet.com/world/2018-02/13/c_1122415262.htm.

[277] 央视广告经营管理中心．总台新闻收视持续走强，CCTV4《深度国际》涨幅达 81%[EB/OL].[2020-3-23].http://1118.cctv.com/2020/03/23/ARTICGiyhRA4cBM4E8klBXUU200323.shtml.

[278] 杨元勇．中东当前动荡局势的成因及未来走向 [EB/OL].[2015-6-9]. http://world.people.com.cn/n/2015/0609/c187656-27127047.html.

[279] 佚名．公共外交 2010：讲述“中国故事”背后的故事 [EB/OL].[2010-12-26]. http://www.gov.cn/jrzg/2010-12/26/content_1773175.htm.

[280] 袁勃，牛镛．加强我国国际传播能力建设 习近平再作部署 [EB/OL].[2021-6-2]. http://politics.people.com.cn/n1/2021/0602/c1001-32120815.html.

[281] 岳小乔．“一带一路”是空架子？中国当冤大头？用这些事实怼回去 [EB/OL].[2017-5-8]. http://news.voc.com.cn/article/201705/201705080848357435.html.

[282] 曾伟．习近平“中美关系”战略定位：互敬、互信、合作 [EB/OL].[2014-7-11]. http://politics.people.com.cn/n/2014/0711/c1001-25271373.html.

[283] 詹德斌．延坪岛成为朝韩领土争议引爆点 [EB/OL].[2010-12-10]. https://news.sina.com.cn/w/sd/2010-12-10/171721617618_2.shtml.

[284] 张红．美国输出战乱 祸害了多少国家 [环球热点][EB/OL].[2021-

9-23]. http://paper.people.com.cn/rmrbhwb/html/2021-09/23/content_25880634.htm.

[285] 张骄瀛 . 外媒盘点阿富汗战争 20 年损失 [EB/OL].[2021-5-2]. https://baijiahao.baidu.com/s?id=1698633210176700980&wfr=spider&for=pc.

[286] 张婧昊 . 联合国难民署：2020 年上半年全球被迫流离失所者逾 8000 万 [EB/OL].[2020-12-10]. https://baijiahao.baidu.com/s?id=1685715633582639056&wfr=spider&for=pc.

[287] 张平 . 印度经济增速为什么会那么快？ [EB/OL].[2019-7-31]. https://www.sohu.com/a/330499016_104543.

[288] 张文平说教育 . 说实话了？美特使：美国出兵叙利亚，目的是让俄罗斯陷入泥潭 [EB/OL].[2020-5-14]. https://baijiahao.baidu.com/s?id=1666661767425759602&wfr=spider&for=pc.

[289] 张颖 . 美国学者：西方国家是气候问题的“伪君子”[EB/OL].[2021-11-19]. https://www.thepaper.cn/newsDetail_forward_15454455.

[290] 赵立坚 . 五核国巴黎会议取得成功 释放三大积极信号 [EB/OL].[2021-12-6]. https://mil.news.sina.com.cn/2021-12-06/doc-ikyakumx2374443.shtml.

[291] 中华人民共和国国家统计局 . 2008 年国民经济和社会发展统计公报 [EB/OL].[2009-2-26]. http://www.gov.cn/test/2009-02/26/content_1249960.htm.

[292] 中华人民共和国驻朝鲜人民民主主义共和国大使馆 . 中国同朝鲜的关 系 [EB/OL].[2021- 2]. https://www.fmprc.gov.cn/ce/cekp/chn/zcgx/zcgxgk/t1316823.htm.

[293] 总台之声 . 总台党组理论学习中心组集体学习研讨党的十九届六中全会精神 [EB/OL].[2021-12-4]. https://mp.weixin.qq.com/s/qW3ly5a173iXSppw_98HGw.

[294]KENNETH E. BOULDING. National Images and International Systems[J]. Journal of Conflict Resolution, 1959.

[295]MAXWELL E. MCCOMBS，DONALD L. SHOW. The Agenda-

setting Function of Mass Media[J]. Public Opinion Quarterly，1972.

[296]WANG H.，LEE F.，WANG B. Foreign News as a Marketable Power Display: Foreign Disasters Reporting by the Chinese Local Media[J]. International Journal of Communication，2013.

[297]E. GOFFMAN. Framing Analysis: An Essay on the Organization of Experience[M]. New York: Harper and Row，1974.

[298]G. BATESON. A Theory of Play and Fantasy, in Steps to an Ecology of Mind[M]. London: Jason Aronson Inc.，1972.

[299]HOWARD H. FREDERICK. Global Communication & International Relations[M]. Cengage Learning, 1993.

[300]MATTELART A. Mapping World Communication: War, Progress, Culture[M]. Minneapolis: University of Minnesota Press，1994.

[301]PATRICK O. HEFFERNAN. Mass Media and American Foreign Policy[M]. Ablex Publishing Corperation，1991.

[302]RICHARD R. WILK. The Anthropology of Media: A Reader[M]. London: Wiley-Blackwell，2002.

[303]SCANNELL P. Radio Times: The Temporal Arrangements of Broadcasting in Modern World[M]. London: British Film Institute，1988.

[304]T. GITLIN. The Whole World is Watching: Mass Media in the Making and Unmaking of the Left[M]. Berkeley: University of California Press，1980.

[305]WEAVER D.H. et al. Media Agenda-setting in a Presidential Election: Issues, Images and Interest[M]. Praeger Publishers，1981.

[306]GALLUP. Rating World Leaders: 2019 Report[EB/OL]. https://www.gallup.com/analytics/247040/ rating-world-leaders-2019.aspx.

[307]SILVER L.，DEVLIN K.，HUANG C. Unfavorable Views of China Reach Historic Highs in Many Countries[EB/OL]. https://www.pewresearch.org/global/2020/10/06/ unfavorable-views-of-china-reach-historic-highs-in-many-countries/.

后　记

如果问是什么时候萌发了写一本与《深度国际》栏目相关的书的想法，还要追溯到两年前，也就是2019年《深度国际》创办十周年之际。十年，树木已经可以成长为材。对于一个开播超过十年的栏目，成为品牌、成为经典是我们的愿望，为了更好地出发，阶段性进行业务总结和学术反思也是非常必要之举。但犹豫再三，没有实施撰写，是火候未到？是思考未成熟？还是取得的成绩、获得的肯定不够金光灿灿？我也说不清楚，只是脑海中不断有一个声音在回响：再等等吧！

两年时间匆匆而过。2021年是中国“十四五”规划开局之年，中国人民对外广播事业创建也迎来了80周年。党的十八大以来，以习近平同志为核心的党中央带领全党、全国各族人民昂扬奋进，砥砺前行，取得了举世瞩目的巨大成就，国家硬实力有了显著的提升。然而，伴随经济社会发展硬实力的提升，国际传播的软实力提升也迫在眉睫。2021年5月31日，习近平总书记在中央政治局第三十次集体学习时强调：要加强顶层设计和研究布局，构建具有鲜明中国特色的战略传播体系，切实提高我国国际传播影响力、中华文化感召力、中国形象的亲和力、中国话语说服力以及国际舆论引导力。一个月后，7月1日，中国共产党迎来了百年华诞和香港回归24周年。等什么？似乎有了肯定的答案。2021年8月7日，栏目开播整十二周年，十二年，古称一纪，十二生肖也经历了一个轮回。恰逢其时，梳理总结的时间到了。

两年的思考与酝酿，半年多的笔耕，到如今仓促截稿即将付梓出版，个中滋味遍尝。俗话说：白纸黑字。“想”没关系，“说”没关系，“写”关系就大了。多年来，业界领导、学界精英、前辈著述众多，其中不乏经典之作。借此来超越经典？显然是才疏学浅不自量力；与经典并驾齐驱？如此做个狂妄自负之徒也不符合本人的品格。那么，我想，努力循着前人经典的足迹做些跟随与摸索，在其中不断地做些学习与领悟，兴许再幸运地找到一些新的发现，踏踏实实结合 12 年来《深度国际》栏目的国际新闻深度报道业务，以观照全球的视角，探索具有中国特色属性的国际新闻传播话语特征和话语方式，做出一个游走于学术与业界之间的国际新闻深度报道的实践样本，打通两界某些沟通的壁垒、误区与盲点，更多地去进行相互地勾连与融合性思考，探索建立一个或者几个新的研究维度，最终对国际新闻和对外传播实践研究起到一定的思维拓展作用，形成新的研究具象的定位、剖析，对国际新闻传播新体系的建构、国际新闻传播话语新方式的发现与运用做出些实践参考，如果能够具备这些有价值的体现，也算此书对得起常年关注《深度国际》栏目发展的各界领导与业界同仁、学界的各位老师和芸芸电视观众了。

男怕入错行，女怕嫁错郎，幸运的是，我入对了行。我深深热爱我所从事的新闻工作，从地方电视台到中央电视台，从最初做社会新闻，又到做国际新闻，我从一名普通的记者成长为央视品牌栏目的制片人，我有幸参与了许多党和国家重大事件的新闻报道，也见证了党领导下的新中国发展历程中的诸多重要时刻：1997 年的香港回归、三峡工程的成功截流，1998 年武汉抗击特大洪灾，2003 年抗击“非典”，2020 年的新冠肺炎疫情特别报道，等等。这些都让我为自己能身处新闻报道一线感到骄傲和自豪。

记者生涯虽丰富多彩，但也时刻面临各种挑战与考验。社会新闻的责任与担当，国际新闻的站位与格局，每一次报道实践都在考验着你的每一根神经。说“如履薄冰”那是常态，我更认为是在走“凌波微步”。

在 CCTV4 工作的这十五年里，我将自己所从事的专业与为侨服务的浓浓深情紧密结合，在关注重大新闻背景下的华人华侨命运故事，向他们传递祖国的牵挂与关怀的同时，还与一百多个国家的近千个华人社团侨领和国际友人结下了深厚的友谊，在与他们的交往中，我深深地感受到我们的华侨越来越自信，越来越主动地去传播中华文明和弘扬中华文化。2006年，全球华语联盟第一次会议在北京召开，党和国家领导人与四百多个海外华文媒体代表出席了会议，这是中央电视台首次与海外华文媒体对接的重大活动。在参与策划和组织这一系列工作中，我深深地感悟到，媒体不仅是信息传播的重要载体，更是重要的外交手段，在讲好中国故事、传播中华文化、凝聚民族根脉、塑造中国形象等方面，媒体发挥着不可替代的重要作用，同时我也深刻意识到，作为央媒一员，尤其是国际新闻传播一线的新闻人，就像身处在国际新闻烽火台上的“瞭望者”，更是国际传播一线的一支“轻骑兵”。这不仅需要辽阔的视野、敏锐的洞察力，还要身负重大的使命感和责任感。

2009年8月7日，在台领导和频道领导的大力支持下，《深度国际》栏目开播了，这是当时的中央电视台唯一一档国际新闻深度报道节目，12年来已经播出600多期节目，连年被评为央视重点品牌栏目。栏目立足政治站位，提高导向意识，关注重大国际时事，向全世界传递中国声音和中国观点、展现中国风采，得到了全球观众的喜爱和认可，以及有关部门领导的高度关注与肯定。做好“媒体外交”这一理念，也成为我们栏目的创新立足点和发展思路。

《深度国际》栏目走过了12年，一晃我也过了知天命的年纪。“天命”在辞海中有几种解释：上天的意志和命令；自然界的必然性；先天自然的禀赋。我的理解，一个人的“天命”就是要顺应自然发展规律，在工作和生活中去主动顺应走正道的人生方向。熟悉我的人，对我评价不一。有人说，脾气燥，不好打交道；有人说，有个性，刀子嘴豆腐心；有人说，爱憎分明，不藏着掖着；多年的老同事说，在工作面前从不留情面；也有人说，涛哥是个好人。无论什么评价，我都照单全收。批评的，我虚心接受；表扬的，是对我的鼓励与抬爱。衷心感谢朋友们对我的关注。

撰写这本书，目的不是为了树碑立传，它更像是我和同仁们在新闻实践过程中在一个歇脚驿站的思考总结：总结不足与遗憾，总结优点和心得；思考未解的问题，思考未来的方向。旅程还要继续，喜怒哀乐还将不断出现，未来的惊喜与惊吓还在继续历练着我们作为新闻人的心理承受力。但是，这本书，我期望能成为我们自己在进行国际新闻实践探索之路上继续前行的手电筒、风向标，能够不断地去回溯、去剖析、去丰富、去展望。

在本书付梓之际，我要首先感谢我辛劳、慈爱的父亲和母亲，他们养育了我，将我生在了这个伟大的时代，使我能够伴随中国改革开放的发展、党的新闻事业的繁荣、中华民族的伟大复兴实现我的新闻理想！感谢我从业近30年来各级领导给予的发展机遇和对《深度国际》栏目的指导、关心和支持！感谢曾经一起和一直一起筚路蓝缕一路走来、经历无数风雨携手奋斗的栏目中的兄弟姐妹们！感谢我的夫人和孩子们在我的职业生涯中，对于我把家当作旅店的理解和包容，以及无可替代的家的温暖！感谢所有关注国际新闻、关注我们《深度国际》栏目的各界人士，您的关注是我们前行的不竭动力！我们将继续充满信心和激情地坚守初心、牢记使命，砥砺前行！

吕涛

辛丑年冬至　于远望斋